21世纪国际博物馆学基础书系
安来顺　段晓明　主编

21世纪西方博物馆研究著作指南（2000—2020）

A Companion to
21st Century
Western Museum Studies
(2000–2020)

尹　凯　编著

江苏凤凰文艺出版社
JIANGSU PHOENIX LITERATURE AND ART PUBLISHING

图书在版编目（CIP）数据

21世纪西方博物馆研究著作指南：2000—2020 / 尹凯编著. -- 南京：江苏凤凰文艺出版社，2025.3.
(21世纪国际博物馆学基础书系 / 安来顺，段晓明主编).
ISBN 978-7-5594-9461-0

Ⅰ. G260

中国国家版本馆CIP数据核字第20257AE272号

21世纪西方博物馆研究著作指南（2000—2020）

尹　凯　编著

主　　编	安来顺　段晓明（21世纪国际博物馆学基础书系）
出 版 人	张在健
策划编辑	费明燕
责任编辑	胡雪琪
特约编辑	叶姿倩
书籍设计	宝　莉
封面设计	孔嘉仪
责任印制	杨　丹
出版发行	江苏凤凰文艺出版社
	南京市中央路165号，邮编：210009
网　　址	http://www.jswenyi.com
印　　刷	江苏凤凰通达印刷有限公司
开　　本	787毫米×1092毫米　1/16
印　　张	27.25
字　　数	410千字
版　　次	2025年3月第1版
印　　次	2025年3月第1次印刷
书　　号	ISBN 978-7-5594-9461-0
定　　价	78.00元

江苏凤凰文艺版图书凡印刷、装订错误，可向出版社调换，联系电话025-83280257

"21世纪国际博物馆学基础书系"
丛书编委会

总 策 划　段　勇
丛书主编　安来顺　段晓明
执行主编　王思怡　黄　磊　张　遇
编　　委　（按姓氏笔画为序）

　　　　　　李丽辉　李明斌　李慧君　郑君怡　赵化锋
　　　　　　徐　坚　黄　洋　黄继忠　谢　颖　潘守永

本书为国家社科基金文化遗产保护传承研究重大专项"文化遗产学学科体系建设研究"(项目编号:24VWB030)阶段成果。

目录

序 / 段勇 viii
来自学术前沿的启发与激励 / 严建强 x
在思想和实践之间来回摆渡 / 陈建明 xiii
导读 / 尹凯 xix

《博物馆与视觉文化的阐释》/ 何雨蔚 1
《转型期博物馆的哲学观察》/ 李明月 13
《学自博物馆：观众体验与意义生成》/ 邱文佳 24
《博物馆重要的事》/ 丁晗雪 35
《科学博物馆的幕后》/ 刘雨沛 46
《博物馆、社会与不平等》/ 徐佳艺 58
《重新想象博物馆：超越陵墓》/ 汪彬 70
《解放文化：博物馆、保管和遗产保护的跨文化视角》/ 汪彬 82
《博物馆怀疑论：公共美术馆中的艺术展览史》/ 潘煜 92
《博物馆、偏见与差异的重构》/ 周夏宇 102
《博物馆与教育：目的、方法及成效》/ 段若钰 113
《博物馆观众：身份与博物馆体验》/ 刘皓妍 125
《混乱世界下的博物馆：再造、无关或衰败》/ 张书良 137
《参与式博物馆：迈入博物馆2.0时代》/ 潘怡菲 149

《博物馆还需要实物吗？》/ 温琦　160

《博物馆与公共领域》/ 陈阳　171

《生态博物馆：地方感》/ 吕思瑶　182

《劳特里奇博物馆伦理指南：为21世纪博物馆重新定义伦理》/ 张峥　193

《博物馆的沉思：关于百科全书式博物馆的论争》/ 蒲子琛　205

《关乎博物馆：物件与体验、表征、争议》/ 李睿康　215

《博物馆体验再探讨》/ 朱晓欣　227

《博物馆中的身体：参观与观看的政治与实践》/ 杨婷玉　239

《博物馆物件：体验事物的属性》/ 郭岚　251

《重置博物馆：范式转变的持续对话》/ 赵娜　263

《博物馆策展：在创新体验的规划、开发与设计中的合作》/ 陈颖琪　276

《注意力与价值：理解博物馆观众的关键》/ 穆祉潼　287

《博物馆学基础：不断演进的知识体系》/ 潘怡菲　299

《博物馆说明牌：一种解说方法》/ 韩雪　308

《博物馆学习：作为促进工具的理论与研究》/ 张书良　317

《一部博物馆学史：博物馆学理论的重要学者》/ 薛仁杰　329

《参与时代的博物馆与人类学》/ 尹凯　340

《国家博物馆与国家起源：情感的神话和叙事》/ 田田　　352

《博物馆的边界：论知晓和记住的挑战》/ 常嘉意　　363

《博物馆的价值：提升社会福祉》/ 赵星宇　　374

　　著者与编者简介　　385

序

博物馆，作为文化传承与知识传播的重要场所和节点，承载着人类文明的宝贵物质财富与精神财富。它们不仅是古代历史的见证者，也是现代社会的塑造者，更是未来社会的昭示者。如果说20世纪的博物馆学是地域性的、封闭的，那么，21世纪便是博物馆学在"全球化"和"在地性"之间滑移的开端。继《20世纪西方博物馆研究著作指南》，尹凯博士编著的《21世纪西方博物馆研究著作指南（2000—2020）》继续为读者提供一个全面、深入的视角，以审视和理解过去20年间西方博物馆领域的研究与发展。

21世纪头20年的博物馆学论著可谓数不胜数。《21世纪西方博物馆研究著作指南（2000—2020）》精心挑选了最具影响力的34部博物馆学著作，并最终由31位述评人完成书评的写作。这些著作不仅涵盖了博物馆学的多个分支和多个议题，而且触及了藏品、教育、体验、社会、伦理等多个维度，展现了博物馆和博物馆研究在现代社会的多重角色和多维面向。

这20年同样也是我个人在博物馆领域工作、管理、教学收获颇丰且感触颇深的20年，可以说我见证了21世纪博物馆学的"全球化"和"在地性"。2002年，我很荣幸入选了国家文物局与美国梅隆基金会合作开展的"中国博物馆管理人员赴美研修"项目，于当年7月30日至12月25日赴美国纽约、华盛顿、克利夫兰等城市，考察、调研当代美国博物馆工作的现状和经验。那时，美国的博物馆学界便已流行博物馆体验、文化多样性、社会责任、全球合作以及数字化方面的研究和实践，引领着国际博物馆发展的风向。"它山之石，可以攻玉。"8年后的2010年，我参与筹备了在上海举办的国际博物馆协会全体大会，这也是中国与世界对话的一个重要历史节点，以国际理论和模式来关照本土博物馆的发展，而在地的实践、创新又可以为国际博物馆界增添多元色彩和地方智慧，中国博物馆的发展也由此成为国际博物馆发展的重要组成部分和亮点之一。可以说正是博物馆学"全球化"和"在地性"的滑移，促进了不同博物馆文化之间的理解、尊重和借鉴。也正因如此，中国博物馆界当前探索的领域，仍然可以从过去20年的西方博物馆学经典之作中汲取有益的启示，如博物馆伦理问题、博物馆研究的跨学科视野、博物馆最佳实践的探索等。

有意思的是，在2003年出版的拙著《当代美国博物馆》最后，我提到了美国博物馆界值得我们学习的几大方面，如借鉴董事会制度、建立支持博物馆持续发展的社会基金、推广业务主管负责制、强化"藏品"意识、增强博物馆的教育功能、树立"观众第一"思想、建立会员制和义工制、在博物馆安全保卫工作中重视高素质人才而不单纯依赖先进设备等。其中，有一些方面，国内目前已呈如火如荼之势，远超我当时的预期，比如近年"博物馆热"持续升温，展陈、社教、文创等活动和服务每年吸引数十亿人次参与，参观博物馆已然成为一种生活方式；还有一些方面，则仍在进行本土化探索，如2010年开始的法人治理改革和博物馆理事会制度，还有鼓励社会力量参与的途径和方法、"独立策展人"制度的探索等。可以预测并期待，《21世纪西方博物馆研究著作指南（2000—2020）》中的理念和实践，应该能够让我们展望未来多年之后的中国乃至国际博物馆图景。

让我们拭目以待吧！

段勇
上海大学党委副书记、教授
"21世纪国际博物馆学基础书系"总策划
2025年2月于上海

来自学术前沿的启发与激励

及时跟进学术研究的前沿阵地，对新出现的优秀著作进行系统梳理与总结是非常必要的。这不仅能够使它们的学术思想得以集中呈现，而且可以对它们做出中肯的解读与述评，以便使其更具启发性，推动学术研究清醒且健康地发展。我想，这应该就是继《20世纪西方博物馆研究著作指南》出版后，一群青年人立即投身于这部作品出版的原因与动力了。在过去的20多年间，数量众多的博物馆研究著述面世，《21世纪西方博物馆研究著作指南（2000—2020）》从中挑选了34部经典著作，集中展示了国内博物馆界对国际博物馆研究前沿动态的密切关注。

西方是现代公共博物馆起源之地，在很多方面处于博物馆学研究的前沿，其面临的问题很可能是我们正在遇到，或将要遇到的。了解其关于如何解决问题的思考，对我们的实践发展和学术进步无疑是有益的。这种想法曾于40年前在我的大脑里闪过，我甚至将这一想法付诸实践，结果就是在《中国博物馆》上发表了对肯尼斯·赫德森（Kenneth Hudson）文章的翻译及导读，正是这一举动，开启了我的博物馆学研究之路。赫德森在本文中指出的博物馆观众调查和陈列评估这两个重要环节，也成为我进入博物馆"认知与传播"研究领域的出发点。

我正是以这样的心态翻开这本书的样稿的。面对这一庞大的述评者阵容，尤其是面对这群如此年轻的面孔，我首先感到的是震撼，紧接着涌上心头的是无比的欣慰。与40年前我孤独又略带怯意地进行翻译与评述的情景相比，进步似乎变成了一种可以触摸的实体，具体而真切。

本书所选的一些作者的著述之前我也曾读过，收获颇丰，既有令人惊喜的开窍，也有"惺惺相惜"和"不期而遇"，如艾琳·胡珀-格林希尔（Eilean Hooper-Greenhill）提出的博物馆在展示、教育和传播上的自我革新，史蒂芬·康恩（Steven Conn）关于"博物馆是否还需要实物？"的质疑，以及约翰·福尔克（John Falk）"博物馆体验"中的情景学习模式等等，这些都是我在研究中经常会思考的。

本书在著述选择中达成的学术与观念的平衡也给我留下了深刻的印象。在我看来，目前博物馆学的研究主要有三个维度：传播学的、社会学的和哲学的。传播学研究主要解决作为对象的物在场所性空间中传播的特征及其对策，这是现代博物馆履行自己使命的核心技术。在这方面，西方博物馆已经展开了一个多世纪的研究，并取得了相对成熟的经验。他们在利用教育学、心理学、传播学成果的基础上，有效建立展览评估程序，采取各种科学方法对观众的观展收益进行评估，并将反馈信息的分析作为优化的依据。这种研究还在继续，因为随着时代与社会的变化，许多理念与方法也要与时俱进。对于我们这样的后来者而言，这类研究具有最直接的启发与借鉴意义。我国博物馆数量的迅速增加和展览设备的现代化提升都是有目共睹的，但实际的传播效率和观众真实的认知收益，似乎还有优化的空间。这些正在研究和总结中的新经验与新成果对助推我们进入展览建设的专业化轨道无疑是重要的。

虽然社会学学科诞生较早，但是其进入博物馆研究领域还是一个相对较晚的现象。从大的方面看，这应该与后殖民时代、政治民主化、世界的多元文化格局等概念有关；从小的方面看，博物馆希望通过更明晰的价值阐述获得更多的社会认同与支持。这一领域的研究涉及如何在复杂的社会发展中为博物馆赢得广阔的未来。这类文章与著述在近年变得更为热门，也吸引了国内一些青年学者的关注。

博物馆哲学的研究，由于涉及目的论与底层逻辑，带有很强的思辨性，所以研究者并不多，有一些研究还是在福柯的启发下进行的。令人欣慰的是，这类研究在本书中也占据一定的篇幅。这种研究具有夯实基础的意义，是一种不可或缺的类型，我本人从这类研究中获益颇多。正因为如此，我对本书的出版怀抱特别的感恩。

很长时间我都忙于具体的展览建设，虽说有一些心得，但仍有许多无法表达的缄默知识，如何将它们转化为形式知识是我目前正在思考的问题。这本书的出版对我无疑是一种激励、一种推动。记得《科学博物馆的幕后》中提到"将展览视为一个过程而非一个产品"，对我来说，能否将过往展览建设的心路历程转化为一种可以被转述与批判的理论模型？这是否应该成为我下一阶段的某种使命？这一念头，让我这个已经在这片土地上耕耘了40多年的老人吓了一跳。对于一个年入古稀之人来说，这是否属于"老夫聊发少年狂"我不清楚，但此刻我正受到一群青年人的感染和"蛊惑"，似乎是一个不争的事实。

严建强
浙江大学博物馆学教授
2025年2月于杭州

在思想和实践之间来回摆渡

尹凯老师邀我为本书写序，坦白说，有点意外。我是博物馆资深从业者，从事过博物馆教育（docent）、研究和展览策划（curator），以及行政（museum officer）等工作，算得上史蒂芬·威尔（Stephen E. Weil）所说的博物馆工作者（museum worker），但我不是博物馆学家（museologist）。我虽然为博物馆学研究做过一些工作，但至今未能找到进入博物馆学话语体系的正确路径。我对博物馆学的叩问，均来自我在观察身边博物馆世界时产生的疑惑。

回想起来，在长达50年的博物馆生涯中，"航行在没有航标的河流上"一直是我心中挥之不去的隐忧。我是湖南省博物馆（现更名为湖南博物院）图书资料室博物馆学文献为数不多的读者，也曾是香港铜锣湾恩平道52号阿麦书房的常客，张誉腾、桂雅文贤伉俪联袂推出的博物馆学书籍被我悉数搜罗。进入21世纪，博物馆学文献方呈急剧增加之势。仅引进"西学"这一块，舒小峰先生、刘超英女史主编的"北京市文物局当代博物馆学前沿译丛"于2006年推出《博物馆战略与市场营销》一书，自20世纪50年代以来，开系列译介世界博物馆学著作之先河。2010年5月，我以中国博物馆学会副理事长身份参加美国博物馆协会洛杉矶年会，受国家文物局副局长宋新潮先生委托，同美国博物馆协会主席福特·贝尔（Ford W. Bell）先生会谈，商议合作事宜，议定由美国博物馆协会无偿赠送版权，出版"美国博物馆协会管理丛书"一套10本，并于当年由中国博物馆学会推出了首本《美国博物馆国家标准及最佳做法》。整套丛书的翻译出版工作，是由湖南省博物馆博物馆学研究所承担的。顺便说一句，这套丛书应该是中国博物馆学会最后一项重要的对外合作项目。2010年8月30日，在北京召开的特别会员代表大会决定将中国博物馆学会更名为中国博物馆协会，学会自此消失在历史长河中。2014年7月，我任主编的湖南省博物馆"博物馆学史译丛"推出首本《博物馆起源：早期博物馆史和博物馆理念读本》。

此后10年，海外博物馆学译介高潮迭起。我知道的，就有宋娴主编的"世界博物馆最新发展译丛"、浙江大学出版社推出的"博物馆学认知与传播译丛"、中国科学技术馆的译著系列、吴国盛主编的"科学博物馆学丛书"，更有王春法主编的"国内首套大规模国际博物馆学译丛"——"中国国家博物馆国际博物馆学译丛"。尹凯编著的《20世纪西方博物馆研究著作指南》则属于安来顺、段晓明主编的"21世纪国际博物馆学基础书系"。今非昔比，博物馆前行的航道上已是灯光璀璨，辨识航标灯又成了新的时代难题，幸好我已经不在实践现场。

2022年6月，尹凯首次联系我时，提到他打算编著一本《20世纪西方博物馆研究著作指南》，以书评形式介绍20世纪经典。我即刻意识到，这是一种很好的译介国外博物馆学著作的方式，而且他说，述评并非仅凭他一己之力，而是发动众多青年学人，包括博物馆学师生和博物馆从业者共同参与。如此一来，在培养、训练博物馆学新锐的同时，对海外之学说，在引进之初便开展有意义的对话和有价值的批判，一改重引介而轻讨论的局面，实为嘉惠学林之举。我同意张誉腾先生的评价，尹凯是一位勤奋的学者，但没想到，《20世纪西方博物馆研究著作指南》在2024年3月即已出版，《21世纪西方博物馆研究著作指南（2000—2020）》也已在8月汇编成稿，更没想到，他第二次联系我，就是嘱我写序。踌躇半月，在《把自己作为方法》一书中读到"在思想和实践之间来回摆渡"这句话后，我答应了尹凯的邀约。我是一个博物馆实务工作者，但从不拒绝理论的照耀与指引，并一直尝试着与之对话，因为我信奉"从实践到理论"又"从理论到实践"的整体逻辑。我深知，中国博物馆实践仍处在约定俗成的时代，这确实与博物馆学未能向博物馆提供足够摆脱经验惯性的理性工具有关，而博物馆学走出困境的路径之一，便是将中国博物馆的现实存在对象化。实践者的沉默，有可能遮蔽事实；反之，使之呈现，则是一份责任。

我无力也无意评价全书，不论是本书所选著作的典型性和代表性，还是述评者的敏锐性与准确性。在通读书稿的同时，我再次翻阅了手头这本指南中包含的13本中译本。提笔之前正在精读的是《博物馆的沉思：关于百科全书式博物馆的论争》，倒不是因为詹姆斯·库诺（James Cuno）2007年请我吃过芝加哥最好的牛排，而是因为2012年在中国国家博物馆百年馆庆研讨会上，我提出过在全球化凯歌高奏的当下，比如在中国，需不需要、可不可能建设百科全书式博物馆的问题。至于指南中述评的更多原著，我连翻阅的条件都不具备。幸好尹凯为本书撰写了导读，对全书内容做了很好的阐释，在述评人初步讨论的基础上，进一步分析、总结21世纪头20年西方博物馆学研究的新动态与新方向。我就顺着他的思考，谈点读后感。

2020年，湖南省博物馆博物馆学研究所策划的"博物馆学史译丛"出版了艾琳·胡珀-格林希尔（Eilean Hooper-Greenhill）著、陈双双译的《博物馆与知识的塑造》一书。作为丛书主编，为了撰写中文版序言，我在那个足不出户的特殊时期闭门读书，在复习博物馆史的同时，恶补关于"现代"和"后现代"的相关知识。我在序言中借用安东尼·吉登斯（Anthony Giddens）《现代性的后果》中的一些理论视角，对解构主义、后现代主义充当博物馆批判性分析的理论工具，表示了某种程度的保留。这种保留并非来自理论的辩难，而是出于实践的操作性需求。比如，对于借助米歇尔·福柯（Michel Foucault）理论建构的博物馆批评史，关于权力的部分，站在实践者的角度，我会认同吉登斯的意见，"知识与权力之间（存在）不无疑问的复杂关联"，但我也同意他说的"乌托邦现实主义的观点承认权力是不可避免的，而不认为只要使用权力就一定有害无益，最广义的权力是实现目标的工具"。同样，站在实践者的立场，就博物馆的演进历史来说，我完全认同变革和转型确实是常态。问题在于，从全球范围看，这是一个历经数百年的过程，在历史的时间轴线上存在着显而易见的阶段性，更不用说还有文化差异的巨大影响。当后现代主义在20世纪80年代已成为时髦字眼之时，一些地方的现代化才再次开启。就中国博物馆来说，依托苏联的思想资源和实践范式在20世纪50年代重启以来，到80年代，依然是一种象征性的存在。除革命纪念馆外，离大众生活还非常遥远。从这个意义上，"我们从未现代过"就不是一个哲学概念，而是一个历史事实。相较欧美博物馆的整体性发展，中国博物馆至今仍处于博物馆、美术馆、科技馆"四分五裂式"的生长状态。这样说并不是无视和否定中国博物馆事业40年来巨大的发展，而是想指出，规范性的缺失意味着博物馆结构要素的不稳定性。

又比如，在至今仍未建立起公共收藏的有效制度和以典藏研究员（curator）为核心组建专业团队来关照收藏、研究、展览和教育、传播运营机制的现实情况下，如何实行从"藏品中心"向"观众中心"的转向？在胡珀-格林希尔的后博物馆理论中，不再占据博物馆中心地位的实物和典藏研究员将去向何方？谁将填补留下的空白？恕我粗俗，在餐馆里，难道不是围绕大厨来构建并由大厨掌控从采购到出品的专业流程吗？为什么不？在竞争的环境下，漂亮的迎宾和贴心的服务也是重要的生产要素，但我仍然无法想象取代大厨中心地位的理由。

更容易在实践中造成认知茫然和行为混乱的是尹凯指出的康恩之问：博物馆是否还需要实物？对这个问题，我倒是跳出了"大厨需要什么样的食材"这样的思维惯性，我更想直面"博物馆物是什么"这样一个博物馆学的恒矢之问。布鲁诺·拉图尔（Bruno Latour）力图描绘人类赖以生存的大地，并指出一项"如同伽利略在他的时代的发现一样重要的"发现，这就是，大气层不是给定的，也不是恒定的，而是由栖居在地球上的所有生物创造的。米切尔·蓝德曼（Michael Landmann）则早已指出，人类同时生存在以"文化"为名的人造环境中，"我们已历史地获悉不存在自然的人，甚至最早期的人类也生活在文化之中"。据此，我将人类称为"栖居于大地之上，呼吸于文化之中"，应该是不会错的。那么所谓"文化"的载体有哪些？除了"行走的人""轻声细语的语言"（以及文字、图像等人造符号系统），还有什么？那就是"沉默寡言的实物"了。人造物和人工干预后的自然物，即文化创造物（其遗存便是文化遗存物），也就是"承载文化的信使"，这不就是博物馆物的本质属性吗？不妨想象一下，人从一出生就生活在特定的文化场景之中，人、语言、文字、图像和实物构成了一个又一个流动的文化场景，人在其中习得人类独有的本领——文化。原来，博物馆是人类通过"物"习得"文化"的场所，建立公共收藏不仅过去是，而且将永远是其最基本的职能。与一切文化遗存物建立友谊，让其倾诉自己的前世今生，这就是博物馆存在的价值。卢浮宫博物馆诞生的意义，绝不仅是让昔日被王公贵族占有的珍宝回到人民手中，更在于宣示人民拥有通过"物证"认知文化创造的基本权利。以文化研究作为博物馆学的基础理论，不仅能使收藏工作受益，而且博物馆研究、展览、教育、学习、体验等诸领域，不都可以获得新的理论资源和新的研究方法吗？

至于去殖民化思潮对博物馆世界的冲击，我想坦陈自己2023年专程去柏林参观洪堡论坛的真实感受。相较于2005年参观过的柏林民族学博物馆，殖民者或许因为忏悔和羞愧都退隐不见了，令人遗憾的是，他们离去时顺手将来自殖民地的文物锁进了展柜，任由它们在那里喃喃自语，更多的是沉默不语。抹去或隐藏殖民地物品的历史信息，并不是去殖民化和后殖民主义批判应有的学术态度。博物馆应该是一个能够容纳人类历史与文化，包括创造与毁灭、善良和邪恶的所有物证的场所。将真实发生的历史事件原貌展示，任人评说，才符合博物馆的道德责任。

最后，我还想就尹凯在导读余论中，对"博物馆研究"和"博物馆学"的区别谈点感想。他说《20世纪西方博物馆研究著作指南》一书中，"没有出现一本严格意义上的博物馆学著作"。略感困惑之时，我联想到翁贝托·埃科（Umberto Eco）的一段话：在这50年的时间里，我曾反复思考美的概念，意识到无论是今天还是从前，对这个问题都可套用圣奥古斯丁就"什么是时间"这个问题做出的回答："如果你不问我，我以为我知道，但是你一旦问我，我就不知道什么叫时间了！"对于同样追问了50年的我来说，什么是"博物馆研究"，什么是"博物馆学"？恐怕也只能如此回答了。事实上，我想指出的是，在博物馆实践中，人们对一些常用术语存在着不同的理解和用法。如果我没理解错，尹凯使用的专业术语"博物馆研究"（museum studies），是指主要在英语国家使用的一个学科和大学专业的名称，包含了"学术理论"（academic theory）和"实践"（practice）两个部分，在大学通常是理论与实践并重的硕士课程，而不是基础的本科课程。而在博物馆实践中，我们在说博物馆研究时，既是指对博物馆自身的研究，主要是"博物馆实务"（museography）研究，更是指在博物馆里从事的所有专业研究。指出这一点并不是毫无意义的，尤其是对在校的博物馆学学生和年轻的博物馆从业者来说。已故博物馆学家甄朔南先生在2008年12月8日给我的手示中提到，他退休前主要研究古脊椎动物学，但因为学过博物馆学，从1951年参加工作后，一直在"写些博物馆方面的文章"。甄先生倒不是由于认同20世纪50年代中国博物馆界流行的说法"没有空头的博物馆学家，只有精通另外一门学科又在博物馆工作的人才是真正的博物馆学家"而成为古生物学家和博物馆学家，而是因为，第一，他在学博物馆学时，这个专业就有不同的专业方向，他是北京大学历史系博物馆学专修科科学馆组的毕业生，这个专业当时还有历史馆组和美术馆组；第二，在博物馆实践领域，一座博物馆里如果只有博物馆学家，是无法开展工作的，如甄先生生前工作过的北京自然博物馆。在诸多博物馆里成长起来的基础性学科逐渐远离博物馆的同时，博物馆实物研究依托的专业学科从来就没有离开过博物馆。在博物馆领域，博物馆学家与诸多学科专家一起工作；而在博物馆学领域，真正的博物馆学家也许就足够了。

陈建明

湖南省博物馆前馆长

中国博物馆协会前副理事长

国际博物馆协会区域博物馆专业委员会前副主席

2024年12月

导 读

《20世纪西方博物馆研究著作指南》于2024年3月出版之后，很多人表示，如此厚重的书，如果以一篇介绍性质的文章开篇，会友好很多。的确如此，篇幅不长的导读既可以让读者对本书架构有一个整体的印象，也方便读者按图索骥，找到自己感兴趣的研究方向。基于上述考虑，我欣然接受了为本书增加一篇导读的建议，并希望借此机会与诸位分享我对本书所选著作的粗浅看法。

《21世纪西方博物馆研究著作指南（2000—2020）》共挑选了34部经典著作，并最终由31位述评人完成。从2023年9月项目正式启动，到2024年8月汇编成初稿，历时一年。由于种种原因，原定的述评人几经变动，最初的书目也发生了一些变化。幸运的是，一切变动都在可控的范围内，并通过不断协商与妥协得以控制。在此，我想就书目的选择多谈几句。

从最初罗列备选书单开始，我们就不断感叹：进入21世纪后的这20年间出现了太多的博物馆研究著作，其数量甚至远远超过了20世纪产出的总和。对于博物馆领域而言，相关研究著作的激增显然是一件好事，不仅意味着学术共同体的扩充，也预示着研究主题的拓展。然而，这给我们带来许多无形的困扰：如何从中挑选值得一读的著作？哪本著作在博物馆研究领域具有代表性？我们应该如何评判那些最新出版但尚未经过时间淬炼的著作？当然，在为本述评集挑选著作时，我们还遇到了其他棘手的问题：是否要包含关于中国的海外博物馆研究著作？如何设定本书收录著作的出版时间范围，截至2020年还是2024年呢？是否要囊括那些代表西方博物馆研究最新动态，但对国内博物馆界几无启发的著作？是否要排除某些比较小众的研究著作？针对上述提及的问题，读者可以在后文中寻得答案，亦可以自行寻索答案。

按照惯例，本书仍按各著作出版时间的先后顺序编排，相应地，文后的作者简介也以此排列。当然，我也可以遵从这个顺序，对每本书做一个

"流水账"式的述评,然而,这显然过于简单了。考虑再三,我决定对这34部著作进行分类。在此过程中,如何分类、为何如此分类、如何自圆其说等叙述,必然掺杂着我个人的痕迹,甚至有可能招致批评。然而,这么做显然是有意义的,犹如博物馆中的具名性展览,这次基于分类的秩序化尝试,在抛出自己看法与观点的同时,也意在鼓励大家参与对话与讨论。当我将一些面世时间不同的著作,按照某个标准归为一类时,有可能会迸发一种并置或集聚而生成的、意料之外的潜力,这种始料未及的惊喜是按照时间编排无法企及的。

根据我的理解,我将这34部著作分为如下三种类型:第一类著作从不同角度出发,总结、预测或反思了博物馆的整体变革或转型。第二类著作聚焦包括体验、教育、学习、展览、说明牌、观众、机构在内的博物馆要素的新趋势,进而提出理解博物馆的新方式。第三类著作表达了人类学、社会学、政治学、艺术史等学科介入博物馆领域之后的独特创见,其中不乏对特定社会或学术议题的回应。接下来,我将按照上述分类展开论述。

一、博物馆的变革或转型

无论是出于书写与理解的方便,抑或为博物馆领域的变革寻求理由,对博物馆演进历史进行分期或分段的做法都十分常见。当然,这种有关变革或转型的博物馆史叙事并非无中生有,而是由其所在的社会氛围、学术思潮和时代背景形塑而成。

在英国,莱斯特大学在20世纪80年代末的崛起,深刻改变了博物馆世界的基本格局。莱斯特学派的代表人物之一艾琳·胡珀-格林希尔(Eilean Hooper-Greenhill)在《博物馆与视觉文化的阐释》一书中,提出了后博物馆概念,以此区分现代主义博物馆。在本书中,胡珀-格林希尔不仅延续与拓展了《博物馆与知识的塑造》一书有关博物馆史的书写,还详细阐明了现代主义博物馆向后博物馆的转变,以及这种转变对于博物馆来说意味着什么。从博物馆研究的跨学科性出发,胡珀-格林希尔讨论了研究主题和视角在后博物馆时代的变化,比如从物件的生命史与收藏史入手,审视物件被收藏、展示与阐释的博物馆化过程;以视觉分析的路径,关注观众在博物馆中的主观建构与意义生成；博物馆如何在展示、教育和传播上实现自我革新。

相较之下，美国博物馆界对博物馆变革与转型的认识则更加实用和务实，其在现实和话语层面上的表达，均以博物馆如何开展实际工作、如何在变动不居的社会中生存为出发点。此外，促成美国博物馆变革与转型的动力，或者说变革与转型的意图也相对单一，即如何更好地服务公众、如何更好地建立相关性。在《重置博物馆：范式转变的持续对话》中，盖尔·安德森（Gail Anderson）将全书分为"20世纪对话的关键时刻""21世纪兴起的思想观念""有意义的公众参与观点""框架与基础设施的转变""领导力的战略意义"五个部分，汇编了一系列极具代表性的文章，借此为我们呈现博物馆范式转型的历程，以及21世纪的博物馆应该如何做出回应。与此同时，史蒂芬·威尔（Stephen E. Weil）也在其遗作《博物馆重要的事》一书中，将焦点放在博物馆价值上，从历时性角度梳理美国博物馆在过去百年间的蜕变，即如何从"美学主义"的桎梏中走出来，如何通过一系列变革实现从藏品到公众的转向，如何用评估的方式证明博物馆物有所值。

除了上述基于博物馆机构的变革叙事，博物馆界还存在另外一种讲述转型的方式，即不再聚焦博物馆整体，而是试图以博物馆的某个要素为切入点，讲述博物馆世界发生的变动。

美国学者史蒂芬·康恩（Steven Conn）将研究视角聚焦博物馆的实物及其与博物馆的历史关系。在博物馆界，康恩之问——"博物馆是否还需要实物？"——极具启发性和挑衅性，但也在无形中造成了误解。首先，康恩虽然在书中以案例分析的方式呈现了人类学博物馆、艺术博物馆、科学技术博物馆（自然史博物馆）等不同类型博物馆中实物地位的变化，但是其最终目的不是给予肯定或否定的回答，而是告诉读者，博物馆与实物之间的关系会根据博物馆类型、所处时代背景的不同而发生变化。其次，与其说康恩梳理了博物馆与实物之间关系的演变，不如说以实物之眼剖析了美国博物馆在21世纪的新角色。在《博物馆与美国的智识生活，1876—1926》中，康恩论述了博物馆实物在智识生产与传播中扮演的角色。其时，"基于实物的认识论"尚未退场，到了21世纪，博物馆之于公共领域、公民身份、经济发展的价值得到了前所未有的重视。在这样的情境中，博物馆的优先议程发生了变化，相应地，实物也在变化过程中经历了命运的沉浮。进入21世纪，全球政治经济局势日趋复杂化，博物馆被经济压力、社会议题和人文思潮裹挟，无法再置身事外，传统的博物馆伦理观念显然已经无法应对新的挑战。基于此，珍妮特·马斯汀（Janet Marstine）率先提出了新博物馆伦理（new museum ethics），并最终得到一众学者的拥护与支持。旧博物馆伦理主张伦理的普世性，眼光拘泥于机构内部，更多强调伦理之于专业的协助。新博物馆伦理主张伦理的流动性、情境性，将眼光置于博物馆之外的关系网络，更多强调伦理之于专业的补充，乃至挑战。如果换一个角度来看，新旧伦理之别不仅关涉时间维度上的社会变迁与时代更迭，还暗含某种空间维度上的隔空对话，即以加里·埃德森（Gary Edson）为代表的美国博物馆界，与以马斯汀为代表的英国博物馆界，对博物馆伦理的不同态度与认识。妮娜·西蒙（Nina Simon）有感于博物馆外部世界的变化，描述了从博物馆1.0到博物馆2.0的转型，这也就是彼得·冯·门施（Peter van Mensch）口中的第三次博物馆革命。在《参与式博物馆：迈入博物馆2.0时代》中，西蒙以参与式项目设计的原则、方法、类型、管理、评估为线索，不仅循序渐进地为我们论证了博物馆成为参与式文化机构的必要性和可能性，还较为详细地提供了参与式项目如何开展的实践指南。需要指出的是，参与不是目的或终点，而是一种手段和中介，旨在促成博物馆与公众、社区、社会之间的良性互动，从而实现共赢。

上述提及的著作几乎都是在"从旧到新"的变革话语中谈论博物馆，抛开变迁的外部环境和博物馆的适时调整不谈，似乎转型之后的"新"就不容置喙。21世纪以来，很多博物馆研究都注意到20世纪末认识论的"过度"转向，主张从这种略显简单与激进的对立视角中走出来，进而从总体上呼吁重拾博物馆在转型过程中丢掉的或被掩盖的东西。

在博物馆界，试图调和或超越这种新旧争论、打破非此即彼对立局面的代表性人物，当数安德里亚·维特科姆（Andrea Witcomb）。在《重新想象博物馆：超越陵墓》一书中，维特科姆旨在通过过去与现在的时间穿梭、研究议题与具体情境的镜头伸缩这两种方式告诉读者，博物馆自始至终都是一个相当复杂的现象。基于此，博物馆并非一个简单的展演权力的地方，娱乐也并不是如此晚近才出现在博物馆领域，我们津津乐道的互动似乎也不再是值得颂扬的风尚……维特科姆通过扎实的论证向我们阐明，一些盛行于博物馆界的、理所当然的假设和认识是禁不起推敲的。只需稍微埋头于历史长河，投身于具体的实践案例，那些原本坚固的东西就会烟消云散，这便是本书标题——重新想象博物馆的全部要义。

还有一些学者从体验、物件等方面出发，反思博物馆转型带来的风险。希尔德·海因（Hilde Hein）在《转型期博物馆的哲学观察》一书中，对博物馆从实物到体验的转变历程进行了细致的剖析，不仅从博物馆史的角度梳理了实物地位的下降和故事地位的上升，还从教育、道德和审美三个方面讨论了这一转向对博物馆的影响。与其时博物馆界对体验不假思索的接纳态度不同，海因敏锐地意识到营造体验感的风险：一方面是博物馆的迪士尼化，另一方面是体验、互动、参与背后隐藏的保守与权威。这种冷静的批判与反思便是海因送给博物馆界的哲学礼物。尽管从藏品到公众、从实物到体验、从"实物为中心"到"故事为中心"等转型话语充斥博物馆界，但是依然有人站出来反其道而行，冷静而严肃地强调物件之于博物馆的重要性。桑德拉·达德利（Sandra Dudley）在其汇编的两本论文集《关乎博物馆：物件与体验、表征、争议》和《博物馆物件：体验事物的属性》中，不仅强调了物件本体的多重维度，还关注物件在博物馆内部如何以体验、表征和争议的方式连接人。前者看似重申了物件之于博物馆的价值，实则在论述物件是如何在本体、体验、表征和争议的各个环节中，关联物件背后的人、博物馆工作人员、来源社区与文化、观众和公众的。后者则更进一步，直接以物与人的接触、碰撞和相遇为切入点，继而对影响其关系的情境、边界和限度问题进行了讨论。无论是对博物馆是否还需要实物这一问题的回应，还是对博物馆界过度关注观众的纠正，以达德利为代表的一众学者不仅提出了重新审视博物馆物件的新视野，还启发了具体的博物馆实践工作。

二、理解博物馆的新方式

进入21世纪，博物馆因外部环境的变动而面临挑战。诸如社会责任、身份认同、终身学习、地方营造等全新使命，促使博物馆工作者和研究者重新思考博物馆的角色、定位和功能。

为了诊断博物馆教育的问题，引导博物馆在后博物馆时代发挥教育角色，胡珀-格林希尔在《博物馆与教育：目的、方法及成效》一书中，开发了一套衡量学习成果及影响的方法，即通用学习成果框架。在应用于大规模研究的过程中，通用学习成果框架充分展现了其在理论与实践上的双重价值，一方面通过拆解的方式揭示了博物馆学习的本质，另一方面则为博物馆探寻新观众关系和开发多种学习形式提供了借鉴。除此之外，本书延续了《博物馆与视觉文化的阐释》对博物馆情境中意义及其生成过程的关注，从而拓展了博物馆教育的内涵，即教育不仅指学习，还与不同观众群体经由意义生成的身份建构密切相关。

在博物馆领域，教育和学习一直以来都是非常重要且热门的话题，尤其是在"教育转向学习"的话语中，学习一词似乎更受青睐。实际上，只要采取某种广义且宽泛的视角，教育与学习的内涵几乎是相同的，相反，如果一直采取某种狭隘且扁平的视角，那么即便使用学习一词，那也仅指知识的教授和事实的记忆。在《博物馆学习：作为促进工具的理论和研究》一书中，吉尔·霍恩施泰因（Jill Hohenstein）和特安诺·穆苏里（Theano Moussouri）认为，学习可以被定义为思想或行为的一种相对永久的变化，包括认知、观念、技能或思维模式的改变。据此，学习既是一种结果，又是一种过程；既是可以观察与衡量的实体，又是模糊且不可把握的感觉。不过，两位作者的主要旨趣不在于界定博物馆学习，而是以博物馆学习为切入点，讨论理论、研究和实践之间的关系。为了阐明博物馆学习研究中的理论如何沟通与连接研究和实践之间的关系，两位作者以意义建构、叙事与对话、真实性、记忆和回忆、自我身份、动机、文化和权力等经典命题为切入点，详细展示了理论、实践和研究之间的对话关系。

虽然教育与学习是博物馆领域，尤其是博物馆观众研究领域的热门议题，但是也有人另辟蹊径，试图从其他角度出发，解释观众在博物馆中发生的一切，以及关键性的影响要素究竟是什么。史蒂芬·比特古德（Stephen Bitgood）在《注意力与价值：理解博物馆观众的关键》一书中开宗明义：学习是注意力的副产品。因此，比特古德的主要研究对象是作为学习发生前提的注意力，而非学习本身。在前人研究成果的启示下，比特古德提出了注意力—价值模型，该模型既能用于分析观众对展览的反应，又能诊断展览设计在管理注意力方面的问题。需要指出的是，上述两个方面是彼此支撑、相互循环的关系,即有关博物馆观众研究的成果经由如何集中注意力,反馈到如何进行展览设计上。谈及展览设计,《博物馆策展:在创新体验的规划、开发与设计中的合作》一书便不得不提。为了策划一个展览内容多元、参与体验广泛的好展览,整合影响展览的各方力量,合作策展便非常必要。波利·麦肯纳-克雷斯(Polly McKenna-Cress)与珍妮特·卡曼(Janet A. Kamien)交代了在博物馆策展过程中开展合作的必要性与模式后,提出了在合作中起主导作用的"五类倡导者",并详述了合作策展的方法、技巧及流程步骤等操作层面的实践。展览并不是沟通博物馆与观众的唯一桥梁,当博物馆与观众之间的有效沟通在教育和学习的名义下得到重视时,阐释,尤其是经由说明牌进行的阐释,也就自然而然地得到了关注。作为资深的博物馆说明牌研究专家,贝弗莉·瑟雷尔(Beverly Serrell)得益于多年专业经验的积累和学术思想的积淀,从理念、方法、实践三个层面,论述了说明牌之于当代博物馆的意义和价值。从某种程度上来说,《博物馆说明牌:一种解说方法》就是一本说明牌规划、写作、设计和生产的操作指南。不过,有关说明牌缘何重要的理论假设同样发人深思:阐释的主体究竟是谁?多声部的阐释如何成为可能?包容多样差异性的博物馆如何成为可能?这些问题时刻提醒我们,不应简单照搬任何最佳实践案例与行动指南,而应该进一步追问为何如此。

"人们为什么去博物馆?""他们在博物馆做了什么?""他们在博物馆参观体验中构建了什么意义?""博物馆究竟有何价值?"等问题是推动约翰·福尔克(John H. Falk)持续进行博物馆观众研究的动力来源。值得庆幸的是,这些问题并未保持悬而未决的状态,而是在福尔克的著作中一一得到回应。在20世纪末,福尔克以"体验"概括观众在博物馆做了什么,并提出"互动体验模式",揭示个人情境、社会情境和物理情境是如何经由互动而影响博物馆体验的。进入21世纪后,福尔克延伸并修正了之前的模式,同时将研究对象从体验转向学习,关注焦点从博物馆转向观众(社区或社会),研究范畴从博物馆内的情境互动转向博物馆内外的循环关系。在福尔克看来,"体验"指观众在博物馆中获得的多种感受。相较之下,"学习"则站在观众的角度,旨在强调观众在博物馆中获得的那些对其生存进化有帮助,且能够日益完善其智识发展的能力。

在《学自博物馆:观众体验与意义生成》一书中,福尔克正式提出了"情景学习模式",并构建了由三大情景、八个影响因素构成的博物馆学习模式。"情景学习模式"虽然为博物馆提供了优化学习环境的实践策略,其最终立足点却不是博物馆,而是观众,即如何助力人的自主学习、智识发展和身份认知。在《博物馆观众:身份与博物馆体验》一书中,福尔克指出,观众体验不只关乎观众,也不单是博物馆和展览的结果,而是处于这两个现实成为一体的那个独特而短暂的时刻。与此同时,福尔克还将观众体验从博物馆"盒子"内的限制中拯救,进而在较长的时间和空间范畴中予以重新理解。如果观众及其身份、动机在体验和学习中占据如此重要的地位,那么清晰地把握不同类型的观众而非普遍公众就变得至关重要,这也是福尔克对观众分类的原因。此外,福尔克在本书中界定了学习的内涵,学习即身份建构。上述这些研究成果与理论建构,是对《博物馆体验》(1992年出版)一书的拓展和丰富,并最终促成了《博物馆体验再探讨》于2012年的出版。本书重申了"情景学习模式"和"身份动机模式"的影响,并在此基础上重构了其有关博物馆体验的认识。除了"承前",本书还具有明显的"启下"意味:福尔克在本书多处不断提及社区和社会,这是之前研究不曾有过的,这反映了其倾向于从更广阔的范畴——博物馆之于社区、社会的价值——阐述博物馆的未来发展图景。虽然《21世纪西方博物馆研究著作指南(2000—2020)》为著作发表设定的时间下限是2020年,但是斟酌再三,我们还是决定将福尔克的最新著述——《博物馆的价值:提升社会福祉》纳入,这不仅因为该书与长久以来的研究命题——博物馆有何价值——密切相关,还考虑到本书在福尔克学术脉络中的位置,以及由此折射的学术思想的变动。在本书中,福尔克很少再去谈论具体情境中的博物馆、观众、体验、学习等话题,而是退回生物进化学的学科理论,从抽象层面回答了博物馆之于观众、社区,乃至社会的价值究竟是什么。为了回答这个问题,福尔克以普遍意义上的福祉为切入点,以福祉体系为描述工具,探讨了当代社会应当如何理解博物馆的价值。

在过去50年间,传统博物馆在时代背景、社会变迁和学术思潮等多种力量的影响下,呈现一种截然不同的图景。比如,博物馆新形态在某些原则和指导下陆续出现,有关博物馆学的形而上的理论建构逐渐孕育形成,博物馆在建筑、机构、组织等方面焕发生机,一系列针对传统的批判声音开始出现……这些指向博物馆机构本身的新趋势,不仅让我们关注那些新现象，还促使我们重新思考博物馆的新角色和新使命。

20世纪60年代末，西方国家爆发社会危机，博物馆世界内外也并不太平。在博物馆已经穷途末路的质疑声中，以拯救者姿态出现的生态博物馆，率先在法国建立，并随之扩散到世界各地。在初版于1999年、再版于2011年的《生态博物馆：地方感》一书中，彼特·戴维斯（Peter Davis）从生态博物馆的理论与哲学、生态博物馆的国际实践、生态博物馆的困境与机遇这三方面，系统地梳理了生态博物馆的前世今生。与乔治·亨利·里维埃（Georges Henri Rivière）侧重于生态单元，雨果·戴瓦兰（Hugues de Varine）聚焦社区参与不同，戴维斯将关注的焦点放在地方感上，即生态博物馆的核心任务是如何发现与塑造地方感。戴维斯对地方感的强调并没有偏离"遗产—地域—社区"的最初设想，但是这种对生态博物馆的再阐释，却成功地将其从因循原典的牢笼中拯救，继而能够相对灵活地回应博物馆内外的议题。

除了以生态博物馆为代表的新博物馆学对传统博物馆的影响，去殖民化的思潮也冲击着整个博物馆世界，即博物馆如何面对过去的殖民遗产。针对这个问题，支持文物返还的群体和普世性博物馆的拥护者，展开了一场旷日持久的辩论：前者以文化情境、民族情感为由，揭露殖民主义的野心，后者以遗产和文化属于全人类为由，驳斥民族主义的主张。为了走出上述这种简单的对立结构，詹姆斯·库诺（James Cuno）以百科全书式博物馆为切入点，积极寻求超越争议的方案和出路。在《博物馆的沉思：关于百科全书式博物馆的论争》一书中，库诺在追溯百科全书式博物馆起源历史的同时，巧妙地抓住了其背后的启蒙思想。如此，库诺就从启蒙思想至今仍在发挥重要作用的角度，印证了百科全书式博物馆的当代价值。此外，犹如旅行和翻译一样，百科全书式博物馆能够在观众与之接触的过程中建立某种混杂性，并促进他们对世界、文化和差异的理解，思考陌生与熟悉、自我与他者、故乡与他乡的联系。就此而言，百科全书式博物馆因其对世界主义的偏爱而再次彰显当代价值。

三、跨学科的洞见与启发

迪莉娅·佐尔扎基（Delia Tzortzaki）在《思想流派：地图与地形》一

文中曾写道，在这40年（1960—2000）间，"博物馆学都具有无可争议的跨学科性，并且能够突破结构化（和结构的）困境"。具体来说，跨学科、多视角的策略普遍出现在不同的博物馆学传统之中：脱胎于生态博物馆的新博物馆学（nouvelle muséologie）呼吁多学科合作，以此回应社会和社区议题；进入反身性阶段的科学博物馆学抛弃知识的二分，拥抱跨学科性；以批判为核心的新博物馆学（new museology）在文化研究的底色下，不仅利用社会、文化理论认识博物馆现象，还探讨两者碰撞之后的理论潜能。进入21世纪后，这种跨学科的趋势仍在继续，并愈演愈烈。这不仅极大地拓展了博物馆研究的范畴，还提供了超越博物馆学的独特创见。

作为人类学的制度性家园，博物馆曾经在人类学学科的初创阶段为其提供物质材料和展示空间。在经历了半个世纪的分道扬镳后，博物馆与人类学再度联手，并以博物馆人类学这一分支学科的面貌出现在世人面前。在《解放文化：博物馆、保管和遗产保护的跨文化视角》一书中，美国人类学家克里斯蒂娜·克里普斯（Christina F. Kreps）通过在印度尼西亚进行的田野调查，指出非西方国家的博物馆是本土文化传统和欧洲模式混杂而成的产物。因此，仅凭借基于欧洲博物馆的博物馆意识、博物馆专业化、实践标准化，是无法理解包括印度尼西亚在内的更广泛的本土博物馆现象的。克里普斯的野心并不止于发现本土保管与博物馆模式，还试图将博物馆学从欧洲中心主义的霸权中解放。在17年后的《参与时代的博物馆与人类学》一书中，克里普斯使用了多点民族志（multi-site ethnography）的方法，不仅对不同文化情境中的博物馆展开跨文化比较，还对诸如参与时代、合作、博物馆人类学的价值等普遍性议题给予回应。在这本书中，克里普斯充分展现了其广泛的视野和处理材料的能力，读者既能够感知参与时代、批判博物馆学、物质文化遗产等时代背景和理论思潮，又能综合利用其在美国、荷兰、印度尼西亚等地搜集的田野材料。相较之前对本土博物馆模式的发现，本书旨在提出一种可能的解决之道，即合作博物馆学。

如果说克里普斯研究的核心是在西方博物馆体系之外重新发现博物馆模式，那么麦夏兰（Sharon MacDonald）之于博物馆学与人类学跨学科性的贡献，则在于采取了博物馆民族志的方法。《科学博物馆的幕后》一书将博物馆作为田野，进行长时间的田野调查与民族志书写，以此洞悉很多不被重视或往往被忽视的要素和细节。具体而言，其一，切实感受博物馆内外、机构上下等不同主体的意见是如何在博物馆内部的日常工作中碰撞、交锋与协商的，很显然，这与基于局外人视角的浅尝辄止般的描述不同；其二，将展览视为一个过程而非一个产品，这样不仅可以考察从生产到消费的全过程，还能对过程中发生的偶然和不可预测的决策、事件进行关照。

人类学对博物馆和博物馆学的贡献有目共睹：要么与理论视角有关，要么充分体现在方法论上。相较之下，深刻影响21世纪博物馆和博物馆学的另外一个学科则是社会学，其介入方式有二：其一，当博物馆将眼光转向机构之外，进而关注社会和社区时，社会结构、社会变迁和社会问题就成为社会学和博物馆学共同的研究对象和关注议题。得益于此，社会学与博物馆学发生了碰撞与交汇。其二，在考虑跨学科命题时，诸如如何用社会学领域内的经典理论阐释当代博物馆现象，以及博物馆作为内置了社会、文化理论的场所如何回应社会学理论等问题，是始终无法回避的。这些理论构成了社会学和博物馆学开展交流与对话的平台。

在关注包括不平等、偏见、包容在内的社会问题，探索博物馆的社会角色、可能性和潜力方面，莱斯特大学的理查德·桑德尔（Richard Sandell）一直扮演着先驱者和引路人的角色。在其主编的《博物馆、社会与不平等》一书中，以桑德尔为代表的一众学者，聚焦社会包容和社会平等问题，首先论证了博物馆应该且能够对该问题做出有效回应，其次讨论了博物馆如何通过合作与运营推动社会变革。很显然，桑德尔等人有关博物馆目的——改善社会不平等——的讨论，旨在与博物馆实践的革新形成良性循环关系。在《博物馆、偏见与差异的重构》一书中，桑德尔以"对抗偏见"为主题的策展实践为例，结合博物馆观众的调查与反馈，旨在分析博物馆为扭转社会对某些群体的负面刻板印象，推动跨文化理解与尊重，促进平等、宽容所做的诸多努力。在桑德尔眼中，博物馆远不仅是一个生产与传播知识、继承与弘扬传统文化的场所，而要在承担社会责任、促进社会变革方面发挥积极作用。在《混乱世界下的博物馆：再造、无关或衰败》一书中，罗伯特·简斯（Robert R. Janes）聚焦混乱世界中的博物馆，以此分析博物馆在市场中心主义和权力集中影响下，遭遇的困境与不确定性。在混乱的世界中，博物馆要么对外部变局和责任召唤视而不见，要么积极酝酿和探索某种相应的行动。然而，来自市场经济、政治权力和传统管理的力量往往会阻碍博物馆自身的改变,进而导致博物馆走向与社会无关或自身衰败的道路。为了激活博物馆之于社会的价值,简斯基于既有的实践案例和研究成果,提出了两种"再造"策略——弹性和观想。两者虽然各自所指不同,但是其核心旨趣是一致的,即鼓励博物馆从不假思索的传统、惯性和僵化中解放。如此,当代博物馆才能存活于这个混乱的世界,继而为改善混乱局面贡献力量。

相较之下,《博物馆与公共领域》一书,则属于社会学介入博物馆和博物馆研究的第二种方式。珍妮弗·巴雷特(Jennifer Barrett)的终极问题是博物馆是否以及何以成为一个公共领域。针对该问题,巴雷特从尤尔根·哈贝马斯(Jürgen Habermas)的公共领域入手,在批判的基础上,提出博物馆实际上是一种文化公共领域。在历史的回溯中,巴雷特发现,唯有通过充分发现公众的能动性和多样性,尤其是社区的力量,博物馆才有可能成为真正的公共空间,否则,博物馆终将是一个表达权力结构、单向传播文化的场所。为了能够让作为公共领域的博物馆在21世纪更好地发挥潜力、承担责任,策展人(和博物馆)应当放弃传统的权威角色,以文化掮客(cultural powerbroker)、促进者(facilitator)和适当参与者(appropriate participant)等多重身份,让博物馆成为促进知识发展、文化交流和公共辩论的重要场所。

上述提及的人类学、社会学对博物馆和博物馆研究的介入相对简单、清晰,相较之下,聚焦博物馆政治属性与意识形态的主题研究,则展现了跨学科的复杂性。换句话说,我们很难分辨究竟有哪些学科、领域或视角介入了与博物馆政治学有关的讨论,但不可否认的是,这些研究充斥着跨学科色彩。具体而言,与博物馆政治学有关的讨论大抵围绕种族、性别、阶级、年龄、民族认同、国家建构等展开。

在《博物馆中的身体:参观和观看的政治和实践》一书中,海伦·里斯·莱希(Helen Rees Leahy)以我们习以为常的观众参观行为和观看方式为研究对象,经由历史的眼光对其进行解构与批判,揭示了博物馆如何借此影响和形塑公众。在公共博物馆诞生之初,博物馆便围绕着入场限制、观看方式、行走法则,制定了一系列规则或指南,以此让参观博物馆的观众能够按照博物馆的要求,成为举止得当的文明人。具体到入场限制,博物馆根据阶级、性别和年龄等标准,将某些群体排除在外,这也展现了其时博物馆的矛盾心态，即一方面要影响和形塑公众，另一方面又要警惕他们对博物馆的潜在破坏。虽然这种借助权力认同和知识体系的、自上而下的教化往往很奏效，但是难免会出现一些对抗性的实践，比如对博物馆意欲传递信息的误读和对规则的有意破坏，这些现象在某种程度上成为后来极具生产力和革新性理念的源泉。

如果说与观众参观方式有关的政治命题较为隐晦和委婉，那么博物馆与民族认同、国家建构的关系，则更为直接和明显。2020年，来自莱斯特大学的两位资深教授——希拉·沃森（Sheila Watson）和西蒙·奈尔（Simon Knell），就博物馆与民族认同、国家建构这一政治命题，进行了极具启发的论述。沃森简单明了地指出，国家及其身份是人为建构的产物，因此，博物馆会根据政治需求和时代状况，随时调整或重构叙事内容。为了增加国家叙事的客观性和可信度，博物馆往往会借助学术知识加以佐证。为了让观众积极认同国家身份，博物馆往往会动用情感的力量，增进公民之间的团结。虽然国家及其身份是建构的产物，但是博物馆往往通过诉诸起源神话这种向前追溯的方式，掩盖事实的真相，这让博物馆有关民族与国家的叙事看似无懈可击，实则禁不起推敲。奈尔当然意识到博物馆在围绕种族、性别、阶级、民族、国家叙事时，不断制造着边界，与此同时，也敏锐地察觉到博物馆在缓解和消解边界上的潜力。经过案例分析，奈尔提出了"当代博物馆学"的概念，旨在将当代博物馆定义为一个适应"全球当代"的机构，继而产生一种生活在一个非等级的、全球联系的世界中的感觉。

除了上述提及的这些较为常见且系统的跨学科研究，我们还可以看到另外一些尝试，比如艺术史和信息科学领域的介入。在《博物馆怀疑论：公共美术馆中的艺术展览史》一书中，大卫·卡里尔（David Carrier）首先对困扰博物馆界许久的经典命题——博物馆究竟是艺术品的坟墓还是殿堂——进行了系统的梳理。很显然，卡里尔并没有在两派之间选择自己的阵营，而是从这种简单的对立关系中抽离，转而考虑艺术博物馆的未来。立足于公共艺术博物馆的变迁，卡里尔将眼光从艺术品、艺术史与博物馆的关系，转向博物馆与公众的关系，进而在自由的对话、开放的沟通中，寻觅艺术博物馆的未来之路。21世纪前后，图书馆、档案馆和博物馆在多种因素的驱动下，出现了重新融合的趋势，从信息科学的视角认识和理解博物馆再次成为可能。在《博物馆学基础：不断演进的知识体系》中，基尔斯滕·莱瑟姆（Kiersten F. Latham）、约翰·西蒙斯（John E. Simmons）将博物馆定义为"一个建立并永久维护不可替代和有意义的物质资源，并利用它向公众传播思想和概念的系统"。相应地，作为系统的博物馆、有意义的物质资源、思想与概念的传播这三个方面，成为本书论述的焦点。具体来说，作为系统的博物馆勾连博物馆内外的关系，即保持一种相关性；有意义的物质资源指博物馆如何将其转化为有用的文献；思想与概念的传播则聚焦如何在工作人员的帮助下，建立博物馆与公众的关系。这种思考博物馆和博物馆研究的方式，充分体现了东欧博物馆学的当代价值。

四、余论

两本《指南》所选书目几乎都来自英语世界，其中，尤以英国和美国为主。为谨慎起见，我在书名中使用的是"博物馆研究"而非"博物馆学"。正如安来顺教授在《20世纪西方博物馆研究著作指南》的序言中所写的那样："书中尚未包含科学博物馆学派的诸多代表人物及其出版物。"的确如此，由于语言障碍、资料获取困难等种种原因，上一本书中没有出现一本严格意义上的博物馆学论著。在本书中，我们通过收录《一部博物馆学史：博物馆学理论的重要学者》弥补之前的遗憾。布鲁诺·布鲁隆·索耶斯（Bruno Brulon Soares）在该书中总结与提炼了18位著名博物馆学家的生平、观点和影响，继而勾勒了博物馆学的历史沿革与当代趋势——从规范博物馆学到理论博物馆学，再到反身性博物馆学。虽然这些作者在思想传统上分属于东欧世界的科学博物馆学、法语世界的新博物馆学、拉丁美洲世界的社会博物馆学，以及亚非世界的去殖民化的博物馆学，但是国际博物馆协会博物馆学委员会是凝聚他们的黏合剂，保证了其内部的共同体属性和博物馆学信仰。

正所谓"旧恨已了，又添新愁"，我们对研究成果进行翻译、述评的速度始终赶不上成果公布的速度。2019年，简·多拉克（Jan Dolák）的新作《博物馆学及其理论》出版，该书不仅系统梳理了博物馆学思考的历史轨迹和当代趋势，还将其置于跨学科的批判分析下予以考察。其中，博物馆藏品及其沟通话题、不同国家和地区的博物馆学路径、博物馆学的理论与实践等相关议题也均有涉猎。遗憾的是，由于种种原因，本书中未能呈现对多拉克著作的述评。另一本因超出时间段而被排除的经典文献，是出版于2021年的《博物馆学理论：主要的思想流派（1960—2000）》。该论文集按照流派、国家或地区，对20世纪后40年的博物馆学思想进行了系统梳理，比如莱斯特学派、布尔诺学派、美国博物馆学、法国博物馆学、加拿大博物馆学、拉丁美洲博物馆学……如此，博物馆学就成为一个不同知识传统拼凑且不断累积的产物。在我看来，这本书的突出价值在于清晰辨识了不同的博物馆学传统，让我们得以在阅读和写作的过程中，明确地把握自己的位置。

我想，将上述这三本书放在一起阅读会更加合适，它们不约而同地代表着廓清博物馆学思考的历史与当下的积极尝试。与此同时，将《一部博物馆学史：博物馆学理论的重要学者》纳入本论文集，也昭示着国内博物馆界将逐渐重拾那些被长期遗忘的学术遗产。如果现在就行动起来，那么我们有望在该研究领域保持与国际博物馆界的同步与对话。

尹凯

山东大学文化遗产研究院教授

2024年12月于山东青岛

《博物馆与视觉文化的阐释》
Museums and the Interpretation of Visual Culture

作者：艾琳·胡珀-格林希尔（Eilean Hooper-Greenhill）
出版年份：2000

◆—— · 本书短评 · ——◆

"后博物馆"指明了21世纪博物馆的变革方向。

述评人：何雨蔚

20世纪80—90年代以来，西方社会爆发了旨在抵抗统治意识形态的思想危机和身份危机。受此影响，博物馆的相关理念与实践，被置于新历史主义、后现代主义和解构主义的情境中审查。在理论建构层面，一些学者提出，博物馆应当向二元乃至多元文化机构转变、包容多样化的阐释、赋权相关社区。[1]本书即在这一思想与现实背景中诞生。

1993年，艾琳·胡珀-格林希尔作为访问学者，受邀参加了由澳大利亚博物馆教育协会（Museum Education Association of Australia，简称MEAA）和新西兰博物馆教育协会（Museum Education Association of New Zealand，简称MEANZ）共同举办的会议——"建立伙伴关系的途径"（Pathways to Partnership）。此次会议以及胡珀-格林希尔随后在澳大利亚和新西兰进行的一系列巡回讲座，激发了她写作本书的灵感与想法，她于2000年1月完成了本书初稿。[2]

胡珀-格林希尔认为，"意义"在当前的博物馆情境中非常重要，是探讨博物馆物件阐释和知识构建的核心。博物馆的"意义生成"具有复杂性，通过"将公开展示的物件或藏品与个人和社会阐释过程进行接合（articulation）来实现"[3]。为了理解这一意义生成的过程，胡珀-格林希尔一方面采用物质文化和视觉文化的方法，分析博物馆物件的意义生成与变迁过程，以及物件被置于展览中产生的视觉叙事；另一方面运用传播学、教育学，以及诠释学理论，分析博物馆展览与观众的沟通过程。此外，她还总结了过去150年间博物馆视觉文化与教育方式的变迁。在论述中，胡珀-格林希尔主要采用理论阐述和实证研究结合的方式，以期本书的研究能与现实世界的博物馆产生更多关联，并对博物馆实践有所启发。

在本文中，笔者从现代主义博物馆与后博物馆的对比、意义视角下的博物馆过程分析、后博物馆时代的展示和教育模式这三个方面，对本书的主要内容进行总结和梳理，并在此基础上评述本书的主要价值与后续影响。

一、现代主义博物馆与后博物馆

本书中，胡珀-格林希尔力图回应博物馆转型的现实，并对其发展方向进行理念形构。因而，贯穿本书的一个重要论述线索是"现代主义博物馆"（modernist museum）和"后博物馆"（post-museum）的隐喻，它们分别对应19世纪在欧洲形成的机构形式和目前已经显现的新的博物馆形态。很显然，这一隐喻延续了她在《博物馆与知识的塑造》[4]中构建的断裂性和非线性博物馆史的相关论述。在博物馆发展史的不同时期，主导博物馆机构形态的权力结构和认识论框架存在着断裂性的变化与重塑。因此，体现博物馆领域内部真理和知识生产形式的物件的收藏、展示与意义建构，也是一个持续演变的过程。[5]

（一）定义现代主义博物馆

19世纪以来，西方现代社会的博物馆以"规训博物馆"（disciplinary museum）的形态出现。在西方民主化的革命浪潮中，博物馆机构成为统治阶层驯顺民众身体将其文明化、塑造与灌输民族国家价值观念的工具。在现代知识型下，致力于经验分析与描述的现代人文科学，重塑了博物馆物件的展示秩序与认知形式。[6]

相比对博物馆机构形态合理性的宏观性、历时性综合分析，本书在延续前述观点的同时，也融入了胡珀-格林希尔作为雕塑家对物件及视觉文化领域、教育社会学、文化与传播、学习理论、博物馆研究和女权主义方面的广泛思考，主要从博物馆内部的收藏、展示和参观过程等微观层面分析机构转型的动向与趋势。在规训博物馆这一机构形态的整体框架下现代主义博物馆的内部视觉叙事也具有独特性。在本书中，胡珀-格林希尔以伦敦国家肖像馆（National Portrait Gallery，London）的案例具体阐明了这一点。

伦敦国家肖像馆成立于1856年。此时的英国一方面通过海外拓殖扩大自己在世界的影响力，另一方面伴随中产阶级在政治领域影响力的扩大，其社会内部民主化的进程也在加快。[7]伦敦国家肖像馆正是在这样的社会背景下，成为构建国家神话、展示国家英雄、将公民文明化的神殿。[8]首先，肖像馆的收藏展现了一种与性别、阶级、种族、地理、历史等分类层级相关的权力结构，塑造和定义了一种以民族国家为中心的分布矩阵，强化了欧洲资产阶级白人男性将自身置于人类进化序列更高层次的进化论观念与殖民主义思想。其次，肖像馆在具体的展示叙事中，充分利用了肖像在界定与表征社会中主流的关于美的标准、成就与社会行为方面的视觉文化意义，通过对国家身份认同的感知，意图使观看肖像的观众与被展示的肖像共同联结于民族国家的共同体，从而使当下的、主要由资产阶级倡导的社会权力结构和价值观，成为一种需要效仿的、自我内化的道德观念与行为准则。[9]

因此，伦敦国家肖像馆体现了现代主义博物馆通过高度控制化和理性化的视觉秩序，将物件置于实证主义认知框架中的尝试。在此过程中，现代主义博物馆构建了一种主流的、具有普适性的、内部高度统一的宏大叙事，呈现国家主导的历史观，[10]着重培养观众理性思维和视觉学习的习惯，为现代化社会塑造文明化的模范公民。[11]

（二）转型与重塑：后博物馆模式

伦敦国家肖像馆成功塑造了主流叙事，其采用的视觉叙事策略也在此后，成为英国博物馆和美术馆，乃至世界范围内现代主义博物馆的典范。然而，正如胡珀-格林希尔质疑与批判的那样，肖像馆对中心的构建是通过定义边缘，并使其缺席实现的。[12]

这一现实领域的反思也与学术思潮呼应。20世纪70年代初，人文学科领域出现"文化转向"，各个学科开始重视意义在理解文化中的重要性，认为文化关乎意义生产与交换的过程与实践。[13]受此影响，博物馆生产的文化也不再仅被视作对客观现实的反映，而是一种由多元话语共同塑造的、具有生成性和建构性特征的"表意实践"（signifying practice）[14]。具体而言，一方面，博物馆宣称的权威性和真理性的知识受到了质疑，物件的意义不再被视为固定的和单一的；[15]另一方面，随着社会科学领域的学者逐渐发现受众在接收媒介信息过程中的主动性，现代主义博物馆通常采取的传输式沟通模式和行为主义教育方法遭到质疑。[16]上述这些趋势，共同构成了现代主义博物馆向后博物馆转型的推动力。

在后博物馆的理念中，如何理解与重塑博物馆在展览阐释与教育传播层面的相关理念与实践形式，是胡珀-格林希尔在本书中的核心关切。因而，她揭示了博物馆机构化的过程。具体而言，首先通过物质文化研究中生命史与收藏史的方法，审视物件被收藏、展示与阐释的博物馆化过程；其次创新性地开拓了在博物馆中进行视觉分析的批判性路径，关注观众如何在博物馆的视觉环境中，运用自己的阐释策略和知识库，构建不同于策展人（curator）主张的意义的内在一致性（coherence）。

二、重思意义视角下的博物馆过程

（一）物件的意义建构：生命史与收藏史

物质文化研究（material culture studies）指关注物件（尤其是人工制品）的物质材料特性及其意义、追踪物件的生命史，分析其意义和解释其历史流通情况的独特研究方法。[17]物件本身所处的情境和人们对物件的感受与思考，共同影响了认知主体对意义阐释框架的选择。与此同时，这种阐释框架具有社会性，因为它通常是对社会中主流思维模式、态度和信仰的反映。很显然，这些情况都不是绝对的、固定不变的：物件的物质特性并不稳定，可能会因为脆弱或缺乏耐久性而发生变化；物件所处的社会关系和权力网络也在时刻变动。上述这两点使得物件的意义是开放的、多义的和叠写的。[18]

为此，胡珀-格林希尔研究了1880年建于新西兰北岛火山地区特怀罗阿（Te Wairoa）小型定居点的一座毛利"会堂"（meeting house）。在当地语言中，这座会堂被称为"旧世界的'希内米希'"（Hinemihi o te Ao Tawhito）。部落族群在会堂中举行家谱（whakapapa）、神话等口头传统的传承活动，并构建当今毛利族群的族人与其亲属、部落酋长、毛利祖先，以及神话中神灵的文化联结。[19]因此，作为公共空间，毛利会堂是构建毛利族群文化身份认同的重要场所。然而，欧洲男性学者在早期研究中，却将当时欧洲社会中根深蒂固的父权制观念代入对毛利社会的认知。当参观这座毛利会堂时，普通的欧洲游客通常使用贬低的、粗俗的词语，来描述这座会堂建筑和毛利人群体。[20]

1886年，塔拉威拉火山（Mount Tarawera）的爆发改变了这座毛利会堂的命运。当地的毛利族群被迫搬离这片土地，"希内米希"则被留在原地，并经历了被欧洲贵族收购、搬迁和拆解重组的过程。1956年，"希内米希"所在的克兰登公园（Garden of Clandon）被捐赠给英国国民信托（British National Trust），这座会堂建筑也在20世纪70年代经过修缮向公众展示。与公园中昂斯洛房间（the Onslow Room）收藏的许多毛利物件一样，被展示的"希内米希"不仅脱离了原初的毛利文化语境，还被嵌入欧洲人文主义的阐释情境，成为一个代表异国情调、展示贵族阶层生活方式和文化品位的收藏品。[21]幸运的是，当这些物件被重新放回部落历史、祖先谱系、口头传说的相关意义网络时，它们在毛利文化中的意义就能被激活。[22]现如今，关于这座毛利会堂建筑在意义阐释上的分歧仍然存在，主要分为审美和风格视角的西方艺术史阐释框架与毛利历史和宇宙观视角的毛利文化亲密性阐释框架。[23]

随后，胡珀-格林希尔在收藏史的视角下，举两例分析了19世纪具有不同文化身份的收藏者的收藏心态及其对物件阐释的影响。与毛利物件相

《博物馆与视觉文化的阐释》　5

关的第一个例子是收藏家玛吉·帕帕库拉（Maggie Papakura），她成长于毛利部落，学习了毛利的文化习俗，也接受了学校的正规教育，具有双重文化能力。随着当地旅游业的兴起，她在1890—1910年间担任游客的参观向导和翻译，并建立了自己的毛利物件收藏。1926年起，她开始在牛津大学攻读人类学学士学位，并计划对其成长的毛利部落村庄开展人类学研究，但研究尚未完成，她就去世了。第二个例子是英国的一对中产阶级夫妇——默顿·罗素-科特斯（Merton Russell-Cotes）与其妻子安妮·纳尔逊·克拉克（Annie Nelson Clark）。他们从19世纪80年代起，开始在海外进行长途旅行，同时也收集与各地文化有关的物件，并通过游记记录旅途经历和与这些物件有关的信息。1884年，他们在新西兰旅游期间，收集了一些具有毛利典型特征的物件。

随后，胡珀-格林希尔比较了二者的身份是如何影响毛利物件的收藏与阐释的。首先，玛吉采取了自我民族志（auto-ethnography）的视角，将个人经历融入对毛利文化的阐释。作为毛利文化的倡导和推广者，玛吉的身份使其力图呈现毛利文化最为原始而纯粹的面貌；同时，她的女性身份也让她关注婚姻、抚育后代、照料家庭等与毛利女性更相关的家庭内部事务。[24]相较之下，罗素-科特斯夫妇采取的则是"局外人"的视角，其收藏的毛利物件零散而缺乏系统性，主要用以展示收藏者本人的文化品位。[25]其次，不同的文化身份也使他们对与毛利文化相关的殖民主义采取不同的态度。玛吉在其研究著作中积极回应欧洲学者对毛利文化习俗的描述，揭露了殖民国家作者的无知和误解，因而，其著作在一定程度上是一部"反民族志"（counter-ethnography）[26]。罗素-科特斯夫妇则在一定程度上带着殖民主义对当地的凝视目光：不仅在描述当地文化时，使用了隐含消极刻板印象的语言，还因对当地社会文化和经济状况缺乏深入了解，忽视毛利人的旅游产业构成了潜在的殖民化危机。[27]

其后，他们的藏品都进入了博物馆。在玛吉去世后，她的收藏和她个人身份间的联结并没有在之后的藏品意义阐释中得到延续，但其中一些藏品仍然在博物馆中发挥着呈现原真毛利文化、反对文化殖民的作用。[28]罗素-科特斯夫妇投资建设了罗素-科特斯美术馆和博物馆（Russell-Cotes Art Gallery and Museum），用于安置和展示其收藏，注重展示物件的风格和形式。如此看来，博物馆既巩固和延续了个人作为学识渊博、品味高雅的收藏家形象，也满足了观众对于他者文化的视觉消费需求。[29]

综上而言，两个案例虽分别采用了生命史的历时性视角和收藏史的共时性视角，但从中我们可以发现，物件在历史叙事中的意义变迁和对相关主体身份的差异化建构，都体现了弗里德里希·威廉·尼采（Friedrich Wilhelm Nietzsche）提出的视角主义（perspektivismus），即针对不同主体，采用差异性的阐释框架解读物件的意义。[30]就博物馆物件而言，在物件的生命史历程中嵌入的社会文化背景牵涉了广泛而多样的社会话语体系，而物件在之后被选择、收藏与展示的博物馆化过程，也是博物馆通过自身的公共性与权威性形成、建构物件的视觉叙事声明的过程。因此，博物馆在意义网络中选择与呈现怎样的意义，实则也涉及潜在的意义主导、争夺与协商的文化政治问题。

（二）博物馆观众的意义阐释

为了进一步探讨博物馆展示的物件是如何被观众观看、理解与阐释的，胡珀-格林希尔在接下来引入了视觉文化研究的观点，以分析观众的意义阐释过程。

20世纪80年代末至90年代初兴起的视觉文化研究，不仅关注如电影、电视、广告和绘画等二维媒介中的图像生成的意义，而且研究展示过程中的视觉与可视性问题。其相关理论对于分析博物馆物件与观看主体之间的关系，以及在阐释过程中物件如何被赋予意义颇有启发。[31]观众对物件的观看过程首先是具身性和感官性的：物件与观众的距离、物件本身的大小和规模、物件本身所处的环境，都会影响观众对物件的认知和情绪反应。[32]在这种情况下，观众如何调动和运用感官，则会受其所属文化的影响，如西方文化高度重视视觉的理性化建构，试图消除感官的感性与情感色彩，由此产生的对社会知识生产的影响是注重观察和描述。[33]此外，观众在感官性的接触与感知之上，会逐步过渡和发展到抽象概念与思想的解读，并调用其既往认知与思维模式中的某一阐释框架，解读博物馆中作为复杂的、层叠的意义载体而存在的物件。[34]

为此，胡珀-格林希尔使用诠释学和学习理论的相关概念，进一步构建与分析观众在博物馆中的意义阐释过程。汉斯-格奥尔格·伽达默尔（Hans-George Gadamer）提出的诠释学循环（hermeneutic circle），适用于描述博物馆观众对物件的意义解读，即观众既有的知识和经验形成认知图式（cognitive schemata），与此同时，物件涉及的新的信息或知识则会影响与改变观众既往持有的认知图式。[35]因此，观众对物件的阐释和意义解读是一个循环的、动态的过程。[36]

但从一种相对性的维度而言，我们能够从受众研究发展而来的"阐释社区"（interpretive community）概念中，找到一种具有共时性的意义阐释框架。在共享的社会意义的影响下，同一阐释社区在阐释过程中会使用共同的词汇、知识、智力技能，以及可理解性的框架。在本书的第七章中，胡珀-格林希尔通过一个民族志物件——幽灵舞衫（Ghost Dance Shirt）的案例——阐明了在后博物馆情境中，博物馆如何应对作为阐释社区的观众群体建构的意义，以及如何处理这些意义与物件自身的意义网络之间，潜在的冲突与矛盾关系。

印第安部落族群在"幽灵舞"（Ghost Dance）仪式中穿着的幽灵舞衫，具有护佑族人、抵御攻击的宗教性和护身符意义，象征印第安原住民的世界观。入藏凯文葛罗夫艺术博物馆（Kelvingrove Museum and Art Gallery）民族志展厅的幽灵舞衫，则是在拉科塔（Lakota，印第安部落之一）人被屠杀的"伤膝河战役"（Battle of Wounded Knee）或称"伤膝河屠杀"（Wounded Knee Massacre）的现场获得的，实证了殖民主义的侵略与迫害。然而，入藏之后，幽灵舞衫与来自世界各大洲原始族群的物件并置，共同满足了观众对异国情调视觉文化的兴趣，呈现了欧洲中心主义的世界观。[37]这个物件也吸引了更广泛公众的兴趣，它与当时以印第安部落族群为主题的文化表演和廉价小说一道，共同塑造了人们对于印第安人野蛮性的单一刻板印象。[38]

20世纪90年代，物件归还的讨论引发了幽灵舞衫的意义变动。1995年，幽灵舞衫被从民族志展厅移置于博物馆的展厅中进行单独展示，说明牌上列出了要求归还该物件的伤膝河幸存者协会（Wounded Knee Survivors Association）和博物馆的主张，突出了该物件涉及的道德与政治困境，并邀请观众对此发表意见。相关的报道则呈现了物件相关意义认知的几种维度：第一种维度延续了之前的刻板印象，认为印第安人要求归还物件的行为暴露了他们一如既往的粗鲁野蛮和文明的未开化性；第二种维度则以物件被制造与收藏的原初语境为参照框架，构建了浪漫化的族群叙事，通过物件在族群消亡层面的象征意义，唤起读者的共情；第三种维度则是通过类比苏格兰高地大屠杀（Massacre of Glencoe）等历史事件，凸显该物件指涉的文化剥夺意涵，以及苏格兰人和拉科塔人之间的历史相似性和文化亲密性；第四种维度则聚焦博物馆处理这一物件的态度与方法，认为它代表博物馆对殖民主义的态度，也反映了当前博物馆的性质与价值观。[39]

上述讨论发掘了幽灵舞衫潜在的多层面意义，但是其中也掺杂了关于该物件及其涉及的文化刻板印象。1998年，凯文葛罗夫艺术博物馆再次改变了幽灵舞衫的展示情境，将幽灵舞衫、其他与伤膝河屠杀有关的物件，以及三屏影像并置展示，共同呈现了与该物件相关的历史叙事。随之，幽灵舞衫的意义阐释框架逐渐从原初的他者文化凝视，转向与印第安部落族群的历史和传统有关的意义网络，从而产生了新的阐释社区，该物件最终得以成功归还。

由此我们可以发现，在面临物件意义的争议性阐释议题时，博物馆采取了主动应对的姿态，比如变革内部文化、改变展示形式和容纳多元意义等，此种做法也会对观众群体产生影响，培育观众新的知识经验，以及思维与行动方式。

三、迈入后博物馆：重塑博物馆的展示与教育模式

在本书第六章与第七章中，胡珀-格林希尔进一步展望后博物馆指向的文化变革方向，并分析这一文化变革如何重塑博物馆的展示与教育模式。在胡珀-格林希尔看来，博物馆想要成为包容多元和响应式的公共文化机构，必须在展示、传播和教育模式上有所创新。

如前所述，在现代主义博物馆中，物件通过收藏、分类和描述，被嵌入特定学科或主题领域的知识序列，展现隐含进化论话语的、百科全书式的世界观。[40]相应地，观众被视为同一化的对象，被假设与博物馆研究员有共同的视觉趣味与观看取向，能够在博物馆的规训空间中，通过受控制的观看行为，习得由物件构建的统一的、客观的、理性的知识与意义。[41]由此，主导现代主义博物馆的是一种单一的、线性的大众传播模式，基于此，博物馆主要采取行为主义的教育观念。[42]

随着物件的意义网络及其关联的阐释社区的浮现，后博物馆转而采取文化路径，这意味着博物馆将正视物件在选择、组合、展示和阐释过程中潜在的文化政治影响，并考虑在阐释框架中纳入物件在历史、社会和文化等层面上的多元可能性。[43]由此，后博物馆的展示图景具有多声部的特征，它不再站在权威化和真理性的知识生产的立场上，而是采取一种协商性、合作性和包容多样性的态度。[44]在传播的文化路径基础上，后博物馆首先在建构主义学习理论（constructivist learning theory）的影响下，通过

观众研究，识别其展览关涉的阐释社区采取的阐释框架与策略，并鼓励观众发挥其能动性为自己建构与创造意义。[45]其次，后博物馆将采取新的教育方法：批判教育学（critical pedagogy），即不再将教育仅视作传授特定的技能、知识体系或价值观的过程，而是将其视为一种文化生产形式。由此，博物馆可以作为文化边界地带，包容与汇聚差异化的叙事与身份，从而激发相关群体的批判性思考，并进一步调动其能动性与创造力。[46]

此外，后博物馆的文化变革也将体现在其他的诸多方面。就博物馆机构本身而言，博物馆不仅可以被视为一个有形的建筑空间，也可以成为一个过程和一种体验。因而，博物馆将开始重视观众的视觉体验，并试图探究展览如何与观众的感官和情感建立联结。[47]同时，博物馆也将探索与其观众或相关社区建立紧密的新型合作关系，如开发展览以外的多元沟通形式、完善其与社区合作的多种模式，从而将博物馆塑造为一个更具文化包容性的公共空间。[48]

四、余论：本书的意义与价值

概言之，本书的贡献主要体现在如下三方面：首先，胡珀-格林希尔重新审视了与物件相关的博物馆收藏、展示和教育的潜在前提与理念，并从物质文化和视觉文化研究的角度，拓展了对于博物馆物件意义的讨论，从收藏者、博物馆观众、博物馆机构等多个维度，阐释博物馆中的意义生成与沟通过程；其次，在后现代主义和后殖民主义情境中，胡珀-格林希尔重构了博物馆的社会角色和教育策略，使博物馆机构适应社会需求；最后，本书还受政治和教育行动主义影响，指明博物馆研究员回应民主化和去殖民化议程的反身性实践路径。

本书在博物馆研究领域的深远影响主要体现于胡珀-格林希尔提出的后博物馆概念。珍妮弗·巴雷特（Jennifer Barrett）认为，胡珀-格林希尔将过去均质的、同一的公众概念，拓展为分化的、差异化的公众概念，从而提出了包容文化多元性的公共领域的可能性，并在参与性理念和互惠原则下，将博物馆塑造为一个展示性的"接触地带"（contact zone），博物馆可以从中触达更多样化的公众与社区，与其共同创造容纳多元意义与价值的新的文化实践。[49]

就"后博物馆"这一文化变革的现实可能性而言，虽然胡珀-格林希尔认为，在后现代主义的文化情境中，博物馆机构的文化变革具有应然的必要性，但在本书末尾，她也同时指出，博物馆的文化变革牵涉到广泛的利益相关者，比如意识形态框架、资源优先级的分配，以及机构内部组织架构和工作模式等，因而其全面的变革很少发生且并不完全可取。[50]尼古拉·克莱顿（Nicola Clayton）也认为，对于英国传统的博物馆机构而言，做出根本性的改变是困难的。根深蒂固的现代主义范式使许多创新性实践停留于表面，所以博物馆机构内部分化的、类似社区中心的组织，更有可能实践后博物馆理念，[51]或是如胡珀-格林希尔所言，这一文化变革可能"将发生在见证现代主义博物馆诞生的欧洲主要中心之外"[52]。

但毋庸置疑，后博物馆这一模式正以各种可能的形式，浮现于各个博物馆的多元文化实践中。最后也应指出，基于社会情境的快速变迁，后博物馆不应局限于本书中的理念模型，它也应当成为一个具有演化性和不断自我重塑的概念，指涉博物馆应当根据不同时期的社会文化特征和公众需求，探索和创新自身的文化形貌与变革方向。[53]

（何雨蔚，北京大学考古文博学院硕士研究生，主要研究方向为博物馆与社区。）

注释：

[1] Julia D. Harrison, "Ideas of Museums in the 1990s", *Museum Management and Curatorship*, 1994, 13(2), pp. 171-172.
[2] Eilean Hooper-Greenhill, *Museums and the Interpretation of Visual Culture*, London: Routledge, 2000, p. xiii.
[3] Ibid., p. 8.
[4] 艾琳·胡珀-格林希尔：《博物馆与知识的塑造》，陈双双译，南京：译林出版社，2020年。
[5] 艾琳·胡珀-格林希尔，前揭书，第200页。
[6] 艾琳·胡珀-格林希尔，前揭书，第207页。
[7] Eilean Hooper-Greenhill, *Museums and the Interpretation of Visual Culture*, p. 28.
[8] Ibid., pp. 27-28.
[9] 同注7。
[10] Ibid., p. 24.
[11] Ibid., pp. 131-132.
[12] Ibid., p. 42.
[13] Ibid., p. 12.
[14] Ibid., p. 13.
[15] Ibid., p. 125.
[16] Ibid., p. 138.
[17] Ibid., p. 107.
[18] Ibid., p. 115.
[19] Ibid., p. 59.
[20] Ibid., pp. 68-69.
[21] Ibid., p. 72.
[22] Ibid., p. 73.
[23] Ibid., p. 76.
[24] Ibid., p. 93.
[25] Ibid., pp. 97-98.
[26] Ibid., p. 95.
[27] Ibid., p. 92.

[28] Ibid., p. 101.
[29] Ibid., pp. 100-101.
[30] Ibid., p. 53.
[31] Ibid., pp. 107-108.
[32] Ibid., p. 113.
[33] Ibid., p. 112.
[34] Ibid., p. 116.
[35] Ibid., pp. 117-118.
[36] Ibid., p. 118.
[37] Ibid., pp. 156-157.
[38] Ibid., pp. 155-156.
[39] Ibid., pp. 157-160.
[40] Ibid., p. 126.
[41] Ibid., pp. 127-129.
[42] Ibid., pp. 132-133.
[43] Ibid., p. 148.
[44] Ibid., p. 152.
[45] Ibid., p. 139.
[46] Ibid., p. 153.
[47] Ibid., pp. 152-153.
[48] 同注46。
[49] 珍妮弗·巴雷特：《追求民主——作为公共空间的博物馆》，邱家宜译，《博物馆学季刊》，2012年第4期，第20—21页。
[50] Eilean Hooper-Greenhill, *Museums and the Interpretation of Visual Culture*, p. 162.
[51] Nicola Clayton, *Folk Devils in Our Midst: Challenging the Modernist Museum Paradigm*, Leicester: University of Leicester, 2002, pp. 331-336.
[52] Eilean Hooper-Greenhill, *Museums and the Interpretation of Visual Culture*, p. 153.
[53] 珍妮弗·巴雷特，前引文，第21页。

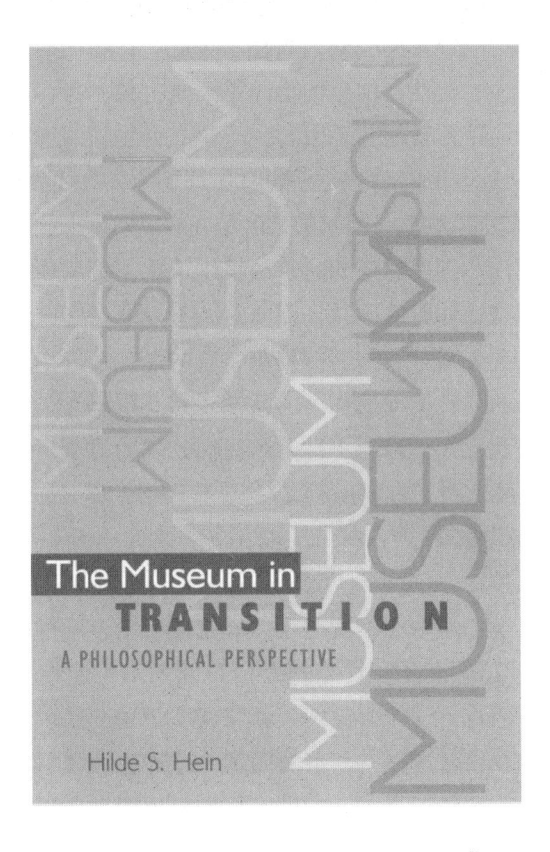

《转型期博物馆的哲学观察》

The Museum in Transition: A Philosophical Perspective

作者：希尔德·海因（Hilde S. Hein）

出版年份：2000

❖——·本书短评·——❖

从哲学视角剖析博物馆体验转型的历程与阵痛。

述评人：李明月

20世纪70年代以来，各种类型的博物馆都在努力实现民主化，试图在各个层面上更好地响应不同公众的兴趣。为此，博物馆接受了一种被"放大"了的教育使命，这使得展出的物品不再是目的本身，而变成了一种塑造令人满意的博物馆体验的"手段"。于是，博物馆的展览越来越关注公众，且更富故事性。相应地，策展人更注重传达体验，并试图通过展览强调博物馆独特的教育功能。这种转变给博物馆带来的影响是全方位的：从展览和项目的设计，到博物馆的建筑和组织架构，都呈现出与以往不同的姿态。在拥抱博物馆体验的同时，需要对如下问题保持警惕：博物馆营造的体验真的如此美好吗？实物的"陨落"真的是一种进步吗？希尔德·海因在2000年出版的《转型期博物馆的哲学观察》中思考了这些问题，并直接点出了自己的观点："在一个被设定为促进努力的文化环境里，关注自我体验并不比关注实物更具启示意义。"[1]2019年，本书的中文版面世，本书评依托中译本写成。

总体而言，本书从哲学角度对博物馆从实物到体验的转变进行了剖析。正如海因所说："博物馆就是在物质层面上从事着哲学家们在概念层面所做之事。"[2]虽然哲学和博物馆看似是两条不可能相交的平行线，但是在本书中，海因将哲学作为分析工具，从多个角度揭示和探讨了博物馆转型的过程，以及在此过程中存在的问题。这种思考与书写方式，不仅体现了博物馆学的跨学科特征，还提供了从外部视角审视博物馆发展趋势的机会。

本文按照本书的结构，从博物馆体验转向的发生及其困境、体验之于博物馆道德、教育和审美的影响这两个大的方面，讨论转型期博物馆的变化和"体验至上"理念带来的影响。

一、实物与体验的博弈：博物馆的转向及其困境

实物性是博物馆自诞生以来的基本特征。具体而言，实物凭借其博物馆化的过程，沟通了其原初文化和博物馆世界，当实物因其唯一性或代表性进入博物馆后，博物馆就能够利用实物塑造人们对他者和自我的认知。[3]与此同时，实物也是连接博物馆和博物馆所在社会之间关系的物质基础，博物馆陈列依靠三维展品的组合和其他必要的辅助材料，构成以视觉形象为媒介的陈列语言，成为博物馆与观众交流的特色途径。对此，海因站在存在主义的立场，指出作为现存的精神实体，实物都位于系统框架之中，

这些框架将其同构建意义的主体和其他客体联系，这个框架暗示着系统及其元素皆归因于制定框架的人。[4]很显然，这样的认识实际上是在系统框架的范畴中解放了实物，即每个进入博物馆的实物，都具备显而易见的关系价值，博物馆将有价值和意义的实物进行设计和组合，使得实物的意义升华，摆脱了它们曾经的意义，获得了新的意义。

从博物馆史的角度来看，博物馆对实物意义的认识不是固定不变的，而是随着博物馆的发展而变化的。早期的博物馆出于权力的承载、个人财富的象征、神圣的理由而收藏，在此基础上发展起来的传统美学，代表着特权阶层的品味。18世纪末，博物馆向公众的开放标志着一种变化，即一直代表物质财富和社会地位的实物，被神奇地转化为精神荣耀的颂词。[5]换句话说，当现代意义上的博物馆成为公民建设的场所时，实物也就成了历史的证明和新秩序的象征。现代博物馆兴起之后，尤其是随着博物馆专业化的发展，形式主义的思潮使得实物的内涵再次发生变化。现代美术馆营造了一个纯粹欣赏美的、与外界隔离的虚拟空间，"邀请观众彻底摆脱过剩的历史"[6]。这里的实物只属于艺术世界的构成者，是现实世界里本体的"投影"。20世纪60年代，后现代主义美学思潮兴起，它强调"抵制贵族式的纯艺术""消除艺术与非艺术之间的界限"[7]。审美价值的普遍化使得博物馆中的实物不再只是"为了艺术而艺术"，现实世界的实物从而得以"复兴"。

20世纪70年代以来，世界范围内的博物馆受各种时代因素的影响，逐渐从"以物品为中心"到"以故事为中心"，把关注点从实物的收藏、保护和研究，转向提升观众的参观体验。受此影响，实物从"目的"变成营造体验的"手段"，引发了观众对实物"真实性"的态度变化。实物的客观真实性不再是触发观众体验的决定因素，实物的地位从此衰微。具体而言，原先的博物馆是保存实物的场所，拥有"真东西"是博物馆被信服、被敬重的先决条件，是博物馆开展一切活动的基础。相较之下，"以故事为导向"的展览策略，更加强调体验的真实性。复制技术和模拟技术的进步，使得博物馆在很大程度上不再依赖实物的真实性，即"体验虽然是由实物促成的，但并不取决于实物的真实性"[8]。对此，海因在书中极为透彻地指出："博物馆把兴趣从用作证据的实物转向用作引起体验的实物，将两种当代的文化趋势结合。我们已经注意到博物馆的关注点从实物转变为体验，这是把注意力从真品转向真实的主观状态。"[9]

随后，博物馆逐渐意识到这样一个问题：倘若通过复制和模拟就可以营造真实的体验，那么为何还要费力保证实物的真实性呢？彻底依赖于复制和虚拟技术的"捷径"，往往会让博物馆走向另一个极端，那便是过度依赖体验。对此，海因用迪士尼主题公园为例，充分表达了其对博物馆这一趋势的担忧。迪士尼主题公园出于商业化目的，将营造美好体验的功能发挥到极致，这引起了有着同样目的的博物馆的关注。但重点在于，博物馆在宗旨上与其有着根本区别，即不以营利为目的。这引发了关于博物馆"迪士尼化"的忧虑：体验与商业化运作模式在博物馆内的应用受到质疑，人们担忧体验对于感官与情感的强调，是否以牺牲逻辑与证据、削弱博物馆的社会信任度为代价。[10]

在博物馆中，营造体验感的目的在于以多样性、主观性的意义和感知，挑战官方权威和历史编纂对过去的全部占有，进而重新发现隐藏的多样性和复杂性。[11]通过体验打破权威对过去的解释权，是博物馆走向民主化的有效途径。然而，真实情况是这样吗？当具有公共属性的博物馆以营造体验为己任，试图阐释和传播社会习俗时，博物馆是否真的挣脱了长久以来权威角色和专业主义的桎梏？

对此，海因以"博物馆与社群"为切入点，巧妙地处理了这一问题。为了突出体验的差别化和为观众营造体验的难度，海因将与博物馆有关的角色划分为"局内人"和"局外人"[12]。参与博物馆收集、研究、陈列、展示和解读"实物"主体的体验的"局内人"，内在地享有特权、对藏品拥有认知优先权；而作为观众的"局外人"，始终与"局内人"存在认知上的差别，他们进入博物馆想要获得等同于"局内人"的体验几乎是不可能的。彼得·利内特（Peter Linett）对此评价道："海因对'局外人'观众和博物馆之间关系的处理特别敏感。"[13]

其中，以博物馆资源为中心的博物馆社群，即海因所说的"局内人"，他们很容易因自身的专业性而骄傲，而对非专业者有一种天生的"蔑视"。在社群之内，他们拥有共同的利益、共同的语言，共享彼此的快乐，然而社群却因此成为隔绝外界声音的壁垒，博物馆继续被视为社会和知识特权的场所。然而有趣的是，海因指出了这样一种现象：公众对精英阶层势利的矛盾心理和对专业知识的崇拜，抑制了民主的实现，阻碍了博物馆扩展概念边界。[14]两者在实际上又达到了一种微妙的平衡。

在文化多元主义的呼吁之下，博物馆为了吸引不同种族、性别和阶层的观众参观，因而在其内容和传达的信息方面做出深层次的改变，效果确实可观。但在这之后，却出现了"反弹"现象：

> 公众长期以来已经习惯了博物馆权威宣告明确品质标准，对博物馆的沉默感到困惑。那些习惯于敬畏博物馆并视博物馆为品味和真实信息公平分配者的人们，因博物馆被假定为无导向性的探究中心而受到困扰。[15]

这种颇具讽刺意味的"反弹"现象与前文所说的"公众对精英阶层势利的矛盾心理和对专业知识的崇拜"达成了一致。面对知识特权，想反抗却忍不住依赖；面对专业壁垒，想打破却只能望而却步。

论述至此，海因非常辩证地阐述了博物馆转向体验后的困境，即营造体验在很大程度上并没有帮助博物馆走出传统意义上的权威光环。当然，这可能不能单纯地归因于博物馆。通过分析发现，公众的矛盾心态进一步强化了博物馆的保守心态。与此同时，体验的风险也无处不在，比如营造体验的"尺度"在哪里？体验的真实性真的应该凌驾于实物的真实性之上吗？在笔者看来，上述提及的这些复杂而矛盾的问题，正是海因想引导我们去进一步思考的。

二、体验之于博物馆道德、教育和审美的影响

营造体验是面向公众的行为，若要满足广大公众的喜好而非仅仅取悦个人，就必须关注引领博物馆发展的价值观和使命，即博物馆道德和教育。审美趣味对于博物馆不可或缺，所以体验对博物馆审美维度的影响同样不可绕过。让我们一同跟随海因的脚步，探究体验究竟给博物馆带来了什么。

（一）实物工具主义：博物馆道德的变迁

作为公共机构，博物馆有着一套属于自己的道德准则，但这也经历了一个制度化的过程。博物馆的实物因为没有人类的意识，故而没有道德，因此被排除在基本的道德话语之外。在明确的准则出现之前，博物馆工作人员更多地将"看守藏品"视作一种道德义务。当道德冲突发生之时，博物馆工作人员常常因为缺乏合法化的标准而难以解决困难。[16]另外，传统道德理论的关注点主要集中在私人层面，私人层面的道德准则对于处于公

共语境下的博物馆并不完全适用。

随着对公共福祉重视程度的提高、对公共责任和关怀的认同，美国博物馆在20世纪开始尝试编制准则。海因着重提到了美国博物馆协会编制的三套准则：1925年首次采纳的《博物馆工作人员道德准则》（*AAM Code of Ethics for Museum Workers*），1978年道德委员会发布的报告《博物馆道德》（*Museum Ethics*），以及1994年新的道德工作组制定的《博物馆道德准则》（*Code of Ethics for Museums*）。

1925年的《博物馆工作人员道德准则》在平民主义、实用主义的背景下产生，强调遍及社会所有阶层的知识传播，但随着社会审美标准的变化（精英主义美学）和博物馆的拓展而退出了历史舞台。[17]1978年的《博物馆道德》则将博物馆从实物到体验的转变体现得淋漓尽致，比如"这种博物馆责任的构想，不仅将道德关系局限于人，还使博物馆藏品的物质性不再重要""准则没有提及实物对体验的辅助作用，那种体验随后将使博物馆内容主观化，甚至达到朝生暮死的境地"[18]。另外，1978年的《博物馆道德》强调要避免博物馆工作人员的私人行为对博物馆造成影响，指出了维护博物馆作为公共机构的良好社会形象的必要性。然而，批评家们认为，博物馆是"一种阶层、经济特权和个人品味的产物，否认博物馆展览一直以来都像它们宣称的那样，在政治上不结盟或价值中立"[19]。博物馆不承认自己"隐秘地使用权力"的行为，导致原先的道德准则逐渐难以说服公众，更难以说服自己。于是，1994年的《博物馆道德准则》应运而生。政府干预、法律责任督促着新的道德准则建立"比法律更高的标准"。不同于一般的公共机构，博物馆更加强调"对它们自己或它们的投资人和选民们负责"，因为这是支撑自己长久生存的力量。此外，这一时期博物馆对体验的推崇"更上一层楼"。

博物馆在道德准则方面的变迁，暗示着博物馆"新身份"的形成。三份道德准则从侧面体现了博物馆公共服务理念的强化，以及从实物到体验转变的趋向。博物馆"公共仆人"的属性，要求它们将公共服务和教育置于博物馆使命的中心位置，但不断追求营造体验似乎面临着更加严峻的道德问题。对此，海因评价道："体验在本质上没有道德判断，但有道德后果，那些诱导体验的东西对他们所做的事情负有责任。"[20]

（二）操控式教育：体验自由的弱化

从历史上看，博物馆因其将中心位置分配给了作为教育资源的实物，而不同于其他机构。实物不仅摆脱了语言的限制，而且与电影、历史书籍、电视纪录片、照片或歌曲相比，较少受到解释性语言影响。[21]海因指出，用体验取代实物，威胁着博物馆作为教育机构的独特性地位，因为体验具备私人化和不可预测的特性。[22]公共机构的魅力在于，当无数的个人理念发生冲突时，会有统一的声音为其"调停"。因此，观众在呼吁多样化、追求个人体验的同时，也希望博物馆能为他们提供来自第三方的客观"真理"。

> 一些荣耀的客观事实，被公共领域所属赋予的证明凌驾于你我的体验之上。甚至当我们肩并肩站立，同时经受各自的、由博物馆环境"塑造的"体验，我们也会被提示带走一份"相同的"、公共承认的事实的判断。这就是我们需要学习的实物。[23]

不得不承认，体验导向的博物馆教育变革确有成效。20世纪中期，教育界发生变化，随着"发现法"（discovery method）的提出，传统说教式的教育方法逐渐不被认可。博物馆也随之在实践中贯彻这种新型的教育模式，而这也成了博物馆向体验进军的因素。发现法强调学习的自主性，教师变成了为学习者提供学习环境的角色。于是，体验环境的营造成为博物馆的中心任务。体验唤醒了观众的好奇心和自主性，主动探索比被动接受的效果好得多；体验往往由多种展示方式营造，丰富了观众的感官体验。

我们通常认为，由于经验的差异，体验应当是自由的、自主的。不同形状的种子埋进同一片体验的土壤中，应当会开出姿态不一、五彩缤纷的花朵。然而事实真的如此吗？部分博物馆追寻有较高"博物馆素养"、符合博物馆预期的"理想观众"，将偏离博物馆"控制轨道"的观众视为博物馆教育失败的象征，更有甚者，博物馆可能为了收获它们假定的"正确学习反应"，将体验变为博物馆主导的、预设的程序，过度控制观众的行为。[24]出于教育机构的身份和职责，博物馆希望观众从这里离开时能学到点什么，这本身无可非议。然而，是否不符合策展人事先规划的效果的体验，就不是合格的体验呢？极端化的体验是否违背了博物馆选择改变的初衷？

此外，海因还指出了当前博物馆界的一个有趣的矛盾：博物馆管理者一边强调教育，一边又试图拒绝在自身的权力架构中设置专门负责教育工作的职位。但教育工作者在不断争取下，推动了自身在博物馆架构的政治性存在，他们逐渐占据重要的管理岗位。这也恰恰说明，以观众为中心的教育已成为博物馆转型的重点。但正如海因所说："博物馆既不是正式教育的脚注，也不完全独立于它。"[25] 合理地运用体验这把"利刃"，才能打造博物馆良好的教育形象，把教育的作用最大化。

（三）走出美术馆：审美体验的扩张

任何一座博物馆都不能没有审美，审美是博物馆最直接的表达方式。从建筑的设计、室内空间的安排，到展品的选择和排布，都是被观众直接感知的"审美符号"，这是博物馆传统美学关注的重点。传统博物馆对脱离了商品世界的艺术品倾注了莫大的关注，这种对实物唯一性与真实性的迷恋，令博物馆将实物的外在艺术表现形式视为审美活动的基础与核心。[26] 其中，美术博物馆因其最高的"审美浓度"，成为"审美体验的标型供应者"。

美术馆曾经是为少数有特权的人提供审美享受的场所。美术馆的实物由"品位创制者"挑选，将品味"标准化"，如果观众不能理解这种品味、无法产生共鸣，似乎就变成了自己的过错。其他博物馆对美术馆一般的审美体验模式的追逐，曲解了审美体验的意义，似乎也将"审美垄断"的范围扩大了。正如海因所说："每家博物馆实际上都因那种混淆而被迫追求美术馆的这种体验式目标，以不恰当的审美价值标准，衡量自身成功与否。"[27]

随着博物馆新的展示技术的兴起，起源于美术馆的"审美垄断"在一定程度上被消解了，例如科学博物馆内概念性或虚拟性的模仿装置，它们并不是美术馆内的艺术作品一样的"真东西"，但依然能够引发观众的审美体验，并且将观众的注意力引向自身。而这种不同于欣赏艺术品带来的审美满足很容易被忽视，故而成为追逐美术馆审美体验模式的原罪。

> 博物馆致力于提供这样的愉悦，但是，由于博物馆的历史意味和维持它们的沉重负担，即使其核心拥护者，也往往淡化了美术馆之外的其他所有博物馆所提供的审美满足，给这些博物馆套上更加

千篇一律的追求的桎梏。[28]

在"选择性的博物馆审美"这部分中，海因提出了一些处于特权地位的博物馆，对审美表达"框架化"的规定："一些声称从超然的有利位置展示文化的博物馆，在一种特定的文化里，将某些审美表达风格描述为'典型的'或者'离经叛道的'。"[29]在这一方面，新闻传播领域针对新闻媒体的"框架理论"（framing theory）与其有异曲同工之妙。在新闻生产等领域，大众传播机构总是按照一定的"框架"实施传播活动。位处特定历史、经济和政治坐标点的社会个体或团体，达成其特定理解或意义遵循的认知和话语的组织原则，就是他们的"框架"[30]。同样，"家长式"的博物馆凭借其对审美解释权的占有，利用特定的认知和话语组织原则，对某种审美风格进行定义、分类和诠释，这在某种程度上限制了观众的选择和理解，进而影响观众自我的审美体验。当然，许多博物馆已经在尝试摆脱这种先入为主、高高在上的霸权做法，例如海因在书中提到的巴黎蓬皮杜艺术馆"通俗化"的内容和"乡土式"的建筑，弗雷德·威尔森（Fred Wilson）的"挖掘博物馆"展览，更是直接将博物馆"选择性展示"的行为展现在观众面前。[31]

在博物馆从实物中心论向体验中心论转型的过程中，提供审美体验是不可缺少的公共服务，而且也不是美术馆独有的优势。如何更广泛地在博物馆营造平民化的审美体验，仍是博物馆探索的课题。

三、结语

在本书中，海因利用其擅长的哲学思维，思考博物馆的变革。她似乎站在一个博物馆工作人员（所谓的"局内人"）难以察觉的位置，洞察这场悄然发生的变化，慢慢走近它，一层一层地剥开它，讴歌它的甜美，更抨击它的苦涩。

全书围绕博物馆从实物到体验的转型展开讨论。在这场蜕变中，大多数人只看到了博物馆走向民主、关注观众体验的盛况，却不曾看到这种转变已经或者可能造成的"伤痕"。海因在结语中说道："当代博物馆面临的挑战，并不是封闭它们自己以免遭多样性影响，也不是大一统和审查，而是道德广度、认知意义和审美愉悦赋予的复杂性。"[32]博物馆越来越开放已成为不争的事实，然而为了开放采取的手段看起来并非那么恰当。

在时代浪潮的推动下,博物馆的变化似乎是必然的。因为"变革"二字本身就代表着时间的流逝,所以海因并没有将其放在一个孤立的时间点上探讨。她将关乎博物馆发展的议题放在历史的纵深中打量,寻找它的来处和去处,于是,时间轴上的博物馆慢慢地鲜活起来。海因对博物馆实物意义的变化、博物馆道德变迁的讨论,正是以这样一种动态的视角观察的。

海因丰富的学识在书中体现得淋漓尽致。正如彼得·利内特的评价:"海因站在探究与实践之间的独特位置,给了我们一本广泛跨学科的书。她将哲学的方法与历史、文化批评、文学理论和各种社会科学的方法结合,作为分析工具,从每一个有用的角度揭示和探讨'经验'问题。"[33]其中,哲学的抽象性在本书中多有体现,尤其是对实物和体验真实性的探讨等部分。但抽象的哲学概念与博物馆实践的结合,使得某些飘忽的概念具体化,一如风有了轮廓。

作为一位经验丰富的博物馆工作者,海因在书中举了大量例子印证自己的观点,使得一些晦涩的想法便于读者理解。例如导言开篇罗列的五个事例,通过对博物馆陈列的细节描述,生动展现了转型期博物馆发生的变化;"博物馆的审美维度"一章中,海因向读者介绍了弗雷德·威尔森的"挖掘博物馆"展览,借以揭示博物馆选择性的审美和某些不负责任的博物馆行为。这些鲜活的例子让读者仿佛走进了无数个陈列厅,在与展品和策展人的对话中反思博物馆的变革。

针对本书,相关学者也曾从专业角度做出评价。陈佳璐、尹凯的书评《从实物到体验:博物馆转型的反思——评〈转型期博物馆的哲学观察〉》,[34]对本书内容进行归纳整合,从实物、伦理、审美三个方面,讨论了体验对博物馆的影响。文章对博物馆转型期时代背景的分析极为透彻,揭示了博物馆发生变化的内在动力和外在因素,弥补了海因未在书中详论的遗憾。彼得·利内特也曾对本书做出评价:"奇怪的是,在本书的最后几页,我们发现海因承认,她一直在追寻的核心概念(体验)在本质上仍然没有定义。"[35]海因似乎只是从直觉上假设了体验的存在,但究竟该怎么理解体验本身,仍然是个疑问。

在笔者看来,书中新奇、深刻的观点层出不穷,让读者应接不暇,但海因跳跃的思维和略显杂乱的讲述,也在一定程度上考验读者的理解和接受能力。2019年译林出版社的译本中，个别生硬的翻译也提升了阅读难度，但总体上瑕不掩瑜，《转型期博物馆的哲学观察》是博物馆学研究不可错过的有益读本。最后，让我们一同相信并期待博物馆的未来，正如海因在书中的最后一句话："博物馆有能力光辉而灿烂地活着。"[36]

（李明月，山东大学文化遗产研究院硕士研究生，主要研究方向为博物馆学。）

注释：

[1] 希尔德·海因：《转型期博物馆的哲学观察》，曹岳森译，南京：译林出版社，2019年，第8页。
[2] 希尔德·海因，前揭书，第2页。
[3] 陈佳璐、尹凯：《从实物到体验：博物馆转型的反思——评〈转型期博物馆的哲学观察〉》，《自然科学博物馆研究》，2021年第5期，第67页。
[4] 希尔德·海因，前揭书，第61页。
[5] 希尔德·海因，前揭书，第68页。
[6] 希尔德·海因，前揭书，第69页。
[7] 赵笑洁：《后现代美学思潮对博物馆的影响》，《中国博物馆》，2001年第1期，第35页。
[8] 希尔德·海因，前揭书，第93页。
[9] 希尔德·海因，前揭书，第94页。
[10] 陈佳璐、尹凯，前引文，第68页。
[11] 尹凯：《从机构到隐喻：批判博物馆学的路径》，《东南文化》，2020年第2期，第143—149页。
[12] 希尔德·海因，前揭书，第45页。
[13] Peter Linett, "Book Review", *Curator: The Museum Journal*, 2003, 46(2), pp. 250-254.
[14] 希尔德·海因，前揭书，第48页。
[15] 希尔德·海因，前揭书，第52页。
[16] 希尔德·海因，前揭书，第106页。
[17] 希尔德·海因，前揭书，第110页。
[18] 希尔德·海因，前揭书，第111—112页。
[19] 希尔德·海因，前揭书，第116页。
[20] 希尔德·海因，前揭书，第119页。
[21] 希尔德·海因，前揭书，第128页。
[22] 同注21。
[23] 希尔德·海因，前揭书，第129页。
[24] 同注10。
[25] 希尔德·海因，前揭书，第149页。
[26] 同注10。
[27] 希尔德·海因，前揭书，第153页。
[28] 希尔德·海因，前揭书，第167页。
[29] 希尔德·海因，前揭书，第159页。
[30] 高芳：《简析框架理论》，《青年记者》，2008年第17期，第32页。
[31] 希尔德·海因，前揭书，第159—160页。
[32] 希尔德·海因，前揭书，第176页。
[33] 同注13。
[34] 陈佳璐、尹凯，前引文，第66页。
[35] 同注13。
[36] 希尔德·海因，前揭书，第180页。

《学自博物馆：观众体验与意义生成》
Learning from Museums:
Visitor Experiences and the Making of Meaning

作者：约翰·福尔克（John H. Falk）、
林恩·迪尔金（Lynn D. Dierking）
出版年份：2000

❖——·　本书短评　·——❖

采用多学科研究建构"情景学习模式"的经典之作。

述评人：邱文佳

作为博物馆学习领域最具理论代表性的学者之一，约翰·福尔克（John H. Falk）因其在终身学习和自由选择学习（free-choice learning）方面的研究，特别是关于博物馆体验与学习的理论模式构建，在国际学术界广受赞誉。福尔克在《博物馆体验》（*The Museum Experience*，1992）一书中提出了"互动体验模式"（interactive experience model），并基于此模式论述了博物馆体验。相较之下，《学自博物馆：观众体验与意义生成》，进一步延伸和修正了之前的模式，并正式提出了"情景学习模式"（contextual model of learning）。其变化主要体现在，由较为宽泛的博物馆体验出发，聚焦博物馆学习，并构建了由三大情景、八个影响因素构成的博物馆学习模式。

从福尔克自身的学术生涯来看，其对博物馆理论的探索是循序渐进的。贯穿本书的一个重要理念，是从生物进化学的视角认知学习。在前言中，福尔克就对书中描述的学习（learning）下了定义："本书从进化的角度研究学习。在此基础上，学习是数亿年以来，以生存为导向进化而成的产物，是人类和其他动物在不断变化的社会、文化和物理世界中，日益完善智识发展的能力。"[1]因此，读者在阅读本书时最好也能带着"进化"的眼光，既立足于本书，又不局限于本书：首先，应将本书的研究内容放在自由选择学习的整体理论构建中来看。事实上，自由选择学习的内容、方式和评价，贯穿了福尔克的整个学术生涯。自由选择学习的非线性、自我驱动性、因时因地因人而变的自由选择性，决定了对这类学习的分析研究需要借助多种学科的研究成果：神经科学、进化生物学、认知学、社会与发展心理学、教育学、传播学、人类学等。其次，本书的研究落脚点其实并不在博物馆，而在作为观众的人。博物馆只是福尔克选择的记录、分析和研究人的自由选择学习这一复杂内容的重要且具有代表性的实践机构。当然，对自由选择学习的深入研究，有助于博物馆更细致且具象化地认知其观众，从而设计更好的文化产品或创造更好的体验。因此，虽然该研究成果的导向之一是助力博物馆的实践优化，但这并非唯一目的。

明确上述两点，将有助于读者理解本书的行文逻辑和论述内容。本书的十二章内容大致可分为四部分，主体论述集中在前三部分。第一部分（第二至四章）分别从个人情景（personal context）、社会文化情景（sociocultural context）和物理情景（physical context）三个维度分析了自由选择学习，这部分通过援引众多学科领域的研究成果，对宽泛的、可推而广之的广义学习概念进行论述。第二部分（第五至七章）则将前三章针对学习的情景分析，落实到博物馆这一场域，使得博物馆学习成为论述与研究的焦点。第三部分（第八至九章）正式提出由这三大情景构成的"情景学习模式"这一分析框架，并对指导博物馆实践者怎样运用这一模式，记录和理解具象的博物馆学习内容进行了论述。第四部分（第十至十二章）则再次回到人的终身学习、自由选择学习这一主轴，以期博物馆能够成为更好的公共学习场所，回归助力人的自主学习、智识发展和身份认知这一本质定位。

笔者认为，阅读本书时，将较为抽象的学习理论和较为具象的博物馆实践结合阅读，更有助于融合理解，不至于产生割裂感。因此，本文将第一和第二部分放在一起述评。具体而言，第二章的个人情景学习理论和第五章的博物馆场域下的个体研究，共同构成本文的"个人情景"部分；第三章的社会文化情景学习理论和第六章的博物馆场域下的学习者共同体研究，共同构成本文的"社会文化情景"部分；第四章的物理情景学习理论和第七章的博物馆场域下的环境及个体研究，共同构成本文的"物理情景"部分。第八至十二章的内容则构成了本文的第四部分，一方面从整体性视角提出博物馆学习的"情景学习模式"，另一方面从实践应用的角度，对博物馆如何运用该模式改善观众体验提出建议。此外，该部分还从博物馆的社会角色入手，分析了博物馆在美国社会转型为学习型社会的过程中，发挥的作用和面对的挑战。

一、个人情景：动机、先前知识与外界刺激

聚焦个人情景，福尔克首先从生物学的角度，描述了学习的定义，即人体"大脑和身体一系列复杂的电化学互动（electrochemical interactions）的过程和产物"[2]。作为一个古老又现代的行为，学习长期存在于人类进化的过程中。20世纪的生物学和心理学研究已经表明，学习是一个全身心（whole-body）投入的过程，其所涉及的情感系统、认知系统和神经运动系统紧密结合且无法分割。因此，自我学习或自我意义的构建，势必要探究"动机"（motivation）和"先前知识"（prior knowledge）对学习的重大意义。

就动机而言，福尔克从心理学的角度分析，指出学习的结果会因动机是内隐的（intrinsic）还是外显的（extrinsic）而有显著差异。相较而言，

具有内隐动机的学习者更贴近学习本质、自我成就,并展现创造性和冒险性的"精通导向"(mastery orientation)[3]。总体而言,福尔克对学习的动机颇为重视,认为个体学习,尤其是含有内隐动机或者说自我驱动型的学习,是充满丰富情感的体验,涵盖了人类绝大部分的本质性内容。[4]就先前知识而言,福尔克引用了瑞士心理学家让·皮亚杰(Jean Piaget)提出的同化(assimilation)和适应(accommodation)[5]这两大重要的学习阶段,强调对先前存在的已知事物进行微妙强化和重塑的同化行为,在学习过程中发挥着至关重要的作用。遗憾的是,这种同化行为往往因其隐秘内化和难以记录而被学者忽视。

除了动机和先前知识,福尔克还指出,学习需要一个适宜的外界环境作为表现通道,以此支持个体适应新的感受和知识。[6]如果没有来自外界环境的支撑,那么人体大脑中储存的模式、关联和记忆都将处于休眠或无意义状态,学习的适应阶段自然就难以达成。

将个人情景的普遍性分析落实到博物馆这一机构时,福尔克首先分析了博物馆观众的主要行为原因,其中着重探讨了教育和娱乐这两大参观动机。作者通过连续的实证研究发现,几乎所有的观众都将教育或娱乐列为参观博物馆的原因。然而,两个动机并非互相排斥、非此即彼的,绝大多数的博物馆观众,旨在寻求一种以学习为导向的娱乐体验[7]。此外,学习者的参观动机和以往的博物馆经历也影响着当下博物馆学习的方式和内容。这些影响个人意义生成(personal meaning making)的因素,被福尔克统称为"观众议程"(visitor's agenda)。回到博物馆作为具备自由选择性的学习环境这个话题上,福尔克提出了观众的自主性议题(autonomy issues),特别强调学习体验的自我选择和自我控制对学习效果的重要影响。[8]在引用了澳大利亚博物馆学者珍妮特·格里芬(Janette Griffin)的实证研究后,福尔克发现,选择(choice)、目的(purpose)和所有权(ownership)这三个变量,在实际的学习情景中对学生影响较大。[9]

虽然福尔克逐一讨论了以上影响博物馆学习的个人因素,但他认为,这些个人因素紧密相关、难以分割,而且深受社会文化宏观环境的制约和重塑。

二、社会文化情景:社会协调、学习者共同体与叙事

人类在理解这个世界时,总是难以脱离与他人的互动,因此,学习的

过程除了涉及个人意义生成，还会受到社会文化因素的影响。在本书中，福尔克将其称之为分散型意义生成（distributed meaning-making）。

从生态学的角度来看，文化被定义为个体适应生存的社会机制。因此，学习这一过程涉及的感知、信息处理和意义生成等各方面，都应被纳入对个人所在的人群和社会文化环境的分析。[10]在社会文化情景的分析中，福尔克重点介绍了苏联心理学家利维·维果茨基（Lev Vygotsky）在认知发展理论中的相关成果，特别是"最近发展区"（zone of proximal development）理论。该理论揭示了互动条件下儿童认知能力的高级发展过程，儿童可以在成年人或更有经验的同伴的帮助下完成进阶学习，维果茨基将这种社会协调过程（social mediation）称为"搭脚手架"（scaffolding）[11]。类似的社会互动能增进社会文化信息的传播，相应地，他者的支持、协作与互动，则有助于个体学习。后世的学者将维果茨基的小群体研究拓展至更大的社会群体，其中最具代表性的理论是美国学者让·莱夫（Jean Lave）提出的情境学习（situated learning）。该理论认为，学习的本质是个体努力成为一个实践共同体中一员的过程，[12]在其中，学习是基于社会文化建构的对话与协商、通常只在一定范围内共享实践的过程。其中，"学习者共同体"（community of learners）这一概念被福尔克在本书中广泛使用，以对博物馆中有可能影响个体学习的人员进行分类分析。

作为一个社会文化建构的产物，博物馆本身就代表了一类"实践共同体"（community of practice），各种不同的"学习者共同体"在此交流互动。因此，福尔克将交流互动分成两大类：一类是博物馆中较为常见的社会结构（家庭、成人团体、学校团体）内部发生的互动；另一类是参观者群体与博物馆群体（工作人员、志愿者）之间的互动。福尔克在分析不同的"学习者共同体"如何完成群体内外的社会文化协调时，关注传播角度，并介绍了社会文化信息的两种主要传播方式：一为叙事或故事表演（narrative or story form），二为模仿或观察学习（modelling or observational learning）。福尔克认同传播学领域的相关理论，并提出博物馆与大众传媒之间有诸多类似的功能，包括信息获取、娱乐享受、塑造共同的文化意义等。[13]博物馆容纳了许多文化象征性物件，从而能够促进社会传播和意义创造。因此，群体间的社会互动不仅能带来新信息的共享、建立新的社会文化纽带，还能维持原有的社会关系、巩固原来的社会文化纽带。

尤其值得注意的是，在成人观众团体的分析中，福尔克解析了博物馆帮助成人建立同辈之间、代际之间、社会成员之间的身份认同的方式。在此基础上，他介绍了其他的研究成果，也就是将观众分为学习爱好者、博物馆追星族、技能培养者和社交达人四种类型。[14]在对博物馆工作人员和志愿者如何对观众的学习行为产生影响的分析中，福尔克着重关注了"叙事"的重要性，并介绍了已有的博物馆研究中，出现的线性叙事与非线性叙事的区别、跨学科叙事的有效性等。相较于与学校教学方式一致的线性叙事方式，已有的研究结果表明，学生在有选择权时，更愿意用非线性叙事的方式，再现博物馆中的某一主题内容。[15]如此一来，非线性叙事常常会包含不同时期的文化信息，这不仅反映了个体身份和文化认同的内容，而且具有高度的个人选择性。在完成这些基础分析和初步思考后，福尔克的身份动机理论已经初具雏形。

在总结社会文化情景对学习的影响时，福尔克明确指出，社会文化角度的学习更关注过程而非结果，同时也更关注分散型意义的生成和转变，[16]这也成了普遍的社会文化研究学者的基本共识。同时，福尔克指出，从该角度研究自由选择学习，特别是博物馆学习，仍存在一定的障碍：其一，社会文化学者对于学习的定义（或被认知成学习的有效证据），与认知心理学领域的定义不一致，或者说两者对被认知成为学习的内容接受程度不同；其二，研究工具还有待完善，尤其是开展群体研究的工具似乎还未与个体研究的工具明确区分。[17]

三、物理情景：情境认知、自我与非我、"预先组织者"

上文提到，以莱夫为代表的社会文化学者，强调了学习的社会文化建构性，福尔克对此高度认同，并依据"学习者共同体"这一概念，进行博物馆学习的社会文化情景分析。但福尔克与莱夫的观点存在分歧：莱夫认为物理情景对学习有某种限制性[18]，而福尔克则认为，物理情景（此处的物理情景指的是人们对所见、所为、所感的记忆总和，而非单纯的物理环境）深刻影响着学习，即学习行为是在个人、社会文化和物理情景三者同时作用下达成的。早期的主流教育学和心理学研究都弱化了物理情景对于学习的作用，直到心理学家乌尔里希·奈瑟（Ulrich Neisser）意识到这一因素，认为感知和行动的发生持续依赖于环境，因此，研究无法脱离环境因素进行。[19]当人们进入某一场域时，该环境形成的群体秩序会比个体特质更重要。从更显性的角度观察，人们经常无法轻易将在一个物理环境中学习到的知识转移到另一种环境中使用。福尔克认为，学习无法跟随环境自动转移的特性（transfer is not automatic），本质是"情境认知"（situated cognition），[20]即学习基于周边的特定关系成立，环境内化于学习。

在论证物理情景对于学习的重要性时，福尔克又回归了生物进化学的角度，并指出，学习或者意义生成从本质上来说是一个进化过程，旨在帮助哺乳动物理解并尽可能区分自我与非我，[21]人类利用学习主动征服非我的部分，从而掌控生活。福尔克进一步指出，个人情景（自我）与物理情景（非我）之间的联系，是所有思想产生的恒定基础。从神经科学的角度来看，"空间学习"（spatial learning）不是一种孤立的学习类型，而与所有类型的学习互相结合。换句话说，所有的学习都受到地方意识（awareness of place）的影响。[22]

认识到物理情景对于学习的重要作用后，福尔克开始论述作为学习场所的博物馆。福尔克仍从心理学的角度入手，表示物理环境的心理映射（mental mapping）受到好奇心和预期这两个重要心理因素的影响。[23]好奇心指人们对不熟悉的环境、事件或物体的反应方式。福尔克总结道：在学习过程中，对新奇事物的预期和好奇心将会得到满足与进一步激发，这一基本预测是绝大多数自由选择学习的主要动机。[24]心理学家将这种对预期结果的先验认知，称为"预先组织者"（advance organizer），定位介绍（orientation）就是为个人提供空间概念和空间预览的一种预先组织者方式。在博物馆中，标牌、地图、标记清晰的分区介绍、室内设计和空间陈设等都是构成定位介绍的内容，能帮助参观者明晰自己的行动方向和参观进展，也更能促进参观者达成学习行为。

作为博物馆，虽然可以尽可能提供更多的预期性信息（anticipatory information），提高公众参观博物馆的期待值，但人脑在任何时刻能处理的信息量都有一个上限值，博物馆这样的复杂环境很容易造成感官超载。于是，福尔克又引入认知心理学家乔治·米勒（George Miller）的经典概念"记忆组块法"（chunking），[25]这一概念认为，单位时间内人们能感知和记忆的信息并不取决于分散的内容数量，如果能将头脑中的信息组块按照有意义的方式，形成一个逻辑性、概念性的视野，就可以帮助我们更好地理解知识。当新知识经过理解、练习后，它会形成一个新的组块，存入我们的长期记忆，参与下一个组块化。每一次新组块的链接都和过往的经验、视野息息相关。记忆组块作为一种学习方式，其优点在于能够突破人们按照单独内容处理时的信息数量级。于是，福尔克劝诫道，博物馆的设计和文本一定要善于创建物理组合和知识组块，以帮助参观者从大量的随机信息中获取组块式内容，从而完成意义生成。[26]

四、情景学习模式：理解并构建博物馆学习的分析框架

福尔克在《理解博物馆参观者的动机和学习》（*Understanding Museum Visitors' Motivations and Learning*）[27]一文中提出，博物馆参观的流动性、动态性明显，较难进行简易量化或类型化分析。因此，他认为观众研究应放弃单点式、还原论的研究范式，而采取交叉式、整体性的研究视角。在分析完三大情景后，本书在接下来的部分以整体性视角提出了适用于博物馆的情景学习模式。该模式在三大情景下列举了影响博物馆学习的八大因素：动机与预期、先前知识、兴趣与信仰，选择与控制（这三者属于个人情景）；团体内协调、团体外协助（这两者属于社会文化情景）；预先组织者与定位介绍、设计、博物馆外的强化活动和体验（这三者属于物理情景）。

福尔克认为，传统的博物馆学习研究，常常采用心理学界称为"吸收—传递"（absorption-transmission model）的模型。该模型过度关注细节性的学习内容，研究者预期观众会学习某些特定概念或想法，因此会尝试记录和评估参观前后的"内容差"。相较之下，情景学习模式则提供了研究博物馆促进学习的方式。事实上，在第九章关于应用情景学习模式的内容中，福尔克详细记录并分析了博物馆参观的几个实例，对博物馆学习的内容有了新的认识，即博物馆学习的内容常常双线并行：一部分学习宽泛的、全球性的认知；另一部分学习较为具体的内容，甚至是冷门的事实和概念。[28]对宽泛内容的学习，表现在参观者对某一议题有普遍的兴趣增长或认知理解，而具体内容的学习则具有高度个性化和随机性，[29]传统的"吸收—传递"模型反而难以精确捕捉这些内容。

在提出"情景学习模式"时，福尔克指出，虽然这一模式总体上适用于各类学习情形，但包括几大因素在内的具体细节仅适用于博物馆。因此，本书的情景学习模式（包含几大因素），主要是用于理解和构建博物

馆学习的分析框架，还未能拓展至自由选择学习或其他学习情形的严格理论分析。

从全书来看，福尔克的整体性研究视角不仅聚焦三大情景，还将视角拉伸至更宏观处，增加时间维度和空间维度的分析，以此完善人们对博物馆学习的认识。就时间维度而言，福尔克认为，理解学习必须带着长期的时间视角，这种时间视角可以概括为两个层面：其一，学习可被视为个人在其社会文化和物理世界中不断变动，同时伴随时间推移而构建的"意义之层"（Meaning is built up, layer upon layer.）[30]；其二，意义之层被创建后并非静止不变，前期形成的意义层级会影响或作用于后期意义层级的形式和构成。由此，福尔克总结道：学习是三大情景随着时间推移无休止地融合与互动，从而产生意义的过程，情景学习模式最好以三维动画的形式展现，从而更为精准地捕捉学习的时间性和互动性。[31]

就空间维度而言，福尔克将博物馆置于更大的社会背景下，进而讨论博物馆如何在学习型社会中贡献自己的价值。福尔克认为，21世纪博物馆参观量的指数型增长，不能单纯用博物馆实践的变化解释。随着美国从工业经济转向知识经济，美国社会也逐步向学习型社会转变。[32]与此同时，美国社会休闲市场"增值旅游"（value-added tourism，包含生态旅游和文化旅游）发展迅猛，博物馆也正好适应这一细分市场。[33]在构建学习型社会和发展"增值旅游"的双重推动下，博物馆受到了前所未有的关注，人们普遍认为，博物馆能提供高质量的学习体验。在此空间背景下，福尔克认为，博物馆可以在学习型社会的构建过程中，争取与学校平等合作的伙伴地位，[34]尤其要坚持诚实、中立的社会形象，以及以实物展现真实的专家地位。[35]

五、理论的生命力：开放的博物馆学发展

自2000年面世以来，本书建构的"情景学习模式"已展现强大的理论生命力，这集中体现在福尔克本人的博物馆观众研究体系、该模式本身的持续发展和实践应用、在不同学科领域广泛传播并被新一代的学者接受等方面。福尔克后期提出的身份动机理论本质上是对自由选择学习"情景化"的进一步思考，尤其对博物馆参观的连续性关系进行反思。

本书在行文过程中仍然存在将博物馆参观分成参观前、参观中、参观后的隐性分割现象，而福尔克在后期的研究中意识到，串联起人的连

续性动作、面向长期性学习的重要观察点，就是对自我参照或自我身份的不断认知与加强。在此基础上，身份相关需求的反馈循环（identity-related feedback loop）[36]也形成了。2005年，在对该模式进行理论检验和更新时，福尔克将八个因素拓展至十二个因素。[37]2013年，韩国首尔大学的研究者又在十二个因素的基础上，提出了"学习体验情景图式"（context diagram of learning experience），并再次对该模式进行实证研究和理论修正。[38]不仅如此，新一代的学者还以本书为基础，从中延伸多学科、多维度的后续研究，比如博物馆学或社会文化研究者借鉴此模式开展博物馆观众分类研究与参观行为研究，[39]或将此学习模式放在不同的国家或地区，以及博物馆中进行理论验证，[40]教育学研究者则基于情景模式，研究如何利用博物馆或其他社会学习机构，加深学科能力和学科思维的培养等。[41]

事实证明，作为一个极具生命力的学术概念，情景学习模式不仅能持续发展和演进，以适应新形势和新挑战，还能在不同地区和不同情境中得到验证和应用，并持续在博物馆教育和观众研究领域发挥不可低估的作用。

（邱文佳，上海交通大学钱学森图书馆助理研究员，主要研究方向为高校博物馆的管理与研究。）

注释：

[1] John H. Falk, Lynn D. Dierking, *Learning from Museums: Visitor Experiences and the Making of Meaning*, Walnut Creek: AltaMira Press, 2000, p. xii.
[2] Ibid., p. 16.
[3] Ibid., p. 20.
[4] Ibid., p. 21.
[5] Ibid., p. 29.
[6] Ibid., p. 32.
[7] Ibid., p. 73.
[8] Ibid., p. 86.
[9] 同注8。
[10] Ibid., p. 43.
[11] Ibid., p. 44.
[12] Ibid., p. 47.
[13] Ibid., p. 98.
[14] Ibid., p. 102.
[15] Ibid., p. 108.
[16] Ibid., p. 109.
[17] 同注16。
[18] Ibid., p. 56.
[19] Ibid., p. 57.
[20] Ibid., p. 58.
[21] Ibid., p. 61.
[22] Ibid., p. 62.
[23] Ibid., p. 114.
[24] Ibid., p. 116.
[25] Ibid., p. 119.
[26] Ibid., p. 120.
[27] 见https://slks.dk/fileadmin/user_upload/dokumenter/KS/institutioner/museer/Indsatsomraader/Brugerundersoegelse/Artikler

John_Falk_Understanding_museum_visitors_motivations_and_learning.pdf.

[28] John H. Falk, Lynn D. Dierking, *Learning from Museums*, p. 153.

[29] Ibid., p. 173.

[30] Ibid., p. 11.

[31] 同注30。

[32] Ibid., p. 211.

[33] Ibid., p. 214.

[34] Ibid., p. 226.

[35] Ibid., p. 232.

[36] John H. Falk, "An Identity-Centered Approach to Understanding Museum Learning", *Curator: The Museums Journal*, 2006, 49(2), pp. 151-166.

[37] John H. Falk, Martin Storksdieck, "Learning Science from Museums", *História, Ciências, Saúde - Manguinhos*, 2005, 12, pp. 117-143.

[38] Oksu Hong, Jinwoong Song, "A New Method of Understanding Learning in Science Centers: Context Diagrams of Learning Experiences", *Visitor Studies*, 2013, 16(2), pp. 181-200.

[39] EunJung Chang, "Interactive Experiences and Contextual Learning in Museums", *Studies in Art Education*, 2006, 47(2), pp. 170-186.

[40] Xingyu Zhao, "Testing the Contextual Model of Learning in a Chinese Context", *Journal of Museum Education*, 2021, 46(2), pp. 255-271.

[41] Ahdhianto Erif, Marsigit, Haryanto *et al.*, "The Effect of Metacognitive-Based Contextual Learning Model on Fifth-Grade Students' Problem-Solving and Mathematical Communication Skills", *European Journal of Educational Research*, 2020, 9(2), pp. 753-764.

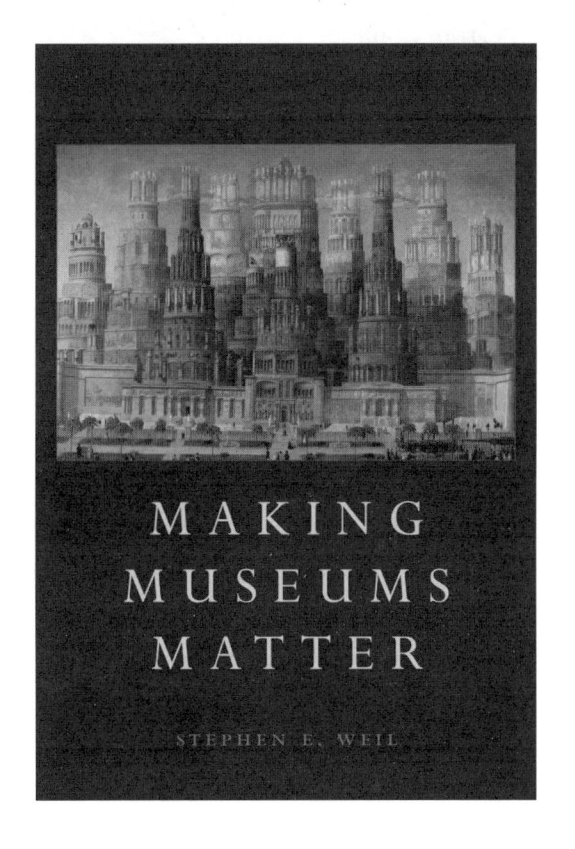

《博物馆重要的事》
Making Museums Matter

作者：史蒂芬·威尔（Stephen E. Weil）
出版年份：2002

❖ —— 本书短评 —— ❖

洞悉、剖析和反思美国博物馆范式转型的代表之作。

述评人：丁晗雪

一、写作背景与内容概要

20世纪末，美国博物馆协会（American Association of Museums，现为美国博物馆联盟）为了阐明美国博物馆发展的变革之路，发布了两个报告。其一是明确提出"教育"是博物馆的核心使命的《新世纪的博物馆》（Museums for a New Century，1984）。该报告阐述道："如果说藏品是博物馆的心脏，那么以丰富的信息和激励人心的方式呈现物品和思想的教育，则是博物馆的灵魂。"[1]其二是强调博物馆两大核心理念的《卓越与平等——博物馆教育与公共服务》（Excellence and Equity: Education and Public Dimension of Museums，1992）。该报告指出，每座博物馆不仅应该致力于服务社会大众，而且应将"教育"置于博物馆功能的核心地位。换句话说，在包括教育活动在内的所有业务工作中，博物馆必须将传统的学术研究与当代多元化社会的各个方面结合。[2]由此可见，出色地服务社会和教育公众，已然成为美国博物馆，甚至是当代国际博物馆界的重要使命。

作为威尔的最后一本博物馆学专著，出版于2002年的《博物馆重要的事》，集中体现了美国博物馆的上述变革趋势。本书共收录了威尔在1995—2002年间的29篇文章：从内容上来看，包括他在美国博物馆协会主办的《博物馆新闻》（Museum News）上发表的论文、获奖感言、书序、报告发言和演讲；从主题上来看，涵盖博物馆哲学、博物馆管理、博物馆趋势和博物馆伦理等方面。[3]此外，他还讨论了诸如馆藏的"合理使用"、博物馆的著作权、如何归还纳粹时期被掠夺的藏品等问题，本书评对这部分内容暂不详述，而是聚焦与博物馆学更为紧密相关的话题。

本书的中译本出版于2015年，由博物馆学者张誉腾翻译，本文根据中译本写作而成。在本文中，笔者尝试梳理了威尔在书中关注和讨论的三个主要问题：一是对20世纪初"艺术宗教"和"美学主义"带来的"博物馆崇拜"的批判。具体而言，"博物馆是一个神圣的殿堂，社会必须无条件支持并以崇敬之心看待，其价值是不容置疑的"这一传统观念不仅过时，而且会阻碍博物馆服务社会公众的脚步。二是第二次世界大战后美国博物馆范式的转型，聚焦博物馆价值的构成、意义，以及如何发挥作用等具体问题。三是探讨为评估博物馆服务于社会公众的价值而进行的绩效评估的理论框架，这与博物馆范式的转型和社会公众对博物馆期待的转变密切相关。

二、美学主义：20世纪初艺术博物馆的迷思

19世纪下半叶，欧美国家创办艺术博物馆的初衷是希望提升一般民众的生活品质、道德修养和教育水平。[4]到20世纪初，美国的艺术博物馆则从强调博物馆的教育功能转向强调藏品的美学，即越珍贵美丽的艺术品越有价值，美学体验和商业价值是当时艺术博物馆收藏的两大标准。[5]

威尔概括了美国艺术博物馆"美学主义"的两个主要特质：第一，美学是一种纯粹的追求，包括独特性（singularity）和排他性（exclusiveness）。理想层次的美学判断是确认艺术品是否具有内在感知价值（intrinsic perceptual value），这一美学主张源于18世纪末的欧洲，即认为真正的美学经验必须是"公正无私的"（disinterested）。相应地，美学本身即是目的，从美学经验中获得的愉悦是纯粹的。这种美学的一致性——艺术具有超越实践和普遍存在的特性——为百科全书式艺术博物馆的创立奠定了基础。[6]第二，强调美学的理想性，即美学反应的自足（self-sufficiency）和自主（autonomous）。艺术品是一种比日常生活物件更崇高的物品类型，因此，美学反应应该和日常生活区分，对于艺术品的期待来自其本身。[7]

威尔认为，美国博物馆根深蒂固的"美学主义"，与联邦政府以艺术品的内在艺术性和艺术的卓越性为资助原因的主要原则密切相关，这也带来了相当多的争议和讨论。其中，"何为艺术的卓越性"是威尔在担任赫胥宏博物馆和雕塑园副馆长期间常常考虑的问题。对此，他提出了人们在判断艺术品是否卓越时需要注意的三点原则：第一，要能明确艺术品内容和艺术性的分野；第二，对于艺术品是否卓越，要能建立一个全然客观的论述，不能有丝毫相对主义的色彩；第三，要确认博物馆馆员能够提供或至少能够征询具有学术根据的意见，并能够以此判断艺术的卓越与否。[8]

威尔进一步分析了"美学主义"迷思带来的影响：首先，艺术与普通民众之间的鸿沟日益加深，只有少数民众（而且有可能愈来愈少）对艺术感兴趣，艺术的社会影响力愈来愈小。[9]他援引皮埃尔·布迪厄的观点，指出艺术博物馆以及许多文化机构在促进"社会秩序的神圣化"（consecration of the social order）上扮演着重要角色。[10]虽然他不完全认同布迪厄的观点，但他发现艺术博物馆正在逐渐变成供少数人享用、让多数

人望而却步的机构。[11]这导致公众失去从其他视角尝试欣赏艺术的勇气，进而失去深化美学经验的机会。

其次，"美学主义"带来了艺术品的阶级意识。"物件越是稀有，其价值越是被艺术博物馆重视，因此，独一无二的作品，价值高于数量有限的物件，而后者的价值又高于可以无限制造的物件。艺术家亲手创作的物件、全部或局部手工制造的物件，商业价值更高。"[12]在讨论波士顿美术馆（Museum of Fine Arts, Boston）和大都会艺术博物馆（Metropolitan Museum of Art）中的复制品使用时，威尔揭示了20世纪初美国艺术博物馆是如何强化阶级界限的。

1930年，大都会艺术博物馆开始从展厅移走大量复制品。虽然第二次世界大战期间为了安全起见，部分展厅的珍贵艺术品被移至仓库，取而代之的是建筑或雕塑复制品。但艺术博物馆对艺术品进行排序，因之产生了艺术品的阶级观，的确坐实了达纳的批判（见下文）。位于底层的是具有实用性且可以无限复制的物品；中层为工艺品或批量生产的艺术品、戏剧的道具、书籍、插画等；位于顶层的是美学和商业价值都很高且稀有、精致的艺术品，如艺术家的亲笔手稿、绘画、雕塑，它们最无用但独一无二且最昂贵，因而位于金字塔的顶端。[13]

关于复制品的争论实际上反映了另一个重要话题：艺术博物馆的本质是什么？艺术博物馆究竟是为了教育还是美学？针对艺术博物馆的本质和角色定位，存在两种声音：一是以本杰明·艾夫斯·吉尔曼（Benjamin Ives Gilman）为代表的"审美"论，二是以乔治·布朗·古德（George Brown Goode）和约翰·科顿·达纳（John Cotton Dana）为代表的"教育"论。曾长期任波士顿美术馆秘书长的吉尔曼认为，艺术博物馆最主要的目的是审美。他在1918年的一篇文章中区分了艺术博物馆和科学博物馆。人们出于对"真实"（real）感兴趣而收藏科学标本，出于对理想（ideal）感兴趣而收藏艺术品。科学标本呈现事实的全貌，艺术品呈现幻想的天堂。观看科学标本是为了学习，观看艺术品则源自仰慕。科学博物馆的本质是学校，艺术博物馆则是一座神殿。[14]

20世纪初，美国博物馆的教育功能和角色，也越来越被社会认同和呼吁。古德认为，博物馆在促进社会进步方面具有重要作用。达纳曾批判艺术博物馆有精英主义的趋势，并呼吁"美国博物馆需要抛弃对欧洲博物馆的模仿，走出自己的发展之路"[15]。他对传统欧洲博物馆提出三点批判，并在此基础上提出:"博物馆作为服务机构,最重要的工作就是提升观众的生活品质,而非通过物件的积累增添博物馆本身的光彩。想要达成以上目标,博物馆要能够帮助观众培养文化敏感度,让他们以愉悦心情接触美好的物件,培养持之以恒的兴趣。"[16]威尔也评价达纳的博物馆思想"领先于他所处的时代"。

三、从"藏品"到"公众":美国博物馆范式的转型

二战后,美国博物馆纷纷成立教育部门,博物馆的教育角色得以明确。[17]威尔观察到美国博物馆经历了两次重要的革命[18]:第一次革命仅在博物馆界内部进行,博物馆从重视藏品积累、维护、研究和陈列为主的内向型经营模式,转向以提供教育和服务社会公众为要务的外向型经营模式;第二次革命发生在整个非营利组织中,社会企业模式开始对整个非营利组织产生影响,相应地,公众对博物馆的期待产生了变化。

政府经费的缩减,以及行业内部的认识转变,促使博物馆萌生服务社会公众的理念。虽然战后博物馆的数量和质量均提升显著,但政府对其财政投入却在逐渐减少。博物馆需要通过门票、商店、餐饮、场地租赁或其他方面的收入,以及企业赞助和捐赠获得资金支持。除经济因素外,博物馆行业内部的转变是深层因素。[19]随着博物馆专业化程度的加深、专业组织规模的扩大,博物馆类型日益多样,其影响力也日益增强。博物馆界制定的政策、发布的报告,以及实施的措施,无不深刻地影响着社会对于博物馆的认知和期待。1974年国际博物馆协会在修订博物馆的定义时,明确提出"博物馆要为社会和社会发展服务",强调了博物馆与社区、社会的紧密联系。

随之,公众对博物馆的期待产生了变化:一是博物馆是否能够达成其目标,这些目标必须能够提升和改善个人或社区的生活品质;二是博物馆是否能够持续利用自身能力达成目标,并获得前后一致的优秀成果。[20]社会对非营利组织(包括博物馆)不再给予充分的信任、宽容和尊重,而开始用更严格的尺度,检验其运作方式,要求它们有更高的公信力。[21]社会企业模式是非营利组织的一种新形态,非营利组织通过赞助、捐赠、志愿等方式获取资源,并以提供免费或低于市场价格服务的方式,回馈社会大众。[22]博物馆的社会企业模式与博物馆传统模式的区别是,社会企业模式不将公众的支持视为理所当然,而是通过提供公众服务,将其作为价值交

换,争取公众的支持;不将博物馆的藏品和其他资源当成目的本身,而是当成达成目标的手段;注重博物馆是否能做出具体的成果、博物馆所做的事情是否都是正确的、博物馆提供的服务是否能获得预期的成果。[23]

变革将带来三方面的影响[24]:第一,博物馆内部构成和预算分配发生变化,藏品征集、研究和维护的经费减少,研究员(curator)的权威地位下降,教育人员、展示或公共服务的活动策划人员、营销人员或媒体专家等,开始享有更多的话语权;第二,博物馆在开展绩效评估时的做法需更加具体和精细,博物馆对观众和社区的影响往往微妙且复杂,这种影响难以用简单的量化指标衡量;第三,博物馆在制定发展战略时,必须明确表述自己的预期目标,只有确立了清晰的目标,博物馆才能有效地评估其效益,从而制订更加符合公众需求和市场趋势的发展计划。

很显然,变革之下,博物馆不仅要服务公众,还要考虑更大范围的社区和社会。那么,博物馆可以为社区和社会发展带来哪些影响?在社区中扮演何种角色?威尔认为,博物馆能在多个层面为社区带来积极影响,他将博物馆视为"社会变革的催化剂"[25],不仅能够激发人们在艺术或科学方面的潜能,强化家庭和其他社会关系的纽带,促进社区的和谐稳定,还能作为各种议题的倡导者或调解者,唤起人们对自然环境的重视。此外,博物馆还能培养自尊与对他人的尊重,为观众提供一个自我探索之地和"安全的空间",成为非正式学习的重要场所。

或许会有人认为,博物馆原先的成立前提将要失效。如果博物馆产生时的社会情境已经不复存在,是否还需要花费力气去补救、促进它的转型发展呢?威尔给出了他的回答:第一个答案是博物馆的独特性还在于其物件具备的独特力量。博物馆中的物件本身也许并不具备意义,其意义是由观众在参观过程中产生和构建的。置于博物馆这一特殊环境中的物件,可以强烈地触动观众的认知和情感。通过观看博物馆的展览,观众不仅能够获得知识的启迪,更能获得自我价值。第二个答案是博物馆概念与功能在不断地改变、丰富和拓展。收藏功能不再是博物馆存在的目的,而是博物馆达成其目标的手段。他还介绍了自己在担任赫胥宏博物馆和雕塑园副馆长期间,是如何对博物馆藏品体系进行重塑。威尔从教育、娱乐和社交三个维度,讨论了博物馆在公共服务中的角色,除了传统的教育、收藏、保管,以及公共服务功能,面向社会公众的博物馆还拥有娱乐、社交和经验共享等多重作用。未来的博物馆观众将不再是被动地接受教诲或等待被提升的对象,而是积极地对博物馆中的事物发表意见并采取行动的实践者。[26]

需要注意的是，威尔对博物馆的认识及其理解是随着时代变化而不断变化，展现了极强的生命力。在2000年发表的《博物馆出版品风貌的蜕变》一文中，威尔发展了他对于战后博物馆革命的认识，并提出博物馆正在进行第三次革命——"博物馆与公众沟通方式的技术革命"[27]。新技术的出现不仅对博物馆出版物带来了不小的冲击，而且对博物馆与不同阶层民众的沟通方式产生重大影响。此外，威尔对革命的认识也极具启发性，具有很明显的辩证色彩，革命或变革对博物馆界和博物馆人来说，既是挑战也是机遇。

四、绩效评估：证明博物馆"物有所值"

社会企业模式之下，博物馆不仅要证明其能够对委托给它们的资源负责，还要有效地使用这些资源，更为重要的是，向社会证明其能够在所在社区，产生切实和积极的影响。1995年，美国非营利组织开始采用"成果导向评估"（outcome-based evaluation）的模式，"成果"指参与者在参与中或参与后获得的益处和产生的改变。非营利组织的评估，不以其产生的经济效益为主要依据，而是取决于他们为社会公众提供的服务。好与坏是相对的，每一座博物馆在起源、学科背景、规模、组织方式、结构、藏品、资金来源、赞助方式、员工、设施和所在社区等各方面都不尽相同，很难直接进行比较。相比医院和学校，博物馆之于社会的价值不易明确，但也正因如此，博物馆需要一个更精确的，以及适用于各种类型、规模博物馆的评估机制来证明自身的价值。

威尔认为："我们应该把博物馆视为一个为达成理想目标，致力于以最低花费，求取最大效益的组织。"[28]在《珍奇柜：探寻博物馆及其愿景》中，威尔提出："可以将博物馆观众和参观、藏品管理、展览费用和日程安排、设备管理、员工招聘、保留和培训、会员和发展、理事会运作、学术研究和公共教育项目影响，纳入绩效考核范围。"[29]他在本书中从目的性（purposiveness）、能力（capability）、效益（effectiveness）和效率（efficiency）四个维度，提出了一个更为具体的博物馆绩效评估的理论模型，希望能够更客观、全面、精确地检验博物馆的组织绩效。[30]

博物馆绩效评估是用来区分"好"与"坏"的博物馆的吗？威尔认为，博物馆作为一个机构和场所，并没有绝对的"好"与"坏"之分，因为其价值和意义需要从多个维度判断。但在客观的评估之下，博物馆在专业性、学术性和文化价值上，可能会出现高低之分。他提出，开展博物馆评估需要考虑四个前提："第一，不是所有博物馆的品质都一样，有些博物馆的确比较优秀；第二，与其他非营利机构相比，博物馆并无本质之不同；第三，博物馆本身不是目的，博物馆之所以有意义，是因为它的公益性；第四，博物馆的成败，要看它是否能有效达成其目标，与其是否能存活并无直接关联。"[31]

威尔的博物馆绩效评估模型是以目标为导向的。首先需要评估博物馆是否具有目的性，这部分评分占总分的35%。他还强调，第一，博物馆学关注的三大主要问题——保存、学术和基于实物的公共项目（如展览和教育活动），同样是评估博物馆目的中最重要的三项；第二，博物馆需要提出明确且可达成的目标，目标是追求具体结果而非空泛愿景；第三，博物馆的目的必须合理，并且能够依托现有或有把握在未来得到的资源，如期达成；第四，目的必须务实且互相协调，成果的描述要精确或准确。[32]

其次需要评估博物馆是否有足够的能力。健全的目标和足够的执行力是博物馆成功的两大支柱。威尔提出，博物馆若想成功，需要具备两个能力：一是必须能够实现其使命及目的，二是必须能够将公众善意转变为实际的支持。[33]有着多年博物馆馆长经验的威尔提出，建立一支稳定、有热情、有冲劲的管理和技术团队至关重要。较高层级的管理者是博物馆的关键资源，他们需要在策略规划、预算控制、财务规划、运营发展、人力资源、设备维护管理、公共服务、市场营销、法律法规和信息技术等各个层面，具备杰出的管理才能；接下来是学科专家，如研究人员、历史学家、科学家和教育人员，需要具备较高的科研能力；再其次是展览、图像设计、编辑、登陆、藏品维护、标本制作、摄影、工匠、资讯、媒体和图书管理等方面的能力；最后是警卫、安保、建筑环境维修等方面的能力。[34]除此之外，博物馆能否通过与其他机构合作，获得捐赠、巡回展或进行专业交流的机会，也是评估其能力的重要考量。[35]

此外，虽然效益只占比25%，但这也是博物馆绩效评估中最重要的一环，也最难以量化。与其他非营利组织相比，博物馆具有多重目的，评估各目的是否达成的方法不尽相同，尤其是博物馆展览和教育活动的效能更难以量化。尽管如此，明确博物馆展览或教育活动的目标仍然至关重要。例如，威尔指出："博物馆为什么要推出这些展览或教育活动？为了取得何种成果？期待观众收获、学习、感觉到什么？期待观众被什么触动？因此他们对什么事物更为好奇或采取了哪些具体行动？这些观众是否得到了娱乐或其他乐趣？这些目标不一定要精细量化，但应该可以通过调研了解并被进一步讨论。"[36]

最后，即使博物馆具备明确的目标和足够的能力，但某些原因导致博物馆完成目标的效率不高，也有可能走向"失败"。如何利用现有资源发挥博物馆的最大功能，是评估博物馆是否具有效率的重要凭据。关于效率和效益的关系，威尔认为，博物馆绩效评估的关键在于效益（effectiveness）而非效率（efficiency），效益是博物馆有达成预期目标的能力，效率是博物馆有效运用资源的能力。他也指出美国博物馆界对博物馆绩效评估存在误解：认为博物馆只要有效率就足够了，但非营利组织追求的不仅仅是效率，还有更重要也更不容易达成的效益。[37]

关于谁来评估博物馆的绩效，威尔给出了三种不同的情况：一是如果将评估工作视为博物馆管理的一部分，则由博物馆内部自行评估；二是大型博物馆业务繁重，评估方法复杂，可以委托第三方专家团队进行评估；三是若评估为不定期开展（每五年开展一次），相同机构间的互相评估更有助于节约经费。[38]威尔的博物馆绩效评估模型以目的性、能力、效益和效率四个标准为要求，按照特定顺序，对博物馆的各项业务开展评估工作。正如威尔在书中所言："我在文本中提出的评估模型，只是一个纲要和骨架，还需要增添许多血肉，才能成形。"[39]

五、结语

如果说《重思博物馆及其他》开启了威尔对于博物馆的社会角色等议题的思考，《珍奇柜：探寻博物馆及其愿景》是对20世纪90年代博物馆现状的批判性反思，那么本书则延续了威尔对博物馆要为"社会和社会发展服务"的讨论。在《博物馆协会杰出服务奖得奖感言》中，他坦言，他与广大博物馆工作者一样，一直以来在工作和研究中关注两个话题："第一，整体而言，博物馆身为社会机构，它们拥有的共同力量是什么？第二，就个别博物馆而言，它对社会大众和社区有什么特殊贡献？"[40]

在本书中可见，威尔一直以"博物馆工作者"而非"博物馆学者"或"博物馆馆长"自居。他这么做也许意在让博物馆工作者都知道："博物馆行业已不再是高高在上、不食人间烟火的象牙塔，而不折不扣是一项现实工作。"[41]政府经费来源困窘、社会公信力丧失、博物馆本质可善可恶，博物馆创建最初时的意识形态基础已被彻底瓦解，博物馆"与生俱来"的美德和价值受到社会的质疑。在这种情况下，博物馆需要回答一系列的拷问：这个世界如果没有博物馆，会有什么不同？如果博物馆很重要，能够带来影响，那么博物馆对谁意义重大，又能创造哪些具体的影响？谁来决定、何时决定、用何种方式创造这种影响？一座博物馆需要带来多大的改变和影响？这种影响可以持续多久，才能获得公众的信任并继续支持这个机构？很显然，对这些问题的思考和回应最终还需要落实到现实工作。

回到本书的标题 *Making Museums Matter*，张誉腾译为"博物馆重要的事"，这是一个名词短语，"事"是主要的名词，"博物馆"和"重要"都用于修饰"事"，"事"与博物馆相关，"重要"则描述这个"事"的性质——重要性。英文"making museums matter"则是一个动名词短语，它结合了动词"making"（使……成为）和名词"museums"（博物馆），以及名词"matter"（重要的事），意思是"让博物馆成为重要的事"或"使博物馆发挥重要意义/价值"。这不仅强调博物馆在某种语境中的重要性，而且意味着需要通过某些努力或行动，发挥其重要性/价值。尽管威尔在书中多次提及和强调博物馆价值的重要性，尤其是博物馆之于社区和社会的价值，但他更为关注的是如何有效地发挥和利用博物馆的这些价值。大卫·卡尔（David Carr）在评价本书时说道："本书之于博物馆，最大的价值在于对价值的讨论。更重要的是，成为一个重要机构的方法是随着时间的推移，用最大的声音对价值观进行争论。"[42]

从律师到馆长再到学者，威尔逐渐形成了对博物馆本质、经营管理，以及未来发展的独到见解。正因为他的博物馆思想是基于其实践工作的深入思考，所以他的表述清晰易懂、深刻且富有逻辑。无论是博物馆领域的从业者，还是博物馆学专业的学生，或是对博物馆怀有浓厚兴趣的广泛公众，都能轻松接纳并理解威尔的博物馆思想的精髓。正如译者张誉腾的评价："本书可谓博物馆界的空谷足音，是博物馆从业人员和莘莘学子不容错过的一部博物馆学经典，兼具激励、启蒙、辩证、批判和反省功能。"[43]

（丁晗雪，上海大学文化遗产与信息管理学院博士研究生，主要研究方向为博物馆学。）

注释：

[1] American Association of Museums, *Museums for a New Century: A Report of the Commission on Museums for a New Century*, Washington: American Association of Museums, 1984, p. 55.
[2] American Association of Museums, *Excellence and Equity: Education and the Public Dimension of Museums*, Washington: American Association of Museums, 1992, p. 7.
[3] 史蒂芬·威尔：《博物馆重要的事》，张誉腾译，台北：五观艺术有限公司，2015年，第18页。
[4] 史蒂芬·威尔，前揭书，第133页。
[5] 史蒂芬·威尔，前揭书，第132页。
[6] 史蒂芬·威尔，前揭书，第145页。
[7] 史蒂芬·威尔，前揭书，第146页。
[8] 史蒂芬·威尔，前揭书，第175页。
[9] 史蒂芬·威尔，前揭书，第149页。
[10] 史蒂芬·威尔，前揭书，第149—150页。
[11] 史蒂芬·威尔，前揭书，第157页。
[12] 史蒂芬·威尔，前揭书，第151页。
[13] 史蒂芬·威尔，前揭书，第139页。
[14] 史蒂芬·威尔，前揭书，第134页。
[15] 史蒂芬·威尔，前揭书，第52页。
[16] 史蒂芬·威尔，前揭书，第51页。
[17] 周婧景、马梦媛：《博物馆教育理论及其发展初探：内涵、发展和未来》，《博物院》，2021年第4期，第39—45页。
[18] 史蒂芬·威尔，前揭书，第88—89页。
[19] 史蒂芬·威尔，前揭书，第102页。
[20] 史蒂芬·威尔，前揭书，第89页。
[21] 史蒂芬·威尔，前揭书，第91页。
[22] 史蒂芬·威尔，前揭书，第62页。
[23] 史蒂芬·威尔，前揭书，第62—63页。
[24] 史蒂芬·威尔，前揭书，第94—95页。
[25] 史蒂芬·威尔，前揭书，第18页。
[26] 史蒂芬·威尔，前揭书，第253页。
[27] 史蒂芬·威尔，前揭书，第68页。
[28] 史蒂芬·威尔，前揭书，第219页。
[29] Stephen E. Weil, *A Cabinet of Curiosities: Inquiries into Museums and Their Prospects*, Washington: Smithsonian Press, 1995, pp. 19-31.
[30] 史蒂芬·威尔，前揭书，第224页。
[31] 史蒂芬·威尔，前揭书，第220—221页。
[32] 史蒂芬·威尔，前揭书，第226—227页。
[33] 史蒂芬·威尔，前揭书，第228页。
[34] 史蒂芬·威尔，前揭书，第230页。
[35] 同注34。
[36] 史蒂芬·威尔，前揭书，第232页。
[37] 史蒂芬·威尔，前揭书，第182页。
[38] 史蒂芬·威尔，前揭书，第235页。
[39] 史蒂芬·威尔，前揭书，第236页。
[40] 史蒂芬·威尔，前揭书，第22页。
[41] 史蒂芬·威尔，前揭书，第10页。
[42] David Carr, "Book Review", *Curator: The Museum Journal*, 2010, 44(3), pp. 314-318.
[43] 史蒂芬·威尔，前揭书，第18—19页。

《科学博物馆的幕后》

Behind the Scenes at the Science Museum

作者：麦夏兰（Sharon MacDonald）

出版年份：2002

❖—— · 本书短评 · ——❖

用博物馆民族志的方法，揭示一个完整展览背后的血与泪。

述评人：刘雨沛

20世纪中期，英国的公共文化服务模式调整为"一臂之距"（Arms' Length Principle），文化资金的分配及其使用方式的变化，影响了整个文化艺术领域——增加资金使用效率的同时仍要应对被削弱的财政支持。20世纪80年代，英国博物馆行业面临的危机日益严峻，这主要表现为如下两方面：其一，政府财政支持锐减，且博物馆使用削减后的资金时，被要求提前上报"五年计划"（five-year corporate plans）；[1]其二，将参观者数量和观众参观反馈作为政府考核下放资金使用情况的绩效标准。[2]这一变化看起来难以应对：当参观者数量及其反馈成为衡量博物馆绩效的标准时，博物馆需要通过增加展览建设等费用达到这一目的，而这些行动的资金却无处获得。

　　为了走出困境，博物馆尝试使用收取门票费用的方式，增加经济收入。然而，这种解决方法不仅导致了"绩效"的下降，还遭到了民众不同形式的抗议。在这个背景下，博物馆与它所在的整个公共文化行业都需要革新，博物馆不得不采取更多面向公众、联系公众的举措，比如开展广告宣传、提升餐厅和商店等能盈利的内置板块的业务水平。如果说19世纪时，博物馆曾试图将民众转变为公众，那么在20世纪后期，似乎是时候将公众转变为更活跃、更多元的消费者了。[3]此外，博物馆在展览制作方面，开始更多把目光转向流行文化、日常生活等能够最大限度吸引观众、与普通公众相关的主题，比如在20世纪80年代末至到90年代，许多博物馆举办了"我们的展览"（People's Shows）[4]。与此同时，这也强化了博物馆与社会之间的关系，印证了博物馆负有应对社会变革和挑战的责任。这正是麦夏兰进行民族志调查的1988—1989年间，英国博物馆界的基本情况，也是本书写作的时代背景。

　　为应对上述社会变化，位于英国伦敦市南肯辛顿区的科学博物馆（the Science Museum）采取了一系列革新措施。麦夏兰在该馆进行了一年多的民族志研究，试图回答如下问题：博物馆的幕后究竟发生着什么？展览的相关决策是如何做出的？什么人或什么因素在真正做出或影响这些决策？哪些因素会影响博物馆展览的创造和体验？通过追溯展览的制作过程，麦夏兰将公众带入博物馆的幕后世界，揭示了展览是如何制作的，观众是如何参观的，以及公共文化是如何产生的。

　　本书共有九个章节，分别为"序言""南肯辛顿的文化革新""21世纪的新画面：改写博物馆""呈现给新公众的'烫手山芋'：一场旗舰性质的食物类展览""'现实来临':梦想和噩梦""虚拟的观众与消费的科学""开幕:仪式、回顾与反思""活跃的观众与展览的诠释""幕后之内与之外"。这九个章节的内容可以归纳为"科学博物馆的历史与变革""作为新尝试的'食物之思'(Food for Thought)展""研究引发的相关思考"这三个部分,本文将按照这三个主题对书中内容展开评述,并辅以结语讨论。其中,作为过程的"食物之思"展这一部分,将包含从展览创作到观众反馈的完整内容,也是麦夏兰本次博物馆民族志研究的核心内容。

一、科学博物馆的革新之策

科学博物馆于1928年在博物馆东座建筑开馆,建筑风格古典,彰显博物馆传统身份与现代角色的结合,即在研究与传达科学知识的同时,承担面向更广阔公众的教育职责。

1986年4月,尼尔·科森(Neil Cossons)被任命为科学博物馆馆长,他因在什罗浦郡(Shropshire)建立布利茨山露天博物馆(the Blists Hill Open Air Museum)而闻名。[5]上任之初,科森立志改变科学博物馆的机构设置,以应对上述提及的时代困境。1987年,科森发起了"展厅计划"(The Gallery Plan)[6],将博物馆内部划分为不同的板块,重新建构不同的展览内容,旨在"为科学、技术、工业和医学的各个方面,提供生动、吸引力强和易于理解的见解"[7]。总体而言,在旧的组织机构中,藏品相关的部门是基础和核心部门;改革之后,公共服务部门的地位得以显现。相应地,展览不再完全以藏品为动力来源,其出发点和主要方向是服务公众。[8]与此同时,博物馆开始实施观众调查、广告宣传、形象提升等举措,从此前传达公众"应该知道的知识"转变为传达公众"需要和好奇的知识"。

"展厅计划"面临的众多困难之一是如何将展览从藏品的束缚中解放。科学博物馆的藏品来自以往的各大展览、类似的其他博物馆,以及个人捐赠,日积月累形成了一个庞大的系统,并且反映在博物馆陈列的布局结构上。要改变这种布局,需要考虑其来源(捐赠者及赞助者的意愿),以及不同领域的策展人们对自己"领土"内藏品的感情。在实际操作层面,这显然是一项不可能的任务,换句话说,将展览内容全部推倒重建是不可能的。为此,该计划小组成员制订了一个10—15年的长期计划。

"展厅计划"面临的另一个挑战是如何将观众的理解置于中心地位。小组内部虽然按照职能分为功能、媒介、观众、建筑四个部分，但是观众的重要性嵌入且贯穿所有工作的内容和目标——什么是观众感兴趣的？什么是观众需要的？什么方式是易于被观众接受的？什么样的表达方式易于观众理解？经过一番关于如何重新划分博物馆内部主题的讨论后，三部分结构最终确立：知道（knowing）——科学是理解自然世界的过程；创造（making）——技术是改变自然世界的过程；使用（using）——技术在工业、商业和家庭中的应用。[9] 其中，贴近公众日常生活的应用部分被放在了开始的重要位置。

除了上述提及的最重要的两个方面，如此大规模的"展厅计划"也面临其他问题，比如藏品选择的困难、观众的知识背景到底允许展览中出现多少专业知识、观众的地位提升是否在某些程度上压缩了展览创造者的空间等。人们一直对这些问题难以达成共识，因此它们在博物馆的内部会议和提案讨论中反复出现。

二、发现幕后：作为过程的"食物之思"展

科学博物馆进行内部改革的同时，新成立的公共服务部创办的第一个展览是"食物之思"展。在回溯展览制作过程时，麦夏兰首先讲述了展览完成之后她与创作团队的一致困惑：展览开幕之后并不如他们想象中那般热闹和意义非凡，这一结果与工作人员在筹备过程中付出的澎湃热情完全无法匹配。[10] 展览本身的冷静和严肃性是一个方面，另一方面，"作者"的身份和组成也并不如人们想象的那样。展览看似是6位团队成员合作的产物，实则是复杂的国家、社区、博物馆、公众多方作用的结果。接下来，笔者将追随麦夏兰的步伐去往幕后，看看这个展览是如何一步步制作而成的。

（一）被视为"烫手山芋"的新展览

在当时的英国，食品是公众和媒体非常感兴趣的话题，这一话题甚至被戏称为一个"烫手山芋"。人们对工厂生产方法及食品健康问题日益关注，与此同时，英国尚未出现一个大型的关于营养和食品的展览。[11] 为了在科学博物馆举办这样一个看起来似乎与科学领域相距甚远的展览，展览团队提交了一份题为《食品与营养：在科学博物馆举办永久展览的建议——食品项目可行性研究》（*Food and Nutrition: A Proposal for a Permanent*

Exhibition the Science Museum. Food Project Feasibility Study）[12]的提案，其中强调了社会公众对食品问题的关切、英国的农业发展、日常生活中与食品相关的科学知识、吸引观众在博物馆进行饮食消费、与食品工业合作并争取赞助的潜力等内容，这一提案最终获得批准。

回到这个展览的筹备过程。首先，展览预算是122万英镑，这对于一个将持续10年左右、占地800多平方米，且要进行适当建筑改造的展览来说，资金很紧张。因此，展览团队积极联系外部赞助。最终，最大的赞助份额来自盖茨比慈善基金会（Gatsby Charitable Foundation）。基金会同意捐赠75万英镑，其条件是"塞恩斯伯里"（Sainsbury）要出现在展览或展厅名称上，[13]这便是展览副标题——"塞恩斯伯里展厅"（The Sainsbury Gallery）的由来，也是展览开幕后得到负面评价的原因之一。其次，展览的筹备时间只有15个月，相比科学博物馆在1981年就做出1988年展览计划的时间周期，该展览的筹备时间短得荒谬，无论是哪个团队接下这个展览，都将面临这个巨大的挑战。

接下这个任务的6位团队成员均为女性，分别拥有微生物学、考古学、博物馆研究、摄影摄像、物理科学、历史学、地质学等不同的专业和实践背景。从此以后，展览不再是某一个"高级策展人"[14]的功劳，团队的集体意识、平等观念和平衡性得到重视也被体现。筹备过程中，团队不仅与专业设计师合作，还咨询了从事营养和食品历史研究的学者、实业家、图书馆工作人员、其他博物馆的工作人员，以及具有特定职能的组织。

最后涉及展览名称的更改。展览名称最初是"食物与营养"（Food and Nutrition），但顾问团队认为"所有食物都是营养的组合"，这与展览团队"通过特定食物来展示营养构成"的想法相左。[15]展览主旨在于"展示科学技术对我们食物的影响"，并意在引发观众对食物、营养和科学关系的深思，而不仅仅提供关于食物和营养的信息，因此，展览最终被命名为"食物之思：塞恩斯伯里展厅"（*Food for Thought: The Sainsbury Gallery*）。

（二）设定的目标与实际的挫折

展览筹备过程中，团队成员发现，实践工作与设想蓝图之间存在诸多方面的差距。本次展览曾出现三个较为重大的变故：专家顾问对展览的组织原则进行批评，团队被迫进行重组；展览的物理空间限制了展品的呈现，因而团队重新编辑了展览内容，做出了取舍；馆长对展览框架提出批评，这导致展览思路最后进行了重新修改。[16]这些问题的出现和对这些问题的解决过程，使得麦夏兰不得不思考科学家、物理空间、物件、媒体和设计师在展览中的作用，以及知识、展览和公众的交互。

在征集各方意见的阶段，展览团队没有像往常一样召集行业从业人员作为参与者，因为在这个展览中，从业者便是生产者，甚至是获利者，其意见可能并不可靠。专家顾问由相关专业的学者组成，而他们也经常有不同意见，并且不太接受将自己某些具有争议性的观点放在一个至少将持续10年的展览内容中。[17]相较之下，积极提供意见的是赞助商，他们想呈现有利于自己的内容，但很明显这些意见不可能被完全采纳。各方声音有时提供积极的灵感，有时实现互相制衡，有时却带来不便。[18]

展览团队的目标是打造一个有趣的展览。为此，除了视觉呈现，她们设置了各种香料和食物的香味单元、与食物相关的不同的声音单元、品尝饮食区、高比例的互动单元，此外，她们还设置了巨大的巧克力慕斯锅和一些游乐场式的镜子，以增加趣味性。1988年10月，她们就展览大纲如何与实际物理空间结合的问题与设计师进行了最后的讨论，并根据"是否与食物真正相关""趣味性能否得到保障"等原则筛去了原定的很多展览内容，且充分考虑了展览的展线和参观轨迹。[19]

1988年11月，在对馆长汇报时，团队成员强调"这不是为专家举办的展览，而是面向普通大众的展览"[20]，并且汇报了团队确定的大约500件可用于展出的物件。对此，馆长提出了明确的批评：中心信息传达不明确、中心信息和各层次信息间的结构不清晰、某些展品与展览主题并没有明确的关联等。展览团队在专业顾问的协助下，重新修正了概念框架，并将展览的目标更新为"帮助人们了解科学技术对食物的影响"[21]。

除了上述提及的三个重要时刻，展览的制作过程本身也同样困难重重，比如包括建筑工程部、教育部门、互动部门等在内的各方技术人员、设计师、赞助商如何参与进来。这些问题要求展览团队准确而坚定地表达自己的想法，与此同时，这也是对她们人际交往和协调能力的一次考验。专业人士对展览内容的批评也引起了业界对职业身份和自主权的讨论。此外，预算远远超支、部分设备不能按照预期到位、时间愈发紧迫等问题，让展览的制作充满了不可预测性。

（三）被想象的参观者和消费者

通常认为，观众是在展览开放之后才与展览正式相见的。其实不然，在展览的制作过程中，展览团队便会想象参观者可能的需求、行为和意愿，并在展览设计之初就考虑这些因素，并试图用前所未有的方式优先考虑观众群体。[22]

为了避免让观众直面枯燥的知识，首先，展览向观众展示了日常生活中人们熟悉的场景，进而层层递进到其背后的科学知识，同时尽量使用通俗而简洁的展览文本。其次，展览团队还通过提供尽可能多的互动设施和媒介，呈现展览内容，试图给参观者提供多样化的参与选择权。[23]多数情况下，博物馆想象的观众是遵循某些原则进行参观的观众，但现实中，破坏展品、在展厅饮食、随意触碰展品、过分拥挤等现象却时常发生。在展览开幕前的几个月，展览团队邀请了一些观众提出意见，并据此做了相应的调整。

与消费者身份相关的内容是食品从家庭到工厂的生产，以及食品安全的问题。为此，展览提示作为消费者的观众，食品生产过程中产生的病菌有千百种，经常洗手是完全必要的。展览中还解释了英国的饮食习惯，并描绘了一些饮食习惯造成的身材状态。事实上，所有食物的享用后面都包含着一连串的劳动和消费行为，只是这点很少被注意到。需要指出的是，展览团队想象中的消费者，是从购物中获得乐趣和进行思考的主动形象，而不是拼命在有限的预算下维持生计的被动形象。[24]

除了上述经济交易中的概念，消费者在展览中也是知识的消费者。知识提供者试图想象知识消费者想要的是什么，并尽量为其提供充足的选择权。然而，消费者真实的需求往往不被知晓。在这个展览的制作过程中，知识不再被视作堆积而成的真理，而是可以选择的信息。[25]为此，展览团队尽可能考虑了知识消费者的需求、意愿、身份和状态，但想象和现实往往相距甚远。

（四）开幕：仪式、回顾与反思

开幕两周前是展览团队更加紧张地发现问题和处理问题的时刻：核对并校正文字和图像内容、维修和替换制作食品的设备、调整一些设计作品的比例、再次处理各赞助机构的修改意见……此刻的团队只想着完成任务和结束此次工作。[26]

进入开幕倒计时，团队成员一方面在展厅疯狂地查缺补漏，另一方面要与即将到来的媒体人和评论家进行对接，更需要厘清开幕仪式的一切环节。[27]展览开幕前一天，大家忙到凌晨，第二天所有事项都掐着时间节点进行。有趣的是，麦夏兰甚至被误认为是某个互动区域的演示者，因为她当时正在帮展览团队做没做完的面包卷。

总体来说，开幕仪式很顺利，馆长和赞助机构代表发表了讲话，展览迎来了新起点。正如前文所述，展览制作前端的紧凑高潮和结束后的平静形成了鲜明对比。然而，展览的开幕并不意味着展览团队成员工作的结束，她们还需要继续工作：展厅的故障、参观者的建议和投诉、赞助机构的不满、不同的社会声音根据自身的专业领域对展览内容的评价……所有问题都需要团队处理和回复。此外，她们还需要整理展览相关的所有文件清单，以供后来的创作者借鉴。展览团队为这个展览花费了大量时间和心血，但这个展览并没有署上她们的名字，反而是馆长和赞助商被理所应当地视为创作者。与此同时，博物馆其他内部人员对于她们成功完成一个展览而产生的羡慕和嫉妒，以及更多复杂情绪都被加诸展览团队。[28]

展览获得极大赞誉的同时也收到了很多负面评价，主要涉及展览内容和风格两个方面。其中，质疑声最大的当数受到赞助基金会影响而出现的副标题。团队有时乐观地接受意见，重新审视自己的成果；有时持防卫态度，为自己声援。当然，有些造成批评的原因（比如资金限制、赞助机构的出现等），并不来自团队本身。这次展览确实吸引了团队最初设立的目标群体——普通参观者，[29]在这一点上，展览的实际结果与期望是一致的。

（五）参观者眼中的展览

展览开幕后，展厅内大多数时段都不拥挤。不同于想象中的参观者，真实的观众是多样的，参观轨迹和习惯各不相同。通过对参观者非结构化的一般观察、结构化的跟踪和半结构性访谈，麦夏兰对42组（123人）家庭观众（该展览的目标观众）进行了跟踪采访和访谈。[30]

研究发现，"参观博物馆"经常被列在家庭观众的外出清单事项上，[31]这或许是因为父母小时候曾经去过，或许是因为科学博物馆被某个宣传机构列入了伦敦必去榜单，或许是父母为了完成教育目标，又或许是为了打造某一个具有仪式感的时刻。在观众自身构建的文化体验图式中，展览内容与自身经历产生交织，观众会印象深刻；历史的变迁、食物的好坏，这些容易量化的信息更容易被获取；在日常生活中占份额较少的食品生产经常被观众忽略，即便它们在展览布局中被置于醒目的位置；能与感官发生交互的展览内容更吸引人（尤其是儿童）；三维的物品更容易被记住，而二维物品（如说明牌）的内容却很少被讨论；观众更容易接受与其日常生

活相关的知识，与观众身体和以往经历相关的内容，更容易在展览中被反复叙述……[32]

在许多关于展览的描述中，观众经常呈现两种叙事线索。一种是在空间上将不同的展品联系在一起，而这些展品在展厅中并没有物理顺序的连接；另一种是在概念上把那些没有被展览团队联系的展品联系起来，甚至有些展品并不在展览的重点叙事框架中。[33]这充分说明，在观众主动理解和解读展览时，来自展览外部的信息——观众自己的生活和经历，以及看待事物的观点——发挥着比想象中更大的作用。人们似乎是来博物馆寻求某个确定的答案的，这个答案看似来自展览，但实际上往往是观众自己给出的。

三、幕后之内与之外：展览创造的更多思考

在本书内容行将结束时，麦夏兰说，她讲述了一个完整的展览背后的血汗与眼泪。[34]科学博物馆的这一场革新实践完全发生在一个常规做法和长期假设受到质疑的新阶段，因此，博物馆不能再依靠既有的专业知识处理新的需求，组织模式、行动方式、思维方式都需要重新组织、修订、思考、培训、实现。[35]这些转变不仅发生在博物馆中，也发生在更多的文化机构中。

（一）框架与包容

麦夏兰指出，当人们习惯于制定"框架"，并根据框架指导实践时，框架越严格或僵化，似乎就有越多的东西从框架中脱离。换句话说，会有更多重要的东西无法被容纳进框架内。比如，在"食物之思"展中，团队制定了严格的概念框架，并专注于在框架内完成既定任务，这不仅导致了团队没有充分考量展览入口处展品的安排情况，而且使得展览副标题及相关信息在某种程度上给参观者造成"这是由一家超市零售商策划举办的展览"的错觉。[36]

从人类学的角度来说，对人们认为理所当然的事情进行再思考，往往能引导更好的做事方法，比如设立"目标观众"的习惯。目标观众通常被认为是为了指导展览实现既定的社会教育目标而设计的，与此同时，这在某种程度上成了一种保护展览免受被排除在框架之外的其他人批评的方式。得益于框架的制定，工作得以推进，目标得以实现。然而，这也仅指框架内的工作和目标的实现程度。[37]

（二）创作与赋权

在当时，新达尔文主义的"适者生存"理念在各机构中广为传播，尤其是在有学术抱负的国家机构中。"有效"与"无效"的说法一时间广为流行，对于博物馆来说，并不是所有的绩效标准都能实现。博物馆在尝试通过学术、教育、收费等新手段掌握主动权的同时，也在积极构建属于自己的复杂绩效指标，这意味着博物馆可能会迎来有价值的变革。[38]

"食物之思"在许多方面扮演并代表了普通个体作为内容选择者的角色。博物馆在拥有更多主动权的同时，也给予了观众被充分考虑的可能。此外，在科学博物馆的幕后，我们可以清楚地看到，展览团队对展览民主化、赋权普通人的愿景和行动，尽量让观众"自己做决定"的思路贯穿展览创作的始终。如此看来，"食物之思"展览在很多方面都具有实验性质，在既定规则边缘游走，创造新的逻辑。然而，创新也会带来不可控的结果。

（三）科学与公民

在"食物之思"展中，观众是被重点考虑的对象。基于此，科学的传统印象在这次展览中被打破，观众看到科学可以是日常事务，可以是熟悉的、平易近人的。[39]在展览团队看来，公众理解科学项目的终极目标是公众能够以公民的身份更充分地参与科学项目。在科学愈发重要的当今世界，博物馆希望能为参观者提供更容易理解的科学知识。通过"食物之思"，博物馆希望让观众感受到科学在日常生活中的存在，它并不那么遥远，并为观众搭建以后通往更多科学知识的入口。[40]

在展馆中，观众并不一定能意识到展览的幕后团队对政治、公民、科学等因素的考量，因为他们在展览的框架中行动，并因为接触熟悉的事物而愉悦，这种轻松感使得观众不会用新的视角考虑问题。从这个角度来看，展览的预设目标并没有实现。事实上，当观众是否"满意"和"享受"成为展览成功与否的绩效评估标准时，产生深入质疑和思考的可能性便会降低。[41]

四、结语

20世纪后期，作为文化和文化意义展示和讨论的平台，博物馆受到了极大的关注，但少有研究关注博物馆的时代需求、博物馆及其工作人员的行为和意图、如何在博物馆框架中塑造特定主题等。麦夏兰用民族志的研究方法关注了这些问题，为博物馆研究提供了一个新的范例，充分展示了文化生产和消费的复杂性。本书对作为过程的展览进行民族志研究，充分揭示了展览的政治复杂性：尽管展览团队拥有对展览的权威控制，但团队如何不断与内部和外部力量进行谈判，这与她们运用自己对国家科学机构的理解指导行为同样重要。数个关键的不可预测的节点虽然藏在不可见的幕后，却对展览结果产生了十分重要的影响。

从研究方法上来说，当博物馆成为民族志的"田野点"时，其内部和外部沟通的产生、妥协与较量、选择和抛弃都被观察与描述，与博物馆相关的科学家、公众、特定机构、社会、国家，都会看到自己如何参与其中。通过博物馆民族志的方法，文化到底如何产生和消费、博物馆能做什么和如何做等问题便有了一些新的答案。几乎是在同时期，另外的博物馆民族志研究也纷纷问世，《老博物馆里的新历史：在殖民地威廉斯堡创造过去》（*The New History in an Old Museum: Creating the Past at Colonial Williamsburg*，1997）[42]一书通过广泛的民族志调查，重新审视了包装后的美国历史和被建构的文化信仰。《重返亚历山大：文化遗产复兴主义和博物馆记忆的民族志研究》（*Return to Alexandria: An Ethnography of Cultural Heritage Revivalism and Museum Memory*，2007）通过对记忆回归、文化复兴的细致入微的后殖民考察，批判了文化构建背后潜在的西方基础概念和价值观。[43]

在评价本书时，尼克·梅里曼（Nick Merriman）高度赞扬了本书深入展览幕后，关注博物馆的内部框架和对主题进行处理的研究方法。[44]在麦夏兰看来，作为过程的展览并非结束于开幕，她对观众的民族志调查不仅重置了展览过程，还使得整个研究形成闭环，即探究真实的观众到底如何看待和使用这一文化产品。

当下，中国的博物馆发展在某种程度上，面临着与20世纪80年代的英国一样的社会背景：博物馆数量连年增长，博物馆数量增长背后的质量发展和竞争情况值得考究，如何吸引公众自发地走进博物馆并变成博物馆真正的参与者……当年在科学博物馆进行调查的麦夏兰年仅28岁，在我们的学科领域，亦有众多有志青年，让我们共同奋斗，让中国博物馆事业的发展迎来更新的景象。

（刘雨沛，陕西师范大学历史文化学院博士。主要研究方向为博物馆学理论、博物馆研究。）

注释：

[1] Sharon Macdonald, *Behind the Scenes at the Science Museum*, Oxford: Berg, 2002, p. 33.

[2] Ibid., p. 32.

[3] Ibid., p. 37.

[4] 同注3。

[5] Ibid., p. 41.

[6] Ibid., p. 60.

[7] Ibid., p. 67.

[8] Ibid., p. 44.

[9] Ibid., p. 76.

[10] Ibid., p. 93.

[11] Ibid., p. 118.

[12] 麦夏兰：《科学博物馆的幕后》，李响、楚惠萍译，北京：中国科学技术出版社，2024年，第117页。

[13] Sharon Macdonald, *Behind the Scenes at the Science Museum*, p. 125.

[14] Ibid., p. 110.

[15] Ibid., p. 134.

[16] Ibid., p. 132.

[17] 同注15。

[18] Ibid., p. 133.

[19] Ibid., p. 139.

[20] Ibid., p. 144.

[21] Ibid., p. 147.

[22] Ibid., p. 157.

[23] Ibid., p. 163.

[24] Ibid., p. 187.

[25] Ibid., p. 188.

[26] Ibid., p. 196.

[27] Ibid., p. 197.

[28] Ibid., pp. 205-206.

[29] Ibid., p. 215.

[30] Ibid., p. 221.

[31] Ibid., p. 223.

[32] Ibid., pp. 225-226.

[33] Ibid., pp. 226-228. .

[34] Ibid., p. 245.

[35] Ibid., p. 247.

[36] Ibid., p. 251.

[37] Ibid., pp. 252-253.

[38] Ibid., p. 254.

[39] Ibid., p. 256.

[40] Ibid., p. 257.

[41] Ibid., p. 258.

[42] Richard Handler, Eric Gable, *The New History in an Old Museum: Creating the Past at Colonial Williamsburg*, Durham: Duke University Press, 1997.

[43] Beverley Butler, *Return to Alexandria: An Ethnography of Cultural Heritage Revivalism and Museum Memory*, London: Routledge, 2007.

[44] Nick Merriman, "Book Review", *The Sociological Review*, 2002, 50(4), pp. 645-646.

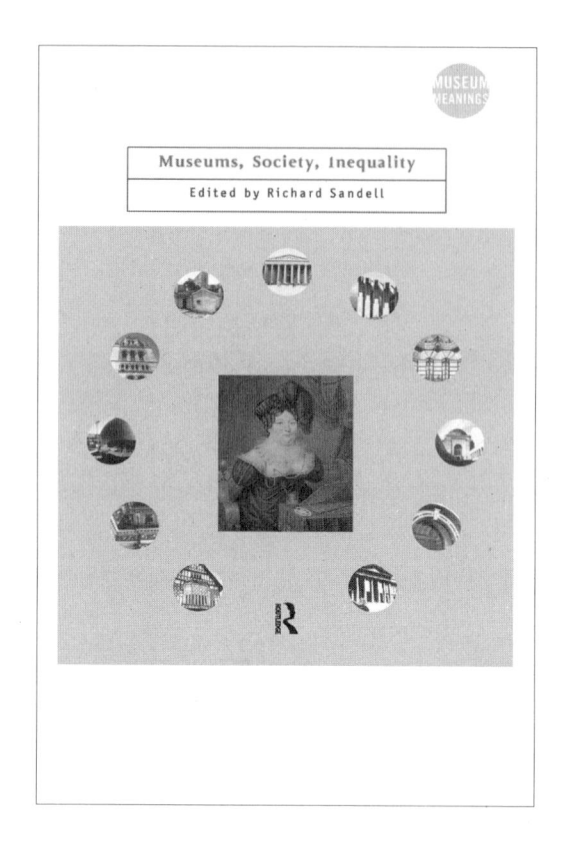

《博物馆、社会与不平等》
Museums, Society, Inequality

编者：理查德·桑德尔（Richard Sandell）

出版年份：2002

❖———·　本书短评　·———❖

博物馆领域探讨社会包容和社会平等议题的先驱之作。

述评人：徐佳艺

英国的博物馆历来有关注社会、致力于解决社会问题的传统。南肯辛顿博物馆（South Kensington Museum）在19世纪开放之际，就率先在展厅内使用煤气灯照明，并实行晚间开放，以吸引工人下班后前往博物馆参观，作为替代酒馆的晚间休闲新选择。此外，该馆还专门向工人阶层提供物美价廉的食物。[1]南肯辛顿博物馆之所以这么做，是因为其最终旨趣在于教化民众、规范行为、培养新的市民阶层，进而解决社会阶级问题、促进社会变革。

100多年过去了，英国社会对博物馆关注和解决社会问题的定位和期待依然在延续。20世纪末，工党上台后将社会包容（social inclusion）作为执政期间最主要的政策，以解决贫困、失业、犯罪、教育、医疗等社会问题。2000年，当时的英国文化、媒体和体育部（Department of Culture, Media and Sport，简称DCMS）发布的《社会变革核心：所有人的博物馆、美术馆和档案馆》（Centre for Social Change: Museums, Galleries and Archives for All）指出："社会包容的政策与目标须成为各博物馆、美术馆和档案馆在拟定政策中优先且核心的项目。"[2]同年，大型及地方政府博物馆小组（Group for Large and Local Authority Museums，简称GLLAM）提出："博物馆应尽最大努力持续促进社会包容，成为推动社会包容的力量，推动各种机会的增加。"[3]

如果说之前博物馆关注社会的相关议题或由政策驱动，或是特定时代的无意识之举，那么进入21世纪之后，博物馆介入社会议题、承担社会责任的理念和实践则是有意为之。这些博物馆领域的新动向不仅延续了之前的传统，还在某种程度上回应了新挑战。2000年，英国莱斯特大学博物馆研究系主办了主题为"包容"的国际会议，会议吸引了来自英国、澳大利亚、新西兰、南非、肯尼亚、希腊及美国的多名学者、政策制定者和博物馆实践者参与。[4]与会者从不同的角度探讨了社会包容、社会公平及其与博物馆行业的相关性等问题。作为博物馆领域探讨社会包容和社会议题的先驱之作，本书的撰写源于此次会议。本书兼具实践和理论两个维度，旨在"开启并推进关于博物馆的社会目的的讨论，并影响博物馆实践"[5]。书中话题涵盖范围广泛，作者们使用的研究方法各不相同，表达的观点也多种多样，文章可读性强，适合博物馆工作人员、学术研究人员、政策制定者等各类人群阅读。

需要指出的是，虽然同样涉及博物馆的社会责任、社会价值等问题，但是理查德·桑德尔在本书中对社会议题的讨论是从社会包容的角度进行的，这与20世纪70年代新博物馆学思潮有差别，后者对社会的关注重点在于整合性博物馆（integrated museum），[6]即博物馆对于社区、社会发展的促进作用。相对而言，本书更为关注的是"促进社会包容，并敢于直面疾病、犯罪、教育、失业这四项社会问题"[7]的博物馆，关注博物馆如何超越自身、融入社会，以实现博物馆的社会责任。换句话说，社会包容是相对社会排斥（social exclusion）提出的，"其意图是帮助被排斥的个体或群体重回社会，重拾生活的信心；社会包容的最终目的在于以平等、公平、正义为准绳，确保文化权利的表达过程、保障机制的正常运行"[8]。

因此，桑德尔在本书中选取的文章侧重于讨论社会包容和社会排斥，将博物馆的服务群体扩展到历来被忽视的观众群体，并与各位作者从以下三个方面探索博物馆更广泛的社会作用和社会责任：第一，从不同角度阐述博物馆对社会、社区和个人的影响；第二，研究不同类型的博物馆如何与多方机构合作，从而推动社会变革；第三，探讨具有社会包容特征的博物馆如何运营才能更加贴近社会、更加有效。笔者将遵循这条层层递进的编排线索组织本文。有评论者提出，书中每篇文章都展现了不同的主题，[9]似乎有难以全部把握的嫌疑，但这恰恰印证了另外一种观点，即本书是一本关于博物馆价值和社会包容主题的入门书籍。[10]

一、致力于社会、社区和个人的博物馆：问题与视角

随着社会政治、经济环境和文化观念的变化，当今的博物馆正以更加积极的态度履行社会责任，致力于社会包容和社会公正是责任之一。在本部分，不同背景的作者描绘了社会不平等现象在不同国家、不同社区、不同人群中的表现，并试图通过多种视角，审视博物馆与社会议题之间的关系，进而为博物馆提供回应社会、社区和个人需求的多重路径。

桑德尔利用英国内外的大量案例，通过实证和概念研究，探讨了博物馆的社会角色。[11]桑德尔认为，博物馆可以从个人、社区和社会三个层面消除社会不平等现象。具体而言，在个人层面，博物馆可以在调节个人心理和情感（如自尊心和地方认同感）、掌握就业实用技能等方面对观众个人产生广泛影响。[12]在社区层面，博物馆"在开启人与人的对话、调动人们的热情并致力于共同的发展方面，具有无与伦比的能力"[13]，因此博物馆在促进社区参与、建设社区方面有特殊优势，如城市及农村贫困地区的

复兴和重建。在社会层面，桑德尔以数个展览为例，阐述了展览对观众价值、观念和社会行为的影响，指出博物馆在消除社会不平等方面具有潜在作用。虽然并不是所有的博物馆都有资源和能力在上述三个层面开展工作，但所有的博物馆都有责任在收藏、展示的同时，关注自身的社会作用，并且在建设更具包容性、公平和尊重的社会方面具备潜力。

在博物馆学家马克·奥尼尔（Mark O'Neill）看来，一个具有社会包容特征的博物馆要平等对待所有观众，并根据其不同的社会背景、教育水平、能力和生活经验，提供适合他们的参观模式。[14]相应地，博物馆的可及性需要博物馆各个部门从社会包容的角度出发共同实现。为了变得更加包容、更具可及性，博物馆应该为不同教育背景的观众进入博物馆提供可能；改变博物馆的运行惯例，使博物馆变得更加好客；与社会边缘群体进行合作，了解他们的现状和诉求；开发多元的展览方式，让不同类型观众都能对展览产生兴趣；重新定义博物馆相关研究，让藏品研究和观众研究同样重要；重新定义展览标准，将可及性放到与审美同样重要的地位。[15]这些方式能够帮助博物馆与社会共同发展与演进，真正嵌入社会文化。

针对自20世纪80年代中期以来，用量化指标衡量博物馆绩效的问题，博物馆评估与观众研究专家卡罗·斯科特（Carol Scott）在《衡量社会价值》（*Measuring Social Value*）[16]一文中指出，博物馆现在的责任（accountability）与其说是财政责任，不如说是社会责任，即博物馆能否真正为公众带来好处、对社会产生影响。就此，博物馆面临着一个新挑战，即"如何阐明博物馆的长期影响和重要性"[17]。斯科特提出了分析博物馆长期社会价值的三个维度：集体与个人发展（collective and personal development）、经济价值（economic value）和教育价值（educational value）。[18]在集体与个人发展方面，她从讨论当下社会议题、构建个人身份认同、增加社会理解与包容、提供群体纪念场所、营造集体认同感等五个方面，分析了博物馆的长期价值。在经济价值方面，博物馆具有提供大众休闲和城市旅游场所的作用，可以促进城市振兴。在教育价值方面，斯科特总结了许多学者的分析，认为博物馆通过物件提供的独特学习体验，能帮助观众获得长期的学习效果。

博物馆学者安德鲁·纽曼（Andrew Newman）和菲奥娜·麦克林（Fiona McLean）以文化认同（cultural identity）和公民身份

（citizenship）这两个概念为理论框架，试图论述如何制定提升博物馆社会价值的策略。[19]作为社区文化活动的中心，博物馆通过对历史和遗产的阐释，塑造社区身份和文化认同。[20]与此同时，在参观博物馆时，具有不同种族、民族、性别、国籍、阶层身份的观众，会为展品赋予个性化的、复杂的、有时又相互矛盾的含义，同时，这些含义又反过来强化了他们的身份。因此，博物馆被视为人们塑造和重塑身份认同的地方。[21]公民身份由市民公民身份（civil citizenship）、政治公民身份（political citizenship）和社会公民身份（social citizenship）组成。[22]具体而言，强化市民公民身份需要博物馆和其他机构积极合作；博物馆可以通过鼓励公民参与民主进程实现政治公民身份；博物馆为解决失业、低收入、缺乏技能等社会问题而开展的工作，则属于强化社会公民身份范畴。当然，这些工作需要博物馆制定明确而连贯的政策，而这也有利于博物馆争取更多的政府支持。

拥有博物馆实践和学术研究双重视角的路易斯·西尔维曼（Lois H. Silverman）在论述博物馆的疗愈潜力时提出，博物馆扩大其社会作用的一个重要途径就是发挥其社会疗愈作用，帮助那些经常被文化机构忽视的个人融入社会。[23]西尔维曼以美国印第安纳大学的三家博物馆与当地社会服务、精神健康机构的合作项目为例，探索博物馆的疗愈潜力。通过分析老年人、重病患者及其护理人员的情况，西尔维曼结合心理健康相关理论和博物馆的特殊性，提炼出博物馆作为疗愈机构的理论和实践基础。作为一个特殊机构，博物馆可以利用参与者对物品的反应、利用阐释媒介促进互动交流；让参与者扮演不同社会角色，影响其自我意识和与他人的关系；持续对博物馆项目进行评估，为未来的理论和实践提供参考。[24]她最后提出如下建议：博物馆应学会以结果为导向，将共建一个健康社会作为疗愈目标；应将心理健康作为博物馆和心理健康机构的共同目标，把关注心理健康作为推动社会包容的途径；应重视参与者的回忆、故事、知识、态度、情感等多种反馈，并合理利用这些反馈。[25]

身心障碍者事务顾问安妮·德林（Annie Delin）概述了身心障碍者在博物馆展览中出现和消失的方式，并质疑了这种可见与不可见可能带来的影响。[26]在分析身心障碍者在博物馆中不可见的具体表现时，德林总结了四个类别：身心障碍者因为被当作怪胎，所以被博物馆排斥在外；英雄人物的残疾情况被历史叙述忽略；具有身心障碍的创作者和艺术家不被大众看到；大多数身心障碍者只是普通人。[27]在讨论博物馆应该如何帮助身心障碍者融入社会时，德林建议博物馆应从如下几个方面进行思考：积极地从藏品中挖掘隐含信息，展示与身心障碍者相关的藏品；鼓励身心障碍者走进博物馆了解自己群体的历史，并呼吁社会加强身心障碍者的权利保障；健全人应该主动了解并重新看待身心障碍者。[28]

博物馆学者盖诺·卡瓦纳（Gaynor Kavanagh）通过分析博物馆与记忆之间的关系，探讨了博物馆对个人产生影响的过程中附带的责任和伦理问题。[29]她通过案例分析了博物馆触及个人创伤记忆的三种方式：口述史（oral testimony）、怀旧活动（reminiscence activities）和参观体验。她认为致力于记忆的博物馆意味着与情感、过去、现在和未来都产生关联，如果博物馆要进行合乎伦理且负责任的工作，那么就必须学会"换位思考"。博物馆展示记忆存在两个结果：一方面，对记忆的展示是人为的并且具有操纵性，可能会对当事人造成伤害，博物馆以高高在上的姿态面对观众，或许会导致严重后果；另一方面，对个人记忆进行展示可以赋予人们更多权利，改变人们的生活。据此，博物馆可以让其他观众探索个体的生活经历，鼓励人们分享与反思。这种真诚又充满智识和情感的过程可以帮助博物馆更好地实现社会包容。

二、包容的策略：多类型实践

如果说本书第一部分描绘了博物馆介入社会包容议题的基本图景，即从个人、社区和社会三个层次切入论述，那么第二部分则转向探讨致力于社会包容的多个博物馆实践案例，其中的六篇文章涉及移民主题博物馆、社区博物馆、国家博物馆、儿童博物馆等不同类型的博物馆。通过分析博物馆参与并推动社会变革的案例，各位作者介绍了博物馆如何通过多方合作、多类型实践，解决当下的热点社会议题。尽管这些博物馆面临和解决的问题各有差异，但这些经验对博物馆行业的未来发展具有重要的启示价值。

美国纽约下东区廉租公寓博物馆（Lower East Side Tenement Museum）馆长露丝·亚伯兰（Ruth J. Abram）讲述了该馆在运营上的困难，以及博物馆为应对困难采取的措施。[30]该馆尝试用一种能为当代生活提供有益借鉴的方式讲述历史，即用讲述历史的方式教英语，免费提供与移民生活息息相关的语言课程，让学习者产生被社会接纳和支持的感受；通过历史讲述，发现人与人之间的共同点，帮助新移民找到认同感；利用历史事件引发人们对社会问题的探讨，从而对抗阶级和种族偏见，并唤起人与人之间的共情。为了培养能反映美国人口多样性的博物馆专业人才，该馆在组织和机构建设上，将民主和人文价值观贯穿整个机构运营过程。

同样是移民主题的博物馆，澳大利亚移民博物馆（The Migration Museum）的馆长维芙·塞凯赖什（Viv Szekeres）分享了该馆在呈现人口多样性和挑战种族主义方面的实践。[31]该馆围绕归属感、包容以及家园的概念，利用编年史的方式讲述澳大利亚的移民历史，在宏大历史叙事中展现澳大利亚的人口多样性，并不局限于某一特定群体。通过向个人和社区借用展品来组织展览，博物馆解决了建立收藏的问题。此外，为平衡多元的声音，馆方决定将一个名为"论坛"（The Forum）的展厅交由不同社群团体策划运营，用他们各自的视角讲述自己的日常生活和历史。

澳大利亚博物馆（Australia Museum）通过公众学习和与原住民社区（indigenous communities）合作这两种方式实现了社会包容。[32]在该案例中，博物馆从教育场所转变为学习场所，通过全新方式的展览促进公众学习。具体而言，展览从博物馆阐释变为原住民自行讲述，由以物件为核心的展览转变为以原住民面临问题为中心的主题型展览，并且在整个展览策划时注重进行观众研究，倾听与回应各方的诉求。[33]通过该案例，博物馆工作人员认识到，在制定"尊重原住民文化和知识并有助于理解和欣赏原住民文化遗产的项目"[34]时，进行广泛的咨询至关重要。在与原住民社区合作时，博物馆采用制定政策、保留各地地方和文化中心，以及返还（repatriation）等三项措施，建立、维持和评估合作关系。[35]

肯尼亚国家博物馆（The National Museums of Kenya）的工作人员弗雷德里克·卡兰加·米拉拉（Fredrick Karanja Mirara）介绍了该馆与街头儿童共同开展的社会包容项目。[36]虽然不能完全解决街头儿童的问题，但该项目表明，博物馆可以与政府和社区等组织合作，共同实现积极的政治变革和广泛的社会公平。肯尼亚国家博物馆通过两种方式开展"街头儿童项目"：其一，博物馆与街头儿童直接合作，为他们提供进入博物馆参观展览和参与教育活动的机会，并持续搭建儿童与外部机构的合作平台；其二，博物馆作为组织者，汇集了关于街头儿童的多方观点，在辩论中深化公众对该问题的认识，鼓励多方资源群力群策寻求解决方案。作者认为，社会责任伦理需要渗透到博物馆具体的业务活动，使博物馆通过策划执行收藏、研究、展览和教育项目，与其他各方共同寻求解决当地社会问题的方法。[37]

博物馆学者乔斯琳·多德（Jocelyn Dodd）在《博物馆与社区的健康》（*Museums and the Health of the Community*）[38]一文中借鉴英国博物馆的案例，探讨了博物馆在促进社区健康和社会福祉（well-being）方面的作用，比如讨论影响个人健康的因素，结合当地实际情况设置议题、回应当地健康问题，公开探讨健康问题以提高公众对其认识等。健康状况是发生社会排斥的一个重要指标，多德将健康问题从身体和心理范畴解放，置于多维度的语境中思考，并关照其社会和经济影响。由此一来，博物馆的角色得以拓展，成为解决人类健康问题和社会排斥问题的多方力量之一。

希腊的博物馆工作人员德斯皮娜·卡列索普洛（Despina Kalessopoulou）介绍了在医院中开展的儿童博物馆项目，[39]展现了博物馆更广泛的社会作用和责任。该项目帮助儿童适应医院环境，给予病童与院外儿童同样享受生活与文化活动的机会。同时，作者阐述了希腊儿童博物馆在设计教育项目时的三个考量：受众需求、场地特点（对项目实施的限制及其自身潜力）以及主题设定。[40]针对医院中的儿童博物馆项目，项目工作人员在空间上将简单共存的空间变为可以互动参与的空间，在主题设定上关注与医院和儿童生活息息相关的内容，并面向患者、家属等多元群体开放。在帮助儿童适应医院环境时，该项目旨在传达：医院可以是一个游乐和创造的空间，而不仅仅是一个与疼痛和不适相关的环境；同时，让医院中的儿童有机会感受正常生活，以更好的心态应对疾病带来的困扰。

三、迈向包容的博物馆：实践路径

第三部分选取了四篇文章，分别从文化政策制定、博物馆组织机构运行，以及新西兰和南非博物馆实践者的具体案例，探讨博物馆通过何种实践路径和发展策略，才能更加贴近社会、更加有效、更加有用，进而实现真正的社会包容。与第二部分讨论不同类型的博物馆实践案例不同，本部分更加关注从实践的策略和方法进行分析，以期为博物馆行业的未来发展寻求新的实践路径。文章的作者们不约而同地呼吁摒弃博物馆现有的等级制度，建立更具包容性的博物馆，让所有的工作人员都能不同程度地参与决策过程。与此同时，这种赋权的策略也应该体现在博物馆与社会、社区和个人之间的关系中。

文化遗产领域的学者罗拉·杨（Lola Young）[41]强调了文化遗产部门和战略制定机构面临的时代挑战。其中，政策支持是变革成功的必要保障。他建议，国家机构必须放弃线性控制的方式，而寻求一个协商的、去中心化的网络，这个网络中的各个合作伙伴要共同推动文化目标的实现。[42]同时，机构不应沉迷于对"社会包容""可及性""多元化"等术语的滥用，而应考虑实际行动，比如鼓励民众说出他们的问题并自主行动，这样才能帮助机构和政策制定者更加了解他们。[43]他强调，只有当机构与政策制定者共同努力的时候，社会变革才会发生。

大卫·弗莱明（David Fleming）[44]结合英国博物馆的实际状况，利用"巨大的博物馆阴谋"（the great museum conspiracy）概念，从博物馆的管理者、博物馆的内容、博物馆的经营方式，以及博物馆的受众四个方面，分析了以往博物馆无法进行社会包容实践的原因。同时，他看到"巨大的博物馆阴谋"正面临一系列挑战，如职业民主化和专业化、博物馆馆长权力减少、社会包容的政治要求增加、绩效评估更加严格，因此，博物馆开始向更加包容的方向转型。弗莱明以英国西北部泰恩威尔郡博物馆（Tyne and Wear Museums）的实践为例，展示了博物馆从组织架构、政府合作、募资方式、业务实践等方面如何实现社会包容。在文章最后，他提出博物馆进行社会包容的目的是实现社会变革和复兴。[45]

拥有博物馆实践经验的学者大卫·巴特斯（David Butts）运用新西兰三家博物馆——新西兰蒂帕帕国家博物馆（Museum of New Zealand Te Papa Tongarewa）、泰拉希提博物馆（Tairawhiti Museum）和旺阿努伊地区博物馆（Whanganui Regional Museum）的案例，讲述了1980—2001年间，新西兰奥塔哥地区的博物馆与当地毛利人原住民之间关系的变化，分析了博物馆不断变化的管理方式、组织结构和业务实践对博物馆自身的意义，以及这些变化在多大程度上有助于实现社会变革和社会公平。[46]在20多年的实践中，博物馆与毛利人的关系发生了许多转变：毛利人收藏品被置于语境中进行重新解读，而不仅仅作为民族学的猎奇之物；毛利人收藏品与毛利人祖先之间的关系得到了承认；毛利人收藏品的展示方式从强调类型学和静态展示，转变为关注藏品在更广泛语境中的含义；毛利人在博物馆中的角色已经从捐赠者、被展示主体，转变为博物馆的工作人员和地方上的治理者。作者提出，实现这些目标并没有单一和固定的模式，因为毛利人群体和博物馆需要因地制宜，协商适合当地情况的治理结构。虽然这些变化并没有发生在整个博物馆行业，但在很多国家和地区已经唤起了更多人对毛利人社会公平问题的关注。

同样，《包容和代表的权力：南非的博物馆和社会转型的文化政治》（ Inclusion and the Power of Representation: South African Museums and the Cultural Politics of Social Transformation ）[47]一文，通过南非博物馆的案例，分析了转型带来的挑战与成果。该文介绍了南非博物馆成功转型的重要因素——博物馆职业民主化。作者同时聚焦重塑博物馆价值观、目的、服务、功能和活动的一系列举措，论述了博物馆的民主化意味着博物馆转型不仅要改变博物馆所表征的内容，更涉及谁有权作为代表的问题。[48]南非博物馆的转型有其特殊之处。一方面，作为民主国家，南非必须找到一种方式让殖民时期的馆藏和遗产重新组合；另一方面，新的博物馆和遗产项目肩负着改变南非旧有面貌的任务，要思考如何进行新的国家叙事，南非社会需要什么样的博物馆等问题。在作者看来，南非的经验对其他国家，尤其是同样有殖民经历的国家极具借鉴意义。

四、结语

本书是桑德尔编著的第一本学术书籍，书中讨论的社会包容和社会公正议题贯穿了他随后20多年的学术研究和实践探索。同时，该书也影响了英国众多的博物馆从业者和研究者，直至今日，英国的诸多博物馆都以直面社会议题为己任，将推动个人、社区和社会的变革作为其重要的使命和责任。

近百年来，博物馆被认为具有推动社会变革的潜力，这样的观点既不新鲜也不激进。博物馆在社会中形成，因此不仅受到社会的影响，而且必须对社会的不断变化做出回应。本书旨在提供一个平台，将理论与行动、实践与学术结合，激发行业内外对博物馆推动社会变革发展的讨论，以此影响博物馆实践，并促进相关领域进一步的研究和评估，从而共同重塑社会对博物馆社会作用、责任和目的的认知。

值得注意的是，正如桑德尔所说，承认博物馆具有促进社会变革的潜力，并不意味着消除不平等将成为所有博物馆的唯一目标，也不意味着这是博物馆必须独自解决的问题。[49]让博物馆承担更多社会责任、将社会包容的议题纳入博物馆，是否会增加博物馆的负担？同时，对被社会排斥的人群的过度关注是否会造成相对主义，导致文化和群体之间的相互理解成为问题？如果博物馆过度关注社会议题，那么是否意味着博物馆的研究要紧跟社会议题？这是否会影响博物馆自身的独立性和专业化，从而导致一些伦理问题？这些问题有待学界和业界进一步思考。

（徐佳艺，成都博物馆馆员，英国莱斯特大学博物馆学研究硕士。主要研究方向为博物馆展览策划、数字博物馆。）

注释：

[1] 见https://www.vam.ac.uk/articles/100-facts-about-the-va。

[2] DCMS, *Centre for Social Change: Museums, Galleries and Archives for All*, London: DCMS, 2000，转引自赵慧君：《社区·博物馆——从英国经验谈起》，《博物馆管理》，2021年第3期，第36—42页。

[3] GLLAM, *Museums and Social Inclusion: The GLLAM Report*, Leicester: Research Centre for Museums and Galleries, 2000, p. 54.

[4] Richard Sandell, "Preface", Richard Sandell, ed., *Museums, Society, Inequality*, London and New York: Routledge, 2002, p. xviii.

[5] 同注4。

[6] 张春美：《整合性博物馆的基本原则》，《国际博物馆（中文版）》，2016年第Z2期，第77—85页。

[7] Richard Sandell, "Social Inclusion, the Museum and the Dynamics of Sectoral Change", *Museum and Society*, 2003(1), pp. 45-62.

[8] 尹凯：《博物馆与公众：从公众的视角重新发现博物馆》，北京：文物出版社，2023年，第108页。

[9] Genevieve Bicknell, "Book Review", *Journal of Museum Ethnography*, 2003(15), pp. 131-132.

[10] Jesse Van Hoy, "Community Relations and Social Value in the Museum World", *St John's University Humanities Review*, 2006, 4(2), 见https://facpub.stjohns.edu/~ganterg/sjureview/vol4-2/07VanHoy.htm.

[11] Richard Sandell, "Museums and the Combating of Social Inequality: Roles, Responsibilities, Resistance", Richard Sandell, ed., *Museums, Society, Inequality*, pp. 3-23.

[12] Ibid., pp.6-7.

[13] Ibid., p. 7.

[14] Mark O'Neill, "The Good Enough Visitor", Richard Sandell, ed., *Museums, Society, Inequality*, pp. 24-40.

[15] Ibid., p. 39.

[16] Carol Scott, "Measuring Social Value", Richard Sandell, ed., *Museums, Society, Inequality*, pp. 41-55.

[17] Ibid., p. 44.

[18] Ibid., p. 47.

[19] Andrew Newman, Fiona McLean, "Architectures of Inclusion: Museums, Galleries and Inclusive Communities", Richard Sandell, ed., *Museums, Society, Inequality*, pp. 56-68.

[20] Ibid., p. 57.

[21] Ibid., p. 58.

[22] Ibid., pp. 62-64.

[23] Lois H. Silverman, "The Therapeutic Potential of Museums as Pathways to Inclusion", Richard Sandell, ed., *Museums, Society, Inequality*, pp. 69-83.

[24] Ibid., pp.77-81.

[25] Ibid., pp.74-76.

[26] Annie Delin, "Buried in the Footnotes: The Absence of Disabled People in the Collective Imagery of Our Past", Richard Sandell, ed., *Museums, Society, Inequality*, pp. 84-97.

[27] Ibid., p. 87.
[28] Ibid., p. 96.
[29] Gaynor Kavanagh, "Remembering Ourselves in the Work of Museums: Trauma and the Place of the Personal in the Public", Richard Sandell, ed., *Museums, Society, Inequality*, pp. 110-122.
[30] Ruth J. Abram, "Harnessing the Power of History", Richard Sandell, ed., *Museums, Society, Inequality*, pp. 125-141.
[31] Viv Szekeres, "Representing Diversity and Challenging Racism: the Migration Museum", Richard Sandell, ed., *Museums, Society, Inequality*, pp. 142-152.
[32] Lynda Kelly, Phil Gordon, "Developing a Community of Practice: Museums and Reconciliation in Australia", Richard Sandell, ed., *Museums, Society, Inequality*, pp. 153-174.
[33] Ibid., p. 159.
[34] Ibid., p. 160
[35] Ibid., p. 163.
[36] Fredrick Karanja Mirara, "The National Museums of Kenya and Social Responsibility: Working with Street Children", Richard Sandell, ed., *Museums, Society, Inequality*, pp. 175-181.
[37] Ibid., p.176.
[38] Jocelyn Dodd, "Museums and the Health of the Community", Richard Sandell, ed., *Museums, Society, Inequality*, pp. 182-189.
[39] Despina Kalessopoulou, "Children's Museums in Hospitals", Richard Sandell, ed., *Museums, Society, Inequality*, pp. 190-199.
[40] Ibid., p.191.
[41] Lola Young, "Rethinking Heritage: Cultural Policy and Inclusion", Richard Sandell, ed., *Museums, Society, Inequality*, pp. 203-212.
[42] Ibid., p. 210.
[43] Ibid., pp. 210-211.
[44] David Fleming, "Positioning the Museum for Social Inclusion", Richard Sandell, ed., *Museums, Society, Inequality*, pp. 213-224.
[45] Ibid., p. 224.
[46] David Butts, "Maori and Museums: the Politics of Indigenous Recognition", Richard Sandell, ed., *Museums, Society, Inequality*, pp. 225-243.
[47] Khwezi ka Mpumlwana, Gerard Corsane, Juanita Pastor-Makhurane *et al.*, "Inclusion and the Power of Representation: South African Museums and the Cultural Politics of Social Transformation", Richard Sandell, ed., *Museums, Society, Inequality*, pp. 244-261.
[48] Ibid., p. 246.
[49] Richard Sandell, "Museums and the Combating of Social Inequality: Roles, Responsibilities, Resistance", Richard Sandell, ed., *Museums, Society, Inequality*, p. 21.

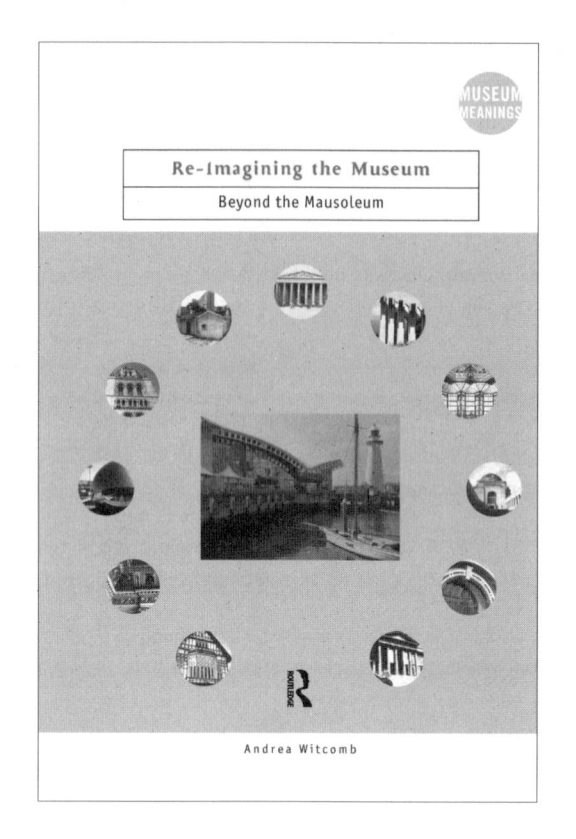

《重新想象博物馆：超越陵墓》
Re-imagining the Museum: Beyond the Mausoleum

作者：安德里亚·维特科姆（Andrea Witcomb）
出版年份：2003

◆——·　本书短评　·——◆

后批判博物馆学的代表之作。

述评人：汪彬

21世纪初，西方博物馆界经历了一场激烈争论。面对经济、社会和技术的新背景，一些人希望借助商业手段、旅游业和电子媒介的发展，将博物馆从"陵墓""藏宝库"的形象中解放出来，并推动其变得民主化和大众化。但这遭到了部分博物馆从业者的反对，他们认为这些手段在博物馆中的应用，将消解严肃的学术研究和收藏传统。前者将后者视为精英主义和保守的体现，后者则批评前者走向了民粹主义和商业化。由此，"传统主义者和革新者、物件和多媒体、物件和观念、教育和寓教于乐之间一系列熟悉的对立"[1]在博物馆世界的争论中反复出现。

在安德里亚·维特科姆看来，这些简单化的对立视角并不能帮助我们理解博物馆的多元性质。她承认双方观点都有合理性，但她希望超越这些对立，呈现更加复杂的博物馆图景。这一方面需要寻找博物馆与商业、旅游、大众文化等看似是"新现象"的事物之间的历史联系，另一方面需要在具体的实践情境中更加复杂地思考当下的博物馆议题。《重新想象博物馆：超越陵墓》一书即是思考这些问题的产物。本书由维特科姆在其博士论文的基础上拓展而成，不仅兼顾了博物馆的历史与当下，还使用博物馆实践案例与更广泛的文化研究和博物馆理论进行对话，试图促进理论与实践更好地结合。

本书共有六章，分别讨论了博物馆的批判话语与历史、博物馆在城市再开发中的作用、博物馆研究文化的变革、博物馆与社区的关系、博物馆与媒介技术的应用、博物馆的互动性概念。这些多样的内容可以被归纳为三个主题：博物馆与旅游、消费之间的历史联系与当下发展（第一章、第二章）；博物馆变革背景下研究文化的消解和社区关系的建立（第三章、第四章）；对电子媒介在博物馆中应用的复杂性思考（第五章、第六章）。本文将按照这三个主题对书中内容展开评述。

一、超越权力：博物馆的多元面向
（一）博物馆研究的权力视角

在博物馆研究中，批判传统深刻地影响了学术界对博物馆的认识，[2]它主要关注18—19世纪公共博物馆的起源及其在当时的影响，并重点研究了博物馆如何在不同的群体或领域之间建立和维持权力关系。这种权力视角在两种博物馆研究方法中体现得最为明显，一种是文本主义方法，一种是福柯式方法。

米克·巴尔（Mieke Bal）和卡罗尔·邓肯（Carol Duncan）是采用文本主义方法进行博物馆研究的代表。巴尔将博物馆展览视为一种文本来阅读，以此分析博物馆如何将表征用作统治手段、馆内的研究人员如何控制观众阅读展览的方式。[3]邓肯认为博物馆是一种仪式空间，传达了特定的资产阶级意识形态。[4]

福柯式方法同样关注权力，但它将博物馆视作话语空间，而非文本。丹尼尔·舍曼（Daniel Sherman）和艾利特·罗戈夫（Irit Rogoff）认为，权力在博物馆空间中的运作总是会对社会产生负面影响，而博物馆总是试图掩盖这种影响。[5]托尼·本内特（Tony Bennett）则希望拓展人们对权力的理解，而不是将其视为破坏性力量。依据米歇尔·福柯的治理性（governmentality）概念，他将博物馆视为一个实行治理功能的公民机构。[6]

然而在维特科姆看来，这两种方法都存在不足。前者在研究员与公众、资产阶级与工人阶级之间设立了二元对立，将意义和权力关系视为固定的存在。后者要么将权力关系理解为负面的，要么将博物馆局限在文化治理的范畴内。

（二）博物馆、旅游与消费的历史联系

为了摆脱博物馆的权力视角，维特科姆重新研究了19世纪的博物馆及其与国际博览会、百货商店、街头生活、旅游和消费之间的复杂关系。虽然19世纪的国际博览会大多被解释为西方帝国主义的产物和资本主义的庆典，但维特科姆认为，国际博览会中也存在很多关于大众娱乐、异国情调的内容，它们关注被展示文化的异域性、独特性，展现了多种多样的景象和情感，而非仅仅关注带有种族主义和民族主义色彩的进步叙事。[7]而且，这一时期的博物馆也和百货商店、旅游建立了密切的联系。百货商店既模仿博物馆中的立体模型，在异域环境中组织和展示商品，又为博物馆提供了一系列展示技术，例如穹顶照明和玻璃展柜。[8]旅游公司的出现、铁路的发展，以及假日概念的兴起，将博物馆等文化机构置于新兴的旅游经济之中。博物馆成为"观看"文化的一部分，国际博览会和博物馆中的世界主义展示，使得参观博览会和博物馆本身成了环游世界的隐喻。总体来看，博物馆与异域性之间充满联系，这种联系表明，尽管博物馆在霸权话语中发挥了作用，但它们也和非理性、不可控制性交织。

19世纪的博物馆也并不像本内特等人认为的那样是治理计划的一部分，因为这些治理的对象——工人阶级——并不总是服从这种治理。例如，一些观众在博物馆中休憩和野餐，将街头文化延伸至博物馆，并且对管理者的劝诫无动于衷。在维特科姆看来，这与其说是对权力的抵抗，不如说是他们没有意识到这种权力存在。[9]博物馆是一个复杂、矛盾的场所，并不总是适合基于权力关系的解读。博物馆内产生的意义也并不总是代表精英阶层对被征服群体的权力。

（三）博物馆、旅游与经济的当下发展

如果说在19世纪，博物馆便与旅游和消费建立了联系，那么在20世纪末，经济原因在建造新博物馆的过程中发挥着越来越重要的作用，博物馆逐渐成为城市更新和经济发展的重要锚点。但这并不是20世纪末的新现象，而是历史联系的当代延续。[10]

维特科姆曾在位于悉尼达令港的澳大利亚国家海事博物馆（Australian National Maritime Museum）担任社会历史研究员，因此，她以该馆和另一个类似机构——位于弗里曼特尔的西澳大利亚海事博物馆（Western Australian Maritime Museum）——为例，论述了博物馆、旅游与经济发展之间的当代联系。维特科姆发现，这两个博物馆的建造目的都是利用遗产、文化和经济之间的关系，重新开发它们所在的城市。这种开发项目使用了一系列话语作为支撑，首先，在美学上，博物馆建筑的"标志性"特征被视为获得公众支持的核心因素。其次，开发项目试图通过博物馆将废弃的工业空间变成文化遗产和旅游景点。最后，政客们就再开发的可取性也建构了自己的话语，强调它们对城市/国家大众的可用性。但这种大众修辞并不是通过19世纪埃菲尔铁塔式的垂直凝视——对于埃菲尔铁塔，人们可以爬上去，从权力的顶端凝视下面的世界——实现的，而是借助了达令港的一系列水平景观，例如纵横交错的高速公路、单轨列车、城市景观和建筑形式。乘坐单轨列车为游客提供了一种类似于站在埃菲尔铁塔顶端的有利体验，但快速移动的列车又使游客无法产生埃菲尔铁塔式的"帝国主义"凝视，而只是匆匆一瞥和一种快照式的体验。[11]

尽管存在这些话语，但游客对达令港有着不同的日常使用方式。法国哲学家米歇尔·德·塞尔托（Michel de Certeau）曾指出，就像游客的日常方式不同于官方设定的一样，其行走模式也不同于规划者自上而下的凝视，这两种视角意味着两种不同的权力模式：一种是使用，另一种是占

有。[12]因此，达令港的行人可以使用这些场所进行私人实践，这些实践产生的意义在许多情况下完全忽略了规划者对该场所的预期用途。同样地，位于其中的博物馆也充满多样、复杂的关系。澳大利亚国家海事博物馆最初是为了建立国家的文化认同建造的，但它的海事主题及其在海滨的地理位置又将其与运动、流动相联系，从而颠覆了最初的民族叙事。海事博物馆实际上体现了国家地位的陆地表征和资本、人员、物品跨国流动的海事表征之间的紧张关系。[13]

经济和商业因素正在成为新博物馆发展的核心理由。传统的博物馆"公众"被分解为一系列市场利基（market niches），每一利基都有不同的需求和欲望，这被视为20世纪末博物馆更有效地服务公众的方式。同时，博物馆同消费主义、旅游和文化之间的联系也促使人们质疑"博物馆本质上仍然是公民改革机构"这一定义，[14]但这并不意味着这些新的联系不涉及治理层面。就新博物馆旨在操纵城市在全球经济中的定位而言，它们仍是公民性的，只是不再倾向于改革或传达道德价值观。这也显示了在旅游、经济发展等新的时代背景下，当代博物馆发生了变革。

二、博物馆变革中的研究与社区

（一）研究文化的生成、消解与争论

在旅游和消费力量的影响下，那些寻求博物馆大众化的人与那些寻求保护博物馆传统研究文化的人发生了争论。20世纪80年代中期以来的"遗产辩论"就是其中的代表性论战，这种争论通常将问题归结为文化和商业、学术研究和迎合大众、教育和娱乐之间的对立，[15]但真实情况要比这些内容复杂得多。维特科姆以西澳大利亚海事博物馆为例，具体阐释了这种争论出现的复杂背景。

西澳大利亚海事博物馆是西澳大利亚博物馆（Western Australian Museum）的一个分馆，建造初衷是对1963年在西澳大利亚海岸附近发现的两艘荷兰沉船进行再利用。通过对荷兰沉船的重点研究，西澳大利亚海事博物馆发展了独特的海洋考古学知识。这导致该馆不仅倾向于采用学术性的沟通方式，展览缺乏解释性内容，而且对沉船的强调也使其难以满足新的历史叙事的需要和适应博物馆实践的变化。20世纪中期，知识生产被认为是一项独立活动，不需要与公众接触。但随着公共文化的变化，20世纪90年代末以来，人们越来越期待博物馆能够寓教于乐、与不同的文化群

体紧密联系,并要求研究员拥有良好的沟通技能、成为展览策划筹办过程中的专家。[16]

在此背景下,拟建新海事博物馆的提议出现了。新的海事博物馆被政府定位为表征更近的历史、更多样化的社区,最重要的定位是面向旅游市场。"澳大利亚二号"——一艘在1983年美洲杯帆船赛上夺冠的帆船——取代了荷兰沉船,成为新海事博物馆的基础和象征。除此之外,新海事博物馆还成为弗里曼特尔维多利亚码头再开发的标志。在新海事博物馆的参照下,原有的海事博物馆被视为"沉船博物馆",意味着过时和落后。作为回应,原海事博物馆的员工努力捍卫博物馆的研究功能,批评新海事博物馆的诸种变革是"从教育走向娱乐、从文化走向大众文化、从公共设施走向粗暴的商业主义"[17]。但这种批评阻碍了大众对原海事博物馆沟通方式和历史叙事的政治性等问题的思考,也掩盖了变革发生的真实原因。

维特科姆跳出固有的对立观点,指出围绕新西澳大利亚海事博物馆的争论,表明了促进博物馆变革的因素并不只是市场力量对文化领域的入侵,还有根植于传统形式的专业知识本身受到了质疑,[18]以及更广泛的旅游业的影响、博物馆人员结构的变化、物件重要性的降低、互动媒介导向的展览的兴起、研究权威的丧失、文化多样性和表征问题的兴起等。[19]约翰·哈特利(John Hartley)认为现代性过程在很大程度上与"微笑职业"(smiling professions)的兴起有关,这些职业使用民粹主义的策略,试图赢得公众的支持和满意度。那么,新西澳大利亚海事博物馆的激烈变革就可以被视为更广泛的微笑职业兴起现象的一部分。[20]这表明当今的博物馆仅仅关注藏品和专业研究已经不再足够,研究员还需要了解知识生产和传播的新方式,更加关注社区和社会议题。

(二)博物馆与社区的接触、协商和对话

在当代博物馆变革的背景下,发展与社区之间的关系不仅成为挑战"博物馆作为权力关系场所"的一种方式,而且也被视为推动博物馆民主化的重要举措。这种尝试可以被宽泛地定义为"新博物馆学"。新博物馆学将社区置于博物馆事业的核心位置,并将其与激进民主和抵抗主流文化的行为联系。由此,社区不但被视作存在于政府之外的事物,还与政府对立。[21]但本内特对这种将社区带入博物馆、并将其与政府对立的观点进行了批判。他认为,博物馆研究员等文化工作者是在政府内部工作的人,而不是反对政府的人,博物馆的工作是对政府领域的实际安排——参与对民

《重新想象博物馆:超越陵墓》 75

众的文化塑造——进行修补;而且,博物馆不仅表征社区,还生产有关社区的概念。[22]

对维特科姆来说,本内特的观点对其很有帮助,但也存在局限性。在利用社区可及性展厅,帮助社区团体举办自己的展览的实践中,她发现社区内部存在诸多代表不同利益的群体,因此展览不能仅简单地表征他们,而要生产一个社区概念,既能让大多数社区成员接受,又能很好地解释社区的形成背景。虽然本内特暗示社区利益与政府利益是一致的,但对作为博物馆学/政府观点代表的维特科姆来说,社区和她对展览的理解截然不同。例如,有些人无法理解通过展示特定的物件解释他们经历的必要性,虽然新博物馆学倡导以观念为基础的博物馆取代以物件为中心的博物馆,但一些社区成员抵制叙事和阐释框架,认为只要有物件就足够了。[23]这使得维特科姆认识到,政府和社区都有自己的利益和传统,博物馆实际上是一个进行跨文化对话的场所。在此方面,詹姆斯·克利福德(James Clifford)提出的"作为接触地带的博物馆"(museums as contact zones)的概念,很好地弥补了本内特的不足。[24]在接触、协商和跨文化对话的过程中,博物馆和社区都需要做出调整。因此,如何协调社区文化与博物馆中的研究文化就成为对话的核心内容。维特科姆继而引出了"阐释共同体"(interpretive communities)的概念。展览既需要博物馆本身的阐释,也需要观众的阐释。重要的是,展览还需要建立一个平台,以满足在观众群体中组建各种阐释共同体的需要。[25]

在另一个案例中,维特科姆同样发现,新博物馆学和政府倡导的文化多样性原则,并不一定会受到地方博物馆的欢迎,因为博物馆中存在不同的群体,他们之间的文化价值观有着诸多差异。这里的问题不在于假定社区与政府是对立的,而在于假定两者是同一的。在此方面,"接触地带"同样为我们提供了一条出路。博物馆和政府都是一种社区,它们之间应有更多的对话,也应该公开讨论不同的利益群体或阐释共同体之间的差异。[26]

三、重思媒介与互动性

(一)超越陵墓:博物馆、物件与媒介

法兰克福学派的学者西奥多·阿多诺(Theodor Adorno)曾将博物馆比喻为"艺术品的家族墓地",意指博物馆将物件封闭起来,并将其

从社会文化背景中剥离。[27]作为陵墓或藏宝库的博物馆形象是新博物馆学着重批评的对象，也是博物馆引入媒介技术试图挑战的内容。在一些新博物馆学研究者看来，电子媒介技术是打破博物馆与物件、精英主义、陵墓之间联系的有效方式。但维特科姆认为，博物馆与媒介之间有着长久的历史联系，这种历史与其说指向物件的终结，不如说促进了社会的民主化。[28]

19世纪，博物馆被视为物质进步历史观的体现。通过展示各种文化的物件，博物馆传达了对文化发展的等级理解，并向观众灌输了物质主义和资本主义的价值观。而且，物件在支持新知识诉求方面也具有重要作用。但随着电子技术的发展，博物馆与物件之间的这种关系不仅被质疑，也被尝试取代。媒介研究学者马歇尔·麦克卢汉（Marshall McLuhan）认为，电子技术能够将不同的群体纳入一个交流空间，从而促进人们的互动。[29]哈特利同样认为，现代媒体尤其是新闻业的兴起，为新的社会关系产生奠定了基础。[30]例如在19世纪50年代，《伦敦新闻画报》（Illustrated London News）不仅向大众介绍了博物馆及其文化，还迫使大英博物馆公开展示其新获得的亚述藏品。在法国，博物馆成为百科全书式的知识积累的隐喻，被应用于19世纪很多主题的杂志生产中，观众可以购买杂志、裁剪插图并制作自己的收藏。这些历史案例可以被视为博物馆与媒介之间更长久的历史联系的一部分，这种联系一直在承诺一种更加民主的文化。20世纪末，乔治·麦克唐纳（George MacDonald）在加拿大文明博物馆（Canadian Museum of Civilization）的实践正是其在当代的代表。麦克唐纳明确接受了麦克卢汉的观点。在他看来，博物馆以传播信息为目的，而不是物件的中央储存室，物件的重要性在于其包含的信息，这些信息可以通过不同的媒介传播。[31]因此，博物馆必须改变传统的、以物件为中心的做法，采用信息技术、迎合观众需求，以吸引更广泛的社会群体。

在媒介文化的影响下，澳大利亚国家海事博物馆也开始大量使用电子媒介，这既因为博物馆很难找到合适的物件讲述与海洋的联系，也因为博物馆希望的叙事并不总能与物件匹配。在博物馆的展示中，摄影和电影变得极为重要，物件失去了核心地位。博物馆也不再是权威的声音，而尝试建构各种叙事。虚拟博物馆（virtual museum）也是出于互动和民主的目的而采用的一种形式，它能够提供更多元、更丰富的信息，并且促进不同观

《重新想象博物馆：超越陵墓》

众群体的对话。在维特科姆看来，凭借电子媒介和网络技术，虚拟博物馆能够形成一个更加开放和民主化的空间。[32]

（二）互动性的多种形式：技术、空间与对话

当代媒介文化的流行使得博物馆展品被认为是静态的、没有吸引力的，而电视、电影和多媒体演示则是"互动的"。因此，很多学者呼吁在博物馆中更多地使用媒介技术，促使博物馆的展览更加生动有趣、具有互动性。但这种呼吁往往将互动性局限于技术层面，即通过在博物馆中添加某种操作按键、电子媒介或计算机装置以实现互动。[33]然而，这种互动性依旧在进行单向的信息传递，既不能促使观众进行意义建构，也无法形成博物馆与观众之间的对话。

维特科姆重新思考了互动性的概念，并提出了三种不同的互动形式：技术的、空间的、对话的。

美国洛杉矶的宽容博物馆（Beit Hashoah Museum of Tolerance）是采用技术互动形式的代表。虽然该博物馆以高科技互动博物馆自居，馆内也存在大量的互动展品、沉浸式环境，但是这些互动内容被用来支持一个强大的线性展览文本，不但严格要求观众按照博物馆的路线进行参观，而且其在博物馆内的展示也是线性的，讲解语言充满了道德说教。这使得观众既不能细致了解历史知识，也无法以更批判的精神体验博物馆传达的内容。[34]

澳大利亚国家海事博物馆传达了空间互动性的理念。虽然该博物馆也使用了电视、电影和摄影媒体，但它极力避免线性叙事。为了将博物馆变成一个互动空间，设计团队为每一个主题展示都建立了独立的身份。在这些独立的主题之间，存在着很多"小插曲"（vignettes），它们和两边的展示没有必要的联系，但可能会在展览之中形成联系或对比。这促使观众出现"自我铭刻"（self-inscription）行为，即观众将自己作为叙事主体暂时插入文本之中，以建构意义。[35]这种设计瓦解了生产者与消费者的区别，因此，叙事、视角和主体性都是多元化的。但这种设计缺乏策展人的视角，也缺乏一个强有力的概念重点和结构凝聚各个主题。

悉尼博物馆（Museum of Sydney）则采用了对话互动性概念。博物馆同样使用了大量的多媒体装置，这些装置不仅仅是一种将静态空间变成互动空间的技术，而且是一种独特的媒介，可以将历史以一组碎片的形式呈现，促使观众自主进行拼接和理解。[36]因此，在参观过程中，观众可以选

择建立自己的历史叙事。这为对话和意见交换提供了机会，历史解释是开放性的，博物馆对意义的文化协商也持开放态度。但是这种对话式的展览或被批评为"政治正确"，或被指责为对殖民主义历史表现得不够强烈。因此，博物馆需要开发一种既能用自己的文化语言与更广泛的观众对话、又能处理重要政治问题的对话式互动方法。[37]但对于如何开发这种方法，维特科姆并未给出答案或提示。

四、结语

在本书中，维特科姆不仅为博物馆领域的一系列议题赋予了历史深度，将博物馆与旅游、消费、媒介和公众的关系追溯至19世纪，还使用了诸多当代案例回应了批判传统在博物馆与现代性之间建立的联系。前者使得维特科姆的博物馆史研究更加强调延续或"历史先例"[38]，而非艾琳·胡珀-格林希尔（Eilean Hooper-Greenhill）在《博物馆与知识的塑造》一书中倡导的断裂。[39]后者则对阿多诺等作为"现代性的僵化面"和本内特等作为权力行使形式的博物馆话语进行了补充。更难能可贵的，这两面是结合在一起的，它们都展示了博物馆在理性之外的非理性内容，在权力压迫之外的积极作用。因此，一种不同于批判传统、新博物馆学、革新派和传统者认为的博物馆形象被呈现，本书的目的——"重新想象博物馆"——也达成了。

在评价本书时，美国博物馆学者希尔德·海因对维特科姆促进理论与实践的结合、打破二元立场的努力给予了赞扬与肯定，但她同时指出了本书存在的一些问题：语言有些晦涩，案例过于庞杂。更为重要的是，维特科姆"反对后现代主义者关于博物馆具有强制性和'霸权'的说法的论述缺乏说服力"[40]。例如，仅仅列举观众在展厅中野餐的案例，并不能很好地证明博物馆不是一个行使权力的场所。观众没有意识到权力，并不代表权力本身不存在。展厅中的管理人员在面对观众的越轨行为时会进行制止，这正是权力行使的客观表现，它和观众是否能意识到无关。

尽管如此，本书对于更新我们对博物馆的认识、促进博物馆研究的发展依然具有重要意义。细读文本不难发现，本书既是在20世纪80—90年代诸多研究成果的基础上写成的，同时又对其进行了批判和拓展。例如在第一章和第四章中，我们明显可以看到舍曼与罗戈夫主编的《博物馆文化》（*Museum Culture*，1994）[41]和本内特的《博物馆的诞生》（*The Birth of the Museum*，1995）[42]这两本书对维特科姆的启发。而在第二章和第四章中，塞尔托和克利福德的相关观点，为维特科姆超越福柯式观点和本内特的研究提供了理论基础。此外，我们也能看到本书对维特科姆之后研究的影响，例如引言中对符号学及福柯式方法的评论，[43]第一章中对博物馆权力视角的批评，以及为超越这些方法而引入的塞尔托和克利福德的理论，分别构成了她划分博物馆研究两个不同阶段的研究基础。[44]如果说胡珀-格林希尔的《博物馆与知识的塑造》和本内特的《博物馆的诞生》体现了20世纪末的批判博物馆学范式，那么维特科姆的《重新想象博物馆》则代表了21世纪初的后批判博物馆学范式。

（汪彬，山东大学文化遗产研究院博士研究生。主要研究方向为博物馆学理论、博物馆研究。）

注释：

[1] Andrea Witcomb, *Re-imagining the Museum: Beyond the Mausoleum*, London: Routledge, 2003, p. 2.
[2] Ibid., pp. 8-10.
[3] Ibid., p. 14.
[4] Ibid., pp. 14-15.
[5] Ibid., p. 15.
[6] Ibid., p. 16.
[7] Ibid., pp. 18-21.
[8] Ibid., p. 21.
[9] Ibid., p. 25.
[10] Ibid., p. 28.
[11] Ibid., p. 35.
[12] Ibid., p. 38.
[13] Ibid., pp. 42-47.
[14] Ibid., p. 49.
[15] Ibid., p. 52.
[16] Ibid., p. 68.
[17] Ibid., p. 71.
[18] Ibid., p. 75.
[19] Ibid., p. 54.
[20] Ibid., p. 58.
[21] Ibid., p. 79.
[22] Ibid., p. 80.
[23] Ibid., p. 86.
[24] Ibid., p. 88.
[25] Ibid., p. 92.
[26] Ibid., p. 100.
[27] Ibid., p. 104.
[28] 同注27。
[29] Ibid., p. 109.
[30] Ibid., p. 110.
[31] Ibid., pp. 113-114.
[32] Ibid., p. 126.
[33] Ibid., pp. 130-133.
[34] Ibid., pp. 137-139.
[35] Ibid., pp. 145-146.
[36] Ibid., p. 161.
[37] Ibid., p. 163.
[38] Ibid., p. 165.
[39] 艾琳·胡珀-格林希尔：《博物馆与知识的塑造》，陈双双译，南京：译林出版社，2020年，第11—15页。
[40] Hilde Hein, "Book Review", *Curator: The Museum Journal*, 2004, 47(1), p. 117.
[41] Daniel Sherman, Irit Rogoff, eds., *Museum Culture: Histories, Discourses, Spectacles*, Minneapolis: University of Minnesota Press, 1994.
[42] Tony Bennett, *The Birth of the Museum:*

History, Theory, Politics, London: Routledge, 1995.

[43] Andrea Witcomb, *Re-imagining the Museum*, pp. 11-12.

[44] Andrea Witcomb, "Thinking about Others through Museums and Heritage", Waterton E, Watson S, eds., *The Palgrave Handbook of Contemporary Heritage Research*, Basingstoke: Palgrave Macmillan, 2015, pp. 130-143.

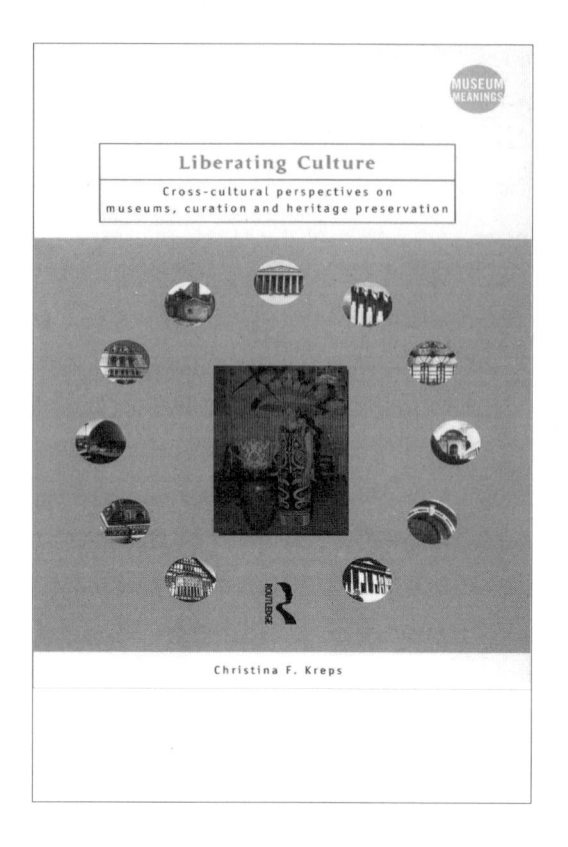

《解放文化：博物馆、保管和遗产保护的跨文化视角》
Liberating Culture: Cross-cultural Perspectives on Museums, Curation and Heritage Preservation

作者：克里斯蒂娜·克里普斯（Christina F. Kreps）
出版年份：2003

◆——·本书短评·——◆

发现本土博物馆模式、挑战博物馆学的欧洲中心主义。

述评人：汪彬

在以往的认识中，收藏与保存有价值物件的理念与实践通常被认为是西方文化独有的发明和主要的关注点。[1]然而，随着第二次世界大战后非西方博物馆的快速发展、有关博物馆批判研究的增长、原住民权利运动的开展，上述观点逐渐遭到质疑，非西方博物馆模式之于西方博物馆学体系的学术价值引起了普遍关注。在《制造表征：后殖民时代的博物馆》（*Making Representations: Museums in the Post-colonial Era*，1996）一书中，莫伊拉·辛普森（Moira G. Simpson）曾提出过一种十分具有启发性的观点：虽然博物馆学界通常认为博物馆是西方现代文化的产物，但实际上，类似于博物馆的模式在非西方文化中已经存在多年。[2]美国人类学家克里斯蒂娜·克里普斯在本书中延续了这一认识，对非西方文化的本土博物馆模式进行了详细考察，并试图将博物馆学从欧洲中心主义的霸权中解放。

本书既源于克里普斯对荷兰博物馆的研究兴趣，也基于她在印度尼西亚进行的人类学田野调查的结果，同时囊括了她作为博物馆发展顾问的工作经验。受博物馆批判理论、新博物馆学运动、文化保护范式和文化混杂概念[3]的影响，克里普斯想通过批判理论，重新审视博物馆与保管实践的本土模式，促进文化遗产保护的范式转变以及重思文化的互动与交流。因此，书中不但涉及印度尼西亚在采纳西方博物馆模式过程中的挪用、批判及其本土模式的发展（第二章、第五章）情况，而且探讨了更广泛的、非西方的，以及美国原住民的博物馆和保管实践（第三章、第四章），在此基础上，她进一步提出比较博物馆学和跨文化遗产管理的新范式（第六章）。在下文中，笔者将按照上述提及的三个方面对本书进行评述。

一、印度尼西亚的案例：欧洲博物馆的移植或本土模式的发展？

第二次世界大战后，博物馆世界既经历着去殖民化运动，又在进行国际交流。以印度尼西亚为代表的第三世界国家，一方面尝试发展自身的博物馆，另一方面在实践中积极采用基于西方标准制定的国际规范。在这两种看似矛盾的趋势中，印度尼西亚博物馆的发展呈现多样、混杂和独特的特征。

（一）作为文化混杂之地的博物馆

印度尼西亚作为荷兰的前殖民地，在二战后积极参与博物馆学的国际交流，不但广泛采纳了国际博物馆协会制定的博物馆定义和标准化的博物馆学方法，而且多次接受了来自联合国教科文组织和其他外国机构的技术和经济援助。在印度尼西亚博物馆协会前理事长班邦·苏马迪奥

（Bambang Sumadio）看来，欧洲博物馆的理念和实践为印度尼西亚博物馆的发展提供了"可资借鉴的优秀做法"[4]，但对西方模式的普遍接受与应用，导致博物馆在印度尼西亚被视为一个外来概念。博物馆领域的一些政府官员认为，印度尼西亚仍然"缺乏博物馆意识"[5]。

然而，克里普斯通过对中加里曼丹省（Central Kalimantan）巴兰加博物馆（Museum Balanga）的实际考察，发现印度尼西亚的博物馆并没有完全接受西方的博物馆模式，而是在实践中根据本土传统对其进行再阐释和改变。例如，博物馆的工作人员会在博物馆协会的指导下接受专业培训，同时也在不同程度上保留了博物馆与传统文化的联系。博物馆既会采取类似于西方民族志博物馆的展览风格——按照主题进行分类、建立复原情境——展示物件，也会和当地的仪式专家"巴希尔"（Basir）合作，对博物馆收藏的仪式物件进行适当的保护和阐释，或者将博物馆中展出的物件借给当地人用于仪式、表演和社区活动。这些实践与西方博物馆的运作方式形成了鲜明对比，也显示了巴兰加博物馆实际上是一个文化混杂之地，即阐释与展示文化之物的本土方法与更广泛的国际博物馆文化交织。[6]但是，这种实践受到了一些管理人员的否定。在他们看来，这些内容与宗教之间的联系过于密切，显得缺乏专业性，这和博物馆作为一个基于科学原则和专业主义的现代世俗机构的理念不符合。[7]

实际上，印度尼西亚有着悠久的收藏传统和丰富的本土保管理念，这些理念和传统在西方博物馆进入印度尼西亚之前就已存在。达雅克人（Dayak）和印度尼西亚的其他民族因收藏、照料和珍视"普萨卡"（Pusaka）而闻名。"普萨卡"是当地社区传家宝的统称，其中最重要的一个类别是来自中国的大型陶瓷罐。达雅克人相信，陶瓷罐具有神圣力量，能够代表财富和地位。当地社区也一直以传统方式照料与保管这些陶瓷罐，积累了鉴定和评估陶瓷罐的丰富知识。但随着政府对文化发展的主导以及现代化意识形态的影响，传统的本土保管方法使用频率明显降低：博物馆将陶瓷罐作为"精美艺术"（fine art）进行展示，根据起源地等专业标准分类，而不是依据本土的分类系统。这种现象表明，博物馆日益提高的专业化程度，使现代保存方法在无意中代替了保存文化遗产的本土方法。

克里普斯指出，中加里曼丹省的当地社区是具备博物馆意识的，他们以自己的方式阐释和使用博物馆学的概念。博物馆领域的一些政府官员之所以认为印度尼西亚社会缺乏博物馆意识，是因为他们预先假定的博物馆的意义和目的、文化表征和保管形式是由上层和外部强加给社区的。[8]因此，传统的本土保管实践就显得与"博物馆意识"格格不入。在这种情况下，第三世界国家不只要挑战西方博物馆模式的霸权，还需复兴本土的文化传统、探索基于社区的文化发展路径和适用于自身的博物馆理念。

（二）博物馆的文化发展路径

在国际发展领域，"文化导向的发展路径"（culture-based approach）理论认为，简单地采纳或复制外来经验、技术或模式是无法成功的，发展必须采取适用于特定情形和需要的技术，即"适用技术"（appropriate technologies）[9]。在此影响下，国际博物馆界也逐渐意识到文化维度之于发展的重要性。20世纪60—70年代，在世界范围内兴起的"去中心化的博物馆（decentralized museum）运动"促使邻里博物馆、生态博物馆、整体博物馆和社区博物馆等博物馆新形态的兴起。其中，生态博物馆理念因其特别倡导社区发展和文化遗产保存的整体路径而备受关注。这一理念主张，博物馆的发展需要根植于当地社区，采取自下而上、文化导向的参与式路径进行建设。[10]

印度尼西亚克耶邦门塔朗民众博物馆的发展规划正是这种理念的代表。它充分借鉴了生态博物馆的原则和文化导向的社区发展路径，呼吁将环境和文化保护整合进社区发展。[11]该馆规划于1995年正式问世，旨在协助保存生活在克耶邦门塔朗地区的本土社区的文化遗产，并试图在克耶邦门塔朗国家公园以及附近的村庄，建立社区导向的博物馆或自然和文化中心。通过实地调查，克里普斯和项目团队发现，当地使用的水稻谷仓——"郎邦"（Lumbung）——的功能类似博物馆，[12]它不仅用来存储大米、存放和保护家族传家宝，还体现了一些本土的、预防性保护的原则和技术。经过与当地社区的讨论协商，人们同意以"郎邦"的方式在当地建立博物馆或文化中心。由此，村民们可以利用博物馆保存、复兴和向外来游客展示传播某些传统的肯雅族（Kenyah）文化。尽管建造博物馆的计划最终没有实现，但该规划依然可被视为印度尼西亚博物馆发展的替代性模式。

传统保护方法对于印度尼西亚等发展中地区的博物馆来说也具有重要作用。因为复制或移植西方博物馆的保护技术与方法是一个步骤烦琐且成本昂贵的过程，大多数发展中地区的博物馆都无力承担如此巨额的费用，工作人员也没有机会获得有关博物馆藏品保护的专业培训。面对这种情况，巴兰加博物馆的保管员往往会使用印度尼西亚家庭常用的传统材料清洗和保护物件，以此作为应对保护问题的替代性方案。例如，罗望子酱和柑橘汁经常被用于清洗铜器和其他金属；香茅和其他油类涂抹在木制物品上，能够起到密封和防止木材开裂的作用。"社区导向的保护"（community-based conservation）也是保护与保存有价值的文化资源的另一个可行方案，这种自下而上的参与式路径，可以很好地将专业保管员的知识和技能与当地人的传统智慧和实践结合。[13]中加里曼丹上游一座村庄中的传统达雅克长屋——"鲁玛邦堂"（Rumah Bentang）就在省级教育和文化部门以及当地社区成员的共同努力下得到了修复。之后，它被改造成文化保护区，以防外界对长屋的破坏和偷盗行为。

二、博物馆、保管和文化遗产保护的本土模式

实际上，不仅在印度尼西亚，而且在更广泛的太平洋岛屿、非洲大陆和北美原住民社区，都存在着本土的博物馆模式、保管实践和文化遗产保存理念。这些理念与实践一方面证明了非西方博物馆模式的普遍性，另一方面还被纳入主流博物馆，积极影响和改变了博物馆的发展进程。

（一）太平洋岛屿和非洲大陆的本土保管实践

自20世纪70年代以来，整个太平洋地区的博物馆和文化中心的数量快速增长。一些学者认为，这一地区的当代博物馆和文化中心与本土博物馆模式和保管实践密切相关，它们"既在特定文化框架内延续收藏、存储和保存的早期传统，又在某些情况下积极采纳现代博物馆学中关于环境、安保和记录的方法"[14]。例如，巴布亚新几内亚的塞皮克（Sepik）地区的"豪斯·坦巴兰"（Haus Tambaran）是生产、展示、保存仪式物件和其他艺术作品的重要场所，肩负着保存有价值的物件和向后代传授部落历史、信仰和文化习俗的双重使命。在澳大利亚，"保存地"（Keeping Place）是用来保存秘藏之物和神圣之物的场所，虽然它限制特定人群的接近和参观，但公共博物馆和文化中心的欧洲模式也在逐渐被当地接受。因此，每个社区都可以根据特定的目的和需求选择最适合自己的博物馆模式：忠实于传统角色的"保存地"、解决当地教育和经济问题的博物馆或文化中心。

新西兰蒂帕帕国家博物馆（Museum of New Zealand Te Papa

Tongarewa）则是整合本土保管实践与专业博物馆方法的代表。自1991年重组以来，蒂帕帕博物馆一直在积极推进二元文化主义（biculuralism）的制度化。[15]一方面，毛利人开始接受专业的博物馆培训、进入博物馆工作。另一方面，博物馆尊重毛利人的传统信仰和文化习俗，并将其落实到整个实践过程中。例如，博物馆对毛利人文化宝藏的所有修复和处理工作都是在认识与尊重毛利文化礼仪的前提下进行的。博物馆采用了新的分类系统，不仅将藏品按照类型学分类，还兼顾部落的隶属关系。此外，部落参与和协商也成为博物馆实践二元主义的基础。在新展览的准备阶段，工作人员会与部落成员就他们希望如何在博物馆中展示和解读他们的文化宝藏展开协商。

与太平洋地区类似，非洲人也在历史中创造了包括祭坛、圣地和寺庙在内的特殊场所。在尼日利亚，圣地是传承文化遗产的重要场所，其功能与博物馆非常类似。它们既是仪式、典礼和节日（特别是与祖先崇拜有关）的表演舞台，也是存放与这些实践有关的仪式物件的重要空间。[16]而且，当地社区还发展了物件保管的本土方法。在尼日利亚东部的奥伦人（Oron）中，被称为"埃科普"（Ekpu）的木雕人像被存放在"奥比奥"（Obio）里。一般情况下，"奥比奥"建筑本身就是为木雕人像提供庇护和通风条件的地方。此外，当地社区还建立了保护祖先人像的"制度性安排"：当地社区的民众会按照世系族谱自动接替照料创始祖先人像的工作。正如克里普斯所说，虽然博物馆在非洲地区可能是一种外来机构，但是本地人以各种各样的方式保存有形和无形文化遗产的传统却由来已久。[17]

（二）美国原住民的文化返还与传统保管实践

随着非西方世界的本土保管实践逐渐受到关注，以及北美、大洋洲等地原住民权利运动的开展，博物馆界也开始重新审视博物馆收藏与保存原住民文化财产背后的基本哲学和动机。美国于1990年通过的《美国原住民墓葬保护和返还法案》（Native American Graves Protection and Repatriation Act，以下简称《法案》），为受联邦政府资助的博物馆归还美国原住民的人类遗骸和有价值的物件提供了全国性的标准和程序。[18]随着博物馆返还工作的开展，一些原住民部落或赠予博物馆其他的类似物件，或为博物馆提供了有关藏品的更多故事和信息。博物馆的返还工作实际上并没有带来有些人预想中的博物馆藏品大量流失的情况，反而大大促进了博物馆与原住民社区的联系。

美国博物馆界逐渐认识到原住民对文化遗产的独特照料和处理方式，以及这些传统的保管手段与专业博物馆保管实践之间的差异。对于许多美国原住民来说，物件通常被认为具有特殊的精神、生命力或能量。而博物馆的某些做法削弱了物件的精神完整性，冒犯了原住民的传统文化。为了回应原住民的担忧与诉求，博物馆着手将原住民的传统保管哲学和方法整合于自身的藏品管理手段，并试图根据原住民的愿望相应地改变其传统做法。[19]例如，博物馆不再用密封容器或塑料制品存储物件，因为这会使物件"窒息"。博物馆将《法案》提及的物件从展厅移除，取而代之的是一个标牌，以此告诉观众出于尊重原住民和依从《法案》的考虑而移除物件。一些人类遗骸、丧葬物件、文化继承物和神圣物件也已被从一般收藏中分离，单独存储在特别设立的库房里。

但传统保管方法与现代博物馆专业标准的整合也引发了一些争论。据此，一些学者建议博物馆分别出台一项标准的政策和一套保管文化敏感物件的程序。[20]史密森学会国家自然史博物馆（National Museum of Natural History, Smithsonian Institution）的人类学部门设计了一种方法，既能满足要求有限可及性群体的需求，同时又确保不违反法律规定：在收藏文化敏感物件的存储空间标注相关信息，用以告知公众遵守特定文化独有的限制性规则。

随着物件逐渐被归还给美国原住民，越来越多的原住民社区开始建立自己的博物馆和文化中心。至21世纪初，美国境内已经有超过200座部落博物馆和文化中心，其中不仅包括小型的社区博物馆，还包括诸如美国印第安人国家博物馆（National Museum of the American Indian）这样的大型综合体博物馆。原住民部落博物馆和文化中心虽然在基本功能上与西方博物馆非常相似，却在方法和目的上与主流博物馆有着显著不同。每个博物馆或文化中心都表达了独特的社区文化身份，展示了保管、阐释、表征和保存其文化的独特方式，因此它们也成为延续传统文化的重要场所。但一些人拒绝用"博物馆"描述它们，而是倾向于将其形容为"社区中心"，后者被认为能够充分反映机构动态性，展现对过去和现在的同等重视。[21]另一方面，部落博物馆也正在积极拥抱专业的博物馆实践，并选择使用那些最适合自身需求和目的的标准或做法。由此观之，改变和影响是双向的，不论是主流博物馆还是原住民文化中心，都在积极采用适当的方法服务于自身的需要。

三、总结与讨论
（一）比较博物馆学与跨文化遗产管理

虽然博物馆通常被认为是现代西方的独特发明，博物馆学行为却是一种长期存在的跨文化现象。[22]本书中的诸多案例显示，非西方国家和原住民社会有其独特的文化保存理念和现实的保护实践。通过对这些理念和实践进行跨文化比较，我们不仅可以发现不同文化在感知和保护物品方面的异同，而且能够更好地理解在不同情境下博物馆采取的特定方式及其目的。除此之外，这种比较也在某种程度上揭示了西方专业化的博物馆文化背后隐藏的认识论偏见和假设。正如伊万·卡普（Ivan Karp）和史蒂芬·拉文（Steven Lavine）建议的那样，只有将自身实践与其他文化情境中的实践进行比较之后，我们才能察觉自己的实践是禁不起推敲的。[23]通过比较，另外一些问题也逐渐浮出水面，即西方博物馆学方式是如何被强加于其他文化的，以及这种移植究竟造成了何种后果。

西方风格的民族志博物馆通常将物件从其原初的文化情境中提取，继而在西方的科学和艺术框架内再情境化。人们逐渐意识到，去情境化在博物馆与其藏品表征的文化之间人为地制造了巨大隔阂。随着博物馆与原住民社区之间互动的加强，以及博物馆学话语中"本土声音"的增加，去情境化导致的文化鸿沟开始逐渐缩小，原住民的相关物件在其原初文化情境中的观点、价值和文化关切陆续在博物馆中得到体现。如今，博物馆专业人员和人类学家充分意识到，虽然本土民族看待博物馆收藏的方式与他们截然不同，但同样是有价值的。博物馆和科学领域的成员必须学会倾听他者对文化真理的叙述，并在特定的理解框架内承认它们的合法性。

随着文化遗产阐释、表征和保存的本土路径逐渐取代西方的传统做法，主流的民族志博物馆正走在重塑的变革之路上。在此过程中，一些学者开始倡导"跨文化遗产管理"（cross-cultural heritage management）的发展策略。[24]跨文化遗产管理需要对不同文化传统中的遗产管理进行比较研究，并且需要促进不同利益相关者之间的合作。但这并不意味着不同文化之间的简单混合或合并，而是要承认每个参与其中的利益相关者都能够以自己的方式存在且被理解。这要求博物馆分享文化阐释和表征的权力，甚至在一些情况下放弃权力，让原住民"自己为自己代言"。但分享权力不应该以削弱博物馆专业化为代价。相反，分享权力不仅要拓展博物馆的专业作用，还要为接纳其他形式的知识和技能留出空间。

（二）迈向持续批判的博物馆学实践

总而言之，在本书中，克里普斯通过丰富而生动的案例驳斥了有些人认为非西方人民对物质文化的收藏与保护不感兴趣的观点，展示了非西方文化中悠久、多样且适合当地社会的本土博物馆模式和保管方法。这些模式和方法不仅有助于西方博物馆改进其工作风格和运营逻辑，也能促使非西方或发展中地区发展适合自身的博物馆理念，而不是简单挪用或复制西方博物馆模式。更进一步，克里普斯试图将博物馆学从欧洲中心主义的窠臼中解放，发展更加多元、更具适用性和批判性的博物馆学理念与实践。这也成为她后来提倡的"适用博物馆学"（appropriate museology）[25]的先声。

这种理念和雄心在博物馆和人类学界引起了广泛的共鸣和支持。本书出版后，卡罗尔·迈尔（Carol E. Mayer）和迈克尔·布朗（Michael F. Brown）分别在《博物馆管理与藏品研究》（*Museum Management and Curatorship*）和《博物馆人类学》（*Museum Anthropology*）等重要期刊上发表评论，对克里普斯为挑战博物馆学领域欧洲中心主义霸权做出的努力大加赞赏。但与此同时，他们也对书中的一些做法表示了质疑。例如，迈尔认为，克里普斯在论述印度尼西亚的博物馆时案例非常丰富，但在论述非洲和太平洋地区时却依赖文献，所以这一部分稍显单薄，而且她也将后两者分别视为同质化的整体，没有区分其中的差异和多样性。[26]布朗的评论更加犀利，他认为克里普斯对西方博物馆表达了强烈批评，但对大多数非西方博物馆却给予肯定，换句话说，克里普斯对于西方博物馆的批判视角并未同等地用来审视非西方的本土博物馆模式。例如，一些印度尼西亚博物馆中存在的官僚主义被克里普斯视为西方化或标准化的结果，而非其本身的传统；[27]克里普斯没有批判性地思考本土博物馆模式中的表演是否会将传统变为旅游娱乐，以及是否会进而损害传统的真实性。因此布朗总结道："博物馆学的新方法会引发新的伦理困境。即使是'解放'的文化，也难免会受到权力的诱惑，为了规避麻烦而选择掩盖真相。"[28]

卡维塔·辛格在考察印度博物馆的类似案例时，曾提醒我们不要忘记这样一个事实：许多传统社区实际上充斥父权制、种族主义的影响，是仇外或充满歧视的。[29]因此，对于本土博物馆模式存在的诸如性别限制等问题，我们不能保持沉默，也不能为其辩解。否则这会陷入另一种霸权或中心主义。克里普斯认为，推进比较博物馆学和跨文化遗产管理的批判路径需要持续的批评反思。[30]那么，这种批评反思不仅要针对主流的西方博物馆，也要审查本土的博物馆模式，这样才能不断变革博物馆实践，发展新的博物馆学范式。

（汪彬，山东大学文化遗产研究院博士研究生。主要研究方向为博物馆学理论、博物馆研究。）

注释：

[1] Christina F. Kreps, *Liberating Culture: Cross-cultural Perspectives on Museums, Curation and Heritage Preservation*, London: Routledge, 2003, p. 1.

[2] Moira G. Simpson, *Making Representations: Museums in the Post-colonial Era*, London: Routledge, 1996, p. 107.

[3] Christina F. Kreps, *Liberating Culture*, pp. 4-16.

[4] Ibid., p. 23.

[5] 同注4。

[6] Ibid., p. 34.

[7] 同注6。

[8] Ibid., p. 42.

[9] Ibid., p. 117.

[10] Ibid., p. 122.

[11] Ibid., p. 124.

[12] Ibid., p. 130.

[13] Ibid., p. 141.

[14] Ibid., p. 61.

[15] Ibid., p. 69.

[16] Ibid., p. 74.

[17] Ibid., p. 78.

[18] Ibid., p. 84.

[19] Ibid., p. 93.

[20] Ibid., p. 96.

[21] Ibid., p. 106.

[22] Ibid., p. 145.

[23] Ibid., p. 148.

[24] Ibid., p. 153.

[25] Christina F. Kreps, "Appropriate Museology in Theory and Practice", *Museum Management and Curatorship*, 2008, 23(1), pp. 23-41.

[26] Carol E. Mayer, "Book Review", *Museum Management and Curatorship*, 2005, 20(1), pp. 85-90.

[27] 例如，克里普斯在本书中记录道："在1991年的一次访谈中，该馆的馆长告诉我，巴兰加博物馆在被正式纳入国家博物馆系统之前并不是一个'真正'的博物馆。言外之意，之前的博物馆既没有以国家官僚机构的方式进行管理，也没有遵循博物馆协会制定的博物馆专业标准。"见Christina F. Kreps, *Liberating Culture*, p. 26.

[28] Michael F. Brown, "Book Review", *Museum Anthropology*, 2006, 29(2), pp. 156-158.

[29] 卡维塔·辛格：《博物馆、遗产、文化：进入冲突地带》，里默尔·克诺普主编《批判性探索中的文化遗产与博物馆：来自瑞华德学院的声音》，浙江大学文化遗产研究所译，杭州：浙江大学出版社，2020年，第77—118页。

[30] Christina F. Kreps, *Liberating Culture*, p. 157.

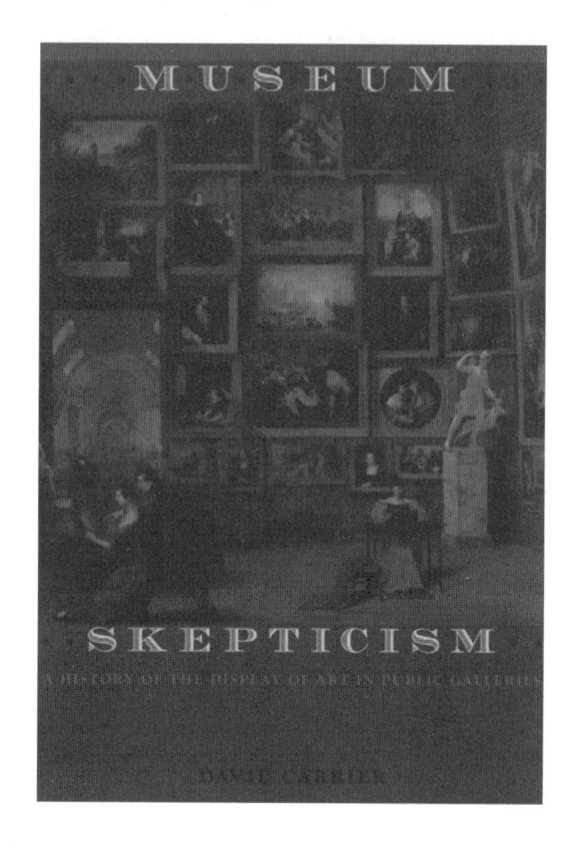

《博物馆怀疑论：公共美术馆中的艺术展览史》
Museum Skepticism:
A History of the Display of Art in Public Galleries

作者：大卫·卡里尔（David Carrier）
出版年份：2006

❖──· 本书短评 ·──❖

对博物馆怀疑之声的梳理、回应与思考。

述评人：潘煜

一、引言：不止"怀疑论"

博物馆的公共开放带来了人们对欧洲中世纪，以及来自其他文化的艺术品在语境、民族性等层面上的再思考，同时，现代艺术博物馆的激增也迎来了人们对当代艺术价值的评判。在此背景下，大卫·卡里尔的《博物馆怀疑论：公共美术馆中的艺术展览史》应运而生。本书首次出版于2006年。中译本出版于2009年，再版于2021年，本文基于2021年中译版展开。

本书始于卡里尔1998年对公共领域艺术的思考，随后在保罗·盖蒂博物馆（J. Paul Getty Museum）担任研究员期间，他深入探讨了艺术理论，并将其应用于博物馆机构和展览实践，致力于二者的结合研究。卡里尔的友人，也是其作品的译者丁宁认为，当今美术馆不仅要关注布展等单纯技术层面的事务，还应研究其自身秉持的文化理念及实践，因而，本书实为研究公共美术馆馆藏内涵与展览理念领域的"翘楚"。[1]在国内外对该类议题的理论研究相对空缺的背景下，如此具备理论深度的著作不仅能够弥补这一空白，而且其对于博物馆"挪用"、阐释行为有着观点不同的评述，以及对艺术史变迁与艺术博物馆变形的剖析，也为博物馆史研究，特别是艺术展览史研究，提供了新的思考路径。值得关注的是，中译本提供的中英对照的参考书目，对基于本书面向公共艺术博物馆进行延伸研究同样大有裨益。

博物馆（尤其是艺术博物馆）可以被视为"可视的艺术史"，彰显不同时期的不同艺术理念。艺术品进入博物馆后如何被展示与阐释、引发何种变化，以及当代艺术史的书写如何在博物馆中呈现，都是博物馆怀疑论者瞄准的靶心。正如布鲁斯·罗伯逊（Bruce Robertson）在评述该著作时所言，本书并非单纯针对公共艺术展览进行历史书写，而是立足于各种理论视角，对这段历史进行哲学思考。[2]从这个角度来看，本书实则是艺术史与博物馆怀疑论的结合研究。

对博物馆怀疑论的梳理与回应是本书的理论核心。以卢浮宫等私人收藏面向公众开放为引，带着对"博物馆中的艺术品是否能实现想象的时光之旅"[3]的疑问（第一章、第二章），本书系统梳理了不同怀疑论流派的理论面向（第三章），不仅简单归纳了怀疑论者所持观点，卡里尔还以历史分析的基调，深度剖析博物馆怀疑论的内核并作出回应（第四章、第五章）。依托美国、欧洲博物馆及亚洲艺术展览的详细案例（第六章至第九章），本书还着眼于公共艺术博物馆的变迁，最终落脚于当下激烈的转型（第十章、结论）。深受老师阿瑟·丹托（Arthur Danto）"历史阐释具有普遍规律"这一观点的启发，卡里尔认为，无论是西方语境中不断"变形"的博物馆，还是当今展现独特个性的非西方博物馆，尽管它们看似各异，但仍有共性，卡里尔最终形成了关于艺术博物馆的本质描述。[4]尽管本书的副标题为"公共美术馆中的艺术展览史"，卡里尔仍信心十足地指出：虽未涵盖所有的博物馆类型，但本书不仅自成一体，并且适合更广泛的研究、有更深远的启发性。

卡里尔在开篇便已表明，本书旨在回应一个长久以来悬而未决的问题：公众是否仍然能够接近古代艺术？与大众艺术相比，博物馆中的精英艺术与公众仍有距离，当然，这并非指物理意义的可及性，而是对处于原语境的"物"与挪用至博物馆的"物"是否还是同一件的哲学思考。在以"史"为基的宏大视角下，本书容纳了大量怀疑论观点及丰富案例，以此完整呈现这一历史画卷。为保证研究的客观性，卡里尔并未在书中明确表明自身立场，丰富的论据加之卡里尔自由的文风与"亦正亦邪"的态度会使读者在初读本书之时稍感困惑。因此，笔者纵观全书，并从中提取"变形"[5]作为关键词，以此串联博物馆怀疑论的内核、怀疑论的自身矛盾、博物馆的未来这三大环环相扣的问题，力求精练且全面地评述卡里尔关于博物馆怀疑论的论述。

二、透视"博物馆怀疑论"："变形"的艺术

博物馆怀疑论并不只是一种立场或态度，它是多重理论的集合。卡里尔分析了不同博物馆怀疑论派别各自的侧重，从中我们可以清晰地梳理：一派表达了对艺术自身的忧虑，即怀疑挪用造成的前后语境之间的断裂是否会导致艺术变形；一派表达了对博物馆是否会曲解艺术的疑虑，即博物馆的阐释是否会使艺术变形。二者分别位于"反对挪用"与"质疑阐释"的立场。

（一）挪用、断联与"非原件"

笔者归纳卡里尔的叙述，将对侧重于"艺术本身"的质询分为"脱离语境"与"脱离功能"两层面。在"脱离语境"方面，卡特勒梅尔·德·昆西（Quatremère de Quincy）是其中的代表人物，他认为从历史语境中挪移出来的古代艺术丧失了其意义。[6]艺术与原语境有着千丝万

缕的联系，而联系的断裂意味着艺术的毁灭，因此昆西对于艺术在新语境中能重获生命持消极态度。此派学者认为对艺术的保护不能只局限于对某件"物"的留存，因为倘若"物"失去了原语境，"完好无损"也等同于"支离破碎"。但值得注意的是，他们并不否认博物馆能够保存古老的"物"，而是怀疑此"物"能否被称为"古老艺术"。在他们眼中，博物馆中存放的拉斐尔的画作已不能算绘画本身，而仅仅是一个古老的物件。

与"脱离语境"相伴而生的是对"脱离功能"的忧虑。如今，大量被置于博物馆中的艺术品起初并非为了审美需求而诞生。卡里尔对此类疑虑做出精辟总结：博物馆将"观看"这一行为强加给古老艺术品。因为对于祭坛，人们原要做的是"祈祷"而非"观看"。与彼时生活与仪式相关的"物"，如今作为独立个体，承载着人们的审美旨趣，被博物馆编织入艺术的史学长河。"反对挪用"的怀疑论者把艺术品与原语境的分离形容为"撕裂"，甚至将其视为一场"屠杀"。他们用血淋淋的词汇将博物馆喻为"屠宰场"或是"断头台"，甚至是一座"陵墓"，展品在凝视中死去，但又"妒意十足地"互相争夺那招魂的一瞥。[7] 怀疑论者专注艺术本身，他们用悲悯的论调叹惋博物馆中的一切，最终注定得出一个悲剧性结论：古老艺术与博物馆之间存在着难以调和的矛盾。

（二）阐释、序列与"非原意"

在卡里尔眼中，传统的博物馆怀疑论者在政治上趋于保守，而晚近的博物馆怀疑论者则跳出了艺术的圈子，以更为冷峻与理性的目光审视艺术品的变形。卡里尔引述了卡罗尔·邓肯（Carol Duncan）的观点，[8] 在欧洲，专门用于陈列与观摩的博物馆实际上是一种相对较新的实践，然而，这种观点可能无意中强化了一种假设，即理所当然地认为艺术是博物馆的起点与终点。此外，博物馆的布置使得相邻画作似乎暗含关联。如果说前派怀疑论者关注的是艺术品一旦进入博物馆就失去了其原有意义，那么此派怀疑论者则更关注艺术品进入博物馆后的新角色——艺术不再仅指涉自身，而在历史的序列中有了教诲的功能。

卡里尔认为此类博物馆怀疑论者深受米歇尔·福柯的影响，主张艺术史与博物馆相伴而生。他们更为犀利地指出了博物馆与认同性的关系，如在苏珊·皮尔斯（Susan Pearce）与斯蒂芬·阿拉塔（Stephen Arata）看来，博物馆简化了复杂的历史并提供了"使人安睡的历史感"，呈现启蒙主义者的进步史观。[9] 实际上，博物馆提供的知识框架代表了我们如何在当下理解过去。[10]艾琳·胡珀-格林希尔指出，不同历史时期的博物馆（或收藏馆）有其各自的参照系，展品在不同机构间移动会给其意义带来巨大的变形，对此，卡里尔精辟地将其总结为艺术博物馆新的历史框架与古老艺术之间的矛盾。怀疑论者对博物馆的福柯式解读，更为辛辣地批判了博物馆隐含的非中立立场。

可以说，面向艺术本身的博物馆怀疑论者关注的是艺术博物馆内的"物"是否仍能代表"艺术"，它们是否还存在与过去的连接；而晚近的怀疑论者则考虑展陈或阐释"物"的主体与社会环境的相互作用，质询艺术博物馆是否真正为了保存艺术而存在。尽管后者中，一部分怀疑论者的旨趣可能在于窥视博物馆的社会属性而非悼念、追思古代艺术，但不可否认的是，他们的确为思考艺术博物馆乃至更广泛的综合机构的叙事合理性提供了独到的路径支持。

三、怀疑"博物馆怀疑论"：不可阻挡的"变形"

对于"博物馆怀疑论"，卡里尔并未明确表态，他脱身立场之外，将其称为"合理的焦虑"，同时也指出了其内在矛盾。杰弗里·威尔逊（Jeffrey Wilson）认为该部分内容是本书"最值回票价"的一部分，[11]可以说，怀疑"博物馆怀疑论"正是本书的独到之处。

（一）被误解的挪用

卡里尔强调，尽管博物馆怀疑论者坚持艺术品与原语境不可分离的观点，正统美术史学家却并不认为展示风格的变化会对艺术品造成影响。他通过对比乔托·迪·邦多纳（Giotto di Bondone）绘于阿雷那礼拜堂，描述耶稣传教时期的六幅装饰画与皮耶罗·德拉·弗朗切斯卡（Piero della Francesca）所绘《基督受洗》从圣塞波尔克洛到伦敦经历五次挪移的过程，回应了"挪用是否影响艺术品本身"的疑虑。[12]礼拜堂祭坛画中，耶稣六次举起右手，即便是同一只手，在不同语境中也代表着不同含义：命令、祝福，或是驱逐。画中单独举起的手并不能构成意义，它需要出现在神殿、迦拿婚礼、耶路撒冷之门等相关背景下，需要在面对长者、商贩、信教众人之时，即处于具体的语境中时，方可具备意义。《基督受洗》的经历被一位艺术家通过一组名为《皮耶罗〈基督受洗〉的旅行与磨难》（后文简称《旅行与磨难》）的绘画记录下来。不同于画中的某个元素，《基督受洗》作为一件已完成的作品，其自身的意义并未发生变形，《旅行与磨难》记录的只是出现在不同时间、不同地点的同一幅作品,并不能证明新的语境会对作品本身有影响。

博物馆怀疑论者坚信,一旦离开原语境,博物馆中看似完整的艺术品也只是落入世俗的"碎片"。卡里尔对此发出疑问:倘若从原语境到博物馆的挪移被认为是从神圣坠入世俗的过程,谁又能保证原址一定会永葆神圣呢?他一针见血地指出:尽管艺术博物馆本质为世俗机构,但实际上,它处于包括原语境在内的整个文化环境的世俗化中,这意味着即便留在原地,艺术品也并不一定能"存活"。衰败与变形无法阻挡,卡里尔提出,留存至今的古代艺术实质是被现代社会环境包围的,如今,没有人能在完全摒弃现代生活方式的前提下进入一栋古老的建筑,比如当代人不会为了欣赏古代艺术而放弃乘坐现代交通工具。[13]他进一步辨析了留存文化与留存艺术品的本质区别:使文化保持生命力,需要存续与之联系的生活方式;而艺术品,诸如画作,则需要维护其本身而非环境。博物馆怀疑论者辩解称,艺术品和原文化中与生活方式相关的那些功能,随着与原语境的分离而丧失,但事实上,原语境的生活方式也早已发生变形,这实在不能归咎于博物馆。

(二)艺术赖以生存的阐释

怀疑论者对博物馆的阐释深恶痛绝,仿佛博物馆以自身的目的遮掩了艺术品的纯洁。包括艺术博物馆在内,大部分公共博物馆都遵循了以历史与进步为基调的时间模型。卡里尔形象描述了公共艺术博物馆的布局:如同城市中的道路一般,它们往往提供多条线路,同时为参观者提供方向感。为展览定调的入口引言、帮助参观者确定位置的平面图、满含历史感的展厅氛围,博物馆仿佛一本结构清晰的书,诉说着艺术的历程。

卡里尔指出,博物馆怀疑论有其自身的矛盾性:正如丹托所言,艺术并不等同于油画布或是宣纸这类物质,艺术的存在依赖于理论,"没有艺术世界,就没有艺术"[14]。卡里尔据此提出,艺术并不会直接在表面展现其全部意义,艺术离不开阐释。恰恰是阐释,彰显了位于博物馆中的此在物与位于原语境中的彼在物之间的距离,使人们得以思考博物馆与原语境的差异。更何况,身处当下的我们难以返回历史的语境,因此只能通过描述性的知识了解那些遥远的艺术。由此看来,不论是基于对艺术自身还是对现实的考量,阐释都不可避免。

邓肯认为博物馆与教堂相似,博物馆提供了"有结构的叙事",观众得以"在规定之处沉思",博物馆早已为游客安排好了参访情节、指定了意义框架,[15]但在卡里尔看来,艺术爱好者与普通观众之间的区别远小于宗教信徒与无神论者之间的差异,因此他质疑了邓肯关于博物馆仪式功能的论述:相对于"启蒙感",博物馆激起的更多是"反思"。如同《基督受洗》几经转手才抵达伦敦,即便观看方式、次数发生了改变,我们仍能想象其原初被观看时的场景。

(三)重新审视博物馆:留存与解放

保守的博物馆怀疑论者痛恨变化,认为博物馆破坏了艺术原本和谐的整体,使其成为"流浪的难民",在卡里尔看来,正是这种对艺术"碎片化"抱持执念的"老套的浪漫情结",使得怀疑论者固执又蛮横地将矛头指向博物馆。

在卡里尔眼中,博物馆怀疑论与那些违反直觉的形而上学观点——比如"自我不存在"或"时间不真实"——一样,既难以被证实也难以被反驳。古代艺术进入博物馆并不是它们失去生命的理由,与其纠结艺术品有无生命力,不如思考其存活程度。很难界定博物馆是否真正造成了分离,但可以确定的是博物馆减少了衰败。我们不妨将目光转向博物馆对于留存艺术品的作用:艺术家将艺术视为实体与精神的统一体,而正是博物馆使得艺术品原件得以留存。卡里尔精辟地指出,倘若物质对象消失,那么艺术也必定无法存在。造访博物馆的意义在于"在此"与"看见",[16]既然生活方式的变形无法避免,艺术又无法脱离物质独存,博物馆起码留住了艺术的栖身之物。

艺术博物馆源自西方"进攻性文化"对珍宝的搜罗与展览,但我们能感受到,在被现代博物馆怀疑论者批评其编排和教化功能时,民主的光辉也在不断渗透。虽然博物馆怀疑论者拒绝承认,但不可否认的是,博物馆在不断改进。博物馆的进步在于它解放了艺术,使得艺术品在公共场合中展示自身,它们获得了"当下性",永远拥有鲜活的生命。

四、"怀疑论"的当今面向:博物馆是否会终结

以往,艺术品与艺术博物馆保持着稳定的关系:艺术博物馆中的艺术品依赖于艺术史,艺术史关系到艺术品讲述何种故事,艺术史的稳定性意味着艺术陈列构建的叙事始终是相似的。[17]这样的关系如今却呈现不同的景象,卡里尔总结道,现当代艺术冲破了传统艺术史的线性书写,艺

术史不再是一个持续的过程。[18]如今，艺术家可以通过挪用先前的艺术或日常之物，呈现毫无历史或形式关联的展览，譬如杜尚的《带胡须的蒙娜丽莎》《泉》、沃霍尔的《布里洛盒子》，都对传统"美感"发起挑战，当代艺术的多元特征使得博物馆怀疑论者也随之关注博物馆在未来将何去何从。

丹托的"艺术终结论"是卡里尔反复强调的概念，不同于传统怀疑论者的"艺术死亡"，丹托基于艺术史提出的"艺术终结论"是指艺术的历史已经结束。[19]卡里尔对道格拉斯·克林普（Douglas Crimp）观点的引述，很好地将"艺术终结论"与"博物馆终结论"结合。[20]在克林普看来，艺术史的终结意味着博物馆也将走向终点，后现代主义"无序"的理念颠覆了博物馆统一的叙事逻辑。此外，复制技术的运用使得后现代主义缺少灵韵（aura），这也与博物馆的收藏理念相悖。[21]但在现实中，博物馆并没有走向消亡。

为此书撰写书评的安德鲁·麦克莱伦（Andrew McClellan）认为卡里尔不是一个悲观主义者，他并不像一些怀疑论者将博物馆视为"废墟"，而是从中看到了"变形"的发生。[22]在卡里尔看来，终结并不是终点，只是意味着博物馆的"历史扩展"已经完成，博物馆的未来走向应是一种"激变"而非停滞于此，[23]博物馆一方面不会放弃延续至今的历史的呈现，同时会在民主与教育中面向多元。越来越多的学者不再用"进步"的眼光审视艺术，不再用"野蛮"或"原始"等形容词定义艺术，同时，博物馆越来越关注艺术教育与美学普及，满足公众对于博物馆回馈社会的期望。[24]在丹托看来，艺术终结代表作为单纯审美机构的博物馆的消亡。博物馆经历了视觉美感的珍宝柜、审美与学习并行的线性展览，如今已成为将艺术与生活直接联系的场所，因此随着艺术的终结，博物馆势必从前两种模式走向公众与生活。[25]如果说艺术的终结代表着一切艺术形式的共存，[26]那么对艺术博物馆来说，这意味着艺术与社会生活的界限被打破、[27]精英文化与大众文化同台。

五、余论：迈向对话的艺术空间

在本书的终篇，卡里尔将作为公共空间的公共艺术博物馆的未来走向与"沙龙"联系，置身其中的观众是能动的，他们得以自由地探讨与辩论那些往昔辉煌的艺术。[28]如同康德相信的那样，启蒙会追随自由的脚步而来，但卡里尔理性地将这样的想法称为"乌托邦理想"，因为后现代主义艺术令人费解，它虽转向通俗艺术，却依旧留有"精英主义的距离感"，[29]难以弥合艺术与观众之间的距离。

但同时我们也应看到，如今的艺术被想象为文明社会中每一个公民都可及的对象，是工业社会"抵消罪孽的祭品"[30]，艺术博物馆应该为所有人服务。在卡里尔看来，尽管博物馆隐含着对不同群体的认同或疏离，但任何群体都有感受时光之旅的可能性，博物馆对其记忆界限的拓展是普适的。完全不相容的世界观并不存在，尽管语言并不相同，但互译总有可能，[31]因此，卡里尔对欧洲与非欧洲、古代与当代艺术品能够平等共存的理想保持乐观。如今人们不再仅用"原始"或"进步"的视角看待艺术，更多是发现不同文化艺术展现的价值观，并从中寻觅普遍的特性。

自由的对话是一种善，虽然卡里尔清醒地认识到达成此目标任重道远，但至少博物馆使得自由对话成为可能。正如卡里尔总结的那样，博物馆是否能让精英文化变得可以接近目前尚无定论，但可以确定的是，在未来，唯有那些迈向开放与对话的博物馆方可存活。

（潘煜，复旦大学文物与博物馆学系博士，主要研究方向为博物馆学。）

注释：

[1] 大卫·卡里尔：《博物馆怀疑论：公共美术馆中的艺术展览史》，丁宁译，南京：江苏凤凰美术出版社，2021年，第380页。
[2] Bruce Robertson, "Book Review", *Museum History Journal*, 2009, 2(1), p. 102.
[3] 大卫·卡里尔，前揭书，第59—60页。
[4] 大卫·卡里尔，前揭书，第5页。
[5] 卡里尔反复引用奥维德《变形记》（*Metamorphoses*），形容艺术作品或博物馆的变化。本文主要从三个层面展开论述，首先是博物馆怀疑论者对艺术作品发生"变形"的忧虑；其次是"变形"是否真实发生，及其影响是不是负面的，即对博物馆怀疑论的回应；最后是当代艺术博物馆要如何"变形"。
[6] 大卫·卡里尔，前揭书，第71页。
[7] 大卫·卡里尔，前揭书，第78—79页。
[8] 大卫·卡里尔，前揭书，第85页。
[9] 同注7。
[10] 巫鸿、郭伟其编：《世界3：艺术史与博物馆》，上海：上海人民出版社，2021年，第4页。
[11] Jaffrey effrey Wilson, "Book Review", *The Journal of Aesthetics and Art Criticism*, June 2007, p. 338.
[12] 大卫·卡里尔，前揭书，第104—112页。
[13] 大卫·卡里尔，前揭书，第60页。
[14] 大卫·卡里尔，前揭书，第7页。

[15] 卡洛尔·邓肯：《文明化的仪式：公共美术馆之内》，王雅各译，台北：远流出版公司，1998年，第21页、第24页。
[16] 巫鸿、郭伟其编，前揭书，第125页。
[17] 史蒂芬·康恩、傅翼：《博物馆是否还需要实物？》，《中国博物馆》，2013年第2期，第4—6页。
[18] 大卫·卡里尔，前揭书，第236页。
[19] 大卫·卡里尔，前揭书，第288页。
[20] 大卫·卡里尔，前揭书，第86页。
[21] 道格拉斯·克林普：《在博物馆的废墟上》，汤益明译，南京：江苏凤凰美术出版社，2020年，第35—49页。
[22] Andrew Mcclellan, "Book Review", *Curator: The Museum Journal*, 2007, 50(4), p. 462.
[23] 大卫·卡里尔，前揭书，第296页。
[24] 大卫·卡里尔，前揭书，第273—283页。
[25] 阿瑟·丹托：《艺术的终结之后——当代艺术与历史的界限》，王春辰译，南京：江苏人民出版社，2007年，第19—20页、第198—207页。
[26] 大卫·卡里尔，前揭书，第290页。
[27] 巫鸿、郭伟其编，前揭书，第338页。
[28] 大卫·卡里尔，前揭书，第398—401页。
[29] 朱国华：《艺术终结后的艺术可能》，《文艺争鸣》，1999年第4期，第54页。
[30] 大卫·卡里尔，前揭书，第265页。
[31] 大卫·卡里尔，前揭书，第206页。

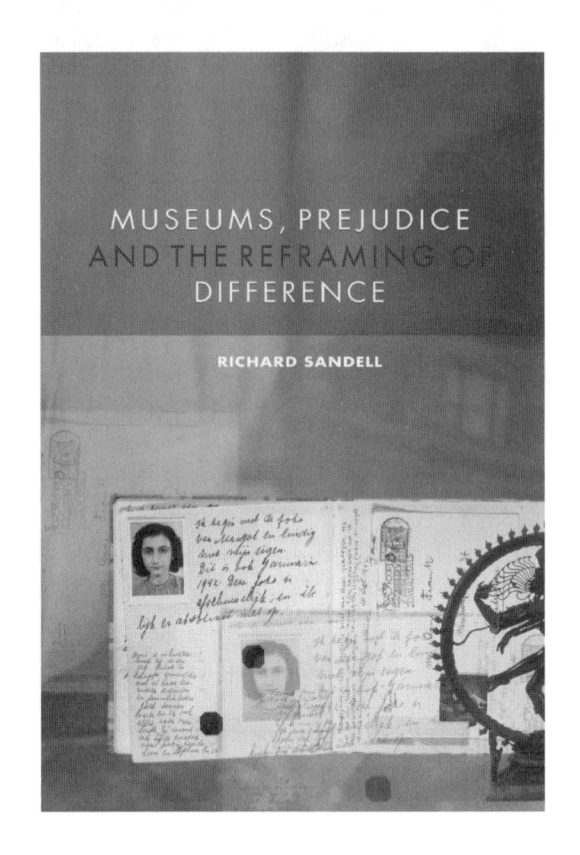

《博物馆、偏见与差异的重构》
Museum, Prejudice and The Reframing of Difference

作者：理查德·桑德尔（Richard Sandell）
出版年份：2007

◆—— · 本书短评 · ——◆
全面介绍博物馆领域对抗偏见的举措、方法与成效。

述评人：周夏宇

近几十年来，随着世界各国越发关注博物馆在对抗社会偏见、促进跨文化理解方面的作用，博物馆逐渐从藏品的收藏者和管理者转变为促进社会变革的推动者，以更加公平、正义的方式应对社会议题，表征多元文化。在这种情况下，博物馆的传统研究方法，尤其是关于观众研究的部分，出现了局限性。对此，理查德·桑德尔指出，博物馆对观众的研究要跳出"传送带模式"（conveyor-belt model）[1]。换句话说，博物馆观众不会按照博物馆预期的那样对信息照单全收，而是通过观看博物馆展览、参与、回应、挑战、颠覆乃至重新建构对不同文化和社会群体的偏见。这种时代的变化和研究的转向也意味着博物馆的变革，比如面对作为积极主体的观众，博物馆如何满足他们的需求？如何构建、告知并促成社会公众关于差异的对话？如何应对由此而来的道德与政治挑战，以及机遇和责任？基于这些问题，桑德尔以跨学科的理论视角，结合深入的实证调查，探究博物馆对抗偏见的举措及其社会效应。

本书英文首版于2007年问世，至今尚无中译本。本书共分为七个章节，第一章通过回顾博物馆学理论与实践的最新进展，归纳博物馆在对抗偏见方面的有限研究，为整个研究提供分析框架与方法论。第二章通过借鉴受众研究、媒介研究、话语分析和社会心理学等相关理论视角，建立对偏见的跨学科阐释框架。第三章通过案例分析和实地研究，考察博物馆对抗偏见、建构平等、促进跨文化理解与尊重的阐释策略。第四章引入受众研究的视角，考察观众对博物馆叙事的接收、回应与解读。第五章将博物馆视为一种传播媒介，归纳其区别于其他媒介形式的独特性，以及观众对待博物馆与其他媒介形式的差异。第六章将视角转回博物馆，考察博物馆在展览制作过程中的意义生产与诗学政治，具体而言，桑德尔以博物馆对身心障碍（disability）群体的展示为例，以此考察博物馆对少数群体的话语表达策略。第七章是结论与反思，总结近年来博物馆在对抗偏见、促进跨文化理解方面所做的努力、面临的困境和未来前进的方向。

总的来说，本书选取了以"对抗偏见"为主题的博物馆策展实践，通过分析对博物馆观众的调查数据和其反馈意见，分析博物馆为扭转社会对某些群体的负面刻板印象，推动跨文化理解与尊重，促进平等、宽容所做的诸多努力。与之前关注社会包容的研究不同，桑德尔强调，本书并不针对特定群体，也并非聚焦偏见的特定表现形式，而是从广义上关注博物馆重构、实现和传达社会关于差异认知与对话的可能性。[2]具体而言，本书聚焦四个研究问题：第一，博物馆对抗偏见的必要性；第二，博物馆对抗偏见的意图与策略；第三，观众对博物馆信息的接收与回应；第四，观众的行动对博物馆实践产生的影响。本书评也将围绕这四个问题展开。

一、博物馆对抗偏见的必要性

偏见是人类社会共有的、无法回避的问题，广泛存在于不同种族、不同形态的国家和社会文化之中。偏见往往不易察觉，常常被内化成普遍的隐性认知，不知不觉地潜藏在社会生活中，从而形成对种族、性别、体态、年龄等议题的社会认同。因此，偏见是跨文化理解与传播不得不面对的问题。

20世纪初，社会学领域开始关注偏见议题。早期研究认为，偏见是一种心理现象，或是一种"精神变态"的反应。由此得出的结论是，偏见是一种非正常、病态的人格表现。[3]在很长一段时间里，社会心理学研究常常基于认知的方式来理解"有偏见的心灵"，[4]并想当然地将偏见视作一种与社会无关的个人特质。然而，这种分析路径将偏见置于社会和政治真空的环境，忽视了社会化因素带来的影响，特别是被压迫和成为仇恨目标的少数群体的生存经历。如文化"先天/后天论"（nature or nurture）的争议一样，偏见也面临着这样的辩论。其后的学者逐渐认识到，偏见不是"个人病理学"的体现，而是社会文化和话语建构的产物。[5]基于此，桑德尔指出，除社会心理学的知识外，对偏见的关注还需纳入人类学、文化研究等学科领域或研究取向。

由是观之，分类（categorisation）也成为一种"复杂而微妙的社会行动"[6]。人们的日常交流和媒体话语，常常隐晦地呈现一些刻板印象，以凸显或遮蔽某些群体。作为重要的分类场所和秩序之地，博物馆也会在实践中有意或无意地触及偏见问题。与电视、广播、报纸、戏剧、电影以及互联网等媒介相比，博物馆的独特性在于"永恒的权威性"（permanency with authority）[7]。这种权威性体现为两种形式——民族志的和文化的：民族志权威指博物馆具体的、可见的展览策略；文化权威指的是隐含于博物馆建筑等方面的不可见的影响力，也可能以更加潜移默化的形式。除了博物馆自身，公众也更相信博物馆"如实讲故事"（tell it like it is）[8]的能力。

如果说博物馆的权威性得到了博物馆自身和公众的确认，并在公众心目中的形象是讲真话的"靠谱"机构，那么博物馆是否会凭借其权威形象制造偏见？很显然，从博物馆史和博物馆实践这两个维度来看，博物馆的确参与了强化与巩固偏见的行动。博物馆受到社会主导价值观的影响，会在展览中对差异传达特定理解，例如西方民族相比非西方民族的优越性等。[9]与此同时，博物馆也凭借其可塑性而具有对抗偏见的迫切性和必要性。在建构主义视角下，无论是博物馆、媒体还是社会公众，都不是天然"有偏见"或"无偏见"的，其认知都是在社会文化因素的影响下逐渐形成的。相应地，博物馆的阐释策略、展览的建构特质、观众的意义生产实践等，都在重塑博物馆的形象及其与观众的关系。[10]

为了成为对抗偏见的场所，博物馆主要采取两种策略：其一是从单一策展叙事转变为多声部策展，不同群体在各抒己见的过程与差异中寻找互惠理解的可能。其二是以各种形式鼓励观众自由表达，将他们的观点纳入展览。随着观众日常生活的推进，博物馆的影响会渗透到社会生活的方方面面，与其他媒体共同建构协商对话的媒介景观。由此可见，博物馆与观众角色的转变是同时发生的。

二、博物馆对抗偏见的意图和策略

在上述观念的指引下，桑德尔摒弃定量研究的思路，转而以定性研究的方式将偏见置于人们日常生活的实践中，探索其生成机制。在具体的研究方法上，桑德尔运用深度访谈等方式挖掘博物馆观众的内心世界，也吸纳线上、线下的观众评论和反馈，以深入了解观众对于博物馆对抗偏见的意图和策略的看法。

尽管当代博物馆致力于推动社会变革，逐渐将注意力转向满足观众和社区的需求，但是博物馆与观众之间的关系依然比较传统。具体来说，观众对博物馆展览的参与程度十分有限，他们经常被忽视，或被想象成博物馆信息的被动接收者。基于此，一些博物馆试图挑战这些批判，从而展现其作为积极的社会变革力量的共同信念。桑德尔以位于苏格兰的圣芒戈博物馆（St Mungo Museum）和位于阿姆斯特丹的安妮·弗兰克之家（Anne Frank House）这两家旗帜鲜明地对抗偏见的博物馆为个案展开分析。

圣芒戈博物馆以促进不同信仰群体间的互惠性理解为目的，创新地阐释宗教类议题。除了在展览内容方面注重呈现不同信仰，该馆在展厅内设置留言板，鼓励观众写下参观体验。留言板成为展览和交流的一部分，观众会仔细阅读别人的留言，甚至与前面留言的人争论。博物馆策展方表示，他们会积极吸纳观众的不同反馈，以期展览能够与观众的个人经历产生共鸣。值得注意的是，该馆的观念过于先锋，常常招致争议、批判，甚至线下冲突。作为一座家族式建筑，安妮·弗兰克之家并不像传统博物馆那样神圣超然，置身其中的观众很容易与自身生活建立联系。这里经常展示许多尖锐的社会议题，如种族主义、性少数群体、言论自由等。策展人意图挑战人们对当代偏见和不宽容的漠视。该博物馆同样重视观众的反馈，比如在展览结束时，他们会询问观众是否接收到博物馆试图传达的特殊信息，及其对博物馆作为知识和信息提供者的看法。

  偏见的表达是动态的、语境化的，且常常带有目的性。然而，桑德尔在进行文献回顾时却发现，相比种族、性别、性取向等，身心障碍者并没有较为常见的负面标签。这或许可以解释为，相比其他群体，针对身心障碍者的偏见并不会那样恶意和刻薄；或是"身心障碍"的概念在英国学术领域和大众话语中因为不常被讨论而使偏见更加隐晦。[11]近年来，博物馆对身心障碍议题愈发关注，然而呈现形式却是有限的，即身心障碍者几乎完全被认为是需要被容纳的表征不足的观众群体。

  概括而言，博物馆对身心障碍者的关注分为三个层次：第一是"进入展览"，即提供无障碍硬件服务，帮助其进入博物馆环境观看展览；第二是"理解展览"，即通过提供辅助标签、音频与字幕等服务，帮助身心障碍者理解展览；第三是"在展览中"，即在展览中呈现身心障碍议题，同时关注身心障碍受众的反馈。[12]在博物馆现实世界，第三层次往往被忽视，即博物馆展览总会忽略对身体差异的描绘。为了解决这个问题，2003—2004年间，莱斯特大学博物馆与画廊研究中心（Research Center for Museums and Galleries）开展了一项名为"淹没于脚注中"（Buried in Footnotes）的研究项目，回顾了英国博物馆界涉及身心障碍议题的展览和文献，以及相关策展方的思路。该研究不仅拓宽了"身心障碍"的定义，比如探讨学习能力差异（如阅读障碍）是否可以归类于其中，还促成了身心障碍者的类型划分：乞丐、英雄和怪人。[13]这项研究表明，在大多数情况下，博物馆对身心障碍者的展示是有负面刻板印象的。为了应对展览展示身心障碍者时涉及的伦理问题，博物馆需要以更积极的方式策划相关展览，将身体差异视为一种自然存在，而非缺陷、劣势或偏差。具体策略包括以积极的方式审视差异、探索与身心障碍有关的苦难叙事等。[14]

三、观众的视角：接收、回应与理解

在整个20世纪，学者对大众传媒研究兴趣不减，特别是对媒体的"社会地位赋予"功能的讨论。这种观点认为，大众传媒会给其支持的事物带来正统化效果。许多研究认为，媒体是"强势或有害的"，公众是"不幸和无助的"，抑或对媒体的操控行为表达强烈的抵触情绪。[15]与大众媒体研究同步，受众研究发生了范式转变，经历了从"魔弹论"（magic mullet theory）、"使用与满足"（uses and gratifications），到"编码/解码"（encoding/decoding）的变化。博物馆传播的研究范式从传统的单向传播（信息从博物馆方传向观众方），变为观众依据自身动机、先验知识和现实情境对博物馆进行意义建构的对话模式。博物馆从传统的说教者转变为开放思路的启发者——通过提供多重视角和观点，引导观众得出不同结论。

博物馆面对多样化且不断变化的观众，想要获得更多的认同，其文本需要展现一种开放的姿态、一种"悬而未决的矛盾"[16]。桑德尔引入霍尔的"编码/解码"理论，认为博物馆观众是积极的行动者。观众不但不会照单全收博物馆传递的信息，还可能会出现对抗性解读。桑德尔认为，博物馆展览的意义在于引发观众对自身生活经验的联想与思考。[17]此种情况可能会造成一种新的矛盾：博物馆对抗偏见的结果是造成新的偏见。这种矛盾的观点贯穿全书。桑德尔在实地研究中，聚焦观众的自发反应，尽可能减少问题的预设和诱导性，并没有明确地询问观众对差异、偏见和平等的看法。但研究结果显示，观众的回答不约而同且高频地出现了上述这些概念。[18]

总体来看，观众对博物馆的解读分为三种路径：确认式（confirmation）、反对式（opposition）和协商式（negotiation）。这些解读有些以组合形式出现在回答中，呈现偏见的流动性和情境性。[19]当然，桑德尔承认，对观众反应的简单划分会遮蔽更多的复杂性和动态性。总之，观众是博物馆意义的共同生产者，而非被动的信息接收者。博物馆的角色不再是简单的"影响者"或"强迫者"，而鼓励观众主动进行批判性思考，与博物馆共同探讨和协商对差异与偏见的理解和呈现方式。在这种视野下，博物馆正从使用相对固定的文本（旨在说服或改变有偏见的个人），转变为提供建构性的资源（支持和促进无偏见的叙述）。[20]

博物馆对抗偏见的方式并非在展览中尽量强调自身的中立性。相反，博物馆需要在展览中呈现尽可能多的信息，并提供明确的伦理准则，使观众能够对差异形成自己的理解。除了依托展览，博物馆也要邀请观众参与意义生产过程，使他们书写个人叙事，还能将其在博物馆中"演绎"。博物馆不仅为观众提供展览资源，还为表达、分享和传播他们的个人意义提供平台。[21]这表示博物馆作为媒介资源，包含形式与内容的双重意义。博物馆是观众理解文化差异、进行社会表演的权威场所。观众可以通过辩论、留言、参与策展等行动展示自己，甚至在博物馆之外产生影响。尽管这些想法在实际操作中困难重重，甚至可能无法实现社会共识，但一些博物馆依然坚持如此。在安妮·弗兰克之家，留言的观众通常要排长队，他们会仔细阅读完留言册，才会心满意足地离馆。圣芒戈博物馆会在画廊展示留言，从而使观众变身为策展人。他们是观察者，也是被观察者。他们将自我转化为他者，因为亲身体验了遭受偏见的经历，从而对宽容产生新的理解。

不过，这里存在一种紧张关系：许多观众天然地将博物馆视作掌握文化权威、可以准确而公正地呈现文化差异的场所。那么，观众的自主性是否会受到博物馆公正性和客观性的影响和限制呢？特别是博物馆在呈现战争等题材时，受到的质疑就更加明显。一些观众更愿意在情感上保持与展览内容的距离，以避免不愉快的记忆。以及在观看一些历史类展览时，"不想与展览在情感上太过共鸣"[22]。

四、从观众到博物馆的闭环：跨文化理解的可能

桑德尔将受众分为简单型、大众型和扩散型三种。简单型受众指音乐会、戏剧或体育赛事的观众，这是一种最传统的传受方式。交流发生在舞台上的表演者与台下的观众之间，他们保持着地理与社会的距离。这是一种去中介化的、面对面的交流体验。大众型受众的出现有赖于大众传播系统的发展，这类受众的体验更为日常和私人化，与表演者的距离更远，他们的体验是可以中断的。扩散型受众则指在当代社会，人们每时每刻都是信息接收者，媒介体验构成了他们日常生活的一部分。人们既是观众，又是表演者，既是文化消费者，又是文化生产者。[23]

传统博物馆的观众可以理解为简单型受众。受众和表演者（展览）在特定公共空间中直接相遇，与日常生活有明显区别。这种体验充满仪式感。随着博物馆功能不断丰富，一些互动性和参与性展览催生扩散型受众体验，这种体验在帮助博物馆对抗偏见方面有重要意义。

基于以上分析，桑德尔采用一种媒介与受众关系的新范式——景观/表演范式（spectacle/performance paradigm，简称SPP）。SPP范式认为，生产者与消费者、观众和表演者的边界正在模糊，出现"扩散型受众"（diffused audience）现象：在媒体无孔不入的情境下，人们获取信息的渠道十分多元，构成日常生活的媒体景观。[24]人们会围绕各自的日常生活经验，借助媒体信息建构自己对世界的想象。"扩散型受众"现象意味着，博物馆作为信息源，处在一个相对边缘的位置：许多人每天或每周会接触电视、广播等媒体，但他们可能一年也去不了几次博物馆，而博物馆的精英属性也决定了其有限的社会覆盖范围。在访谈中，很多观众认为，博物馆和其他大众媒体是阳春白雪与下里巴人的区别。[25]那么，在社会覆盖面相对较小的情况下，博物馆如何帮助社会对抗偏见呢？

桑德尔认为，其一在于博物馆参观行为会使人们成为持续活跃（但可能不稳定）的博物馆爱好者。其二在于相比其他媒介形式，社会公众更期待和信赖博物馆对于文化差异的呈现，并对此讨论。[26]此外，桑德尔引入另一个概念："溢出"（overflow），即媒体围绕核心文本建构一种生活体验，并利用互联网等媒介形式吸引广大公众参与，形成更广泛的对话。[27]这需要博物馆与其他媒介形式携手，以"润物细无声"的方式走进人们的日常生活，帮助社会公众思考和理解文化差异。如此，博物馆的影响力逐渐"溢出"馆外，社会逐渐步入"泛博物馆化"时代。

博物馆不仅可以提供知识，还能触发公共对话，促进跨文化理解。博物馆通过邀请公众参与展览，努力对抗偏见。博物馆做这种努力的意义，并非在于完全消解公众对某群体或某社会议题的偏见，而在于努力帮助他们缓解对偏见的焦虑。博物馆从使用固定性文本向提供开放性资源转变的关键，在于促进观众的参与和互动。博物馆对差异的理解是复杂的，并不能简化为排他性/包容性、压迫性/解放性、歧视性/平等性的对立态度。我们需要考虑来自不同文化背景的观众对展览的解读，以及他们自身对差异的理解，才能全面理解博物馆的社会作用。与此同时，博物馆需要和新闻媒介、社会公众等持续互动。

如今，越来越多的博物馆策展人意识到客观公正的重要性，以各种途径宣称自己的超然立场。面对多元化的观众群体时，博物馆注重个人的意义生产实践，避免过度引导观众的理解和思考。这种做法看似挑战了博物馆呈现社会真实的文化权威，却加强了博物馆建构社会共识的力量，体现博物馆对多元异质社会的尊重与理解，引导社会公众反思偏见和歧视等议题。当然，博物馆对抗偏见、反思差异的做法并非基于同化主义的意图，而是借此提供对复杂而微妙差异的理解，从而更好地保护文化多样性。

五、总结与反思

本书讨论博物馆对抗偏见的必要性、困境与破解之法，这与传统意义上博物馆的保守形象完全不同。桑德尔试图将"博物馆作为促进社会对话的场所"这一概念具体化，通过实地调研收集丰富的经验材料，探讨博物馆在对抗种族主义、阶层分化、性别歧视等方面所做的努力。桑德尔强调，在博物馆观众的意义生产实践中，这些观众并不是同质化的群体，他们多样化的文化背景与个体经历促使他们对展览产生个性化，甚至是矛盾的理解。博物馆通过与其他媒体、社会公众的互动扩大自身影响，这也意味着博物馆的社会责任更重了。[28]

在本书末尾，桑德尔聚焦几个问题。首先是博物馆的局限性。尽管博物馆倡导公正和平衡，却不可避免、潜移默化地传递着某种价值理念。甚至在某些情况下，博物馆会明确地表达立场，强化议程设置，限制反对的声音。博物馆对抗既有偏见的结果是否会造成新的偏见？观众漫无目的的表达是否会与博物馆的初衷背道而驰？后续研究者在其基础上思考新博物馆伦理，如伦理行动主义[29]等。其次是研究者自身的局限性。正如桑德尔自己所言，他需要更多的实证研究弥补自身观点与经验造成的局限性。本书更多呈现博物馆在对抗偏见时所做的努力、面临的困境，并没有相对成熟的解决方案。[30]大多数研究注重捕捉观众对展览的即刻反应，而非博物馆给社会公众带来的长期效应。[31]批评者认为，桑德尔强烈的个人立场会影响研究的客观性。[32]最后是博物馆对抗偏见的可行策略。博物馆究竟应该为特定偏见发声，还是为推动平等对话提供总体支持？现实语境充满了复杂性和动态性，很难有一套行动准则。特别是处在社会多样性不断提升的全球环境中，博物馆要做的是尽可能呈现差异，以及人们对待差异的态度。[33]研究者指出，桑德尔采取了一种"救赎叙事"（redemptive narrative）[34]的路径，强调观众的主体性，探讨博物馆促进公平正义的可能。

博物馆承载着人们对美好生活的希望。除了促进知识增量，博物馆还可以帮助人们更好地感知多元化社会。本书聚焦博物馆在应对和处理针对某些群体的偏见方面的策略。除了建构群体形象，博物馆对抗偏见的过程还可以囊括其他议题，如地方知识、自然生态、科技发展等。在面对不同的观众时，博物馆需要采取灵活策略，鼓励观众结合自身经验形成个性化见解，同时遵循基本的伦理准则。博物馆需要具有主体间性思维，通过与他者的对话形成自我。博物馆唯有尊重差异，才能在日常交流中，通过积极对话寻找跨文化理解的可能。

（周夏宇，当代中国与世界研究院助理研究员，跨文化传播学博士。研究方向为博物馆跨文化传播、国际传播。）

注释：

[1] Richard Sandell, *Museum, Prejudice and The Reframing of Difference*, New York: Routledge, 2007, p. 10.
[2] Ibid., p. 4.
[3] John F. Dovidio, "On the Nature of Contemporary Prejudice: The Third Wave", *Journal of Social Issues*, 2001, 57(4), pp. 829-849.
[4] Richard Sandell, *Museum, Prejudice and The Reframing of Difference*, p. 29.
[5] Ibid., p. 17.
[6] Ibid., p. 37.
[7] Ibid., p. 129.
[8] 同注7。
[9] 同注2。
[10] Ibid., p. 16.
[11] Ibid., p. 142.
[12] Ibid., pp. 145-147.
[13] Ibid., p. 158.
[14] Ibid., pp. 171-172.
[15] Ibid., p. 73.
[16] 罗杰·迪金森等编：《受众研究读本》，单波译，北京：华夏出版社，2006年，第209页。
[17] Richard Sandell, *Museum, Prejudice and The Reframing of Difference*, p. 10.
[18] Ibid., p. 79.
[19] Ibid., p. 80.
[20] Ibid., p. 101.
[21] Ibid., p. 103.
[22] Ibid., p. 115.
[23] Ibid., p. 107.
[24] Ibid., p. 102.
[25] Ibid., p. 110.
[26] Ibid., p. 106.
[27] Ibid., p. 119.
[28] Ibid., p. 176.
[29] Janet Marstine, "The Contingent Nature of the New Museum Ethics", Janet Marstine, ed., *The Routledge Companion to Museum Ethics: Redefining Ethics for the Twenty-First Century Museum*, London: Routledge, 2011, pp. 3-25.
[30] Richard Sandell, *Museum, Prejudice and The Reframing of Difference*, p. 181.

[31] Ibid., pp. 176-177.
[32] Andrew Newman, "Book Review", *Museum & Society*, 2008, 6(1), pp. 71-72.
[33] Richard Sandell, *Museum, Prejudice and The Reframing of Difference*, p. 194.
[34] Ben Dibley, "The Museum's Redemption: Contact Zones, Government and The Limits of Reform", *International Journal of Cultural Studies*, 2005, 8(1), pp. 15-27.

《博物馆与教育：目的、方法及成效》
Museum and Education: Purpose, Pedagogy, Performance

作者：艾琳·胡珀-格林希尔（Eilean Hooper-Greenhill）
出版年份：2007

❖——— 本书短评 ———❖

后博物馆时代衡量博物馆学习的成效与影响的重要著作。

述评人：段若钰

一、成书背景：后博物馆的时代特征与挑战

第二次世界大战后，英国博物馆在经济危机、政策导向和社会责任的重压下，迫切需要通过观众评估和研究，向政府提供关于其经济价值和社会价值的"证据"。同时，对于英国博物馆研究人员而言，评估需求的迅速增长不仅是博物馆对相关政策的简单回应，还引发了行业内部关于博物馆定位、博物馆教育职能的深度思考。20世纪末，社会各界认为博物馆把教育作为首要职能的理念只流于表面，在实际运营中尚未足够重视。[1] 虽然已有博物馆开始在教育中融入特定的意义和价值，[2] 但其实际的教育效果依旧模棱两可。

进入21世纪后，艾琳·胡珀-格林希尔敏锐地察觉到，当代博物馆迫切需要明确自身在新时代的教育目的、职能和表现。"如何评估自身教育影响？""如何提供可证明自身教育影响力的证据？"等问题成为英国博物馆界面临的重要挑战。《博物馆与教育：目的、方法及成效》一书，就是在这样的时代背景和问题意识中诞生的。本书的核心价值在于开发衡量博物馆、档案馆和图书馆学习成效的方法，并将其运用于三项国家性的大规模研究。此外，胡珀-格林希尔聚焦人们关注较少的博物馆教育项目——馆校合作课程，以此思考如何以较为统一和规范的研究范式，揭示博物馆的教育性。鉴于该书对中国博物馆教育的实践探索及研究发展具有指导性和推广意义，2017年1月，本书的中译本[3]正式面世。不过，本书评将基于英文版本展开述评。

孕育本书的后博物馆（post-museum）时代有何特征？其给博物馆带来了哪些挑战？21世纪的博物馆被期待能参与建设更加平等和公正的社会，扮演核心的社会角色，这是"文化转向"的重要标志。社会和道德责任感的全新使命让博物馆不得不重新思考其目的、方法和成效。同时，博物馆在后现代思潮的影响下，逐渐进入了具有灵活适应性和可变流动性的后博物馆时代。当文化转向发起的挑战和自我改变意识的觉醒相互碰撞时，通过学习唤起社会各阶层观众的自我认同，成为新时代博物馆需要重点探索和实践的新方向。由于意义阐释和身份认同在后博物馆时代紧密关联，因此，博物馆将通过意义建构，完成对"物"的分享和持续性的非中性阐释，形成对文化、传播、学习、身份认同之间复杂关系的复合理解，找到与观众建立多元关系的新方式，实现博物馆身份的创作性再想象和再

塑造。[4]

回归博物馆实际工作，研究者却对博物馆能否担起如此重任产生了担忧，他们正在思考极为现实的问题：英国博物馆的教育职能能否良好地适应文化转向？[5]基于此，英国政府委托胡珀-格林希尔所在的莱斯特大学博物馆研究系的博物馆与美术馆研究中心（Research Center for Museums and Galleries，RCMG，以下简称研究中心）开发一套统一且通用的衡量学习成果及其影响的方法。

笔者将遵循胡珀-格林希尔的写作结构，从以下四个部分进行评述：衡量学习框架的开发与形成、衡量学习框架的运用、衡量学习框架的效果与启示、预测博物馆学习的未来走向。此外，本书由两条线索构成：明线以通用学习成果（Generic Learning Outcomes，简称GLOs）框架为中心，介绍衡量学习方法的整体设计和实施方案；暗线则以"身份认同"为切入点，通过个人对博物馆学习的反馈，展现后现代化的英国博物馆可以凭借馆校合作的形式助力社会平等和包容，进一步论证了英国博物馆在文化转向上的回应能力和教育影响力。

二、"寻找"与"搭建"：衡量学习框架的开发和形成

本书的第二至四章为构建GLOs框架提供了坚实的理论支撑，旨在回答三个复杂问题：为什么需要衡量学习？怎么理解衡量学习？如何实施衡量学习方法？第二章、第三章是本书的基石，为第四章搭建GLOs的"骨架"创造条件。从中能看到研究中心如何透过此时英国博物馆现状和过往的博物馆观众研究，对曾经流行的博物馆观众评估方法和研究范式进行借鉴、质疑和突围。

（一）文化重置对衡量学习发起挑战

第二章主要分析了GLOs框架的产生背景，并确定了衡量学习方法的基本思路。研究中心首先意识到，需要在博物馆等文化组织所处的实际情况中设定衡量学习目标。

胡珀-格林希尔分别分析了英国复杂的政治环境和文化组织中存在的问题，从而确定设计GLOs需满足的双重目标：不仅要把教育和社会包容作为首要任务，还要向政府提供关于学习效果的证据。20世纪末，工党政府空前重视教育与社会包容，博物馆、档案馆、图书馆这类文化组织致力于配合政府文化政策、推动社会民主化、建设包容性学习社会。[6]同

时，文化组织试图通过优先响应政府事项的方式争取政府支持，但其实践似乎与政策导向不够一致。此外，工党政府的做法不仅引发了问责制（accountability），还引起了社会的不满和质疑。[7]有人认为问责制催生了大量量化性的学习影响研究，导致博物馆学习被数字"捆绑"，博物馆学习的范畴、特征和重要性被严重忽视，甚至沦为学校教学的附属和补充。

2000年4月，资源/博物馆、图书馆与档案馆委员会（Resource/The Museums, Libraries and Archives Council，简称Resource/MLA），积极响应社会包容政策，开始实行具有深远意义的国家计划——"激励全民学习"。该计划的目标之一是通过"学习影响研究项目"，找到呈现博物馆、档案馆和图书馆教育影响和其学习成效的方法。考虑到衡量标准存在种种问题，Resource/MLA指出，若想评估博物馆学习，首先要帮助从业者将自己的工作可视化，向政府提供"看得见的学习成果"[8]。从2001年9月到2002年3月，Resource/MLA委托研究中心开发可运用于三大文化组织、统一衡量学习效果的国家框架。研究中心选定博物馆为衡量对象，但开发的方法将接受其他文化组织的检视。[9]在开发之初，研究中心共同认定其收集的综合数据不仅要有能证明经济价值的"硬数据"，还要有能揭示学习与个人身份及主观性的"软效果"。在明确基本衡量方法后，下一步需要界定"学习""衡量""成果""影响"几大关键概念在博物馆等文化组织中的定义。

（二）关于学习、衡量、成果/影响的理解和分析

第三章围绕"学习"展开深入讨论，从理论层面证明GLOs的可行性。具体而言，本章依托学习理论、博物馆研究和文化研究，形成对学习的整体认知，回答了"博物馆学习是什么"这一关键问题，从而确定衡量学习的方法，为博物馆等文化组织拥有准确完整的通用学习话语打下坚实基础。

胡珀-格林希尔以批判视角重构博物馆学习理论。她强烈反对过去将教育与娱乐进行二元对立的做法，认为二者在后现代环境下完全可以"兼而有之"[10]。随后，她对约翰·福尔克和林恩·迪尔金关于博物馆学习的观点产生质疑，认为他们理解的"学习"是一种被动行为，是学习者受到外界压力后被迫做出的反应。[11]这导致他们间接否认了学习者可制造意义的观点，同时把不在理想社会秩序之内的事均看作社会失调，无法解释已

发生的社会冲突与变革。对此，胡珀-格林希尔不禁产生疑问：类似这样将学习理想化的认知如何解释此时博物馆中的多元文化？[12]

胡珀-格林希尔认为"学习能把体验转化为更广泛的人类属性"[13]。基于此，她从三个层面理解博物馆学习：根据当代学习理论，博物馆学习不是结果，而是问题和乐趣共同驱使的行为，包含知识"翻新"、意义建构、身份构建等过程；从学习方式来看，博物馆学习是一种体验式学习和表演性学习，更多通过体验获得隐性知识，可实现对知识的"活用"；根据克拉克斯顿（Claxton）提出的注意力模式，博物馆学习被定位为多维度、分层性学习，是以目标为导向的有意识学习，同时也有更多探索性的无意识学习，重在培养学习者的创造力和解决实际问题的能力。

对于以上关于博物馆学习的剖析引导，研究中心从米歇尔·福柯和皮埃尔·布迪厄的观点出发，将博物馆学习的概念落点在"意义"上。当提及学习时，社会权力关系也需放置其中，即通过阐释文化和学习的意义，探讨阶级、性别或种族等社会因素与学习特性之间的复杂关系。如此一来，我们就可以明确博物馆学习的过程性，也就是将知识、技能、观念、价值观、情感和信仰合为一体，以个人认同为动力，从而"成为自我"。

"学习"概念的确定帮助研究中心牢牢把握GLOs框架的内核，为之后界定"衡量"和"学习成果与影响"的概念确定了范围。本书把"衡量"视作一种看待事物以及让事物变得更好的方法，以一种标准与另一事物进行比较。[14]成果被定义为个体短时间内的收获，而影响则被视作社会结构和组织对个体产生的长期性累积效果。[15]在"学习影响研究项目"中，被衡量的学习成果很多时候是无意识产生的，它们可能是"被预知的"或"被期待的"，但绝不能是"被要求的"[16]。接下来，研究中心还需要在实际学习场所中确定通用衡量标准。

为了让一线人员迅速掌握新开发的衡量方法，研究中心决定尽量把复杂的学习简化为具象化的机械过程，即通过调查问卷获取统计性数据，以及通过访谈和观察等方式获取描述性数据。在完成GLOs框架的初步定位后，研究中心借鉴了《苏格兰公民教育》（*Education for Citizenship in Scotland*，2002）中关于学习成果的分类，不仅充分体现学习的广度与深度，还实现"通用"目的。至此，关于GLOs的所有"材料"已全部就绪，下面需要依托现有的博物馆GLOs，完成全部的搭建与开发。

(三)GLOs框架

在前两章的铺垫下，第四章通过博物馆、档案馆、图书馆中的真实案例，最终确认了GLOs的五个维度。研究中心将这一衡量学习工具定位为可被不同领域研究者和从业者使用的指导性框架，由五项可广泛衡量文化组织学习效果的GLOs组成：知识与理解（knowledge and understanding），技能（skills），态度与价值观（attitudes and values），乐趣、灵感、创造力（enjoyment，inspiration，creativity），活动、行为、进步（activity，behaviour，progression）。[17]

开发完成后，研究中心一共选择了15个独立的博物馆、档案馆和图书馆进行试点，其结果有力证明了GLOs对文化组织中学习的理解是到位且全面的。[18]最终，研究中心认为，GLOs是捕获和编码学习过程中那些抽象特质的有效方法。其优势在于不仅能指导定量和定性研究，还能建立两种数据之间的连接。这意味着GLOs框架已满足政府一直以来想对文化组织进行评估的需求。[19]

三、"调试"与"验证"：衡量学习框架的运用

本书第五至九章分别从教师和学生的视角，通过三项国家性衡量学习研究，评价五项GLOs的重要性。三项国家性研究形成的"大数据库"，不仅证明了GLOs框架在复杂多元的馆校合作项目中运行良好，还体现了英国博物馆在响应政府教育与社会包容政策时，具备高效的执行能力。此外，研究还表明英国博物馆通过多元开放的学习方式，对帮助不同儿童建立个人身份认同具有强大的影响力。

(一)研究背景及方法

其时，英国政府特别看重地区博物馆在执行教育和社会包容优先政策上的潜能，并首次为地区博物馆提供了资金。[20]政府分别在2003年和2005年，支持了地区博物馆的两次衡量学习研究，即RR1（2003）、RR2（2005）。此外，基于2003年的研究，研究中心又于2004年在其他政府部门的委托下开展了第三项研究，即DCMS/DfES1（2004）。RR1（2003）和RR2（2005）特别关注馆校服务系统，聚焦为学校提供教育服务的地区博物馆，协助项目组评估博物馆能否达到政府设定的具体目标。不同于前两项研究，第三项研究则关注国家性与地区性博物馆共同合作的教育项目。

三项研究均为混合研究，以"固定与弹性"（fixed and flexible）为行

为原则。它们以GLOs框架为核心设计研究方法、选择研究工具及分析收集数据，保证范式上的统一。三项研究都使用了分别针对教师和学生设计的调查问卷，以获取他们对学习成果的基本看法。此外，项目组还弹性地使用一些开放性的定性工具，以便教师和学生从各自的视角深度理解调查问卷中的观点。[21]三个项目以复杂的方式相互关联，收集的定量数据为定性工具的使用提供导向，定性数据又能通过不同方式与定量数据建立联系。

（二）博物馆的教育角色

本书第六至九章陈述了三项研究的结果，旨在检测GLOs框架在博物馆实际运营中的使用效果。胡珀-格林希尔基于博物馆在学校层面扮演的教育角色，根据GLOs框架的衡量效果，分别从教师和学生的视角，证实了博物馆在开放包容的学习氛围下，能发挥强大的教育影响力。对学校而言，地区博物馆在建设包容性社会时具有强大潜能，尤其是在面对处于多重社会风险的儿童群体，如贫困、种族歧视和残障等情况时，这类博物馆能够给予他们融入社会的能力、技能和自信。因此，项目组重点关注那些被贫困和其他社会风险威胁的学生，[22]以探究地区博物馆如何通过与不同类型的学校合作，响应政府教育和社会包容优先的政策。研究结果显示：位于贫困度极高地区的学校与博物馆合作的频率远超其他地区学校，特殊学校更是如此。

通过对教师和儿童的调查和访谈，根据这两个群体对GLOs的认知和理解，胡珀-格林希尔深入探讨了教师与博物馆合作的目的和方式，以及学生的学习方式及效果。整体来看，教师认为学习以显性或隐性的方式真实发生在博物馆中，五项GLOs确实是学生的重要学习成果。儿童也表达了相同的观点，他们对博物馆学习充满自信，把博物馆看作有趣且让人感到愉悦的地方。[23]具体来看，"乐趣、灵感、创造力"被这两个群体坚定地选为最重要的学习成果，是激发学习兴趣、开始主动学习、准备探索和创作的起始动力。[24]在儿童眼里，"有趣"是极其复杂且困难的事情，"认真的有趣"（serious fun）是对融合头脑、身体和情感的完美学习体验的统一概括，鼓励他们畅想自己未来的理想和责任。[25]"知识与理解"被教师和学生看作第二重要的学习成果，他们的回答都强调了关于"物"的探索是开发抽象思维和理解力的必要部分。然而，对于"技能"，这两个群体的观点开始出现分歧，教师认为"技能"的获取会受到博物馆环境和课程主题的限制；儿童则表示团队合作能帮助他们将所学知识转化为解

《博物馆与教育：目的、方法及成效》　119

决实际问题的能力。[26]当两方谈到"态度与价值观"时,教师和学生都认为这与其他几项学习成果紧密关联,只有在无意识地专注于完成任务时,才能被触发。比如表演性的工作坊体验能引发儿童的同理心,帮助他们形成对于历史问题的自我认知。[27]关于"活动、行为、进步"这一学习成果,大多数教师认为,这需要长期的观察和影响才能显现,[28]不过儿童认为,虽然进步的程度很难显化,但他们自己却对此有主观的确切感受。

依托三项研究,项目组形成了对GLOs框架及博物馆儿童学习的全面认知。GLOs框架在设计时被划分为独立的单项,但在实际使用过程中,五项GLOs是相互关联、相互促进的。[29]研究结果表明:儿童的博物馆学习是体验先行的,他们往往在无意识状态下被带入学习情境,自发使用自己的头脑和身体去学习。最为重要的是,儿童其实比教师更加清楚博物馆学习的产生和过程。相较于教师把博物馆作为自己教学的辅助资源,儿童则会更主动地把博物馆视作探索如何"成为自我"的重要实践地。

四、"总结"与"反思":衡量学习框架的效果与启示

最后两章是胡珀-格林希尔对研究结果的讨论与总结。这不仅呈现了21世纪初英国博物馆学习的自我特征和社会影响力,还将博物馆学习置于广阔的文化情境,促使人们深入思考后博物馆的教育角色。

(一)博物馆的学习力量:引发"心流"和塑造身份

胡珀-格林希尔认为博物馆学习的发生需具备两个要素:真实且具象化的"物"和身心的沉浸式体验。[30]当二者有效融合时,博物馆学习便可增强儿童的好奇心,帮助儿童打造个性化学习,实现其自我定义的成功。三项研究着重强调了"乐趣"和"灵感"在博物馆学习中的重要性,米哈里·契克森米哈赖(Mihaly Csikszentmihalyi)的"心流理论"可解释这一结果及其在体验式博物馆学习中发挥的强大作用。[31]

馆校课程中设置的表演性工作坊,不仅体现了博物馆对社会包容性政策的响应,更重要的是它突出了体验式和表演性学习已成为博物馆学习的核心。需要注意的是,工作坊只起到了"发令枪"的作用,这一外部刺激引发的强烈情感共鸣才是儿童跨越学习障碍和产生知识掌控感的重要动力。这体现了博物馆学习的强大力量:博物馆是"让每一个孩子都能发光的地方"[32]。总之,三项研究都证明了,GLOs框架可广泛应用于评估博物馆领域学习的效果,还能展现多重能力共同作用下的博物馆学习全貌。

教师只是因为博物馆对自己的课程有帮助而推动博物馆学习吗？教师是否在意博物馆与学生身份认同之间的关系？对此，胡珀-格林希尔认为，博物馆学习的重要优势之一是引导学习者完成自我身份的塑造。[33]博物馆学习传递的是经过个人建构的意义而非固定不变的信息，因此，"意义"对21世纪的英国博物馆至关重要。它能引导学习者回答"我是谁？""我属于何处？""我未来想成为什么样的人？"这些和自己密切相关的问题，从而帮助学习者找到归属感，支撑他们塑造个人身份。[34]同时，学习者的身份会对意义建构产生影响，将随社会文化情境调整、更新、重塑和巩固，最终帮助学习者获得自决权（self-determining），形成较为完整的自我。对个人身份认同的重视，映射了此时英国博物馆需要直面的核心问题：博物馆要传递什么样的意义？要如何传递意义？

（二）博物馆学习的新方式：意义导向下的体验式学习

后博物馆时代的英国博物馆是开展民主化运动的重要场所，其流动性推动博物馆探索和展现学习、文化、传播和身份认同之间多元复杂的动态关系，以作为个人和社会用于解决问题的"方法"[35]。因此，当代的博物馆学习更多是体验式学习，需要在多感官互动下进行联动式学习，旨在为建构意义做准备。然而，胡珀-格林希尔指出，过去以观察为主的"一瞥所见"（learning at a glance）式的学习在很多博物馆中依然存在。她通过回顾19世纪多位学者对于学习的理解，强烈批判了由"观察"引导的教化式博物馆学习。

100多年来，观察被默认为博物馆学习的主要形式。学习是视觉性的结果，是一种脑力行为。这一认知促使博物馆策展团队按照视觉分类法设计展览，使其一目了然。这导致人们倾向于把事物与事物之间的关系、逻辑和结构都理解为"正确的、有秩序的放置与排列"[36]。那时的博物馆以较柔软的方式继续履行教化职责，允许社会底层人群进入博物馆不仅是为了净化他们的心灵和灵魂，也是为建立公正、无冲突、没有任何不可控事件出现的"完美社会"扫清障碍。[37]然而，在后现代性思潮的影响下，人们发现社会一定是复杂、混乱且时时变动的，"完美社会"永远不可能存在。曾经的博物馆对分类系统、秩序的关注，对持久性的渴望，以及对中立性的坚持，在后博物馆时代逐渐瓦解，其倡导的观察式学习也不再被多元化的学习群体接受和使用。对于变动中的博物馆，探索和开发新的博物馆学习方式势在必行，只有这样，个人的身份建构才能得到肯定和强化。

后博物馆不再是过去那些需要其他机构辅助才能开展教育的收藏机构，而是能够自主开展教育的文化机构。

本书最终回归博物馆教育的目的，即强调后博物馆想要培养的是"真实的人"。胡珀-格林希尔认为，新世纪的博物馆要引导学习者思考如何"成为自我"，带领学习者在开放、自由的空间里主动做出自我选择，从而逐渐成为"具有强烈个人身份认同、强烈自尊心、自信心，以及能对自己的最佳利益进行评估和判断的人"[38]。这看似是为个人设立的目标，实则需要整个博物馆行业甚至社会全体为之付出努力。21世纪初的英国博物馆虽被问责制逼迫优先处理政府事项，但正是在这样从被动响应政策到主动选择参与的过渡阶段中，博物馆已显示出其已具备建设包容性学习社会的能力，为进一步推动国家教育系统的建设打好基础。[39]

五、博物馆教育的未来走向

时至今日，本书已面世近20年。书中提出的GLOs框架像"拆解"博物馆学习步骤的工具，不仅帮助从业者看清博物馆学习的本质和动机，还为博物馆探寻新的观众关系和开发多种学习形式提供更多可能。作为胡珀-格林希尔的收山之作，本书是她将研究结果落地博物馆实践的真实写照，对其本人及整个西方博物馆界的价值和意义不言而喻。曾有国外学者将本书视作英国博物馆界的一场新评估革命，[40]当然也有学者指出，书中对于机构和项目的缩写给阅读带来了一定困难。[41]不能否认的是，本书为一线博物馆教育人员提供了一套稳定有效的评估设计结构，为之后英国博物馆明确教育角色、构建学习理论、进一步探索非正式学习场所的目的、特征和效果奠定坚实基础。

胡珀-格林希尔的研究一直延续着"将博物馆边缘化"（marginalizing the museum）的思想，以极强的批判性和反思性审视博物馆的问题。她首本专著倡导的动态且变化的博物馆模式，确定了她此后作品围绕博物馆传播、观众、教育之间关系开展研究的学术基调。[42]她一生的重要课题是依托博物馆语境下的"意义"，探索博物馆与文化、交流、学习、身份的动态复杂关系。如果说《博物馆的教育角色》（*The Educational Role of the Museum*，1999）一书是胡珀-格林希尔等众学者向世人呈现何为携带"意义"展开交流的博物馆的作品，本书则旨在探查和衡量这种"意义"辐射的广度与深度。

遗憾的是，国内学者较少关注本书暗线讨论的博物馆教育角色与个人身份认同之间的关系，实际上，这一部分内容对于时下同样被作为重要文化阵地的中国博物馆来说极具启发。与其时的英国博物馆一样，如今的中国博物馆也处于相似境地：有人不禁怀疑，被"博物馆热"包围的中国博物馆是否发挥了其应有的教育职能？中国博物馆到底扮演着什么样的教育角色？[43]胡珀-格林希尔用自己漫长的研究生涯回答了何为博物馆教育、何为博物馆的教育角色等问题，在她看来，要想彻底厘清这些问题，就要厘清藏品与观众之间常常更新和重塑的多元关系。无论赋予博物馆什么样的教育角色，都要明白它在社会中是多面和变化的，而这样的变化源于博物馆与外界各种要素的多元关系。[44]

本书聚焦以个人身份认同解决博物馆实际问题的思路，也许能帮助国内从业者和研究者看清"博物馆热"背后暗藏的原因和问题。对于今天的中国博物馆而言，首先需要明白博物馆的教育职能绝不是一成不变的，博物馆需要在实际情境中思考如何塑造和扮演教育角色。可以确定的是，未来中国博物馆将以整体、多元、动态的视角，理解其在不同情况下的自我形象和身份。总之，本书为提升国内博物馆教育指明新方向，激励博物馆教育在批判性和创新性的双重推动下走出自己的未来之路。

（段若钰，墨尔本大学化学硕士及澳大利亚国立大学科学传播硕士，现为云南省博物馆助理馆员，研究方向为博物馆儿童教育。）

注释：

[1] 孔达：《博物馆观众研究的土壤——以二战后的英国为例》，《自然科学博物馆研究》，2020年第4期，第31—38页。
[2] Eilean Hooper-Greenhill, "Education, Communication and Interpretation: Towards a Critical Pedagogy in Museum", Eilean Hooper-Greenhill, ed., *The Educational Role of the Museum*, London and New York: Routledge, 1999, pp. 9-16.
[3] 艾琳·胡珀-格林希尔：《博物馆与教育：目的、方法及成效》，蒋臻颖译，上海：上海科技教育出版社，2017年。
[4] Eilean Hooper-Greenhill, *Museum and Education: Purpose, Pedagogy, Performance*, London and New York: Routledge, 2007, p. 1.
[5] Ibid., p. 3.
[6] 同注1。
[7] Eilean Hooper-Greenhill, *Museum and Education*, p. 16.
[8] Ibid., p. 26.
[9] Ibid., p. 32.
[10] Ibid., p. 33.
[11] Ibid., pp. 40-41.
[12] Ibid., p. 40.
[13] 同注12。
[14] Ibid., p. 23.

[15] Ibid., p. 41.
[16] 同注8。
[17] Ibid., pp. 53-57.
[18] Ibid., p. 61.
[19] Ibid., p. 58.
[20] Ibid., p. 63.
[21] Ibid., p. 82.
[22] Ibid., pp. 92-97.
[23] Ibid., p. 112.
[24] Ibid., p. 122.
[25] Ibid., p. 145.
[26] Ibid., p. 156.
[27] Ibid., pp. 157-160.
[28] Ibid., p. 133.
[29] Ibid., p. 138.
[30] Ibid., p. 170.
[31] Ibid., p. 173.
[32] Ibid., p. 133.
[33] Ibid., p. 178.
[34] Ibid., p. 180.
[35] Ibid., p. 189.
[36] Ibid., p. 191.
[37] Ibid., p. 198.
[38] Ibid., p. 200.
[39] Ibid., p. 201.
[40] Deeksha Nagar, "Book Review", *Museum Anthropology Review*, 2011, 5(1-2), pp. 90-92.
[41] Paulette M. McManus, "Book Review", *Museum and Society*, 2009, 7(3), pp. 207-208.
[42] 汪彬：《书写"断裂"的博物馆史——〈博物馆与知识的塑造〉札记》，《中国博物馆》，2023年第6期，第52—57页。
[43] 上官思雨：《以"中国博物馆教育热"为例对社会再生产理论的批判性考察》，《陕西教育（高教）》，2023年第12期，第85—87页。
[44] Eilean Hooper-Greenhill, "Communication in Theory and Practice", Eilean Hooper-Greenhill, ed., *The Educational Role of the Museum*, p. 40.

《博物馆观众：身份与博物馆体验》
Identity and the Museum Visitor Experience

作者：约翰·福尔克（John H. Falk）
出版年份：2009

❖ —— · 本书短评 · —— ❖

以"身份"构建理解和预测博物馆观众体验的模式。

述评人：刘皓妍

"人们为什么去博物馆？""他们在博物馆做了什么？""他们在博物馆参观体验中构建了什么意义？"是博物馆观众研究必须回答的学术问题，也是无法回避的现实问题。在相继提出"互动体验模式""情景学习模式"等关于博物馆观众体验本身的描述性框架之后，约翰·福尔克试图引入"身份构建"，以解释影响和塑造博物馆观众体验的关键要素，旨在构建一个理论实证皆可支持的预测性模式，并在此基础上提出了"身份动机模式"（identity-related visitor motivation model）。

　　"身份动机模式"这一概念最早提出于福尔克2006年发表的《一种以身份为中心的理解博物馆学习的方法》（*An Identity-Centered Approach to Understanding Museum Learning*）[1]。本书于2009年出版，福尔克在书中系统阐述了这一模式的基本框架，及其应用于博物馆实践的策略与方法。[2]此后，基于博物馆现实的不断变化与观众研究的深入，福尔克结合对民族、族群等主题的博物馆或专题展览的考察，基于参观动机进一步拓展了博物馆观众的分类，并增加了"朝圣者""关联寻求者"等新类别。[3]2022年，本书的中译本——《博物馆观众：身份与博物馆体验》问世，本书评基于中译本写作而成。

　　本书共有十一个章节，结构简洁清晰，遵循"从理论到实践"的整体逻辑。前七章从理论层面详述了"身份动机模式"的研究背景、理论基础、具体分类和"身份—体验"作用机制等基本内容。后四章从实践角度指导博物馆如何基于预测模式开展精准的营销及活动，以满足不同参观动机的观众的需求，并在博物馆与观众的互动中重塑博物馆的目标、价值与影响力。此外，本书的每个章节都摘录了福尔克多年来在美国各地水族馆、科学中心等博物馆机构进行观众调查而积累的一手访谈资料，这一部分内容既作为支撑材料，用以验证预测模式的可行性和准确性，也增加了文本的可读性与吸引力。诚然，福尔克也认为，将纷繁多变的博物馆观众群像简化为特定的五种类型的做法，存在探讨和改进的空间。[4]但是，本书从个人"身份"出发，考察博物馆观众体验的尝试及其引发的一系列思考与讨论，对于当代博物馆而言，具有重要的理论与实践意义。

　　本文首先依据福尔克的叙述逻辑，从理论框架和实践路径两方面，对"身份动机模式"进行概述与讨论，再结合对福尔克学术史的回顾，探讨"身份动机模式"之于博物馆观众研究和具体实践的价值及局限。

一、理论框架：身份、体验与意义建构

观众是21世纪博物馆存在的核心。无论是出于吸引和服务更多观众的目的，还是迫于经济、政治和社会的压力，了解观众并最大限度地提高博物馆观众的体验，都是所有博物馆的应有之义。尽管福尔克认为，从整体视角认识博物馆观众体验是可能的，但是目前对博物馆观众体验的认知不足，主要在于缺乏一个能够用来理解和预测其体验的实用模型。[5]

在正式提出"身份动机模式"之前，福尔克回顾了两种主流的看待博物馆观众体验的视角。第一种视角聚焦博物馆，认为博物馆的展品与展览是决定观众参观与否、体验优劣最重要的因素。但是福尔克与同事开展研究发现，展品和展览是观众关注的焦点，但不是吸引观众的唯一因素。同时，所谓的经常性观众仅仅对博物馆内容了解得更多，并没有证据表明经常性观众比偶尔参观的观众拥有更多知识。第二种视角转向观众，即目前大多数博物馆的观众调查，都普遍采用年龄、性别与民族等人口统计学变量，以及参观频率、社交安排等常用变量来描述观众。然而，这些可量化的指标既与博物馆本身毫无关系，同时在解释个别博物馆的参观现象与体验时也显得左支右绌。[6]观众体验研究无论聚焦博物馆还是现有统计方法，以上两种视角都仅代表各自单一且粗浅的观点，并不符合实际。此外，福尔克与林恩·迪尔金提出的"情景学习模式"，也只是描述博物馆内部体验的工具，缺少对参观前动机、参观后意义构建等一系列与博物馆整体体验密切相关事件的综合考虑。[7]

基于此，福尔克认为有必要提出一种新的、预测性的观众体验模式，重点讨论与观众身份相关的参观动机之于其参观行为、体验的原理、轨迹和机制。[8]该模式规避了上述两种视角的问题，融合了观众体验中关乎"博物馆"和"观众"的两种面向，提供了一种理解和重塑博物馆观众体验的新模式。

接下来，福尔克分别从休闲学、自由选择学习的角度，建立博物馆体验与身份构建的关系，试图回答"人们为什么选择去博物馆？"这一基本问题。首先，从休闲学角度来看，处于21世纪知识休闲时代的公众，对于休闲的要求已经从简单的放松身体、逃离工作，转变为激发活力、实现自我，这也导致可选择的休闲放松手段急速增加，休闲市场的竞争愈发激烈。考虑到时间因素，人们也越来越希望在有限时间内，从休闲活动中获

得更多的体验价值，其中就包括追求获得尊重或自我满足等更高层次的享受。与此同时，休闲活动本身具备的控制和选择属性，恰好符合公众通过休闲建构身份的内在需求。在休闲市场中，博物馆凭借其高度便利性及其满足观众自我发展诉求的独特优势，从一众休闲活动中"脱颖而出"。[9] 此外，休闲学也较早关注休闲和动机之间的关系，通过划分与归类不同动机，研究人们选择不同休闲方式的原因，这些研究成果也为后续博物馆学界讨论博物馆体验与观众动机的关联奠定了基础。受此影响，福尔克进一步梳理了博物馆学领域关于观众动机与博物馆体验关系的探讨，多项研究表明，学习、教育、休闲、社交、自我实现等动机切实影响了博物馆观众的参观行为与体验。[10] 从自由选择学习的视角出发，区别于传统学校和工作场所中的强制学习，博物馆参观不仅是一种自由选择学习的过程，还是一种基于身份的学习过程，受到构建、维持与强化身份的强烈驱使。[11] 因此，福尔克认为，与身份相关的需求构成了观众选择参观博物馆的动机，并由此创建了五种身份动机类型，即探索者、促进者、体验寻求者、专业人士/爱好者和充电者。[12]

在休闲学和自由选择学习理论的框架下，参观博物馆既是一种具有高度增值性收益的休闲选择，同时也是一种"理想"的自由选择学习尝试。实现这两者的前提是观众借由博物馆满足和强化自我身份的构建，由此，福尔克成功地从观众的角度解构了"身份"在博物馆体验中的影响与作用。

福尔克对"身份理论"的讨论始于心理学领域。首先，福尔克引用了著名心理学家威廉·詹姆斯（William James）提出的"自我"概念——被认识的自我（客体自我）和作为知者的自我（主体自我）——界定了"身份"的概念。身份具有较强的可塑性、多样性和适应性，因此个人可以根据需求和情景展现不同的身份。其中，大我身份，例如性别、国家、信仰等深层次的身份并不直接与诸如参观博物馆等休闲选择关联。相较之下，小我身份则与生活中的无数日常决定息息相关，是一种"情景身份"，对于了解观众在特定时间生成与身份相关的参观动机，并最终决定去博物馆有着至关重要的作用。[13] 其次，福尔克非常认同"身份影响行为"的观点。从一定程度上来说，作为具有自我意识的个体，人们会根据自己的身份产生行为动机并采取行动。同时，行为的反馈会再次作用于身份，帮助自身完成自我身份认同。由此看来，作为重要的媒介，"身份"通过对自我维度的有意识感知，帮助人们将最紧迫的个人需求与对机构功能可供性的看法匹配，从而做出是否参观博物馆的决定。这些看法反映了观众对博物馆的期望。如果期望与实际的参观体验吻合，那么，参观满意度和观众记忆也将基本得到保障。同时，这些由参观带来的印象和感受也会自动构成新的、由身份动机驱动的博物馆观众体验循环的基础。[14]因此，与身份相关的参观动机不仅影响了观众选择参观地点的决定，还在过程中影响观众对参观的理解，并最终构成后续体验与意义建构的方式。这一理论模式的有效性也在福尔克与同事针对动物园、水族馆等不同机构进行的一系列观众研究中得到验证。

即便"身份动机模式"早在个人踏入博物馆之前就已经产生作用，福尔克仍然认为，需要关注发生在博物馆内的观众体验。福尔克和迪尔金共同提出的"情景学习模式"，已经成为研究观众参观期间行为与体验的重要指南。在这一部分，福尔克简要回溯了三个重要的影响因素——个人情景、物理情景及社会文化情景——如何作用于观众的参观体验并影响其参观轨迹。具体而言，先验知识、经验和兴趣等要素，促使观众在参观过程中优先寻找令他们熟悉且感到舒适安全的展品；精心安排的展览设计、布局及活动能够更好地吸引和保持观众的注意力；在博物馆中发生的社交互动既有助于观众学习和发现意义，同时也构筑了不同社会群体的文化认同。[15]

值得一提的是，虽然我们致力于将观众体验视为一种可描述和管理的过程，但实际上，一系列可预测与不可预测的随机事件，使得"观众体验模式"更像是一种"随机模式"。这一模式的初始状态决定了每个观众广义上的"体验轨迹"，然而随着时间的推移，参观轨迹会逐渐发生偏移。但是这种偏移并不代表观众体验的缺失，相反，这是一种高效明智的参观策略，并在一定程度上帮助观众达成其参观目标。为此，福尔克注意到与身份相关的参观动机的可变性，用以适应不同的休闲现实。然而，从其亲身经历与观众调查的结果来看，由身份相关的参观动机形成的参观轨迹和体验并不会出现严重的偏离。即使存在很多难以预见的不利现实，观众也会通过不断调整预期，达成一次良好的体验。这也再次说明，观众的参观体验虽然充满随机性，却因个体复杂且高度个性化的意义建构而有迹可循。[16]

为了解观众体验的全貌，福尔克认为，有必要继续讨论参观结束后观众满意度和记忆形成等"抽象领域"。满意度通常指顾客对于产品或者服务的满意程度。在博物馆领域,参观满意度的高低,同观众进入博物馆时与其身份相关的动机是否得到满足密切相关。正如前文所述,这种"自证式预言"会使观众不断调整自我预期,从而使实际体验与最初期望匹配。[17]虽然从统计数值来看,博物馆的观众满意度一向很高,但是不满意的情况也时有发生。出现这种现象的原因主要在于观众对博物馆功能可供性方面认知不足,导致他们认为实际的体验并不能较好地加强自我身份的建构,也就是没有满足其身份相关的重要诉求。[18]

那么,对于大多数人而言,参观博物馆的记忆为什么如此深刻、持久?一个重要的前提就是记忆具有选择性和建构性。与身份相关的动机不仅影响参观行为,也塑造了个人的参观记忆和意义建构。每个观众都会基于不同的身份动机及先验知识、经验,关注最有意义的参观体验,而长期记忆建立在其参观动机和目标的实现之上。[19]如果说身份动机搭建记忆的主体架构,那么选择和控制、情感,以及情景和适当的调整这三个因素也加强了记忆的细节内容。

其一,身处博物馆这种"自由选择学习"的绝佳环境,观众对于参观路线、内容等方面具有重要的选择权和强烈的控制感。这种积极的主导权会产生愉悦和满足感,进而强化观众记忆;其二,情感的认知作用在判断事件是否有意义,以及以何种形式被储存在记忆网络中扮演重要角色;其三,博物馆通过创设情境,并提供与观众兴趣及能力相称的适度挑战,帮助观众拥有"心流体验",从而更容易产生愉快、长久的回忆;[20]其四,关于博物馆的难忘记忆不仅在观众个人层面会持续强化其身份建构,还会进一步拓展与身份相关的需求和体验。在社会层面,经年累月积累的良好观众体验与口碑,会塑造整个社会群体对于博物馆的看法,最终会引导更多人在休闲时间走进博物馆参观。[21]

最后,福尔克回顾了"身份动机模式"的整体框架和基本内容。[22]作为一个随机模式,它假设所有观众都认为博物馆是休闲教育机构并能从参观中获益。基于身份相关的动机需求,以及对特定博物馆的看法,观众开启了与其动机适应的博物馆之旅。当前调查证明,大多数观众在进入博物馆之前,都具有一个单一、主导的动机轨迹。例如,充电者和专业人士/爱好者可能有最直接的轨迹,直奔自己感兴趣的展览与空间;探索者和促进者的轨迹会显得有些随意,但目的都是满足自己或者别人的兴趣和需求;

体验寻求者的轨迹则稍显复杂，更像是探索者和促进者的结合。对于体验寻求者来说，他们大多数都是不常去博物馆的人，因此他们刚开始会逐一浏览，一旦发现这种策略不符合自身需求，他们就会径直走向最具代表性的展品，紧接着加速脚步迅速参观剩余部分。

总的来说，所有动机类型的观众都一致关注那些能够强化自己已有知识、兴趣与经验，并且能让自己在情感上产生积极共鸣的事物，并最终形成与自身动机适应的体验和记忆。基于这一模式，博物馆在大致了解观众的参观动机和个人情景的前提下，就可以合理预测观众参观体验的基本形态、轨迹，以及参观结束后的满意度和意义建构等诸多信息，这对博物馆提升观众服务与体验将产生重要的影响。[23]

二、实践路径：服务观众与机构价值

在享受了世纪之交由知识休闲时代带来的发展红利之后，21世纪的博物馆总体进入了发展的稳定期。面对休闲市场竞争激烈、品牌效应减弱，以及财政紧张等多重挑战，博物馆亟须做出改变以保证优势地位。在本书的后半部分，福尔克转向实践领域，讨论观众体验的新模式之于博物馆机构的现实价值。在他看来，本书提出的"身份动机模式"或许可以为博物馆发展指明方向，并提出了一系列基于身份动机而"量身定制"的博物馆观众体验的策略与方法，从而在新时代更好地适应及满足观众多样化、个性化需求。[24]

首先，福尔克认为，吸引和拓展潜在观众的本质，在于让其认识到博物馆可以满足与个人身份相关的需求。这就需要博物馆围绕五种身份相关的参观动机开展多层次的营销活动，从而尽可能吸引每一类观众前来参观。比如，吸引探索者需要博物馆重点强调展览的稀有物件，突出展示最引人注目的图像和提供接触多种调查资源的机会；为了吸引促进者，博物馆应注重宣传积极的社交体验，突出展示温馨的社交画面及高性价比的体验，通常可以在常见的社交场所、亲子杂志或本地报纸的教育版面投放广告。针对体验寻求者，建议博物馆以"必去之地"为宣传重点，加强与旅行出版物及当地新闻媒体的合作，着重展示参观、餐饮与商品服务等全方位体验。考虑到专业人士/爱好者的需要，博物馆应以专属参观邀请为重点，利用互联网工具精准投放，打造专业人士社交空间。充电者更容易被以"平和宁静的地方"为卖点的宣传吸引，因此更应该在烹饪或高端旅游杂志等小众领域投放广告，着重展示美丽空旷的空间画面。[25]

与此同时，福尔克尝试结合身份动机模式，解读弗吉尼亚美术馆（Virginia Museum of Fine Arts），以及泰恩威尔博物馆（Tyne and Wear Archives and Museums）在拓展新观众方面的成功之处。两者在实践中，都在掌握潜在观众的身份动机类型基础上，注重采用有针对性的营销策略，让观众了解博物馆可以为其提供量身定制的参观体验，从而更好地满足观众个人身份相关的需求和期望。因此，博物馆不仅需要深入了解观众的需求和动机，更要通过专业化、定制化的营销活动做出机构可供性的承诺，进而鼓励更多人选择参观博物馆。[26]

其次，福尔克再次强调，博物馆观众体验不单单关乎观众或博物馆，而是关于特定时空中两者的相互作用。对于提升博物馆内的观众体验而言，福尔克在"情景学习模式"的框架下，基于身份动机类型，提供了一些博物馆可以采取的有效干预措施的建议。譬如说，从展示设计来说，按照探索者的偏好，展览应该具有丰富的信息细节、清晰的视觉效果和展览思路，并具备层次分明的标签说明；为满足促进者家长的需要，应在醒目位置设置指示牌或导览资料，使用"适合儿童"的引导标志；而体验寻求者更需要解释性的导览服务和"制造记忆"的拍照场景以打卡留念；专业人士/爱好者对展览设计并不过多在意，传统的"视觉储存"模式就足以满足他们的需要；再者，高美感的空间场景、充足的长凳和良好的导引指示对于充电者来说更具吸引力。福尔克简要陈述了对于不同身份需求的观众的服务策略，以及非展示区域的要求：在服务方面侧重于安排热情友好的工作人员加强与不同观众的互动交流，并始终保持博物馆整体安静、整洁、友善的参观及社交环境。针对咖啡店、纪念品商店等非展示区域，博物馆应该尽可能提供与博物馆主题契合、最能代表参观体验，并兼具性价比的餐饮服务及礼品。[27]

此外，福尔克也认识到，博物馆观众体验的边界应拓展至参观前后与观众的互动过程。观众到达之前，博物馆需提供必要的指引导览，帮助观众更好地明确自身的需求和博物馆能力，从而实现二者的适配以提高参观满意度。观众离开之后，博物馆更应该直接参与观众后续体验和意义建构过程，通过网络技术等手段与每一位观众建立专属的互动，加深观众对博物馆在强化其身份和意义建构方面能力的认知，最终实现超越时间和物理空间限制的美好体验。[28]

最后,福尔克透过"身份动机模式"重新思考博物馆的机构价值与影响力。他认为,一个成功的博物馆最重要的价值在于支持公益,包括创造共同价值和让公众生活更美好。博物馆的影响力是个人对博物馆价值的看法的综合反映,由每一位观众的体验决定。因此,"身份动机模式"提供了一个真正有深度的视角,帮助博物馆有效识别和满足真实的博物馆观众需求。然而,实现这一变革的核心在于进行有意义的评估工作。长久以来,准确有效的观众体验评估面临缺乏合适的评估工具及可靠的体验模式等问题。由此,福尔克认为,"身份动机模式"能够为评估博物馆价值及影响力搭建清晰的逻辑框架,并相信在历经大量的讨论和实践测试后,该模式有望成为新时代博物馆实践的基础。[29]此外,福尔克在文末也简要陈述了这一模式目前存在的诸多不足,包括与身份相关的参观动机分类有待进一步考量、模式的测试数据欠缺、精确度及适用性需要进一步考察等问题。[30]

三、结语:不断变化的博物馆现实与开放的模式

福尔克在序言开宗明义:"我写这本书的目的,是帮助博物馆更好地理解和支持公众作为博物馆观众的体验。"[31]从"互动体验模式"到"身份动机模式",福尔克在30多年的学术生涯里,一直深耕博物馆观众体验这一兼具现实和理论的领域,试图回答文章开篇提出的三个基本问题——人们为什么去博物馆?他们在博物馆做了什么?人们在博物馆参观体验中构建了什么意义?如果说互动体验模式更为关注发生在博物馆内的学习体验,解决的是人们在博物馆做什么的问题。那么身份动机模式则以更加宽广的学术视角,以"身份"这一概念,串联观众在参观前的动机生成、参观中的行为选择,以及参观后的意义建构过程,回答了人们选择去博物馆的原因和通过博物馆体验收获的意义等核心问题,完成了对博物馆观众体验描述和预测的整体考察。

纵观福尔克的学术史,我们可以看出多学科背景对其学术研究的综合影响,比如他对"博物馆学习"的定义涉及建构主义的核心观点和理论基础。[32]关于"博物馆观众体验"的讨论,则来自其多年来对观众研究的观察,以及对休闲学、营销学的深刻理解,"身份构建"这一核心概念又体现了福尔克对心理学、神经生物学等领域相关知识的灵活运用。虽然博物

馆观众体验模式的理论基础融合了不同学科的观点和认知，但是福尔克恰如其分地将其统一在博物馆观众研究的整体框架下，致力于帮助博物馆真正以"观众"为核心，以观众与其身份相关的动机需求为出发点，主动预测和提升博物馆的观众体验。最后，福尔克站在更广阔的社会层面，结合对博物馆价值及其使命的重新思考，进一步阐发了身份动机模式在评估观众体验及机构影响力等方面的重要实践意义。

当然，福尔克也承认，"身份动机模式"并不是完美的模式，仍处在动态发展阶段。自提出伊始，该模式就受到了广泛的讨论和持续的实践验证，其中不乏批判的声音。主要的争议点集中在理论假设、数据有效性及实施策略等方面。其一，一些学者认为，福尔克在理解观众体验时，完全摒弃对观众的性别、年龄、族裔、教育程度及职业等人口统计性变量的考察，而仅从身份出发划分观众参观动机的观点失之偏颇。这种将访客划分为某种类型的本质主义，淡化了不同观众生活背景的丰富性和复杂性，其结果就是排他性框架并不能准确地划定所有可能的访客的身份界限。[33]其二，因为福尔克主要采用的是定性研究方法，支撑其身份动机分类的基本数据，源于对加利福尼亚科学中心观众的访谈记录。一方面，本书并没有全面呈现福尔克用以论证结论有效性的访谈记录。福尔克提到，加州科学中心的200名观众接受了采访，但他在文中只摘录了其中9名的采访资料。这就提出了一个问题，即对其他191人的采访中可能有其他信息，它们能否支持结论的有效性？不幸的是，福尔克没有提供任何信息，表明他选取的案例在观众整体中有代表性。[34]另一方面，该模式主要基于对现有博物馆参观者的研究而设计，但福尔克认为这一模式的有效性也适用于非参观者，这实际上缺乏有效的验证。其三，也许是为了更好地适用于纷繁的博物馆世界，福尔克基于这一理论模式提出的实践策略过于宽泛且流于表面。实际上，这些方法、举措已经是许多博物馆长期实施的一些工作内容——即使它们并没有系统地学习过福尔克的理论模式。[35]针对这些争议，福尔克在2011年发表的《福尔克"身份动机模式"的情景化》（*Contextualizing Falk's Identity-Related Visitor Motivation Model*）一文中进行了具体回应，并鼓励学界对他提出的模式开展持续、有益的讨论。[36]

在"以观众为导向"的当代博物馆界，改善博物馆观众体验不应只停留于口号，而要落地生根，见诸行动。福尔克的"身份动机模式"无疑为博物馆专业人士提供了一面透镜，将观众看似复杂的参观体验，细化为一系列与身份需求相关的动机、行为及意义构建的全过程，为今后博物馆实践变革确定了坚实的理论基础、价值目标和实践路径。最终，福尔克将对观众体验的研究引申到对博物馆社会价值与影响力的探讨。福尔克在2022年出版的《博物馆的价值：提升社会福祉》（*The Value Of Museums: Enhancing Societal Well-Being*）一书中，更清晰地阐释了这一点，即博物馆的根本价值在于提升社会福祉。[37]因此，福尔克以"身份动机"为基础，以社会福祉为价值取向的学术发展脉络，不仅深刻影响着博物馆观众研究的诸多方向，同时也为建设更美好的博物馆世界提供指引。

（刘皓妍，陕西师范大学考古学博士，秦始皇帝陵博物院助理馆员。主要研究方向为文物与博物馆学。）

注释：

[1] John Falk, "An Identity-Centered Approach to Understanding Museum Learning", *Curator: The Museum Journal*, 2006, 49(2), pp. 155-161.
[2] John Falk, *Identity and the Museum Visitor Experience*, London and New York: Routledge, 2009.
[3] John Falk, Nigel Bond, "Tourism and identity-related motivations: Why am I here (and not there)?", *International Journal Of Tourism Research*, 2013, 15(5), pp. 430-442.
[4] 约翰·福尔克：《博物馆观众：身份与博物馆体验》，郑霞等译，杭州：浙江大学出版社，2022年，第187页。
[5] 约翰·福尔克，前揭书，第2页。
[6] 约翰·福尔克，前揭书，第6—13页。
[7] 约翰·福尔克，前揭书，第14页。
[8] 约翰·福尔克，前揭书，第15—16页。
[9] 约翰·福尔克，前揭书，第19—22页。
[10] 约翰·福尔克，前揭书，第23—30页。
[11] 约翰·福尔克，前揭书，第32—34页。
[12] 约翰·福尔克，前揭书，第37页。
[13] 约翰·福尔克，前揭书，第42—45页。
[14] 约翰·福尔克，前揭书，第46—56页。
[15] 约翰·福尔克，前揭书，第61—64页。
[16] 约翰·福尔克，前揭书，第65—74页。
[17] 约翰·福尔克，前揭书，第77—80页。
[18] 约翰·福尔克，前揭书，第84—85页。
[19] 约翰·福尔克，前揭书，第90—97页。
[20] 约翰·福尔克，前揭书，第97—106页。
[21] 约翰·福尔克，前揭书，第107—109页。
[22] 约翰·福尔克，前揭书，第111—113页。
[23] 约翰·福尔克，前揭书，第124—129页。
[24] 约翰·福尔克，前揭书，第131—134页。
[25] 约翰·福尔克，前揭书，第139—152页。
[26] 约翰·福尔克，前揭书，第153—158页。
[27] 约翰·福尔克，前揭书，第161—173页。
[28] 约翰·福尔克，前揭书，第174—178页。
[29] 约翰·福尔克，前揭书，第180—186页。
[30] 约翰·福尔克，前揭书，第187—188页。
[31] 约翰·福尔克，前揭书，第1页。
[32] 赵星宇：《博物馆体验》，尹凯编著《20世纪西方博物馆研究著作指南》，南京：江苏凤凰文艺出版社，2024年，第165页。
[33] Emily Dawson, Eric Jensen, "Towards A Contextual Turn in Visitor Studies: Evaluating

Visitor Segmentation and Identity-Related Motivations", *Visitor Studies*, 2011, 14(2), pp. 127-140.

[34] Adam Bickford, "Book Review", *Curator: The Museum Journal*, 2010, 53(2), pp. 247-255.

[35] Kimberly McCray, "Book Review", *Visitor Studies*, 2011, 13(1), pp. 121-124.

[36] John Falk, "Contextualizing Falk's Identity-Related Visitor Motivation Model", *Visitor Studies*, 2011, 14(2), pp. 141-157.

[37] John Falk, *The Value Of Museums: Enhancing Societal Well-Being*, Washington: The Rowman & Littlefield Publishing Group, 2022, pp. 21-29.

《混乱世界下的博物馆：再造、无关或衰败》
Museums in a Troubled World: Renewal, Irrelevance or Collapse

作者：罗伯特·简斯（Robert R. Janes）
出版年份：2009

❖—·   本书短评   ·—❖

博物馆如何从管理与市场的障碍中走向未来。

述评人：张书良

在《混乱世界下的博物馆：再造、无关或衰败》一书中，罗伯特·简斯将博物馆置于混乱世界的背景下，以此分析博物馆面对的困境与不确定性，检视博物馆的意义与价值。当市场中心主义和权力集中的现象威胁着世界时，博物馆却逐渐远离了对社会的承诺，成为市场经济与内部事务的俘虏。[1]无论世界还是博物馆，都已走到某个"分水岭"，要么顺着惯性走向衰败，要么迎接再造。

尽管同样涉及从"工具理性"到"价值理性"的转向，但是本书并非20世纪后期的新博物馆学运动在21世纪的简单回响。如果说新博物馆学运动主要源于一种自反性，即从对方法的沉迷走向对目的的审视，本书则旨在引入外部存在，从更广泛的社会环境角度，对博物馆固守惯性与无关性的缘由进行解释，并将博物馆的目的与之相连。如果说新博物馆学形态以生态博物馆和社区博物馆为代表，带有实验性和"乌托邦"特征，那么本书则直接对传统的、主流的博物馆，尤其是大型博物馆进行批判，倡导务实的改革。

简斯将自己的讨论奠基于五个假设之上：只要承担责任，博物馆人就是生活和组织的共创者；博物馆"可能"是最自由和富于创意的工作环境；学习是智慧和改变的基本要素；必须深入未来、快速袭击；所有称职的博物馆必须提供"身为人的意义是什么"这一核心问题的答案。[2]尽管危机感和对于现状的失望笼罩全书，这五个假设却反映了他寄予博物馆的热情与希望。只是这种热情与希望还存在前置条件：以人为本、与时俱进、行动与使命相联系。

本书共七章。除首尾两章外，第二章描绘了当代世界面临的不确定性与博物馆的两种态度：事不关己或积极行动。第三、四章分别从博物馆自身与市场中心主义两方面，对博物馆的无关性做出诊断。第五、六章分别从弹性与观想（mindness）两种角度，分析博物馆介入社会的基础与可能性。

一、混乱世界中的博物馆

在"混乱世界"中，生态环境遭受严重破坏，生物多样性迅速下降；消费主义大行其道，产生巨量浪费；武装冲突频发，军事与武器成为全球资金最大的支出领域；文化多样性正在遭受自由市场和全球化的冲击。但是，博物馆仍然安逸地扮演传统角色，即成为"神庙"而非"论坛"。博物馆工作者可能对这些议题有所关注，但这种关注却难以跨越个人与组织的边界。博物馆的绝大多数绩效评估都是量化的、以市场为导向的，而未能发展如"生态足迹"这类具有相关性的公认指标。[3]对此，简斯提出博物馆作为管理者的角色需求。"管理"在此具有更广泛的意涵，指"看护不属于你的东西"[4]，换句话说，作为管理者的博物馆需要超越内部事务，介入对自然与文化的管理。在这种"广泛管理观"中，"自我"与"他者"通过责任相互确立，这与中国传统管理观念中"将欲治人，必先治己""上下尊卑，长幼有序"等观念之间存在着一定的共鸣。

通过对八家加拿大"旗舰"博物馆网页的"虚拟之旅"，简斯审视了博物馆的管理者角色。这些博物馆未尽责任的方面包括：策略与方针与当代议题无关，对社会的当务之急缺乏危机感，在预算、建筑、藏品、人员编制、活动等内务活动上倾注大量精力，忽视机构的永续发展和资源消耗，不加批判地采用商业营销技术等。[5]总体而言，主流博物馆并不关心司空见惯的社会议题，无意识地渐成娱乐中介而非意义领袖，愈发被局限于消费、娱乐、教育等问题，而无视实质性的问题与利益。[6]

在当时的北美及欧洲博物馆中，也有一些改进管理的实践正在酝酿。加拿大西部开发博物馆（Western Development Museum）将减少生态足迹列为策略的一部分，伦敦帝国战争博物馆（The Imperial War Museum）也通过2008年版《永续发展政策宣言》（Sustainable Development Policy Statement）向这一方向迈进。[7]2007年，来自全球36个国家和地区的93家自然史机构代表齐聚巴黎，发布《布冯宣言：自然史机构与环境危机》（The Buffon Declaration: Natural History Institutions and the Environmental Crisis），倡导全球合作与公众参与，以应对环境危机。此外，线上共创计划"生命百科全书"和加拿大自然史博物馆联盟等，针对自然环境与生物多样性问题展开行动。[8]伦敦帝国战争博物馆的展览"反人性罪行：探索种族灭绝与种族暴力"（Crimes against Humanity: An Exploration of Genocide and Ethnic Violence）和国际良心遗址联盟（International Coalition of Sites of Conscience）等，针对种族、阶级、原住民等社会与文化议题的展开行动。[9]国内新近翻译出版的两册《全球最佳遗产利用案例集》[10]收录了艺术与遗产机构介入社会议题的大量案例。事实上，这类案例从来就不少见，但长时间以来，它们始终被认为是某种非主流的、先驱性的实践，被主流博物馆有意或无意地忽视。

对自然和文化的管理缺位处于一种集体缄默，甚至无意识的状态中，因为它已经成了一种社会"习惯"，没有特定的个人或组织会为此受到责备。这种习惯涉及多个方面：还原论（reductionism）导致管理思维支离破碎，并假定理解可以在隔绝语境的情况下进行；二元论和排中律（law of excluded middle）假定自然界为人类利益存在；个人与机构倾向于追求和积累"可分割"的利益，而忽视"不可分割"的共同利益；新古典主义经济学并不将自然与社会资源的消耗视为一种成本，而盲目追求经济的持续增长；工具理性被置于优先地位，最大的效益和成效比成为衡量成功的方式。[11]但这类习惯并非博物馆的"免责声明"，因为它既非一成不变，也不可持续。[12]为此，简斯将进一步由内而外地检视博物馆，思索阻碍博物馆革新的原因。

二、无关与衰败

博物馆及企业顾问威尔·菲利普斯（Will Philips）区分了博物馆活动的三个议题：业务活动、人员与资源的组织配置、个人与组织如何互动与革新。其中，第一个议题备受重视，第二个议题受到忽视，第三个议题涉及变革，是一个令人沮丧、未获认可且棘手的难题。简斯的最终目标聚焦第三个议题，但仍有许多障碍来自前两个议题。[13]总体而言，这些障碍主要来自两方面，一是博物馆的内部管理，二是市场中心主义。

（一）博物馆的内部管理

作为一种广泛流行的观念，"权力中立"主张博物馆应坚持中立，避免成为偏见、潮流及特殊利益团体的牺牲品。在博物馆愈发仰赖企业、基金会和私人资助的当下，这种观念已经变得虚伪、不合时宜，因为博物馆背后的组织与个人本身就是利益团体。突破权力中立的局限，既需要具备敏锐的判断力，也需敢于冒险，否则也可能带来权力的滥用。例如，美国自然史博物馆的人类世纪馆自诞生之初，就反映了优生学与种族净化的纳粹主义价值观，但这种价值观至今仍以更微妙的方式存在，声称权力中立的博物馆并未对自身展览的利害关系进行反思与批评。颇为讽刺的是，第二次世界大战期间一个关于反纳粹的展览提案却被纽约现代艺术博物馆（Museum of Modern Art，简称MoMA）执委会投票否决。博物馆常以"滑坡论证"（slippery slope argument）维护"权力中立"等传统思维，认为其一旦超越了既定的行为规范，就会不自觉地滑向遗忘的深渊，甚至陷入更加糟糕的境地。事实上,这种思维是偷懒且不负责任的还原论,因为博物馆实际面对的不是非此即彼的选择,而是融合目标与具体情况的策略性行动。[14]

对外权力中立的博物馆,对内则采用了集权与阶层式管理。将一人置于组织顶端的"集权型馆长"模式有诸多弊病:馆长的人事变动易于给组织带来混乱;新馆长就任时,只有下属而无同侪的集权型馆长容易陷入信息孤立的局面,偏信个人经验而给组织带来未经思考与不必要的改变;过度集中的权力容易导致领导者陷入孤立无援的境地,过量的工作任务会逐渐消磨集权型馆长的创造力,博物馆也因此损失了成长与革新的可能。简斯建议以"同侪之首模式"(primus inter pares)取代集权型馆长模式,该模式允许团队中的资深者共享权力,跨越个人与组织的利益界线,实现领导的"深度"和抗风险能力。[15]而集权型馆长之下是高度官僚化的垂直管理模式,信息的流动沿着严格的、单向的、层层通报的网络,失去了丰富的维度与相互碰撞的可能。[16]简斯指出,关键问题在于这种管理方式仅注重结果,而忽视过程与方法。博物馆应该向猎人学习,以任务为导向,采用平等、灵活的组织方式,达成对话和施展集体智慧。[17]

博物馆的内部管理仅侧重于自身优势,却对尚未挖掘的潜力视而不见,体现了短视近利的特征。拉尔夫·史泰西(Ralph Stacey)总结了导致这种状况的四种虚假信念:有远见的馆长决定发展方向;上下一致的文化、目标与规则;追求持续的"经济"发展;应确立自身优势,顺应市场环境,供给消费产品。总体而言,这些信念假定世界是稳定的、可预测的,并小心规避意外。[18]而置身混乱世界的博物馆如果仍然一如往常,那简直就是一种傲慢的表现。博物馆需要一笔冒险资本,既非用于追赶潮流(如浮华的建筑),亦非组织濒临崩溃时的"保险金",而是用以挑战传统行为,并创造新的可能性。合作需要超出行业的边界,接受博物馆之外的知识、经验与贡献,其他有可能实现的方式还有年度意见分享、创意论坛、博物馆社群和区域资产联盟等。[19]

在业务活动方面,博物馆持续使用着"千年不变的方法、技术与思维方式",博物馆中充斥老调重弹的展览和不断膨胀的收藏。凯瑟琳·麦克莱恩(Kathleen McLean)指出:多年前展览工作者关注的事情至今仍是辩论的焦点,展览或许是老旧的媒介。[20]简斯进一步列举了"老调重弹"的三种表现:一是缺乏想象力与复杂成果,传统思维下的展览实质与书本无异却无书本的优势,虚伪地假定知识的永恒性;二是缺乏公共相关性和作者性,展览既没有反映实实在在的人,又不像是由有主见、能够表达想法的人策划的;三是缺乏独特性,展览难以在纷繁夺目的时代吸引公众关注。"破局"的方法包括批判性反思、观众参与、接纳新兴科技等。[21]收藏被视为博物馆精英式利己主义的"资本"与保持现状的借口,代表博物馆而非公众的利益。藏品被视作博物馆中"最神圣的牛"(the most sacred cow),意义贫乏地消耗着大量资源,却无法接受公开批评与数量削减。简斯建议,直面藏品的分级与注销工作,定期检视与重塑收藏以达成博物馆目的,也可以与相关社区"分享"藏品的管理与利用。[22]

(二)市场中心主义

在后资本主义时代,市场中心主义与博物馆资金紧张的状况交织,使经济利益成为博物馆决策的首要参照。市场中心主义催生了"社团主义"(corporatism),博物馆自觉或不自觉地将自身视同"社团",让社团利益凌驾于公共利益之上,并选择被动、顺从与缄默。[23]依靠财政拨款的博物馆也无法免于责难:一方面,完全依赖政府资金是20世纪的做法,这会损害或阻碍博物馆承担真正的责任。[24]另一方面,社团主义既源自特定的经济基础,又可以从意识与组织形态、权力结构等多方面腐蚀博物馆。

市场中心主义对博物馆影响的核心,在于如何处理社会与市场之间的关系。市场中心主义与社团主义相信市场创造了社会,而实际次序刚好相反,市场奠基于社会,并且消耗着社会资本。[25]这种倒置导致了人们对博物馆的未来与永续性发展的误解:博物馆管理者将成长和消费视为通往未来的关键,而真正的永续性可能意味着更少的核心人员、更小的建筑、调整使命与价值、与志同道合的机构合并、注销部分馆藏。[26]经济价值的量化指标是这种倒置的集中体现,博物馆界以参观人数、展览数量、文创收入等为关键指标,并追求这些指标的持续增长,博物馆实质性的进展却被忽视。[27]

除了价值的冲突,市场中心主义与社团主义还带来了一连串的后果。其一是时间观的错置,博物馆是"保存过去以实现未来"的时间管理者,需要以长线计划确保藏品存续。而短线思维是市场中心主义的基础,利润管理与股东利益最大化的双重方针往往以牺牲其他目标为代价,使企业不再反映生活世界的需求。这种双重方针通过伪装成量化评估、营业收入、超额消费、观众至上等理念或方式,进入博物馆理事会。[28]其二是把文化视为消费品。例如将博物馆视为环境高雅与精英化的会客与餐饮场所,并为此投入大量资金。在全球不平等差距扩大,饥荒、流行病等威胁重重的时候,博物馆却将自己包装成有钱人挥霍的场所,这已经引发资金提供者的不满。[29]"文化消费"突出体现于博物馆建筑。"盖了楼人就会来"的理念与"大厦情结"是一种庞氏骗局,使博物馆偏离永续性和社会使命。所谓的"毕尔巴鄂现象"是一系列综合政策和有利的国际环境影响后的结果,并不具备可复制性。[30]其三是商业文化的渗透。商业文化的一个显著特点是对商业领袖的名人崇拜,这种现象导致博物馆理事会中诸如多元文化、社会联结等重要特质被边缘化,同时也使得博物馆领导者为自己设定过高的、不合理的薪酬。商业文化影响博物馆的另一体现在于虚伪的"事业关联营销"(cause-related marketing),即以慈善事业的名义为己牟利。[31]前述的市场思维与企业文化都体现为某种意识形态,它们成为博物馆懒惰和自欺的工具,取代了应有的良知、对信息的分析,以及对真相的把握。[32]

简斯通过具体案例,阐释了法人集团与博物馆合作时可能出现的各种情形:葛伦堡博物馆(Glenbow Museum)与加拿大能源公司(Encana Co.,现名Ovintiv Inc.),以"文化接合"的模式展开合作,并投入了大量时间和精力,但后者却在项目中途因领导变动更改筹码。总之,加拿大能源公司要找的是承租人,而非慈善机构。博物馆与企业结盟的优点都是假设,而非双方讨论的结果。[33]

作为市场中心主义的反面,业务素养指"组织内各级员工充分理解博物馆内所有复杂面向的能力",培养这样的素养则要求组织的透明度。除业务素养相关的方法与技巧外,一切博物馆活动的核心仍然在于价值。如前所述,博物馆社群仍缺乏价值导向的绩效指标,资深企划阿里·德格斯(Arie DeGeus)提出的长寿企业的四种特性:成本管理、对世界的敏感、凝聚力与认同感、分权尝试与促进变化的学习,可以作为讨论这种指标的有益起点。简斯指出,作为一种"复合式服务",如果能处理好错综复杂的关系,博物馆本应很"富裕",但实际情况恰恰相反。[34]或许,博物馆并非因资金短缺而无法充分实现其社会价值,而是其自身努力不足导致了资金短缺。

《混乱世界下的博物馆:再造、无关或衰败》

三、再造

前述关于"无关"和"衰败"的分析，阐述了目前的博物馆与危害世界的意识形态及既得利益者站在同一阵线的原因，博物馆在消耗大量公共资源的同时，却只肩负极小的责任。然而，"再造"的最终目标并非博物馆，而是世界。重要的不是博物馆有权得到什么，而是博物馆可以为各种社会做出什么贡献。处理这些议题不能基于机构的自身利益，而需要反思与行动。[35]

简斯列举了一些"进步中"的实例。其中，博物馆学者道格拉斯·沃茨（Douglas Worts）及其团队立足于"博物馆是否回应社群需求"，提出了批判性评估框架。英国莱斯特大学博物馆研究系附属机构——博物馆与美术馆研究中心，其管理的项目"重思身心障碍的呈现"（Rethinking Disability Representation），将学科专业知识与公共提议结合，打破了观众研究仅能协助博物馆发挥教育与娱乐功能的现状。苏格兰的格拉斯哥当代美术馆（Gallery of Modern Art），将边缘化群体与当代艺术结合，积极介入移民、性别政治等当代议题，得到了广泛的肯定与支持，打破了视博物馆制造话题为冒险之举的成见。英国博物馆协会（Museum Association），不依赖于政府资金，而是由个人、机构和团体会员提供支持，其特色服务包括为从业者的生活保障与知识传承提供支持，以及推进许多增加博物馆适切性与永续性的"运动"（campaign）。[36]

简斯以"弹性"（resilience）形容这些实例。弹性意味着柔软、灵活，"也表明了心灵不被麻木、呆板、习惯或传统做法束缚"。跨越文化、社会和意识形态的障碍是弹性的本质。强化弹性需要松动固有的经济与社会结构，包括反思传统做法与打破学科、科层和机构之间的壁垒。弹性的对立面——"脆性"就像用观众人数或藏品数量衡量博物馆的做法一样，是一种类似于依赖单一农作物的高风险策略。杰里米·里夫金（Jeremy Rifkin）以热力学定律隐喻人类生活，可用于说明弹性的价值。"高熵"（high-entropy）社会持人类中心论，强调物质进步与自我利益，而具有弹性的博物馆可以立足于专业的知识与技术，挑战习以为常的轻率消费，发挥对环境永续性的影响，实践"低熵"（low-entropy）社会的宗旨。[37]

如果说弹性用于衡量博物馆与外部世界的联系，那么"观想博物馆"

（mindful museum）则强调博物馆的自我关照。美国作家亚当·戈普尼克（Adam Gopnik）最早以"静观冥想"（mindful）形容博物馆空间提供的某种艺术体验。而简斯将该词汇用于描述一种专注的方式。博物馆不可避免地会受到烦琐的日常工作以及组织内部各种干扰因素的影响，需要在错综复杂的矛盾与分歧中深入了解自身当下的所作所为，尤其是日常被忽视的部分。观想体现为一种与惯性对抗的"直角式思考"（orthogonal thinking），即以宽广的视角审视当下，并调整前进轨道至正确的方向。直角式思考也可能带来内部或外部的冲突，但组织也可以借助这些冲突加深对自身的认识。[38]

观想与直角式思考不意味着要彻底摒弃传统做法，也不需要采用过于昂贵或戏剧化的手段，而应该在平常活动之上稍加一些方法与策略，如策略性思维、情境规划、调整思维习惯、全面管理、学习圈（study circle）、数字技术、规范管理者与品牌化等。[39]策略性思维和情境规划的作用在于打破固有的参考框架，并明确自身方向。策略性思维与目前博物馆与企业常用的策略规划（如SWOT分析等）不同，后者的重点在于执行细节，而前者追求批判性与创造性，是不断设问的过程。情境规划通过对外界发展趋势的综合分析，对未来的种种可能进行预演，并评估其可能性。全面管理在前文已有涉及，资源管理领域的"生态系统管理"（ecosystem management）是其中较为成熟的一种理念，其管理重点在于"社会环境政治"，目标是打破疆界，建立跨领域的、专家和公众共享的决策过程。对管理者的约束旨在防范权力膨胀引发的危害，"馆长审查委员会"（director's review committee）是可供参考的形式。品牌化并非目前博物馆套用的商业营销技术，而是旗帜鲜明地宣传自身的价值、目标、使命与实质贡献的手段。[40]

总体而言，观想博物馆上承对传统的态度，下接管理的方式，与艾琳·胡珀-格林希尔提出的"后博物馆"概念[41]具有相似的内涵。博物馆学者迈克尔·埃姆斯（Michael Ames）指出，惯性是博物馆达成观想的最大障碍。观想博物馆会拒绝所有的意识形态，将传统博物馆功能仅仅视作工具和方法，并认为不同的观点和想法才会为博物馆带来希望和可能，为此需要将制订解决方案的权利归还给社会公众。而管理的至高规则，正是要求个人和社区积极参与并分享权力。[42]

四、结语：管理者或旁观者

前述讨论可以归结为三个问题，依重要性递增依次为：博物馆有哪些尚未开发的潜力？博物馆是否关心更广泛的关系？博物馆为什么在乎这些关系？这一系列问题宛如分水岭，既可以被视为危机，也可以被看作转机。这种选择凸显了博物馆的主体性：如果博物馆不自行做出选择，那么权力、资金提供者和"习惯"将代之抉择。[43]这正是多数博物馆的现状，简斯将其概括为一个公式："具有声望和特权的社会高阶层人士=假定的权力=小群体式思考（由理事会和工作人员组成的集团，秉持'我们知道什么最适合你我'的理念）=博物馆自满=远离当地社区的需求、价值观和愿望=日益增加的无关性。"[44]其可见的后果体现为"多就是好"，如博物馆的经济价值屡创新高，庞大的观众已经成为负担，却在身后留下巨大的"结构性赤字"。这种无关性已经成为"博物馆的定时炸弹"，预示着随时崩坏的可能。[45]

相比之下，真正的再造是一项艰苦而繁重的过程。"一切都很好"之时恰恰就是需要改变的时候。简斯列举了博物馆能够且必须改变的原因：博物馆有自由选择和行动的能力，是文化的种子银行，是多元化的象征、在地社区的守护者、文化的桥梁、世界的见证者。一种基于观想之上的管理能力可以成为博物馆适应未来的基础，也将博物馆推向更广大的未来。[46]

尽管简斯指出，本书主要关注北美博物馆，并承认其全球观的局限，[47]但全球博物馆界都普遍面临相似的态势与环境。在当前的博物馆行业中，有多少人为"博物馆热"沾沾自喜，陶醉于逐年增长的博物馆数量、展厅里汹涌的人潮与社交媒体上的巨大流量，又有多少人意识到在这样的情形背后，行动与使命的错置，以及潜伏着的巨大危机。在2011年的一篇文章中，简斯进一步强调了经济背景的影响：由于资源枯竭、环境污染与债务危机，北美的经济增长实际上已经陷入停滞，包括博物馆在内的社会机构需要适应非增长的经济环境。[48]回到本土语境，如果说中国博物馆的既往发展依赖改革开放以来的持续高速发展，那么在中国经济由高速增长阶段转向高质量发展的调整时期，中国博物馆又该何去何从呢？

本书主要从经验与案例出发，并未对相关研究进行系统的检视。但简斯或明或暗地指出了博物馆研究的盲区："声称权力中立、全知的领导者和短视管理，没有一样是博物馆界或博物馆文献分析与讨论的焦点。"[49]

这种失败的自反性不能全然归咎于研究者的"旁观者"视角，而需要考虑简斯分析的业界问题向学界的渗透。就像博物馆与商界的"绑定"一样，博物馆研究者也通过与业界的"合作"成为"社团"的一部分，并着力避免触犯实际或潜在的业界联系。简斯则身体力行地填补这样的空白。如马乔里·史瓦泽（Marjorie Schwarzer）评论的那样，这是一本勇敢的书，是简斯送给这个让他沮丧了几十年的领域的礼物，但他仍然对这个领域充满热情和希望。[50]

（张书良，上海大学文化遗产与信息管理学院博士研究生，主要研究方向为博物馆展览策划。）

注释：

[1] 罗伯特·简斯：《混乱世界下的博物馆：再造、无关或衰败》，林永能等译，台北：华腾文化股份有限公司，2012年，第1页。
[2] 罗伯特·简斯，前揭书，第2—3页。
[3] 罗伯特·简斯，前揭书，第17—24页、第32—34页、第36—43页。
[4] 罗伯特·简斯，前揭书，第15—16页。
[5] 罗伯特·简斯，前揭书，第24—29页。
[6] 罗伯特·简斯，前揭书，第29—31页。
[7] 罗伯特·简斯，前揭书，第30页。
[8] 罗伯特·简斯，前揭书，第34—36页。
[9] 罗伯特·简斯，前揭书，第40—43页。
[10] 国际博物馆协会研究与交流中心（ICOM-IMREC）、欧洲遗产协会（EHA）编：《全球最佳遗产利用案例集》（一）（二），南京：江苏凤凰文艺出版社，2023年、2024年。
[11] 罗伯特·简斯，前揭书，第44—47页。
[12] 罗伯特·简斯，前揭书，第49页。
[13] 罗伯特·简斯，前揭书，第50—51页。
[14] 罗伯特·简斯，前揭书，第51—54页。
[15] 罗伯特·简斯，前揭书，第54—59页。
[16] 罗伯特·简斯，前揭书，第64—66页。
[17] 罗伯特·简斯，前揭书，第66—71页。
[18] 罗伯特·简斯，前揭书，第60—61页。
[19] 罗伯特·简斯，前揭书，第61—64页。
[20] 罗伯特·简斯，前揭书，第72页。
[21] 罗伯特·简斯，前揭书，第72—77页。
[22] 罗伯特·简斯，前揭书，第78—88页。
[23] 罗伯特·简斯，前揭书，第89—90页。
[24] 罗伯特·简斯，前揭书，第93页。
[25] 罗伯特·简斯，前揭书，第97页。
[26] 罗伯特·简斯，前揭书，第94页。
[27] 罗伯特·简斯，前揭书，第101页。
[28] 罗伯特·简斯，前揭书，第98—101页。
[29] 罗伯特·简斯，前揭书，第102—104页。
[30] 罗伯特·简斯，前揭书，第104—108页。
[31] 罗伯特·简斯，前揭书，第108—111页。
[32] 罗伯特·简斯，前揭书，第111—112页。
[33] 罗伯特·简斯，前揭书，第112—114页。
[34] 罗伯特·简斯，前揭书，第115—117页。
[35] 罗伯特·简斯，前揭书，第119—121页。
[36] 罗伯特·简斯，前揭书，第122—142页。
[37] 罗伯特·简斯，前揭书，第144—146页。
[38] 罗伯特·简斯，前揭书，第151—156页。
[39] 罗伯特·简斯，前揭书，第156—168页。
[40] 同注39。
[41] Eilean Hooper-Greenhill, *Museums and the Interpretation of Visual Culture*, London and New York: Routledge, 2000.
[42] 罗伯特·简斯，前揭书，第168—172页。
[43] 罗伯特·简斯，前揭书，第175页。
[44] 罗伯特·简斯，前揭书，第178页。

[45] 罗伯特·简斯，前揭书，第170—182页。
[46] 罗伯特·简斯，前揭书，第182—190页。
[47] 罗伯特·简斯，前揭书，第2—3页。
[48] Robert Janes, "Commentary", *Museums & Social Issues*, 2011, 6(2), pp. 137-146.
[49] 罗伯特·简斯，前揭书，第71—72页。
[50] Marjorie Schwarzer, "Book Review", *Museum Management and Curatorship*, 2009, 24(4), pp. 389-392.

《参与式博物馆：迈入博物馆2.0时代》
The Participatory Museum: Entering an Era of Museum 2.0

作者：妮娜·西蒙（Nina Simon）
出版年份：2010

❖—— 本书短评 ——❖

博物馆为观众建构参与式体验的理念、方法与实践。

述评人：潘怡菲

一、引言：Web 2.0 时代下公共文化机构的参与式转型

"参与"（participation）一词源于美国传播学家亨利·詹金斯（Henry Jenkins）于1992年提出的"参与式文化"（participatory culture），最初用以形容狂热的粉丝文化逻辑，[1]而后逐渐被用于描述数字时代的文化传播现象。简单来说，参与式文化是指在网络环境下，大众围绕特定主题进行艺术创作、分享与互动，且参与门槛相对较低的一种现象。[2]参与式文化作为文化生产和媒介共享的新形式，逐渐扩展至网络传播的环境之外，被各类实体文化机构吸纳。作为重要的历史文化载体和非正式学习场所，博物馆也是参与式文化生长的重要平台之一，同时，具有作为参与式机构造福社区的巨大潜力。

然而，在消费主义、快餐文化盛行的时代，无论是十几年前还是如今，博物馆等文化机构在吸引观众、维护与社区的联结等方面都面临着巨大挑战。为此，本书旨在为当代文化机构提供参与式转型的开放性指导，让文化机构在推动宗旨和核心价值观的同时，能联结观众，满足他们多元互动的社交需求。[3]基于此，本书有三大基础性理论原则：以观众为中心的文化机构应该和商场、火车站一样，具有高可及性、高使用价值、高大众相关性；观众能从文化体验中构建独属自己的理解和意义；观众的意见可以使项目设计和项目本身更全面、更有活力。[4]这三个原则不仅贯穿全书，而且也随时提醒想要进行参与式文化转型的机构，要平易近人、满足观众多元需求，同时要相信观众达成目标的能力，多听取观众反馈完善自身。

本书由两部分组成：第一部分为第一章到第四章，介绍了文化机构设计观众参与的核心原则，以及提高展览、教育项目和观众服务参与程度的三种方法；第二部分为第五章到第十一章，介绍了四种不同参与程度的参与式项目类型，并为文化机构评估、可持续管理参与式项目以达成其宗旨，提供了详细的建议。本书理论与实践结合密切、可读性强，西蒙在书中运用来自博物馆、图书馆、主题公园、自然保护区、商业公司、媒体平台、游戏等各类组织和机构的大量案例来解释理论性原则。这些案例为博物馆打破自身限制，进行活态、多元和跨学科的实践带来了丰富的启示。本书中译本已于2018年出版，本书评基于西蒙的英文原版撰写。

笔者遵循本书结构进行评述，第一部分介绍参与式项目的设计思路，第二部分介绍参与式实践的四种模型，以及参与式项目的评估及长效管理

方法。在最后的讨论部分，笔者将简要梳理与参与式博物馆相关的其他著作，并提出问题：在区块链、人工智能、拓展现实等科技迅速发展的当下（本书写作十几年之后）和未来，博物馆又该以何种方式和角色与观众进行互动并联结社区？

二、为参与而设计：设计参与式项目的原则和方法

本书开篇，西蒙定义了参与式文化机构（participatory cultural institution）：观众可以围绕内容尽情创造、分享和与他人进行联结的场所。[5]与构建传统文化场所的思路不同，设计、搭建参与式场所的首要条件是为信息的多向传播提供平台。博物馆等文化机构不能再依赖向观众单方面输出信息的模式，而应该让信息在观众和观众、观众和机构之间的交流中多向流动，以此满足不同参与者的需求，创造更多的可能性。

在此基础上，西蒙介绍了有关参与的原则、方式、主体、益处，以及工作原理，全方位地构建了参与式设计的理论框架。首先，设计者应该让参与具象化，相比Web 2.0时代网民的参与和社交方式，文化机构的不可替代性和天然优势在于其有实体空间、物件和设计师，因而具有成为重要参与式场所的潜力。[6]其次，参与应该是灵活的，由于不同观众的不同特性，机构应包容许多不同的、可能相互冲突的观众需求，让参与式转型成为一种联结观众的有效工具。[7]最后，好的参与式设计不仅能以较低的门槛引导观众参与，还能对机构、参与者和非参与的观众都产生有效帮助。[8]

观众参与博物馆的方式多种多样，因此文化机构的注意力也不应该仅局限于内容生成这一种参与方式。西蒙援引弗雷斯特研究基金会（Forrest Research Foundation）发布的关于网民在社交媒体上的参与行为的研究，直观体现了参与方式的多样性：24%的网民是内容创造者，37%是批评者，21%是搜集者，51%是参加者，73%是观看者，18%是非活跃用户。[9]而在任一实际的网络平台上，如YouTube，内容创造者的占比远远更少，超过99%的用户不贡献视频，而是以浏览、评论、点赞、收藏等门槛更低、更便捷的方式参与。这样的参与行为塑造了YouTube的大部分社交生态，并督促更满足用户偏好内容的生成。因此，即使各种参与方式的比例并不平均，文化机构也应鼓励和支持多样化的参与方式。

一个成功的参与式项目应该能使机构、参与者和非参与的观众都受益。对机构来说，应该促进其实现自身宗旨和目标。[10]对参与者而言，他

们能在项目中学习新的知识和技能，创造使他人受益的成果，收获成就感和潜在的、新的人际关系。对非参与的观众而言，他们不仅为参与者带来工作的成就感，自身的各类需求还能获得满足。对于潜在的未来参与者，文化机构也应该设计鼓励其参与的机制，引导这类人群转化为参与者。[11]为满足参与者的需求，机构需要从三个方面努力：首先，为参与者许下可实现的承诺，承诺既能满足参与者个人的成就感，又能使参与者感到自身对于机构的价值；其次，机构需要明确地告知参与者其在项目中的角色，及其参与的方法，为参与提供灵活、有力的工具，并且在整个过程中做到真诚和信息透明；最后，机构需要通过为参与者提供一份性价比高的合作机会，使他们切身感受自身工作成果被认可，并在沟通时做到要求明确、结果真实。[12]

成功的参与设计需要遵循两条原理：第一，限制（constraints）能为参与者带来更好的自我表达；第二，通过个性化而不是普遍性的切入点，展开参与者之间的社交。[13]这两点看似违背直觉，但实际上，它们有基于支架原理（scaffolding）的理论依据：限制能生成创意，个性化的切入点有助于社交。[14]对于大多数参与者来说，一定的限制反而能激发他们的创造力，完全的自由可能会带来不知所措。而个性化、私人化的切入点能引发参与者的共鸣和社交兴趣，西蒙将这样的社交逻辑称为"从我到我们"，由五个循序渐进的阶段组成：第一阶段，个体消化文化机构提供的内容；第二阶段，个体与内容进行互动；第三阶段，个体间的互动形成总体网络社群；第四阶段，个体基于互动网络有目的地社交；第五阶段，个体自由社交。[15]对于设计者和参与者来说，这五个阶段的渐进性稍有区别：对于设计者来说，如果没有前四个阶段的铺垫，就无法实现第五阶段的要求；而对于参与者来说，有的人可以直接从第二阶段跳到第五阶段，也有人可以只停留在第三阶段。由此，文化机构并不应该仅仅追求实现第五阶段的目标，而应该提供多元的文化环境以支撑多元的观众体验。[16]

更具体来说，西蒙用独立的三个章节，介绍了深化展览、教育项目和观众服务参与程度的三种方法。第一个方法是让参与变得更加个性化，做到这一点涉及三个因素：以观众为中心，了解观众的多样性背景，以及为观众与他人的联结提供工具。[17]

首先，要做到以观众为中心，机构的一切设置都应该把观众的需求放在第一位。达成这一点不仅要以鼓励观众主动提取信息的方式来满足观众需求，还要信任观众拥有自主获取有效信息的能力。其次，了解观众的个性背景，先要把观众视为不同的个体、尊重每个人的个性，努力了解观众们的个人资料，与观众产生相关性。为了设计与观众体验相关的个人信息收集模式，文化机构可以采用自主领导模式（aspirational）和行为生成模式（you are what you do）。除了设计弹性的、容量适当的观众个人信息收集机制，一些特殊的模式，例如基于暴露个人信息的冲突式体验，也可以用于增强参与式体验。为了运用好搜集的观众个人资料，文化机构可以让一线工作人员利用个人观点，分享、利用线上社交媒体与观众建立密切的联系以满足其需要。文化机构还可以用便于观众接受的推荐系统增强观众个性化的在场体验，并用各类实体或虚拟的纪念形式，帮助观众延续这份体验。除此之外，利用好回访制度和会员制度也能增强观众参与的积极性，并培养常客。

第二个提高观众参与程度的方法是构建"从我到我们"的社交网络。通过与他人互动，增强参与者的体验感，这也要求机构加强社交支持，利用网络效应（network effect），将个人行动转化为集体利益：个体观众首先进行私人化的互动，再经由内部算法在个体间建立联系、生成内容，最后集体化的内容能使集体中的每个人受益。[18]同时，文化机构要注意维持网络化和社交体验之间的平衡，否则既不能响应不同观众的多样需求，也不能达成机构目标——设计能整合、共享网络中每个参与者行为的机制很重要；此外，文化机构还要找到自己的切入点，以想要达成的价值和行为为基准，设计社交网络化的程度。科技作为调节中介，也能起到社交破冰的作用。想要设计一个好的社交平台，文化机构首先要充分明确、理解自己的参与目标，然后从个体参与者的行为、员工反馈和成果展示三个方面反映自身的具体价值。机构可以邀请观众根据具体的标准，对参与者的成果进行评价和整合，由此确保平台反馈及时、高质量。在平台中，重要的不仅仅是创意，还要合理认知和掌控平台管理者对观众及其生成内容的权力。

第三个提高观众参与程度的方法是利用好社交物件，即能够驱动社交体验、激发观众围绕其内容展开话题的物件。[19]西蒙介绍了两个利用社交物件促进参与者社交的方法，第一个是识别藏品中既有的社交物件，它们具有以下四个特征：私人的，即能引发观众对私人经验的回忆；能动的，即能主动引发人与人之间的社交；启发性的，即其本身就具有奇观的特点；相关的，即需要多人共同使用。[20]机构想要利用好社交物件的这四个特点，促进更长久的参与式体验，就需要用到第二个方法：为观众围绕社交物件讨论、分享和社交提供工具，即为社交物件设计平台。西蒙介绍了五个将普通物件变为社交物件的设计技巧。[21]第一，在合适的时间向观众提问，并鼓励他们分享对问题的思考。问题需要既具开放性，又在观众能力范围内，以鼓励观众和物件产生深刻的私人联结、激发观众间的对话、为馆方提供有效的反馈。第二，要为观众提供现场解释，鼓励观众通过导览、讲解和表演等方法，与工作人员互动。个性化的切入点和对观众的主动邀请能鼓励观众和社交物件产生互动体验，这样的体验如果具有刺激感、启发性，则更能增强观众的参与感。第三，可以用激进的展陈方式（provocative presentation），将物件以并置、冲突或对话的形式展示，想象和虚构物品的关系也是刺激观众参与思考的方式之一。第四，利用音频、文字说明、示例图等方式，为观众的社交活动提供明确的指导。第五，为观众提供分享途径，这可以通过开展物件分享项目和设立鼓励观众分享物件体验的相关政策达成。

三、参与的进行时：参与式项目的四种模式和评估管理

在第一部分的介绍中，西蒙已多次提到，不同的参与者有不同的需求和特点。文化机构为了与观众社群产生联结，应提供多样化的参与式体验。公众参与科研（Public Participation in Scientific Research）报告概括了三种公众参与科研的方式，在这一基础上，西蒙又针对文化机构的特点增加了一种模式，由此构成观众参与文化项目的四种类型：贡献型（contribution）、合作型（collaboration）、共同创造型（co-creation）和招待型（hosted）。[22]在这四类模式中，观众的参与程度和自主性各有不同，他们获得的技能和社交的深入程度也不一样。对文化机构而言，四种模式并不存在优劣之分，也不存在层层递进的关系，许多机构兼具各个参与模式的元素和特点。

贡献型参与作为观众参与文化机构最常见的方式，能给文化机构带来个性化和多样化的声音和体验。[23]在大多数贡献型参与式项目中，观众能在参与者和非参与观众的角色中自由切换，工作人员也不需要投入过多精力，而是充分尊重观众的创造力。贡献型参与可以进一步分为三种类型：

必要贡献，即项目的成功依赖观众参与；补充贡献，即观众的参与能增强项目的效果；教育贡献，即这种贡献能为观众提供与馆方宗旨相关的技能和体验。[24]三种贡献型项目各有特点，但都离不开机构为参与者提供简单、明确的指令，以及多样、高质量、更新及时的示范。在管理观众的贡献成果时，机构要移除不合适的内容，也要根据不同项目的具体目标，采用多样化的形式对最终成果进行集中展示，这些展示应美观、高质量，以吸引参与者积极反馈，并有效转化潜在的参与观众。

合作型项目是由机构驱动的合作伙伴模式，其中的社区参与者通常拥有某种特定的知识或技能，与某种文化群体有关联，或代表了项目的目标观众，他们和机构工作人员共同开发新的项目、展览和各类成果。[25]合作型项目有两类：顾问类项目和共同开发类项目，两者的根本区别在于参与者参与执行的程度，顾问类的参与者帮助引导项目，而共同开发类的参与者帮助落实项目。[26]博物馆工作人员的角色在合作型项目中一般被分为四种：管理项目的主管、代表参与者利益的社群管理员、为参与者提供培训的教练，以及代表馆方利益和要求的客户代表。[27]前两种角色通常和参与者是共同奋斗的伙伴关系，后两种则指导、监督参与者的工作。因为合作通常是长期、正式的，所以相较于贡献型项目，机构会给合作型项目的参与者提供更多指导。好的合作型项目对参与者的身份、项目的发展结构和成果有着明确的设计，高效的合作基于馆方与参与者之间相互信任、共同分享，以及对项目的深入理解而构建。这样的合作型项目有创造可持续多年的新关系和机会的潜力。对机构来说，合作型项目能带来四种好处：和专家或社群代表交流，获得对于新展览、新项目和新出版物真实准确的反馈；能够和潜在用户共同测试和开发新的项目，增加项目成功的可能性；给参与者提供设计、创造和制作自身内容或开展研究的学习机会；帮助观众将自身定位为机构内容与项目的合作伙伴及共同所有者。[28]对合作型项目的参与者来说，他们不仅能激发自己的创造力、学习有用的技能，对参与的项目更具有主人翁意识，也更乐于向亲朋好友分享，并由此增加馆方的潜在观众。

共同创造型的项目能兼顾社群和馆方的需要，并形成满足观众利益与需求的伙伴关系。对机构来说，共同创造这样的项目有三个理由：给社群成员话语权，回应他们的需求、保障他们的利益；为社群互动和对话提供空间；帮助参与者培养能够支持他们个体和群体目标的技能。[29]共同创造型项目基于社群、观众服务，以观众需求为驱动力，将其优先于机构目标。成功的共同创造型项目依靠两个原则：工作人员和参与者相互尊重对方参与项目的目标和利益，并创立共同遵守的指导性原则，明确项目过程中的可行行为和预期结果；工作人员不能将既有想法强加于项目结果，而是应该让项目在指导原则的范围内朝着对观众最有利的方向发展。[30]机构既需要完全相信社区参与者有能力完成复杂的任务、相互合作，并能代表机构的规则和优先权，还应积极寻求参与者的意见和领导。

在招待型项目中，馆方通常和参与者有着正式的合作关系，并且把场地或者项目直接全部交给参与者。[31]对机构来说，发起招待型的参与式项目有四个原因：鼓励公众自由地将机构用于各种目的；鼓励观众创造性地塑造、利用机构及其内容；为各类员工可能无法或不愿展现的视角和内容提供展示空间；吸引原本觉得该馆与自己兴趣无关的新观众群体。[32]招待型的项目能策略性地体现机构对社会议题和社群的投入，利用馆内外的活动和展览，展现其作为城市文化广场的公共属性，吸引新观众，鼓励公众自由使用并增加其创收。同时，参与者的创意表达也应和馆方宗旨一致，达到馆方和参与者需求的平衡。

贡献、合作、共同创造和招待共同构成了参与式项目的四种类型，西蒙不仅为其设计提供了丰富的指导性原则，还以各类机构的案例作为具体的项目参考。在项目设计并实施后，评估其效果也非常重要，这样既能针对项目及时做出调整，也能为未来的实践提供参考。关于参与式项目的评估，需要特别注意四点：第一，参与式项目的过程和结果同样重要，所以评估需要重点关注参与的行为及其影响；第二，参与式项目不只是为了参与者，在评估其目标和结果时，也要考量其对博物馆工作人员和非参与观众的影响；第三，参与式项目的评估方法应该是循序渐进、不断完善的，增量评估（incremental assessment）可以使复杂项目在实施过程中随时获取有价值的信息，以便及时调整，确保始终与既定目标保持一致；第四，可以让评估过程参与化，邀请参与者加入评估过程，尤其是在共同创造型和招待型这两种观众肩负很大责任的项目类型中。[33]评估参与式项目有三个步骤：首先，设立目标，为每位工作人员提供指引和评判标准；其次，界定符合目标的参与行为和成果，这里的成果不仅指项目的产出，更强调与项目目标一致的结果；最后，通过可观测的指标，测量或评估结果的发生率和影响。[34]参与式项目的多样性鼓励博物馆从其他学科汲取灵感，通过跨学科合作，兼顾各方的共同利益。

然而，参与式项目的进行过程并非一帆风顺。当参与式项目的目标与馆内文化不一致时，往往会遭遇失败，此时就需要博物馆工作人员重新解读自己的角色和责任。参与式项目经常会碰到五个问题：一些文化专家认为参与式项目只是一时兴起的娱乐；机构不愿意放权；参与式项目需要从根本上改变员工和观众的关系，但是往往难以实现；参与式项目带来的新型观众体验往往很难用传统的博物馆评估工具进行评价，因为其结果往往是趋势化的影响，而不是确定的结果；参与式项目在运行阶段比开发阶段需要投入更多人力和预算。[35]想要解决这些问题，首先得厘清本机构实施参与式项目的可能性，然后将项目的发展轨迹与现有的机构文化及工作模式协调一致，还要确保项目能够让观众舒适、自由地参与。具体来说，从机构的角度，首先要支持、鼓励员工对参与式项目有信心，这样才能获得他们的支持；其次，馆内文化需要更加以观众为中心、回应观众需求，首要方法就是让员工在一线接触观众；在管理以人际关系为特点的社群项目时，还要注意去中心化和协调员工。参与式项目的长效管理需要馆内长效机制的支持，包括馆内从上至下的贯彻落实与人员支持。最后，为参与项目的员工和参与者建立合适的补偿机制，也能增进信任、鼓舞士气，实现项目的可持续发展。

四、结语与讨论

作为第一本系统、全面地介绍参与式博物馆理论架构、实践方法论和多样化案例的著作，本书从传播学的角度，为全世界的博物馆参与式转型和项目建设提供了宝贵的开放性指导。西蒙的语言朴实、充满热情，案例丰富、角度多样，既为博物馆从业者和研究者提供了博物馆内容设计的新思路和建设性意见，又能被大众读者理解和喜爱。[36]但同时，也有学者指出，西蒙仅以机构为中心的论述视角造成了一种错觉，即文化记忆的制造只是机构的职权范围，并导致读者对观众参与产生了一定程度的误解，以及忽略了观众在机构外自发的创造行为。[37]另一方面，本书的中译本译者喻翔指出，国内外国情不同，可能造成国内读者理解上的一些差异，也需要读者以一种更开放的态度理解本书。

除了西蒙的著作，欧美学界关于参与式博物馆的研究也有很多。英国博物馆学家伯纳黛特·林奇（Bernadette Lynch），2009年在保罗·汉姆林基金会（Paul Hamlyn Foundation）的委托下，对英国的12所博物馆及其社区合作伙伴进行调研，以此衡量博物馆参与式实践的本质和有效性，并最终发表题为《究竟是谁的蛋糕？一个对英国12所博物馆和美术馆的参与式实践的协作调查》（*Whose Cake is it Anyway? A Collaborative Investigation into Engagement and Participation in 12 Museums and Galleries in the UK*，2011）的报告。2012—2015年间，保罗·汉姆林基金会还发起了一个"我们的博物馆"（Our Museum）项目，致力于促进与社区建立积极合作关系的博物馆、美术馆的发展及组织变革进程，以期更广泛地影响博物馆行业。该项目的同名网站（http://ourmuseum.org.uk）详细地展示了其研究成果，不仅从组织机构整体变革的角度，为博物馆的参与式转型指明了方向，还发表了包括林奇教授的报告在内的研究报告共9份。2016年，英国的两位独立顾问凯特·麦克斯威尼（Kayte McSweeney）和珍·卡瓦诺（Jen Kavanagh）共同编辑出版的《博物馆的参与：共同合作的新方向》（*Museum Participation: New Directions for Collaborative Working*），是参与式博物馆研究的集大成者，书中整理收录了29篇关于博物馆参与的理论研究和案例分析。2020年，挪威奥斯陆大学的赫特兰（Per Hetland）教授、皮耶鲁（Palmyre Pierroux）教授和艾斯伯格（Line Esborg）教授共同编著的《博物馆和档案馆的参与历史：跨越公民科学和公民人文的界限》（*A History of Participation in Museums and Archives: Traversing Citizen Science and Citizen Humanities*），为理解自然、文化和科学遗产机构中的参与模式如何与公民科学和公民人文的实践交融提供了研究框架。

  在十几年后的今天，互联网时代已从2.0进阶到3.0、4.0，甚至更高版本，虚拟现实（Virtual Reality，简称VR）、增强现实（Augmented Reality，简称AR）等拓展现实工具，以及人工智能、智能穿戴设备等新兴科技，正迅速地改变着信息传播以及人际交流的方式。博物馆等文化机构如何紧跟潮流，不断更新自己线上和线下的传播方式，联结社区、吸引更广泛的观众、创造更符合宗旨又令人印象深刻的多元观众体验，是博物馆实践者和理论家亟须思考的问题。在本书的最后，西蒙构想了一座全方位的参与式文化机构，观众、工作人员和专家、社区管理者一起，在机构中其乐融融地交流、分享自己的兴趣和技能，每个人都能各取所需，并有所收获。在新的互联网时代，这样的参与式文化机构因为科技创新有了更多的可能性，而这样的可能性需要博物馆从业者、观众和社区共同探索。

（潘怡菲，英国伦敦大学学院考古学院博物馆研究硕士，研究方向为博物馆与社区成员的关系及成员福祉，包括创伤知情的博物馆方法论、多感官博物馆和参与式博物馆。）

注释：

[1] Henry Jenkins, *Textual Poachers: Television Fans and Participatory Culture*, New York: Routledge, 1992, p. 23, 46.
[2] Henry Jenkins, Mizuko Ito, Danah Boyd, *Participatory Culture in a Networked Era: A Conversation on Youth, Learning, Commerce, and Politics*, Cambridge: Polity Press, 2016, pp. 1-4.
[3] Nina Simon, *The Participatory Museum: Entering an Era of Museum 2.0*, California: Museum 2.0, 2010, p. 8.
[4] Ibid., p. 7.
[5] Ibid., p. 8.
[6] Ibid., pp. 12-13.
[7] Ibid., pp. 12-14.
[8] Ibid., p. 15.
[9] Ibid., p. 17.
[10] Ibid., p. 21.
[11] Ibid., pp. 27-28.
[12] Ibid., pp. 23-27.
[13] Ibid., p. 28.
[14] 同注13。
[15] Ibid., p. 31.
[16] Ibid., pp. 31-32.
[17] Ibid., p. 37.
[18] Ibid., pp. 81-82.
[19] Ibid., p. 113.
[20] Ibid., pp. 114-116.
[21] Ibid., p. 121.
[22] Ibid., pp. 158-160.
[23] Ibid., p. 172.
[24] Ibid., p. 175.
[25] Ibid., p. 194.
[26] Ibid., p. 197.
[27] Ibid., p. 203.
[28] Ibid., p. 194.
[29] Ibid., p. 219.
[30] Ibid., p. 223.
[31] Ibid., p. 232.
[32] 同注31。
[33] Ibid., pp. 258-262.
[34] Ibid., pp. 248-249.
[35] Ibid., pp. 265-266.
[36] 见https://participatorymuseum.org/discuss/.
[37] Leon Tan, "Book Review", *Museum Management and Curatorship*, 2012, 27(4), pp. 197-201

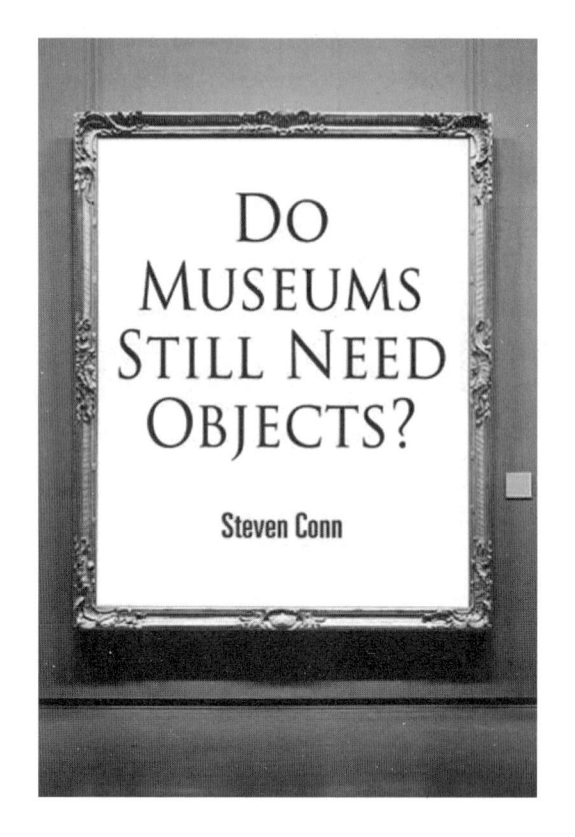

《博物馆还需要实物吗？》
Do Museums Still Need Objects?

作者：史蒂芬·康恩（Steven Conn）
出版年份：2010

◆———· 本书短评 ·———◆

以博物馆与实物之间的关系书写独特视角下的博物馆史。

述评人：温琦

实物[1]是博物馆的基石，这在19世纪是不容置疑的真理。"基于实物的认识论"（object-based epistemology）理念根植于此时的博物馆世界，其基本观点主张知识存在于实物之中，实物承担传播教育和智识的重要功能。因此，实物对博物馆成立和知识建构有重要意义。实物之于博物馆的重要性体现在国内外博物馆协会的历次定义中。2010年问世的《博物馆还需要实物吗？》以问题的方式激发读者的好奇心，思考作者为何如此发问——博物馆难道不需要实物了吗？

为了探讨这个问题，康恩在本书中谈论了诸如实物在博物馆中的角色、博物馆在智识生活中的角色、博物馆及其实物如何生产与定义知识等命题。不同于以往的博物馆学著作，作为历史学者的康恩将博物馆视作思想史的一部分，以历史学的方式书写博物馆及其与实物关系的发展脉络。其中涉及19—20世纪不同类型博物馆中实物内涵的变化，博物馆建筑的变迁，实物与思想、研究与教育的关系变化，以及博物馆与公众关系的变化等方面。此外，康恩并没有对该问题予以简单的肯定或否定回答，而是充分考虑了博物馆世界内部的复杂性，比如不同类型的博物馆在不同时期的复杂处境。为此，康恩延续了《博物馆与美国的智识生活，1876—1926》（*Museums and American Intellectual Life, 1876-1926*）[2]中的博物馆分类方式，充分考虑不同类型的博物馆与实物之间的关系。以往，所有类型博物馆中的实物在构建各自的知识领域发挥关键作用，共同塑造了人类百科全书式知识。现在，情况完全不一样了，实物在某些类型的博物馆中至关重要，而在另外一些类型的博物馆中则无足轻重。

本文按照本书框架，首先讨论人类学博物馆、艺术博物馆、科学技术博物馆（自然史博物馆）、商业博物馆等博物馆类型与实物之间的关系；其次以博物馆之于公共空间、社会角色和公众身份的价值，窥探实物之于博物馆的角色如何发生变化。

一、遣返议题：政治争论与人类学危机

从20世纪下半叶开始，全球博物馆的数量和类型迅速扩张，大量新的博物馆成立，古老的博物馆则在经历转型，康恩将这一时期称为博物馆的第二个"黄金时代"[3]。在传统博物馆转型的过程中，由于实物在博物馆中地位下降，博物馆原来的藏品主要有两个去处：一是被出售，二是被遣返回原属国或原居住地。前者一般指的是艺术博物馆里的艺术品，后者大多

是人类学博物馆里的实物（包括人工制品和人体残骸）。康恩在第二章中以人类学博物馆为例，讨论了遣返涉及的伦理、政治和法律层面的问题，以及人类学藏品的所有权争议，同时还论及了实物与人类学知识体系之间的关系。

人类学博物馆主要涉及在西方博物馆中收藏和展示的第三世界国家与原住民的实物，争论的核心在于这些实物的真正拥有者和所有权的情境性。20世纪60—70年代以来，第三世界国家与原住民的遣返诉求日益强烈。此后，联合国也发布相关公约、成立专门组织，旨在帮助第三世界国家与原住民重新获得自己的文化拥有权，美国国会也制定相关法案，保护原住民的权利，比如1990年通过的《美国原住民墓葬保护和返还法案》（简称《法案》）[4]。《法案》出台于新兴的右翼基要主义背景下，虽有一定争议性，但它要求所有由联邦资助的机构，将相关的实物归还原住民部落，相对而言还是一项比较具有执行力的法律工具。简单来说，它不仅在政治上象征部落主权对抗国家的胜利，而且也表明博物馆、科学家和社会各界对原住民态度的根本转变。在《法案》的帮助下，原住民重获祖先遗物的所有权，进而重建与过去和宗教的情感纽带，与此同时，他们的民族和宗教身份也受到社会关注和认同。

这不只是一场关乎所有权和私有财产权的辩论，同时也是科学主义与人文主义的斗争。处于这场运动中心的欧美博物馆一开始并没有欣然接受这个做法，对于人类学博物馆来说，遣返藏品对相关的科学收藏和研究有巨大负面影响，因为不少研究是围绕这些实物收藏展开的。此外，人类学博物馆本身也存在争议，因为博物馆过去收藏的实物不仅包括掠夺和盗窃的原住民物件，而且也包括人体遗骸和非正式发掘的考古出土物。尽管康恩认为，文化不应与政治混为一谈，[5]遣返也并不是解决实物所有权问题的终极办法，[6]但是社会时势与伦理的变化将博物馆置于尴尬处境。抛开遣返运动背后的政治性不谈，人类学博物馆伦理和社会价值，以及博物馆和人类学知识生产关系的变化使博物馆立场动摇，博物馆与实物的关系已远不如从前紧密了。

人类学学科与人类学博物馆的关系也在这场运动中受到冲击。人类学博物馆与人类学学科发展息息相关，因为早期的人类学博物馆为研究和教学目的成立。博物馆的实物收藏成就了人类学学科，[7]人类学博物馆通过实物，研究人类社会和文明的进化、思想的发展和成就，如同自然史标本对自然科学家来说象征着知识和科学那样，来自世界各地的人类学藏品对人类学学者来说，意味着科学信息与历史文明的脉络。然而，在20世纪70年代后殖民思潮的影响下，以文化为研究基础的人类学被质疑是否能够客观地书写文化。[8]到20世纪80年代，人类学博物馆过时的展览和陈旧的实物，已经严重滞后于学科的发展现状，人类学学科已不再需要博物馆了，[9]大学逐渐取代了博物馆，成为学科发展的基地。在这期间，文化的定义发生了改变，实物在社会、文化，以及人类学研究中的地位也发生了变化。相应地，人类学家和考古学家对实物研究的兴趣减弱了，他们认为实物的文化意义依用途和情境而定，模棱两可且缺乏逻辑性。尽管他们仍在尝试定义文化，但实物显然不再能表征文化，归根到底，实物不过是文化的客体。

二、亚洲艺术：美国博物馆的两种策略

对于美国博物馆来说，如何分类和展示亚洲之物一直以来都是个难题。在1893年的哥伦比亚世界博览会上，日本的实物率先获得西方的认可，跻身于艺术之列。该博览会呈现的其他人类学实物，同样有来自亚洲的。与此同时，艺术博物馆与人类学博物馆也收藏了亚洲之物。这些实物在材料和功能上都非常相似，那么，它们究竟该归入艺术主题还是人类学范畴，应该入藏艺术博物馆还是人类学博物馆？这两种选择在当时引起广泛讨论，此后一直伴随着长久的争议。[10]不过，人类学博物馆由自然史博物馆孕育而来，在去殖民时代，其方法和理念显然更不适合收藏和展示亚洲藏品。于是，"将亚洲之物视为艺术品"的一方占了上风。

总的来说，这一归类主要有如下两重原因。第一，为了与西方文明形成对比，西方人类学博物馆曾将来自亚洲、非洲的人类学实物，同美洲原住民的实物一道，归为所谓的原始文化，以此研究人类文明如何进化。在后殖民的影响下，人类学博物馆亟待更新藏品的展示方式，选择之一就是尊重非西方文化，并将非西方文化之物置于本土语境中展示，但这并没有彻底解决非西方文化作为文化上"他者"的问题。相较之下，将非西方之物视为艺术品的归类方法，则在某种程度上模糊了这个问题。第二，自1893年哥伦比亚世界博览会举办以来，再到1923年聚焦亚洲艺术的弗利尔美术馆（Freer Gallery）成立，越来越多亚洲（主要是东亚）之物被归入艺术门类。许多西方国家纷纷成立专门的亚洲艺术博物馆，一些西方艺术博

物馆也陆续开设独立的"亚洲艺术"或"东方艺术"部门，还有一些人类学和民族学实物从人类学博物馆转移到艺术博物馆。在这个过程中，亚洲之物的地位被"提升"了。

在康恩看来，"作为艺术品的亚洲之物"在美国博物馆中也存在两种展示策略：一是将亚洲实物和文化纳入西方已有的分类体系；二是在东方精神（主要为佛教文化）的影响下，营造一种浪漫或避世的感受，实现精神上的交汇。[11]

第一种策略旨在用西方艺术史的方式，在艺术博物馆中展示亚洲艺术。艺术史家像研究古典艺术和现代主义艺术一样，研究亚洲艺术的风格、形式与美学。在这个时期，东亚艺术被视作西方现代艺术的灵感来源（虽然不免有挪用和消费亚洲文化的嫌疑），美国观众得以单纯地欣赏亚洲艺术，或通过亚洲视角进一步理解美国现代主义美术。

第二种策略旨在创造一种有关亚洲精神体验的主题展览。康恩以"幸福之圈：佛教冥想艺术"（*The Circle of Bliss: Buddhist Meditational Art*）展为例，指出这类展览抛弃了西方艺术史分类的逻辑，意在强调激发这些艺术品创作灵感的理念和思想。[12]在这种情况下，艺术品的历史背景、流派、技巧、风格或发展脉络都不再重要。宾夕法尼亚大学自由科学艺术博物馆（Free Museum of Science and Art）的佛教寺庙也是如此——来自不同东方国家的展品无关乎历史，神龛，以及大量佛教用品、仪式用品和刺绣品无分类、无秩序地混合堆放。此举目的是邀请公众体验佛教文化、了解这些佛教圣物的重要性，甚至进行朝拜和祈祷。[13]观众如同受到神灵庇护，走进一个充满想象的、抵抗现代性的精神世界，寻求心灵的平静与安宁。康恩将第二种策略——通过实物寻求精神上交汇的行为——称为寻找"可用的亚洲"[14]。美国人在亚洲艺术中寻求精神的疗愈和回忆，他们或许也能从中看到一个国际化的、超越国界的美国，这是其他类型的实物难以起到的作用。

回归博物馆是否还需要实物这个问题上，康恩认为，艺术博物馆和艺术品之间的关系非但没有松动，反而更加紧密。换句话说，实物对艺术博物馆仍然很重要，一是因为艺术品有艺术市场的庇护，在市场交易下仍有价值，二是艺术博物馆依赖观众观看艺术品的行为。[15]对于古典艺术和亚洲艺术来说，真实的、独一无二的艺术经典无可取代。

三、科学博物馆：新观众与新功能

以慕尼黑德意志博物馆（Deutsches Museum）为代表的科学技术博物馆，从20世纪初开始占据重要地位。科学技术博物馆收集和展示科技类的实物，如电器、交通工具和蒸汽产品，描绘了社会的进步与变革。不过，如今的艺术博物馆还有不少成年观众，而科学技术博物馆普遍被视作为儿童而设。在第四章中，康恩探讨了科学博物馆（包括自然史博物馆、科技与工业博物馆和科学中心）目标观众逐渐低龄化的过程。

自然史博物馆的出现与博物学的发展密切相关。博物学是对自然之物（动物、植物、矿物等），以及生态和文明的探索，旨在描绘自然与人类进化发展的过程。和艺术博物馆不同，自然史博物馆的藏品大多不具有特殊性和唯一性（新发现或罕见的物种除外），它们因为在物种进化中具有典型性和代表性而被收藏。[16]在"裸眼时代"，自然史博物馆收藏了海量珍贵的自然标本，通过科学的分类整理和实物标本排列，展示自然世界的知识与真理。但是这些博物馆的展览陈旧、紧凑、枯燥且乏味，实物之间没有关联也没有互动，更加没有考虑观众的观展体验。

近百年来，博物馆观众和社会的需求在变化，[17]自然史博物馆开始反思研究、展览和教育的关系，思考人与自然的关系，并根据公众需求更新教育和展陈策略，比如美国自然史博物馆（American Museum of Natural History），更新了常设展并希望依此着重完成其教育使命。[18]同时，"裸眼时代"的观看方式已经过时，博物馆也训练了专门的讲解员为展览和展品进行解说。[19]20世纪60年代，自然史博物馆在生态与环境科学方面的实物收藏与保护重新得到重视，这使得博物馆重获研究中心的地位，将研究重点放在探索人类与自然世界的联系上。[20]

至于科技与工业博物馆，尽管很早就有工业展览会，但美国科技与工业博物馆出现得较晚。直到20世纪20—30年代，美国才拥有两座科技博物馆——富兰克林学院科学博物馆（Franklin Institute Science Museum）和芝加哥科学与工业博物馆（Chicago Museum of Science and Industry）。此时，实物在教育和认知上的功能性已经弱化了很多，社会也普遍认为博物馆不应等同于藏品库，博物馆公众也从模糊的概念变为更具体的对象。不过，科学博物馆并非从一开始就以儿童为目标，与此相反，其最初的设定是成人教育机构，为培养普罗大众的公众意识和进行社会教化而设。[21]随着学校机构的普及，博物馆作为教育场所以及辅助课外教学的功能也被确立，儿童观众因此越来越多。

虽然富兰克林学院在早期将其博物馆定位为一个科学研究中心和科学传播中心，但是其科研和博物馆并重的状态没能维持下去。在20世纪后期，其科研中心剥离出来并入特拉华大学，富兰克林学院开始专注于科学博物馆的建设与扩大。[22]芝加哥科学与工业博物馆的首任馆长沃尔德·凯姆费特（Waldemar Kaempffert）最初也希望博物馆兼顾科学研究功能，但因人员冗杂和财政紧缩，研究与公共教育的需求无法平衡，雷诺克斯·洛尔（Lenox Lohr）重组了科学与工业博物馆，撤掉了实验室，解雇了包括科学家在内的多类员工。[23]

现如今，科学博物馆开始使用新的叙事和方法，激发公众对博物馆的兴趣，向公众科普和展示科学、技术和工业相关的基础原理知识及其实际应用。为了丰富公众体验，博物馆还定制了更具教育性、互动性和趣味性的展品（而不是追求真实的、唯一的收藏），同时允许观众触摸展品、与实物互动。博物馆通过有趣的方式展示高深的科学知识，渐渐变得更加娱乐化、低龄化。

四、商业博物馆：机构的衰亡

19—20世纪以来，有一些博物馆历经变革和重组，焕然一新；有一些则消失在历史中，费城商业博物馆（Philadelphia Commercial Museum）就是一个例子。商业博物馆是个比较罕见的博物馆类型，1893年哥伦比亚世界博览会的展品构成了费城商业博物馆最初的藏品结构，此后博物馆又扩充、收藏了其他博览会的大量实物，很快便成为美国最大的博物馆机构，也是唯一一个商业博物馆。其创办者——宾夕法尼亚大学的植物学家威廉·威尔逊（William Wilson），认为只要能够科学、系统地收藏、分类和编目藏品，实物可以建构一套商业的知识体系，观众就可以通过观看实物获取知识和信息。[24]

那么什么是商业？什么是与之有关的、具有代表性的藏品？如何进行与商业有关的系统性收藏？费城商业博物馆按照自然博物馆的方式对藏品进行分类，其展示有两种方式，一是按国家或地区展出各类不同的商品和材料，这是一种展示国家或地区商业史的方式；二是展示同种产品，比如展出上百种玉米及其相关制品。[25]虽然费城商业博物馆为学校举办了讲座或教育项目，不过，主要目标是向美国商人（或者未来有意经商的人）讲授商业知识，并且提供让美国商人了解和对比外国产品的渠道，以便知己知彼、扩展海外市场。[26]

但是在20世纪中下叶，如此庞大的机构渐渐销声匿迹了。费城商业博物馆的故事体现了20世纪博物馆、实物、理念与社会环境之间的关系。其创办者离世是博物馆消失的第一个原因，博物馆前期的发展离不开创作者的坚持和努力；其二是在1930年前后全球经济大萧条时期，费城市政府希望机构能直接产生有回报的效益。[27]后者是最根本和致命的问题，即博物馆本身既无法产生直接的经济效益，也不能创造不可动摇的社会或学术价值。其过去的藏品包罗万象，但如此庞杂的收藏并没有让人理解何为商业博物馆，以及它的重要性，因为它自始至终都没有成功建立一个连贯统一、有关商业的知识体系。在教育上，它也没能像沃顿商学院（The Wharton School）一样，向商人或学生提供专业、科学且系统的训练。[28]费城商业博物馆潜在的商业性也暗示了其尴尬处境——展出的实物既不是独一无二的艺术品，也不是有学术价值的自然标本。作为公益机构，早期博物馆仍在尽量避免成为企业的宣传平台，但其推广商业的目的越来越明显。[29]而且因为财政压力和有限的空间，大概在1930年后，费城商业博物馆很少再像过去一样大规模收藏新的藏品。[30]

可是，社会和商业环境瞬息万变，博物馆陈旧的馆藏越来越难反映商业最新的发展，其研究和教育的地位也由学校等机构取代。在第二次世界大战时，商业博物馆还被改造成临时医院，而不像富兰克林学院科学博物馆那样，还继续在专业上发挥作用。[31]后来，商业博物馆多次被动改造，其部分空间用做交易展厅、多功能活动厅，再被翻建成贸易中心和市民中心，仅保留一座建筑为免费的公益展览空间，博物馆维持着这样的空间布局直到最终关停。[32]

五、博物馆实物、公共空间与公民身份

在前面几个章节中，康恩讨论了人类学博物馆、艺术博物馆、科学博物馆和商业博物馆的变化。最后，他深入讨论了城市化背景下，博物馆的公共空间和公民认同问题，这与博物馆自身和智识生产的发展、美国城市变迁和美国公众概念的变化等因素有关。这些概念和社会的变迁是联动的，比如博物馆成为城市公共文化空间时，"公众"的概念本身，以及博物馆和社会对此概念的理解发生了巨大变化，公众对博物馆的需求及其与

实物的关系也随之发生变化。

在博物馆的第一个黄金时代，伴随着城市化发展和城市人口剧增，迅速发展的美国大城市出现了大量博物馆。大部分大城市人口由移民组成，他们来自不同的地方，有不同的教育、职业和文化背景。不同于欧洲博物馆在塑造国家身份和文化认同方面的重要作用，美国博物馆大多受私人或财团赞助，它们更多地被当作城市或企业之间竞争的一种手段来运营，在塑造地方身份和增强认同感方面表现得更为突出。[33]在这样的城市化背景下，美国博物馆作为城市公共空间，在建构公民身份方面起了重要作用，美国公众更加明确了其作为城市公民的权利与义务。比如，当对城市和社会有象征意义和文化价值的藏品被拍卖时，公众会对此表示强烈反对，并积极筹款力图留下藏品。来自工人阶级的公众会对博物馆开放时间，以及参观博物馆的着装要求等方面进行辩论，争取进入博物馆学习知识的机会。[34]

受城市人口组成结构的影响，美国博物馆面对不同背景的公众及其持续变化的需求，它们与公众的关系也在变化，这影响了博物馆及其空间的设计，以及博物馆与实物的关系。过去，博物馆建筑和室内空间都相对统一，博物馆首先是展示和收藏实物的场所，其次才考虑观众需求。当时，博物馆的观众概念是模糊且单一的，其参观路线都被规划好，这意味博物馆主导着一切，观众只能按照这样的路线和顺序观看。[35]20世纪初，博物馆开始认真调查观众的组成，以及他们的需求，并据此改造博物馆内部空间，优化标识设计和调整公共教育活动。[36]

如今，为了兼顾休闲和娱乐功能，以及依靠销售补贴运营成本，博物馆用于展示和存放藏品的空间被压缩了，增加了纪念品商店、咖啡店、餐厅、放映厅和可供对外租借的宴会厅等配套的消费设施和服务。20世纪30年代，博物馆增加了公共教育空间及相关工作人员，过去被展品堆砌的展厅也渐渐空旷，只展出少而精的藏品。此现象愈演愈烈，到了21世纪，博物馆可以没有藏品，但不能没有餐厅、咖啡店和商店。博物馆展示的东西越来越少，提供的公共教育活动越来越多，不过博物馆空间和建筑仍然扮演重要的角色，例如，21世纪的博物馆成为建筑师大展身手的平台，这些先锋建筑成了城市地标，不仅可以吸引游客、刺激文化旅游，还提升了城市的知名度，使这些城市在全球都市竞争中赢得更多投资者的青睐。同时，博物馆兼顾社会宣教功能，构建大都市文明，进一步成为城市公共文化的一部分。这一切都说明了博物馆社会功能的转变，以及基于实物认知观的理念的弱化。

六、结语

在新的时代背景下，尤其在21世纪数字化虚拟时代，博物馆所处的社会环境在迅速变化，许多概念也随之改变。一方面，为了突出娱乐和教育的功能，越来越多博物馆利用标签、图像、实景模型和交互媒体技术阐释实物，"请勿触碰"的标签也开始替换为鼓励触摸和交互的标识。另一方面，康恩察觉公众对博物馆及实物本身讲故事的能力失去信心，毕竟有时候博物馆实物传达的信息相当武断、死板。[37]徐坚写道："博物馆是社会公共性的产物……馆藏只是博物馆活动的载具，而不是世代永守的瑰宝。"[38]也就是说，即便博物馆在展览中使用了复制品，机构的权威性也不应减弱，因为公共博物馆收藏和展示实物的主要目的在于教育和讲故事，所以博物馆不必再依赖实物原件，而要将重点放在如何提供更具教育意义的展览和展品上。

博物馆对实物的态度根据外在社会环境、思想发展及自身功能和角色而改变，它身处社会环境中并时刻被影响着。本书以疑问句为书名和标题，明确且尖锐地反映了博物馆实物和博物馆迫切需要思考和回答的问题，也为博物馆学和公共历史学提供了新的研究角度。[39]尽管此书基于美国博物馆历史和实践展开论述，但康恩对博物馆根基的质疑，在国内外都引起了较大的震动和讨论，学界开始重新思考博物馆与实物的关系，以及博物馆价值和功能的转向。博物馆是否还需要实物的问题，不能简单以"是"或"否"回答，这是个见仁见智的话题，同时也取决于博物馆对公众的态度，以及它们希望与公众和社会保持怎么样的关系。显然，在一些情境中，实物还有重要作用，比如承载理念和文化记忆，给人们带来观看的愉悦、满足人们的好奇心。只是在当下，传统实物的重要性和博物馆对真实性（authenticity）的追求已大不如前，[40]其背后更深层的原因是美国博物馆基于实物认知的理念发生了变化。

本书还引发了其他更深刻的问题，即博物馆应如何持续创造价值。费城商业博物馆的案例是一个警示，当这座博物馆背后的思想、信念，以及存在的价值消失，博物馆及藏品的意义变得空洞，它便不可避免地走向终结。此外，博物馆也存在令人担忧的问题，因为博物馆常被卷入政治纷争，成为殖民主义和资本主义的工具。[41]康恩认为，依靠博物馆等文化机构来解决政治、经济与社会问题的想法过于单纯且不现实，这使博物馆原有的文化、科学和教育意义不再纯粹，甚至不再真实。另外，本书多处也提到博物馆娱乐化的倾向和消费主义的影响，[42]这是值得以批判性的目光看待的现象。博物馆对社会发展和时代变化应保持觉知和警惕，及时自我调整、更新角色，才能满足社会的需求并适应社会的变化。

（温琦，深圳大学艺术学部教师，研究方向为博物馆研究、视觉文化研究。）

注释：

[1] 需要指出的是，"object"有物品、物体和实物等多种翻译，在博物馆的语境中有几层含义：一是藏品；二是博物馆展出的展品，也包括辅助展示的复制品、设备等；三是康恩在导论、第三章和第六章都谈到的博物馆建筑。国内在谈及此书时，一般将"object"翻译为"实物"，本文沿用学界的翻译，统一使用"实物"一词。

[2] 史蒂芬·康恩：《博物馆与美国的智识生活，1876—1926》，王宇田译，上海：上海三联书店，2012年。

[3] Steven Conn, *Do Museums Still Need Objects?*, Philadelphia: University of Pennsylvania Press, 2010, pp. 14-15.

[4] Ibid., p. 59.

[5] Ibid., p. 71.

[6] Ibid., p. 82.

[7] Ibid., p. 31.

[8] Ibid., p. 33.

[9] Ibid., p. 78.

[10] Ibid., p. 103.

[11] Ibid., p. 86.

[12] Ibid., pp. 115-116.

[13] Ibid., pp. 117-124.

[14] Ibid., p. 117.

[15] Ibid., p. 29.

[16] Ibid., pp. 49-50.

[17] Ibid., p. 164.

[18] Ibid., p. 142.

[19] Ibid., p. 147.

[20] Ibid., p. 151.

[21] Ibid., pp. 146-148.

[22] Ibid., p. 168.

[23] Ibid., p. 166.

[24] Ibid., pp. 175-176.

[25] Ibid., p. 178.

[26] Ibid., p. 179.

[27] Ibid., p. 184.

[28] Ibid., p. 192.

[29] Ibid., p. 157.

[30] Ibid., p. 185.

[31] Ibid., p. 182.

[32] Ibid., p. 184.

[33] Ibid., pp. 207-208.

[34] Ibid., p. 213.

[35] Ibid., pp. 203-206.

[36] Ibid., pp. 214-215.

[37] Ibid., p. 7.

[38] 徐坚：《博物馆还需要实物吗？》，《光明日报》，2019年9月6日。

[39] Victoria E. M. Cain, "Book Review", *The Public Historian*, 2010, 32(3), pp. 153-154; Tammy S. Gordon, "Book Review", *The American Historical Review*, 2011, 116(5), p. 1442.

[40] Steven Conn, *Do Museums Still Need Objects?*, p. 134.

[41] Ibid., p. 15.

[42] Ibid., pp. 170, 220, 228.

《博物馆与公共领域》

Museums and the Public Sphere

作者：珍妮弗·巴雷特（Jennifer Barrett）

出版年份：2011

◆— · 本书短评 · —◆

探讨了博物馆作为公共空间的历史、能力及未来路径。

述评人：陈阳

从微观层面来看，本书的问世与珍妮弗·巴雷特（Jennifer Barrett）对公共文化的长期研究和对社区的文化实践的兴趣，特别是社区参与、实践和生产文化的方式有密切关系。本书试图探讨博物馆是否仍属于传统意义上的公共领域，以及应当以何种方式被视为公共领域，以此衡量博物馆作为民主公共空间的能力，并探索其未来路径。

从宏观层面来看，本书是一次跨学科、跨领域的尝试，属于博物馆与公共领域的交叉范畴。2021年，安德雷斯·沃尔海姆（Andreas Vårheim）和罗斯维塔·斯卡雷（Roswitha Skare）曾对博物馆和公共领域的研究进行过综述。[1]作为这一交叉领域当前唯一的专著，本书具有较为广阔的视野和更加深入的思辨过程，对于希望涉足相关领域的研究者具有极高的参考价值。

本书共分为五个章节。第一章是全书的理论基础，巴雷特介绍了尤尔根·哈贝马斯（Jürgen Habermas）的公共领域理论，并从博物馆研究的角度对其进行批判，进而提出了文化公共领域的概念。第二章通过分析博物馆的历史发展，展示了博物馆如何成为公共领域的一部分，及其在不同历史时期与公众关系的演变。第三章分析了博物馆的公共空间与民主实践之间的关系，并援引米歇尔·福柯的理论，进一步批判哈贝马斯的公共领域理论，将社区概念引入读者的视野。第四章辨析了观众、社区、公众这三个术语之间的关系，在讨论当前博物馆观众研究中存在的问题之后，巴雷特进一步展开了对公众与社区关系的思考。第五章从策展人角色的转变出发，展望博物馆的未来，讨论了21世纪的博物馆如何作为公共知识分子参与公共领域。本文大致依据书中的章节顺序展开论述。

本书英文版于2011年出版，目前尚无中译本。不过，巴雷特的一篇文章[2]曾翻译发表在《博物馆学季刊》2012年第4期。本文与本书的第三章"作为公共空间的博物馆"在内容上有很大的重合性，可供读者参考。除此之外，凯瑟琳·林德（Katherine Lind）[3]和蒂姆·沃克（Tim Walker）[4]都为本书写过书评，可供感兴趣的读者参考。

一、理论背景：批判"公共领域"

本书伊始，对"公共领域"的论述为全书提供了理论背景和对话目标。巴雷特简要介绍了哈贝马斯的公共领域理论，并对其展开批判。她的批判将有助于我们理解公共领域，以及"公众/公共"这一概念。

在巴雷特看来，博物馆研究中常用的"公众"概念，来自哈贝马斯的资产阶级公共领域理论。简要来说，哈贝马斯认为，"公共领域"是介于国家和私人之间的一个讨论空间，其功能是理性地思考具有公共重要性的问题。[5]资产阶级公共领域构成的基础是以书信、书籍和论文等书面形式，公开表达论点。[6]在哈贝马斯的理论中，"公共领域"既是相对独立于国家和政治权力之外的场域，也是相对于"私人领域"而存在的概念。因此，被视作私人化的事物，通常会被排除在公共领域的范畴之外。与此同时，他认为，"公共领域的代表权是以公众使用理性为条件的"[7]，因此，非理性的情感则属于私人领域。

巴雷特从博物馆研究的角度出发，指出哈贝马斯有关公共领域，尤其是资产阶级公共领域的论述存在如下三个问题：第一，过于强调理性，忽视了情感等非理性因素在公共生活中的重要性；第二，将注意力局限于公共领域的政治影响，而"并没有将文化、空间实践或美学联系在一起"[8]；第三，只将文学视为可普遍化的公共领域，从而将艺术排斥在公共领域之外。在此基础上，她站在博物馆的立场，基于博物馆研究的需要，将经典的公共领域概念修订为"文化公共领域"[9]，以揭示文化对于理解公共领域的重要性。

哈贝马斯对公共领域的看法，直接影响了大众对博物馆等文化机构是否属于公共领域的判断。在哈贝马斯看来，与博物馆密切相关的艺术要么因为过于专业化，要么因为缺乏文学话语的深度，只适合置于私人领域中理解。遵照此种逻辑，博物馆等文化机构不仅被视为是孤立的，还与更广泛的社会生活背景分离。巴雷特指出，这种观点忽视了艺术和公共领域的视觉表征在现代性批判中的重要性。为了解决这种问题，她提出了将视觉和空间纳入公共领域考虑的新观点，以此修正哈贝马斯的公共领域理论。公共话语本质上是空间和视觉的，博物馆等机构的作用，应该被视为公共领域讨论的核心之一："艺术和建筑，以及博物馆语境下的公共空间表现，都是公共领域的视觉符号，并将博物馆表达为一个文化公共领域。"[10]

为了充分展现视觉和艺术在公共领域发展过程中的重要价值，巴雷特分析了路易斯-莱奥波德·博伊利（Louis-L'eopold Boillys）的作品《巴黎咖啡馆内景》[11]，以及雅克-路易·大卫（Jacques-Louis David）的作品《荷拉斯兄弟之誓》《网球场誓言》[12]。这些作品不仅揭示了社会生活的

《博物馆与公共领域》

各个领域，展现了新兴的资产阶级公众形象，还直接涉及公共事务，传达创作者的观念，并引发公众的讨论。巴雷特据此强调，哈贝马斯对公共领域空间性的忽视，限制了对公共领域民主潜力的认识。作为公共领域的重要组成部分，博物馆不仅能够承载和参与公共讨论，而且其内部展示的艺术作品正是民主潜力的集中体现。

此外，哈贝马斯对于"公众"的同质化想象也招致了批评，其理论因忽视文化差异，而带有普世主义和单一化色彩。对此，巴雷特指出，公共领域由异质化、不断变化的群体组成。此外，巴雷特还利用福柯的理论，进一步批判和补充了哈贝马斯的理论。福柯将公共空间视作社会生活的规训空间，这对于理解博物馆究竟如何在社会生活中发挥公共作用具有重要意义，也有助于我们反思：博物馆空间是如何组织的？被谁组织？有哪些机会可以挑战或改变博物馆的空间组织形式？上述观点为作者在后续章节讨论作为公共空间[13]的博物馆奠定了基础。

二、何以"公共"：成为公共空间的博物馆

在上述理论背景的基础上，巴雷特在接下来的章节中，通过分析博物馆的历史发展，讨论了博物馆如何成为公共空间，及其在不同历史时期与公众关系的演变。在历史回溯之后，她将眼光聚焦20世纪60年代，不仅分析了博物馆公共空间与民主实践之间的关系，还着重探讨"公众"是如何在其中被塑造的。总体而言，巴雷特想要探究的问题是："博物馆如何发挥其作为公共空间的功能，并在其中开展公共讨论。"[14]

18—20世纪，博物馆逐步从王室的私人收藏地，转变为向公众开放的空间。这一变化过程背后还隐藏着更深刻的意涵，即国家权力展示方式的转变，以及博物馆与公众关系的变化。在18世纪晚期之前，博物馆的功能在于统治阶层内部的权力组织和传承。18世纪末，博物馆的公共开放标志着文化民主化的开始。到了19世纪，新兴的现代公共博物馆，成为工业化和殖民进程的重要组成部分。相应地，博物馆及其藏品的数量增长，并开始向公众展示社会经济现状和技术变革，成为教育工人阶级和国家向民众展示权威的重要场所。正如托尼·本内特所说："文化逐渐被视作对治理有利，并被塑造成行使新形式权力的工具。"[15]在这一阶段，博物馆"为工人阶级服务，但不属于工人阶级"[16]。20世纪初，博物馆的展示策略发生变化，即"旧博物馆展示物品，新博物馆阐释思想"[17]。与此

同时，博物馆变得更加专业化，并开始关注特定公众的需求。20世纪后期，欧美政府希望博物馆能自给自足，这使得博物馆以举办"超级大展"（blockbuster exhibition）、开展市场营销等作为应对措施，将公众视为博物馆的消费者或顾客。

巴雷特指出："许多博物馆都声称自己是公共空间，却没有意识到究竟是什么让它们具有独特的公共性。"[18]哈贝马斯认为，公众只能通过适当的交流形式——写作或演讲——参与公共领域的交流。巴雷特则认为，民主主体必须置身于一个民主被表演或演绎的场所，才能从物质和概念的双重层面理解和参与民主。[19]在这个角度上，空间和视觉对于公共领域来说十分重要，而这正是作为公共空间的博物馆的长处。正如巴雷特所说："博物馆是产生、观察、复制公共话语、公共礼仪、政治、文化的空间。"[20]这意味着18世纪末以来的博物馆，不仅是国家展示权力的场所，更是规训公民身份和民主生活的空间。博物馆的重要功能在于"向公众展示自己，让人们了解成为模范公民意味着什么"[21]。在此过程中，公众改变和塑造了他们自身。

由此可知，尽管博物馆从王室私藏地逐步"向所有人开放"，但其空间仍然传达着特定群体或阶层的权力表达，致使其公共性仍然有限。随着时代的发展，博物馆与公众的关系也不断发生着变化，因此，作为公共空间的博物馆也需要调整自身。如何超越这种文化的单向传播，促进博物馆变为更加包容、多元、真正允许所有人参与的公共空间？

在这个角度上，巴雷特将公共空间的功能追溯到古希腊的论坛（agora）——"一个开放的空间，市民可以在此平等聚会，商议公共事务"[22]，指出博物馆作为公共空间的另一重意义：不仅单向地展示和传播公共文化，而能够提供一个讨论和处理重要公共事务的场所，因此它可以说是一个民主实践的空间。她认为，博物馆展览的意义不在于寻求达成共识，而是提醒公众关注重要问题。"博物馆应该是解决辩论和冲突的权威之声，还是应该促进不同公众之间的辩论？"[23]显然，巴雷特的答案倾向后者。她进一步指出，正是通过参与公共空间中的实践，人们进一步将自己塑造成介于国家和私人之间的公众。

基于此，巴雷特讨论了两种新的博物馆空间实践："没有围墙的博物馆"（museum without walls）[24]和"后博物馆"（the post-museum）[25]，以启示大众打破传统博物馆模式的方式，创造更加开放和包容的公共空间。"没有围墙的博物馆"概念，源自法国艺术史学家安德烈·马尔罗（Andre Malraux）的"想象博物馆"（musée imaginaire），即超越早期现代博物馆制度框架的、更加人文主义的博物馆。但在从法语翻译到英语的过程中，其名称被译为"没有围墙的博物馆"，这实际上大大改变了其意义。这一概念希望加强观众对馆藏物品的主观体验和叙述，从而超越博物馆结构化的藏品组织和叙事方式。随着互联网和数字化技术的发展，这一理念在一定程度上得以实现，观众可以自由访问和探索数字化的在线藏品，并利用互联网超文本创造自己的探索路径。"后博物馆"概念由学者艾琳·胡珀-格林希尔提出，其基础是文化多样性、可及性、参与性和物品的使用，而非简单地累积物品；这一概念强调与社区的合作，以及对非物质文化遗产的重视。这一过程中，藏品可能会被送回其原来的环境，或者博物馆在来源社区的指导下继续保管该物品。[26]因此，后博物馆"可以有足够的广度容纳多种不同的声音，有足够的活力包容随着时间推移而发生的变化"[27]。

到底是什么让这些新形式的博物馆有别于过去的博物馆？巴雷特认为，区别的关键在于打破哈贝马斯式的对公众单一、普世的想象，从而走向对观众的全新认识，以及与社区建立新的关系。在下一章中，她将就此展开更为详细的论述。

三、"公众"之辩：从观众到社区

既然哈贝马斯对单一的、普世的公众想象是有问题的，那么理解多样化的公众就非常必要，这也是当代博物馆成为真正的公共空间的关键。据此，巴雷特辨析了观众、社区与公众这三个术语的内涵及其关系，进一步探讨应当如何理解"公众"这一概念。在确定"公众"范畴的过程中，博物馆曾一度将观众——作为个体的公众——等同于"公众"。如今，这样一种认识公众的视角逐渐失效，因为博物馆对"公众"的理解又开始向"社区"转变。巴雷特指出："博物馆如何使用'公众'一词思考作为社区的观众和作为个体的观众，对博物馆来说至关重要。"[28]因为，博物馆看待公众的方式不仅会深刻影响它们向公众开放的方式，也会影响它们的公共实践。

为此，巴雷特首先讨论了当前博物馆观众研究的普遍情况，不仅反思其中存在的问题，而且探讨这些问题如何影响我们对观众的认识。随后，她展开了对作为社区的公众,以及博物馆与社区关系的讨论,不仅思考社区概念本身存在的隐患,还涉及博物馆如何更好地建立与社区的关系。

在既有的博物馆研究中,法国社会学家布迪厄的理论在解释社会阶层对博物馆参与的影响方面具有重要意义。布迪厄的研究成果表明:"在对博物馆的态度和参与方面,存在着重要的阶级差异。"[29]文化资本的积累使得某些社会群体更容易接触和欣赏艺术,而这种资本往往与阶级背景紧密相关。他的理论强调了博物馆在社会分层中的作用,指出博物馆空间和展览内容往往反映了特定阶层的价值观和审美标准。

为了避免陷入精英主义的隐患,许多博物馆试图通过观众研究的方式了解它们的观众。但这些观众研究真的如此有效吗?巴雷特大致总结了现有的观众研究方法类型:参观者研究(对观众进行特征分析,研究其参观模式)、细分研究(承认个体差异,揭示每个细分群体的动机和期望)、障碍分析(旨在确定哪些人不参观博物馆、他们不参观博物馆的原因,便于减少参观博物馆的障碍)、参观者统计(确定不同区域的观众比例,以便博物馆安排工作)。[30]随后,巴雷特对现有的观众研究进行了批判。当前的观众研究大量采用定量方法,旨在将结果普遍化,这实际上是在"降低(观众群体的)复杂性"[31]。研究人员被定量方法展现的客观性诱惑,忽视了其中把公众视为均质化群体的风险,这与前文中她对哈贝马斯理论的批判密切相关。相比之下,巴雷特倡导采用更加动态、多元的方法理解观众,拥抱观众研究的复杂性,而不是去简化它。从研究方法来说,这就要求研究者采用更深入的定性研究方法,如深度访谈和参与观察,不仅关注观众的行为,还要关注他们的社会和文化背景如何影响他们与博物馆的互动。巴雷特强调,博物馆应该被视为一个复杂的社会空间,其中包含多种声音和视角。通过这种研究方法,博物馆可以更好地理解和服务其公众,同时促进公共领域的民主化和多元化。

巴雷特对公众复杂性的认知和对博物馆作为公共空间的期望,无疑将我们引向了社区的概念。巴雷特指出,博物馆领域在描述"公众"时,出现了一个显而易见的转变,即从"观众"转向"社区"。这种变化被认为更民主,因为它似乎能让博物馆与"人民"(the people)联系得更加紧密。然而,巴雷特指出,"社区"概念同样可能存在被浪漫化或简化的风险。因此,单纯的术语转变并不"意味着博物馆比之前更加民主"[32],而需要更加深入的分析。

"社区"的概念对作为公共领域的博物馆有何贡献，又存在怎样的隐患？社区概念具有复杂性，有助于人们理解社会生活的背景，从而超越哈贝马斯式普世化的公共领域。在这里，巴雷特援引亚历山大·克卢格（Alexander Kluge）的概念进行阐释：克卢格区分了伪公共领域（pseudo public sphere）和对立的公共领域（oppositional public sphere）[33]。前者与哈贝马斯的公共领域类似，只代表现实的一部分，且只是有选择性地接纳了某些价值体系。而对立的公共领域则是开放、变化和扩展的，增加了公共表达的可能性。对立的公共领域可以为作为公共领域的博物馆实践方式带来启示。社区由人组成，而不同的社区则共同构成了公共领域，由此构成的公共领域并非单一、静态的，而由互相竞争的社区和话语组成。正如巴雷特在前文讨论后博物馆时提到的，博物馆应该"基于'多元公众'的概念，这种概念认可社区内的多元性、不对称的权力关系和分裂"[34]，乃至承认社区是一个动态的过程而非静态的客体。只有这样，社区概念才能真正超越哈贝马斯"公众"概念隐含的普世主义倾向。

　　巴雷特同样也提出了对目前"社区"术语的反思。她批评了现代性对"公众参与"的关切，认为"这种关切同样设想了一个同质化的'公众'"[35]，而忽视了社区内部的多元性和权力关系。此外，巴雷特提出，博物馆可能存在挪用社区已有的空间和文化生产实践的风险，进而引发我们的思考：博物馆到底如何真正地与社区合作、促进社区的文化实践，而非挪用其空间与文化生产实践？这需要博物馆专业人员采用更加尊重社区的理念与方法，真正将社区视为参与者与贡献者。因此，这也就要求博物馆重新定位自身。

四、未来展望：扮演公共知识分子角色的博物馆

　　在最后，巴雷特转向博物馆实践，探讨了作为公共领域的博物馆在21世纪如何更好地发挥潜力、承担责任，即博物馆应该在当代社会扮演什么角色。她从策展人（curator）角色的转变出发，展望了博物馆的未来，讨论了博物馆如何在公共领域扮演公共知识分子角色。

　　策展人是不是博物馆实现其公共性的一种障碍？如何看待"策展人消亡"的趋势？巴雷特从策展人角色的变化过程出发，讨论了这一问题。早期，策展人扮演知识传播者的角色，负责管理和传播知识。由此，他们被视为博物馆权威的代表，是"博物馆里无所不知、无所不能的角色"[36]。

在已有的论述中,这样的策展人被认为破坏了博物馆的公共潜力,因而饱受质疑。然而,随着博物馆学的发展,策展人的角色亦开始扩展,结合了文化掮客(cultural powerbroker)、促进者(facilitator)和适当参与者(appropriate participant)的多重身份。[37]这些角色的产生与博物馆对公众参与和社区合作的日益重视密切相关,反映了博物馆在知识生产、文化展示和社会互动方面的新趋势。

显然,巴雷特对策展人的态度并不消极。尽管有观点认为,策展人的角色可能会被博物馆的其他专业人员取代,但巴雷特认为,策展人角色不应被取消,而应被重新定位。策展人应在积累对藏品、收藏和展览实践的专业知识的同时,成为"社区对项目、展览或藏品兴趣的引导者、促进者或回应者"[38]。这种角色的重塑有助于博物馆更好地服务公众,促进知识共享和文化多样性,"为创造新知识而不是挪用社区的知识、物质文化和身份提供可能性"[39]。

巴雷特还援引了艺术博物馆、社会史和人类学等领域的策展案例,展现了不同领域策展人多样化的策展方法。[40]具体而言,艺术策展人强调项目管理技能,而社会史和人类学策展人则更注重与社区的合作,以及文化敏感性。这些方法给策展人角色带来了新的启示,即策展人应具备更广泛的技能,包括沟通、协调和管理能力,以及对多元文化和社会议题的深刻理解。

据此,巴雷特将策展人的策展实践与21世纪作为公共领域的博物馆紧密联系。博物馆拥有扮演公共知识分子角色的潜力和义务,而重塑策展人角色对于博物馆发挥此种潜力至关重要。好的策展人将有助于博物馆成为促进知识发展、文化交流和公共辩论的重要场所,使博物馆能够更好地履行其在当代社会的职能。

五、余论

作为博物馆与公共领域这一研究领域迄今为止唯一的专著,本书的意义并不限于带领读者深入巴雷特的理论世界,更是对众多相关理论研究的汇总和梳理。因此,笔者认为,本书能够成为为读者打开这一研究领域的钥匙。

此外,本书展示了社会学理论参与博物馆学研究的可能性。许多社会学家如布迪厄、福柯等的研究都曾涉及博物馆,但他们多将博物馆视为讨论的客体，或是其社会学理论的佐证或注脚，因而无法充分解释博物馆的复杂性。正如麦夏兰所说："博物馆在社会研究、文化研究的很多核心争论点上充当着'集结地'，但是与学校或电视相比，针对博物馆的社会科学研究仍不够充分。"[41]同时，亦有不少博物馆学研究者曾涉足社会学理论，但鲜见以博物馆为中心组织相关社会学论述的专著。在笔者看来，本书正是提供了一种利用社会学（或其他多学科）视角深化博物馆理论研究的示范，有助于读者从另外一种学科的角度，思考博物馆的公共性问题，以及博物馆作为一种当代公共机构的责任。不论读者是否认同巴雷特在本书中表达的观点，本书都能从相关方法的层面提供启示。

巴雷特对公共领域的论述颇有独到之处，但也存在一定局限。例如，林德在其书评中指出：尽管巴雷特提供了一种分析公共领域的系统方法，但她将所有类型的博物馆（如艺术博物馆、历史博物馆、自然历史博物馆）都囊括在内，错失了就博物馆的贡献提供具体论据的机会。[42]这一方面，或许有待后来者做出更加具有针对性的研究。

此外，林德同样提到了巴雷特在探讨互联网对博物馆实践的影响方面的不足。在讨论"没有围墙的博物馆"时，巴雷特已经意识到，网络和互联网超文本等数字手段在公共领域构建过程中具有潜在影响。但由于本书成书的年代尚早，她对于网络和数字方法的探讨仍然浅尝辄止。在书中，巴雷特始终主张打破哈贝马斯关于单一、均质公众的想象，提出一种更加多元化、多层次、互动争辩的公共领域概念。而在今天，网络空间在构成公共领域的过程中展现了无穷的潜力，也赋予了博物馆更多连接公众、推动社会变革的机遇。

诚然，巴雷特维持着她一贯的严谨，说道："数字领域作为公共空间，究竟是否能更为公众所用，对博物馆来说仍然相当具有挑战性。"[43]数字技术本身并不是解决博物馆当前和未来挑战的灵丹妙药，除非博物馆能够用一种更好的方式利用它。因此，面向一个愈发复杂多变的数字时代，巴雷特在本书中的思考，依然能够给我们带来探索博物馆未来的启发。

（陈阳，浙江大学艺术与考古学院硕士研究生，研究方向为博物馆学。）

注释：

[1] Andreas Vårheim, Roswitha Skare, "Mapping the Research on Museums and the Public Sphere: A Scoping Review", *Journal of Documentation*, 2022(03), pp. 631-650.

[2] 珍妮弗·巴雷特：《追求民主——作为公共空间的博物馆》，邱家宜译，《博物馆学季刊》，2012年第4期，第7—28页。

[3] Katherine Lind, "Book Review", *Quarterly Journal of Speech*, 2013(01), pp. 114-117.

[4] Tim Walker, "Book Review", *Visitor Studies*, 2012(01), pp. 118-120.

[5] Jennifer Barrett, *Museums and the Public Sphere*, New Jersey: Wiley-Blackwell, 2011, p. 19.

[6] Ibid., p. 21.

[7] 同注6。

[8] Ibid., p. 15.

[9] 同注8。

[10] Ibid., p. 41.

[11] Ibid., pp. 65-68.

[12] Ibid., pp. 73-78.

[13] 巴雷特认为，哈贝马斯的公共领域概念中，空间是抽象的，其物质性受到忽视。而此处她强调公共领域的物质和空间维度，包括视觉性和物质环境对公共空间中民主实践的影响等。

[14] Jennifer Barrett, *Museums and the Public Sphere*, p. 12.

[15] Ibid., p. 52.

[16] Ibid., p. 51.

[17] Ibid., p. 54.

[18] Ibid., p. 81.

[19] Ibid., p. 114.

[20] Ibid., p. 101.

[21] Ibid., p. 57.

[22] Ibid., p. 82.

[23] Ibid., p. 95.

[24] Ibid., pp. 107-109.

[25] Ibid., pp. 109-112.

[26] Ibid., p. 109.

[27] Ibid., p. 111.

[28] Ibid., p. 13.

[29] Ibid., p. 121.

[30] Ibid., p. 124.

[31] Ibid., p. 126.

[32] Ibid., p. 129.

[33] Ibid., pp. 136-137.

[34] 同注27。

[35] 同注27。

[36] Ibid., p. 144.

[37] Ibid., pp. 150-154.

[38] Ibid., p. 155.

[39] Ibid., p. 170.

[40] Ibid., pp. 155-162.

[41] 莎伦·麦克唐纳、戈登·法伊夫编著：《理论博物馆：变化世界中的一致性与多样性》，陆芳芳译，杭州：浙江大学出版社，2020年，第2—3页。

[42] Katherine Lind, "Book Review", *Quarterly Journal of Speech*, 2013(01), p. 117.

[43] 珍妮弗·巴雷特，前引文，第18页。

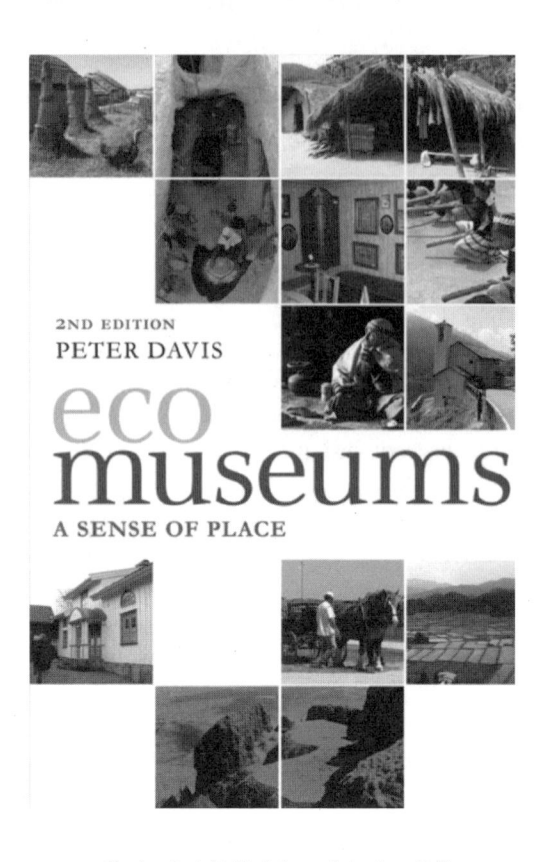

《生态博物馆：地方感》
Ecomuseums: A Sense of Place

作者：彼特·戴维斯（Peter Davis）
出版年份：2011

❖—·本书短评·—❖

以"地方感"剖析生态博物馆的理念、发展及全球实践。

述评人：吕思瑶

一、成书背景与内容介绍

20世纪中期，后现代主义理论反对宏大叙事和绝对真理，拥抱多元化、碎片化和充满不确定性的世界，[1]很快便在社会学、政治学、艺术、文化等多学科领域掀起了变革运动，其在博物馆领域的表现便是第二次博物馆革命（The Second Museum Revolution）和新博物馆学（New Museology）运动。第二次博物馆革命和新博物馆学虽然在发展脉络上各表一枝，但两者在精神上一脉相通——都兴起于第二次世界大战后的博物馆学界，旨在反抗传统博物馆"以藏品为中心"的功能和角色，倡导博物馆的自我批评和重新评价。在此基础上，这两次变革运动呼吁重新审视博物馆的社会责任，聚焦在地性与公众需求，支持博物馆向可及性、多元化与跨学科方向发展。[2]

作为新博物馆学运动的重要概念之一，生态博物馆于20世纪70年代诞生于法国，由雨果·戴瓦兰（Hugues de Varine）和乔治·亨利·里维埃（Georges Henri Rivière）提出，并在国际博物馆协会（ICOM）第九届大会上为人熟知。生态博物馆倡导从环境保护主义的视角，以及从社区和环境的语境出发，探讨博物馆的功能和价值，推崇社区参与和赋权，保护与颂扬地方文化和自然遗产。自诞生以来，生态博物馆便在国际博物馆协会的一系列会议和工作坊，以及生态博物馆诸多实践的合力推动下进一步拓展至全球。

正是在这样的背景下，本书第一版于1999年面世。彼时，生态博物馆仍是一个主要集中在法国和法语区的概念，大部分与此有关的著作都由法语写就。[3]因而，本书成为第一部关于生态博物馆的英文著作，这让生态博物馆的理念和实践得以触及全世界范围内更多国家和地区的读者。本书第一版以生态博物馆的历史和哲学论述开篇，从环境保护主义和社会学视角，探讨生态博物馆中"地方"的意义。戴维斯深感一手资料的重要性，不仅前往法国实地深度参访了多个生态博物馆，更于1998年向所有当时已知的生态博物馆发放和回收综合问卷，并根据这些资料对世界范围内的生态博物馆案例进行了详细的记录。在第一版结尾，戴维斯试图解构生态博物馆的谜题，尤其提出了生态博物馆到底是不是昙花一现的临时现象这一关键性疑问。[4]

在第一版面世12年之后，戴维斯在2011年推出了本书的第二版。在第二版中，戴维斯用遍布全球的生态博物馆案例综述，消解了对于生态博物馆可持续性和独特价值的质疑。第二版基本遵循第一版的三部分结构，并在第一版基础上进行了一定的内容扩充和调整：在第一部分增加了关于生态博物馆定义和特点的阐述；在第二部分拆分了非洲和中南美洲的案例，并增加了中国及亚洲其他国家的案例；第三部分则对已有的生态博物馆实践进行了辩证反思，聚焦生态博物馆在文化图景、非物质文化遗产、旅游业的可持续发展、人权、身份和资本等方面扮演的角色。该版本的完整性与时近性，使其成为相关从业者全面了解生态博物馆概念发展及全球实践的绝佳途径。

本书评基于2011年英文第二版撰写而成，并在书评修改阶段，在专有名词和概念的翻译上参考了2023年出版的中译本。[5]虽然中译本的书名有所变化，但对于生态博物馆"地方感"（sense of place）的强调始终如一。在戴维斯看来，生态博物馆在各地的实践策略、过程和形态各不相同，串联所有实践的统一线索和精髓便是"地方感"[6]。这不仅意味着每个生态博物馆都基于当地特色和公众需求而发展，更凸显了生态博物馆在促进当地公众的地方自豪感、社区自主权和地方身份认同等方面的重要角色。

本书评基本遵循全书结构，首先追溯生态博物馆的理论和实践来源，探讨生态博物馆的定义、模式和特色；接着以地理分区与生态博物馆在不同地区的发展顺序，概览生态博物馆在全球的实践案例；最后围绕生态博物馆名称、地方感和可持续性等关键议题，挖掘生态博物馆本质和未来发展方向，进一步探索生态博物馆在当代的意义和价值。

二、追根溯源：生态博物馆的历史、哲学、理论及定义

本书第一部分分别从生态与环保主义、社区与身份认同、早期实践与潮流发展、定义与特征这四个角度，全面且深入地探讨了生态博物馆的理论根源及本质。在行文过程中，戴维斯还将生态博物馆与相似术语进行比较，对易产生疑问和混淆的概念逐步分解，以明晰生态博物馆的创新性和独特性。

欲知其意，先解其名。戴维斯首先从生态博物馆（ecomuseum）的名字出发，追溯"eco"这一前缀的希腊起源——"oikos"，本意为居住空间、栖息地。[7]1866年德国动物学家恩斯特·海克尔（Ernst Haeckel）发明了"生态学"（ecology）概念，将其界定为自然有机体之间的复杂关

系。[8]随后，生态学成为囊括生态系统、自然环境、环保主义等内容的概念。[9]随着"eco"含义的逐渐扩充，这种强调有机体中个体交互、联络和依赖的关系模式，也开始延伸至自然科学之外的人类学、心理学、社会学及博物馆学等学科。由此延伸而来的生态博物馆也必然超越自然生态环境的定义，成为一个涉及地理与时间维度，人与人、人与自然、人与文化之间复杂交错的综合系统。如此，戴维斯从一个广泛意义上的"环境"框架入手，梳理博物馆与环境之间的渊源。

随后，戴维斯将视野转向西方社会的生态观，从博物馆史的角度论证了生态博物馆产生的必然性。无论是16世纪欧洲贵族珍奇柜中保存的珍稀动植物化石，还是启蒙运动时期对自然历史和人类文化分类与秩序的探索，早期博物馆建立在人类对自然和文化环境的好奇之上。这种将"环境"视为他者的观点直到20世纪中期才得以松动。面对人类活动对自然环境和文化遗产的持续破坏，以及在环保主义运动的影响下，博物馆真正开始认识到人类文化和自然环境的紧密联系与整体性，并积极肩负起保护、记录、阐释、展示、传播环境的责任。在这种情况下，新博物馆类型开始出现，它们反对将物件从原有环境中剥离进而转移至博物馆建筑内的陈列方式，倡导在原有环境场景展示。由此，一种注重全局的整合博物馆理念产生，倡导人类与自然的统整为一，多元文化并存。[10]

在探讨博物馆与环境统整关系的过程中，作者尤其强调"社区"之于博物馆的重要性。人们通过在社区中建立情感、记忆、文化身份和社会关系，从而赋予社区独特的意义，因此，社区不仅关乎置身于社区中的人们如何与社区保持关系，而且社区也成为地方认同感和归属感的来源。在保存和阐释当地自然和文化环境的过程中，博物馆有望成为定义社区身份、创建社区地方感的空间。要想真正尊重、保护和赋能当地社区，博物馆便需要采取一种生态学途径。从本质上来说，博物馆是社区文化生态系统中的一个重要组成部分，并与其他要素（如其他文化机构、政府机关等）在协作与竞争中共生共长。[11]同时，博物馆也可以在社区生态系统中扮演循环者的角色，即从社区中收集物件和记忆、吸收想法和观念，并鼓励当地人主导和参与对社区环境的阐释和保护，再通过展览、教育活动、出版、经济发展等方式循环回馈给社区。[12]

这种倡导博物馆与社区融为一体的生态学博物馆理念，不仅与20世纪中后期蓬勃发展的新博物馆学和第二次博物馆革命的思潮有关，而且与无数先驱的理念变革和实践经验有密切关系。这就涉及一些可以称作生态博物馆前身的博物馆实践，戴维斯对其进行了梳理。19世纪发源于德国的家乡博物馆（heimatmuseum）、1891年于瑞典斯堪森（Skansen）建立的世界上第一座露天博物馆（open-air museum）、20世纪初期英国的民俗博物馆（folk-life museum）、20世纪中期美国的邻里博物馆（neighborhood museum）和社区博物馆（community museum）。除了博物馆先驱的发展，前文提到的20世纪中期的各种博物馆运动、法国政府对环保主义的推崇、关键人物戴瓦兰和里维埃的推动，都为生态博物馆的诞生提供了肥沃的土壤。

在第一部分结尾，戴维斯统整了前文对于生态博物馆哲学和历史的溯源，对其定义、模式和特征进行了解读。首先，作为一个演化的定义，生态博物馆经历了一系列的发展与变化：从1973年里维埃更偏向自然环境保护的定义，到1978年ICOM强调公众参与与社区身份的定义；从1985年将自然与人类文化并重、将公共权威和本地群众并置的定义，到1988年勒内·里瓦德（René Rivard）提出的"地域+遗产+记忆+居民"定义。[13]历经法国生态博物馆法令中的官方定义，到其他国家具有在地特色的定义，近年来，生态博物馆的定义更强调可持续发展的重要性。生态博物馆定义的演变过程充分体现了其强大的包容性和多样性，但也引发了一些实践层面上的困惑。

与其定义一样，生态博物馆目前并没有一体万用的模式：无论是皮埃尔·梅兰德（Pierre Mayrand）提出的以"阐释—地域—生态博物馆"为发展过程的"创造力三角形"模式，还是以生态博物馆为中心的"社区—环境—地域"的"三个圆圈"模式，抑或把生态博物馆视为链子，串联多个特色文化展示点或遗产点的"项链"模式。[14]这些模式虽有不同，但是不约而同地揭示了生态博物馆作为一个能动机制，赋能社区和公众的核心精神。基于以上对定义和模式的分析，作者进一步总结了生态博物馆的特征，包括公众参与、社区赋权、文化身份建设、历史记忆记录、不局限于传统地理或政治范围的地域、在地遗产阐释及保护、地方激活及发展等。

三、千姿百态：生态博物馆的国际实践

本书最大的特色便是其全景式的全球生态博物馆案例研究。在第二部分，戴维斯不仅纵览了当时世界上几乎所有的生态博物馆，而且详略得宜

地分析了这些博物馆实践的起源、特点、内容、运营模式、资金来源、员工构成,以及促成其建立和发展的关键人物、组织、事件、政策和法律法规,展现生态博物馆在全球范围内的多样形态。

截至2011年本书第二版出版时,法国有至少87家生态博物馆。因此,戴维斯独辟一章,专门阐述生态博物馆在法国的实践。法国的生态博物馆具有极强的专业性,且背后有强大的政治力量推动,不仅有规定其关键活动及委员会构成的《生态博物馆宪章》(Charte des Écomusées),也有生态博物馆主题的学术会议、学术期刊、官方组织,以及来自政府部门的专属资金支持。[15]法国地域文化的多样性塑造了多样的生态博物馆:有抵抗城市化扩张的乡村、农业、渔业和自然景观等主题的博物馆,也有守护当地工业历史和遗址的博物馆;有完全依靠当地居民运营的欧赖地区生态博物馆(Écomusée du Pays d'Auray),也有后续运营逐渐脱离社区公众的布雷讷和布兰科斯地区生态博物馆(Écomusée de la Brenne et du Pays Blancois);有横跨多个大型自然地理区域的博物馆群,也有只聚焦当地特色的单个小型博物馆。生态博物馆的展示不仅囊括"静态"的传统农舍、建筑、家具、工具和服装等,也包含"动态"的农作物、动物、手工艺、口述史、儿童教育活动和传统活动体验项目等。法国的生态博物馆虽展现了极大的差异性,其内核却都聚焦当地自然、文化、历史与人之间的交互关联。[16]

20世纪70—80年代,生态博物馆的浪潮涌入欧洲大陆的其他国家,其中在北欧国家(这里主要指瑞典、挪威、芬兰、丹麦四国)尤为显著。北欧国家幅员辽阔、人口稀少,因此其人口聚居区在地理空间上极为分散。一方面,这种地方的独特性导致北欧大多数生态博物馆呈现"碎片站点"(fragmented site)分散各地但又相互串联的伞状机制,[17]如拥有50多个不同的展示点、聚焦瑞典中部钢铁工业区域的伯格斯拉根生态博物馆(Ekomuseum Bergslagen);[18]另一方面,偏远乡村地区的公众对地方文化有着强烈的归属与认同感,为生态博物馆尊重、合作与赋权当地社区,提供了良好的群众基础,如芬兰的利赫塔兰尼米生态博物馆(Liehtalanniemi Ecomuseum)[19]。20世纪90年代,生态博物馆在意大利和西班牙发展迅速,在保护传统手工艺、工业与考古遗迹的同时,更采用艺术创新、与当地学校合作和以当地居民为主导的文化旅游活动等手段,激活地方身份认同。随后,波兰、捷克等东欧国家也加入建设生态博物馆,基于当地居民

《生态博物馆:地方感》 187

组织的"绿道"（greenways）[20]，以沿着自然或历史遗址建设的休闲廊道为基础，推进历史文化保护，提升自然环境质量，振兴当地经济发展。欧洲大陆生态博物馆遍地开花的发展态势，进一步促成了欧洲生态博物馆合作网络（The Long Network）的建立，提供了数据库、网站、讨论空间和合作机会等重要资源。[21]尽管并非每个欧洲大陆的国家都有生态博物馆——比如希腊和荷兰，但截至2011年，欧洲大陆已有超过340家生态博物馆，且呈现持续增长的趋势。

作为一个源自法语的术语，"生态博物馆"在英语国家似乎一直受到忽视，导致以生态博物馆为名的博物馆实践较为稀缺。在戴维斯看来，这是语言和文化的双重误解导致的结果。[22]英文中的"eco"前缀容易让人联想到生态学和自然环保，从而模糊了生态博物馆以社区为中心的本质。实际上，英国、北美和澳大利亚都存在很多与生态博物馆一脉相承甚至高度一致的博物馆实践。这些博物馆实践强调在地保护与展示，关注原住民、移民等边缘文化社区，与当地社区公众紧密合作、共同决策。这些并没有被冠以"生态博物馆"名号的博物馆——无论它们如今被称为露天博物馆、民间博物馆、邻里博物馆、遗址博物馆还是社区博物馆——本质上都可以归为生态博物馆。然而其中也有例外，加拿大的魁北克是一个以法语为主要语言的地区，或许正是因为语言上的相通带来了文化和学术的频繁交流，生态博物馆在魁北克得到了较大的发展。[23]通过文化旅游业保护当地自然、工业、考古及原住民文化遗产，生态博物馆旨在促进当地经济发展。

自1972年圣地亚哥圆桌会议以来，发达国家的大多数博物馆逐渐拥抱生态博物馆理念倡导的路径，以此促进文化发展和经济建设。然而，发展中国家的相关实践案例却少之又少。戴维斯认为，这首先是由于政治和资金的限制，很多发展中国家的生态博物馆建设无疾而终。[24]不过，非洲和中南美洲实际上存在一些相关的重要实践，此前却并未受到主流学界的关注。在非洲，如何脱离和对抗西方的博物馆模式，让出于西方猎奇心理而被当作异域珍奇展示的非洲历史和文化回归其日常生活的语境，是博物馆建设的核心课题。[25]20世纪中后期，塞内加尔等法语国家率先开始考虑以社区为中心的博物馆发展，比如建设露天博物馆、聚焦地方传统文化和自然资源保护、邀请当地原住民参与策展等。与此同时，与生态博物馆类似的"文化之家"也在津巴布韦大量出现。[26]中南美洲地区的生态博物馆则呈现非均衡发展的局面。一方面，巴西和墨西哥成为生态博物馆发展的排头兵，在自然生态和文化遗产保护的基础上，两地的生态博物馆大多支持当地社区的自主权，社区公众将博物馆视为开放的共同领域，平等参与博物馆建设和发展，共享博物馆管理的政治权利，从而增强对社区文化的集体责任感和归属感。另一方面，加勒比地区、委内瑞拉、阿根廷和圭亚那等国家和地区历史发展和文化构成相对复杂，杂糅了原住民、移民、非洲人后裔、欧洲殖民历史等多元文化，[27]似乎更需要生态博物馆协助历史和文化身份的保存与传承。

不同于非洲和中南美洲，中东和亚洲的生态博物馆在20世纪末至21世纪初期呈现快速发展的态势，比如伊朗的文化村，将社区赋能与经济发展结合，[28]土耳其的生态博物馆和生态村以文化旅游业激活社区，[29]印度的焦尔·雷夫丹达生态博物馆（Chaul Revdanda Ecomuseum）以保护独特语言、文化及节日传统为己任，[30]泰国的社区博物馆由社区主导决策和运营，[31]以及越南的下龙湾生态博物馆（Ha Long Bay Ecomuseum）以文化包容和共同决策为指导核心等。[32]与此同时，日本和中国的生态博物馆数量增长尤为显著，并各自展现了独特的本土化色彩。20世纪90年代，在农林渔业部门和日本生态博物馆协会的支持下，日本的生态博物馆作为一个比传统博物馆更实惠、更在地、更强调非物质文化遗产的形式，[33]在日本三浦半岛、鹿儿岛等地得到广泛实践。而在中国，生态博物馆的早期实践则聚焦贵州、广西壮族自治区、内蒙古自治区和云南等少数民族聚居区，成为保护少数民族文化、自然生态环境，以及促进当地经济发展与文化自豪感的重要途径。业内人士并提出具有中国特色的"六枝原则"作为生态博物馆发展指导纲领。[34]

四、机遇与挑战：重思生态博物馆

在理念溯源和实践分析之上，戴维斯在最后一章尝试重新审视、评估和批判生态博物馆的过去和现在，挖掘生态博物馆的本质，并提出生态博物馆在未来可能的发展方向。这一章以"答疑解惑"的形式巧妙串联散落在前文各处、但并未展开讨论的关键词与话题，将其归纳在一处集中讨论，解答此前积累的诸多疑惑。

首先，针对生态博物馆这一名称引发的困惑。戴维斯承认，目前生态博物馆的名称使用并没有统一的规范，这主要体现在两个方面。第一，本书案例展现了诸多并未采用生态博物馆名称，但仍满足其特征的博物馆，这些特征包括对自然和文化遗产的保护、对社区需求和赋权的重视、特定地域内"碎片站点"的策略、对经济发展的聚焦等。作者将这种现象称为"加瓦罗霍里悖论"（the Gavalochori Paradox）[35]，其名来源于瑞典克里特岛的加瓦罗霍里博物馆，该博物馆正是满足上述大多数生态博物馆特征却并未采用生态博物馆名称的典型案例。第二，有些传统的博物馆开始采取生态博物馆策略，即逐渐转向以社区为中心的实践，但并未采用任何生态博物馆的名称。对此，戴维斯认为，与其争辩生态博物馆名称的采用方式，不如将视角扩张至博物馆发展的整体潮流，关注这些拥抱新博物馆学的博物馆实践如何共同将生态博物馆几十年来努力实践的"以社区为中心"的价值观推至主流。[36]然而，过于广泛的生态博物馆定义也是危险的，[37]很容易让生态博物馆与其他类似的博物馆概念混为一谈，从而忽视其独特性。同时，这也给予了并不符合其特征的博物馆曲解和冒用这一名称的机会，比如将生态博物馆概念单纯视为宣传区域旅游业的营销手段，或是吸引资金、获取政府支持的金字招牌，却忽视博物馆对文化和自然遗产保护的社会责任。[38]

其次，针对生态博物馆的"地方感"到底为何的困惑。戴维斯解释道，地方感是一个复杂且多变的概念，[39]不仅包含多样的物质与非物质文化遗产和记忆，更会依据不同地域和社区的特点而产生相应的变化，且带有浓烈的地方特色。地方感展现了生态博物馆哲学在全世界范围内不断变化、重塑、拓展，甚至被扭曲、利用的特质。[40]然而，无论如何变化，生态博物馆推崇的地方感应始终支持博物馆所在社区，以广大游客对当地特色的真实体验为基础，并在此过程中加深人们对自身文化身份的认知，赋能过往被传统博物馆忽视的边缘社区，让这些社区重获自信与发展。

最后，对于生态博物馆在未来的可持续性方面的问题。戴维斯用遍布全球、不断增长的生态博物馆案例证明，生态博物馆远远不是一个过时或瞬时的概念。相反，生态博物馆在未来会继续以多元的样态支持社会的全面发展，[41]成为一个以整体视角保护物质与非物质文化景观的有效方法，一项连接自然环境与人类文明的可持续实践，一种推动社会民主化和人权发展的文化途径，一个坚持以当地社区需求为核心，且支持当地人力、社会、文化、身份资本积累、经济发展的大本营，一种以尊重当地为前提的文化与生态旅游业发展策略，以及一种以民主化和共同协作的方式开展遗产管理的工具。

本书出版后的十余年来，全世界对非物质文化遗产、自然生态环境保护与可持续发展等议题的重视迅速增长。与此同时，博物馆作为重要的社会文化机构，在满足可持续发展与社会赋能等需求中扮演的重要角色，也逐渐被博物馆学界及公众认可。例如，国际博物馆协会京都大会于2019年通过了《博物馆、社区与可持续发展》（Museum, Community and Sustainability, 2019）第1号和第5号决议，两个决议都强调博物馆可持续发展的重要性。[42]其中，第1号决议强调博物馆作为可信的信息来源，应通过支持社区参与、赋能全球社会，共创可持续的未来。第5号决议提出，国际博物馆界应认识社区主导型博物馆在促进社会、文化、环境和经济可持续发展等方面的价值和贡献。这里聚焦可持续发展的要求正符合生态博物馆在21世纪重点关注的核心和发展方向，这使生态博物馆成为博物馆推动全球可持续发展过程中可参照的成熟模板，有望实现其在全世界范围内的稳步增长。同时，生态博物馆以自然与文化遗产促进社会可持续发展为原则，也为社会大众理解和建设可持续生活方式提供了新的思路。[43]

至此，在变革中诞生、于困惑中成长的生态博物馆，终于告别其边缘化和少数派的形象，成为博物馆学界的重要组成部分，其理念也终将随着时代精神与地方特色的变化而恒久流动、生生不息。戴维斯撰写的本书，也以其对生态博物馆哲学和历史的深度挖掘，及其对生态博物馆全球实践的全景描述，成为生态博物馆学界最广为流传的奠基著作之一，将为未来社会中生态博物馆的发展提供坚实可靠的理论根基和源源不断的灵感启迪。

（吕思瑶，美国哥伦比亚大学跨学科教育专业博士生，研究方向为博物馆教育、艺术教育、公民教育等。）

注释：

[1] Peter Davis, *Ecomuseums: A Sense of Place*, London and New York: Continuum, 2011, p. xv.
[2] Ibid., pp. 9-10.
[3] 同注1。
[4] Ibid., p. xiii.
[5] 彼特·戴维斯：《地方感：生态博物馆的理论与实践研究》，龚世扬、麦西译，北京：科学出版社，2023年。
[6] Peter Davis, *Ecomuseums*, pp. 286-288.
[7] Ibid., p. 3.
[8] 同注7。
[9] Ibid., p. 4.
[10] Ibid., pp. 17-19.
[11] Ibid., p. 39.

[12] 同注11。
[13] Ibid., pp. 79-85.
[14] Ibid., pp. 85-90.
[15] Ibid., p. 100.
[16] Ibid., p. 132.
[17] Ibid., p. 137.
[18] Ibid., pp. 141-145.
[19] Ibid., pp. 147-148.
[20] Ibid., pp. 162-163.
[21] Ibid., p. 84.
[22] Ibid., pp. 171-172.
[23] Ibid., p. 181.
[24] Ibid., p. 202.
[25] Ibid., pp. 203-204.
[26] Ibid., p. 206.
[27] Ibid., p. 213.
[28] Ibid., p. 231.
[29] Ibid., pp. 229-230.
[30] Ibid., p. 233.
[31] Ibid., p. 234.
[32] Ibid., pp. 235-236.
[33] Ibid., pp. 248-249.
[34] Ibid., pp. 236-239.
[35] Ibid., p. 262.
[36] Ibid., p. 265.
[37] Ibid., p. 263.
[38] Ibid., p. 266.
[39] Ibid., pp. 286-287.
[40] Ibid., p. 288.
[41] Ibid., p. 269.
[42] ICOM, *Annual Report*, 2019，见https://icom.museum/wp-content/uploads/2020/07/2573_ICOM-RA-2019_V13_web_planches.pdf.
[43] Cheng Chang, Matilda Annerstedt, Ingrid Sarlöv Herlin, "A Narrative Review of Ecomuseum Literature: Suggesting a Thematic Classification and Identifying Sustainability as a Core Element", *The International Journal of the Inclusive Museum*, 2015, 7(2), p. 22.

《劳特里奇博物馆伦理指南：为21世纪博物馆重新定义伦理》

The Routledge Companion to Museum Ethics:
Redefining Ethics for the Twenty-First-Century Museum

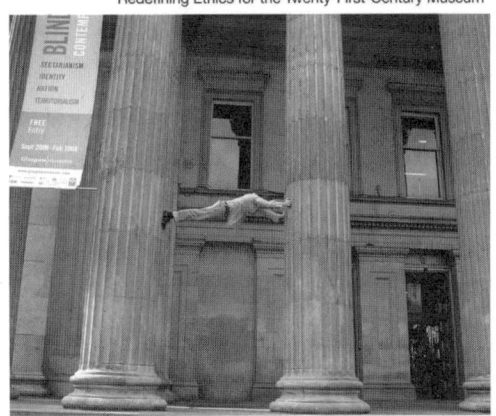

编者：珍妮特·马斯汀（Janet Marstine）

出版年份：2011

❖—— 本书短评 ——❖

探讨了21世纪多元文化背景下新的博物馆伦理。

述评人：张峥

19世纪末，西方社会博物馆和美术馆的大规模建设与职业主义（professionalism）的盛行，使博物馆界感受到"职业意识觉醒和职业制度建设"[1]对提升行业的专业能力会产生巨大影响。相应地，关于博物馆伦理的讨论也随之而来。然而，厄尔·洛夫（Earle Rowe）发表的《博物馆伦理》[2]（*Museum Ethics*）一文和美国博物馆协会制定的《博物馆工作人员伦理准则》（*Code of Ethics for Museum Workers*），在20世纪初并未完全引起业内重视。直到20世纪70年代，西方博物馆内部丑闻频现，[3]再加上社会上出现对应用伦理学（applied ethics）的热议，[4]英美等国的博物馆专业组织和国际博物馆协会纷纷出台博物馆伦理相关的准则，专门探讨博物馆从业人员的伦理标准与行为底线。作为第一部系统阐释博物馆伦理的学术理论著作，1997年，加里·埃德森（Gary Edson）编著的《博物馆伦理》（*Museum Ethics*），奠定了20世纪末对博物馆伦理的理解。

随着21世纪全球政治经济局势日趋复杂化，博物馆被经济压力、社会议题和人文思潮裹挟，无法再置身事外，传统的博物馆伦理规范已经无法应对日益变化的社会环境。在此背景下，珍妮特·马斯汀提出了新博物馆伦理（new museum ethics）：一方面强调打破传统伦理观念；另一方面呼吁从女性主义、后殖民主义和伦理学理论中寻找新的着眼点，将博物馆置于更广泛的社会关系网络，从关系构建和公众参与的角度，为当代博物馆面临的伦理困境提供指引。她的观点得到一众学者和从业人员的支持，最终汇编成《劳特里奇博物馆伦理指南：为21世纪博物馆重新定义伦理》一书。

本书由"博物馆伦理的理论化""伦理、行动主义和社会责任""激进的博物馆透明度"和"视觉文化与博物馆伦理的表现"四部分构成，共收录27篇论文，分别由30位来自不同国家和地区、族群的博物馆学家，以及博物馆从业人员撰写。书中不同作者以跨学科的视角对21世纪以来博物馆各项业务活动中的伦理实践，进行了审视和反思，将新博物馆伦理视为动态发展的社会实践，共同探讨其与复杂的社会、政治、经济及技术发展之间的关系，尝试重新界定不断变化的博物馆伦理话语。

一、从传统走向当代：新博物馆伦理的理论化

第一部分旨在概述新博物馆伦理形成的时代背景、跨学科视角、基本特征及其表现。笔者将根据上述三个方面介绍本部分的七篇文章。

马斯汀在开篇就结合时代背景，定义了21世纪的新博物馆伦理，指出20世纪以来，传统博物馆伦理观关注的是博物馆职业的专业性，及其对博物馆的内部价值，但这种对于"至高"理想的追求，无法满足当前社会快速变化发展的政治、经济、文化需求。[5]对此，她主张对传统的博物馆伦理进行当代性的辩证反思，并提出了作为"一种批判性的伦理话语而存在"[6]的新博物馆伦理。她反对普适的伦理价值观，试图通过社会包容、激进的透明度和遗产的共同守护这三个方面，说明多元文化背景下的新博物馆伦理，实际上是一个充满复杂性、矛盾和变化的过程，具备偶然性、变化性和流动性。

理查德·桑德尔同样感受到时代的变迁给博物馆带来的挑战。在他看来，作为社会机构的博物馆具有促进社会变革、增进社会福祉与公平的伦理责任。[7]在日益强调博物馆与社区关系的今天，博物馆与社区共享权力，促进了深度的民主参与；透明的机构管理意味着更彻底的开放性；物件与体验之间二元关系的解构，则意味着文化遗产被视为一种流动的社会参与过程，不同利益方的参与及其关系的构建大于其物质性。马斯汀指出："当代伦理话语的偶然性体现在从物件到过程的观念转变中，这并不依赖群体共识，而是以不同观点之间的冲突、碰撞为分析标志，'活的'或者'会呼吸'的伦理规范则以透明、协作和自我反思为特征。"[8]由此，马斯汀开启了读者对21世纪新博物馆伦理的重新认知，这奠定了本书的基调。

如果说上述的时代背景孕育了新博物馆伦理，那么跨学科的视角也让处于复杂关系的博物馆重思伦理议题。[9]朱迪斯·切利乌斯·斯塔克（Judith Chelius Stark）将博物馆置于广泛的伦理学和哲学领域中，从话语伦理学（discourse ethics）的理论范式，探讨博物馆的伦理实践及伦理准则的形成，"强调博物馆实践工作者应该发展职业技能和内在纪律，在特定的环境下'做正确的事'"[10]。罗伯特·琼斯（Robert R. Janes）看到了博物馆作为社会公共机构，在全球化浪潮中受到的负面影响，[11]对博物馆进行生态学隐喻，认为处于复杂社会网络中的博物馆能够通过促进多样化、个性化及社会参与，在这个物质主义终结的时代承担推动社会变革的责任。

希尔德·海因[12]一直致力于将女性主义理论引入社会机构的结构和实践。在21世纪，维护知识权威性与鼓励自由公开表达之间的碰撞愈发显著，女性主义理论能够为缓解矛盾冲突提供一种新的视角，"女性主义者拒绝被定义、被驯化、被审视和被统治"[13]。海因没有局限于研究女性主义，而是试图打破传统西方哲学的二元对立观念，呼吁用更多元的方法论表现差异性和不平等，以重新构思博物馆的伦理责任与立场。

克里斯蒂娜·克里普斯（Christina Kreps）[14]和保罗·塔斯佩尔（Paul Taspsell）[15]的两篇文章，则在后殖民主义背景下，讨论博物馆与原住民族群的关系，以此阐明新博物馆伦理的流动性特征及其具体表现。

20世纪80年代末以来，博物馆人类学出现人文主义转变，"文化和人权成为当代博物馆学话语和实践的重心"[16]。在这个过程中，原住民意识觉醒，博物馆作为殖民主义工具的身份被揭示。克里普斯以美国博物馆和原住民之间的关系为研究对象，观察到美国博物馆开始普遍关注原住民的声音，尊重原住民族群对自身宗教信仰、文化及价值观的解读与表达，并逐渐寻求与当地社区的深入合作。她认为，伦理的偶然性表现为不同社会、历史、文化背景下不同的伦理标准，因此需要通过持续性的批判和思考，重新评估当代博物馆实践中的伦理困境。

塔斯佩尔则立足于毛利人、博物馆从业人员，以及行政高管的混合视角，指出博物馆与原住民族群的合作，应以承认原住民的伦理价值观为前提，并呼吁博物馆在治理和决策层面与其共享权力。[17]文中以新西兰奥克兰博物馆推出的毛利文化国际巡回展览"科塔瓦"（*Ko Tawa*）为例，主张博物馆应超越传统的收藏、保护和展示职能，允许跨文化伦理价值观在博物馆语境中共存，从而使博物馆成为推动社会进步和文化多样性的关键力量。

二、外部关系重构：促进广泛的社会包容

20世纪后半叶以来，新社会运动的兴起，以及全球范围内对人权的关注，使得博物馆开始意识到，原住民、残障人士、性少数人群等社会边缘群体应该拥有平等参与文化生活、履行文化权利的机会。在面临伦理挑战与争议时，规范的伦理准则只能提供一定的行动指南，[18]并不能直接判断好坏对错。因此，博物馆如何在困境和争议中找到最合适的价值观念和实践方式至关重要。为此，本书的第二部分"伦理、行动主义和社会责任"，探讨博物馆如何通过深度参与，激发公众的批判性思维，并推动更广泛的社会包容。具体而言，不仅包括博物馆与公众、社区、

社会之间的关系，博物馆如何展示历史和记忆，还涉及博物馆商业化运营的伦理问题。

伯纳黛特·林奇（Bernadette T. Lynch）在其25年的博物馆实践工作经验中，致力于通过社区参与，促成博物馆的组织变革。她在文中以博物馆与社区合作中的伦理困境为研究对象，揭示了社区参与过程中不平等的权力关系和潜在的冲突。[19]她首先指出，被理想化的"参与"声称其目的是构建平等的伙伴关系，但往往因时间进度、机构议程等因素，"参与"变成了"操纵"，以图快速达成共识。[20]这反而导致社区参与者被边缘化、被压迫或被忽视，而博物馆的权威并未被消解。在替代性路径的考虑上，林奇认为，博物馆与社区参与者进行对话、交流和共同创造意义的空间即为"接触地带"（contact zone）。空间中允许不同文化背景、不同社会角色的参与者进行观点的碰撞和互动，甚至鼓励冲突和辩论，以此强调基于相互尊重和理解基础上的共存与参与。

克劳迪娅·奥赛罗（Claudia B. Ocello）主要从事博物馆教育和社区参与项目，她主要探索"博物馆如何在不牺牲其核心使命的前提下响应社区需求"[21]。其文章基于博物馆与小型社区的多个合作案例，呼吁博物馆职业伦理准则应更加重视博物馆的社会责任，并强调长期且持续的合作关系能够为博物馆、社区及社会带来长远效益。[22]

安德烈亚·班德利（Andrea Bandelli）和埃莉·科尼恩（Elly Konijn），以科学中心的公众参与为研究对象，为当代博物馆伦理注入了新鲜血液。文章指出目前科学中心存在的困境，即作为科学知识传播的公共机构往往在制定及决策相关政策的过程中被忽视。[23]其核心观点是科学中心应脱离其中立的安全立场，赋予公众"根本的信任"[24]，通过与公众分享权力，允许公众积极参与社会和政治议题，[25]使得科学中心充分发挥其社会性。

如果说上述三篇文章旨在通过促进公众、社区平等参与博物馆，形成更加民主和符合伦理的博物馆实践模式，那么接下来的研究则涉及较有争议的历史和记忆的表征伦理。曾任美国简·亚当斯·赫尔故居博物馆（Jane Addams Hull House Museum）馆长的丽莎·云·李（Lisa Yun Lee），借鉴南非种族隔离博物馆（the Apartheid Museum, Johannesburg）对历史真相的阐释和展示方式，在反思博物馆公共性的基础上，认为博物馆应通过创新叙事角度，鼓励不同观点的共存，对历史进行多元阐释。[26]文中强调了博物馆作为文化机构的伦理责任,明确了博物馆在促进社会正义方面的潜力和作用。[27]保罗·威廉姆斯(Paul Williams)则深入探究了纪念类博物馆在呈现大规模暴行、屠杀等灾难性事件时,面临的伦理挑战和社会责任。[28]威廉姆斯认为,这类警示性博物馆具备强烈的政治性,应该以更合乎伦理的方式提供历史见证、呈现个人故事和关注观众情感反应。[29]

最后,博物馆学者林永能(Yung-Neng Lin)在全球化经济发展的背景下,探讨了博物馆商业化对观众参与的影响,[30]贡献了本单元唯一一篇关于博物馆与市场关系的文章。这篇文章最重要的贡献在于提出了当代博物馆面临的四个关键的伦理问题:不同观众参观机会的不平等、受众需求与资源提供之间的不平衡、营销策略与博物馆使命的不完全匹配、定价收费与非营利性机构身份的矛盾。[31]此外,在为博物馆营销"正名"的同时,这篇文章还说明了有效的营销策略能够吸引更多元的观众,为促进博物馆的可及性、包容性和可持续发展提供生机。

三、内部实践重思:倡议激进的机构透明

第三部分以马斯汀提出的"激进的透明度"为主题,聚焦博物馆的内部实践。作为博物馆伦理领域的专家及顾问,特里斯特拉姆·贝斯特曼(Tristram Besterman)探讨了在全球化语境下,博物馆作为文化资源的管理者,如何通过问责制和管理透明来促进民主参与和文化公平。[32]这一核心观点影响了本书中的不少作者,直接点明了本单元的基本主题。随后收录的六篇论文大致可分为两大类:一类以博物馆的业务活动为主,探讨博物馆在进行展览策划、机构治理、藏品保护与返还等实践时面临的伦理抉择;另一类关注当代博物馆如何通过实践,应对快速发展的复杂外部环境带来的伦理挑战。

帕梅拉·麦克卢斯基(Pamela Z. McClusky)[33]是美国西雅图艺术博物馆(Seattle Art Museum)非洲和大洋洲艺术部的策展人。基于其丰富的策展经验,她发现艺术博物馆的展品标签不仅能够提供内容说明,还是引导观众进行伦理思考的媒介,但实践中,这些标签很难既保证文本内容的严谨性和易读性,又尊重观众的多元文化背景及价值观。[34]因此她呼吁博物馆公开其展览策划过程,通过透明的阐释与策划过程,使得观众更好地理解展览。这篇文章的重要性在于作者从一个微观角度切入,从说明

牌的内容出发，思考文字背后的力量，并引申到文本撰写和展览实践中的伦理考量。讨论博物馆展览叙事的还有詹姆斯·布拉德伯恩（James M. Bradburne），他提倡博物馆应通过创新展览叙事手段，促进观众参与，创造新的意义和价值。[35]此外，布拉德伯恩认可博物馆作为道德主体具有的伦理责任，并强调透明的机构治理和利益相关者的参与，才能够帮助博物馆更好地实现其伦理使命。[36]

藏品保管是博物馆的另一个核心职能，但其背后的公众参与性远不及展览和教育活动，相关伦理问题也没有引起足够重视。曾做过藏品保管员和策展人的玛丽·布鲁克斯（Mary M. Brooks），批判了"保管只等于修复"的固有观念，将其视为一种生成文化意义和丰富博物馆阐释的过程。[37]她指出，在过去的博物馆保管实践中，人与物的关系是"紧张的、排他性的和近乎封闭的"，但新的文化意义的产生与传播，依赖藏品保管员、策展人、相关学者和博物馆观众在藏品探索与学习过程中的共享与交流。[38]比较难得的是，布鲁克斯意识到，快速发展的网络时代和虚拟展览对促进公众参与藏品保管工作的重要性。

以原住民遗骸为主的藏品返还是当代博物馆伦理面临的核心议题之一。对此，迈克尔·皮克林（Michael Pickering）赞同新博物馆伦理的偶然性特征。他以澳大利亚的原住民遗骸返还实践为例，剖析了政府、立法机构、博物馆及原住民等不同利益相关者之间的伦理冲突，以及现有法律框架和伦理准则中的不足，指出返还原住民遗骸这一行为，不仅意味着人们对过去殖民历史的反思，也意味着对原住民文化权利和人权的充分尊重。[39]

这一单元中，另有两篇文章分别从商业化和数字化的角度，讨论博物馆如何在商业行为、财务管理和数字环境中保持激进的透明度。

詹姆斯·加德纳（James B. Gardner）[40]是美国史密森学会国立美国历史博物馆（National Museum of American History，Smithsonian Institution）的高级学者。他以批判和自省的视角，深入剖析了博物馆商业实践和伦理原则的关系。与林永能一样，加德纳意识到，在复杂激烈的经济环境中，任何变化都会导致博物馆运营出现蝴蝶效应。作为公共信托机构的博物馆，在面临紧迫的经济压力、减少的政府财政支持，以及不同利益方的利益冲突等问题时，"博物馆需要更清楚地知道伦理道德在商业实践中的角色及作用，无论经济状况如何，博物馆都应该坚守其使命和对公众的伦理责任，在商业决策中践行伦理标准"[41]。

来自英国莱斯特大学博物馆学院的罗斯·佩里（Ross Parry），长期致力于博物馆数字化领域的研究。在讨论数字遗产领域伦理议题的论文中，他切合21世纪博物馆发展的主流趋势，并为博物馆未来在数字转型过程中应对伦理挑战提供了参考。佩里指出，数字时代的博物馆经历了"从专注于专业技术操作"向"关注数字媒体带来的社会、文化及精神影响和伦理责任"的转变，即"富有同情心的技术"（compassionate computing）开始兴起。[42]随后，他针对社交媒体、情境媒体、感官媒体和语义媒体这四个领域中各异的伦理挑战，进行了详细分析。文章为数字技术的迅猛发展给博物馆带来的诸如信任、可访问性、责任等伦理问题，提供了线索和指引。

四、新路径的探索：视觉艺术实践中的伦理

本书的最后一个单元"视觉文化与博物馆伦理的表现"，关注传统博物馆以外的视觉艺术领域，从博物馆与视觉艺术的交集，探索新博物馆伦理实践与原则的创新路径。这一单元的内容不仅涉及敏感展品的展示及博物馆的应对策略，探索了博物馆藏品保管、社会教育等方面的艺术创作实践，还罕见地关注了博物馆建筑的伦理维度。

玛拉·格拉德斯通（Mara Gladstone）和珍妮特·凯瑟琳·伯洛（Janet Catherine Berlo），以博物馆多媒体艺术作品中的身体表现为例，探讨身体作为艺术作品和博物馆收藏对象的伦理性，并认为当代艺术中身体和情感反应的参与，不仅构成了艺术作品的重要组成部分，还代表了文化身份及价值观念的转变。[43]

克里斯托弗·斯坦纳（Christopher B. Steiner）[44]执教于美国康涅狄格大学，是著名的艺术人类学家和博物馆学家。他以艺术家亚兹曼尼·阿博莱达（Yazmany Arboleda）虚构的"暗杀"系列展览切入，探讨政府当局、执法机构和博物馆对激进的、有争议性的艺术作品的审查机制。斯坦纳认为，"这实际上是绝对言论自由的坚定支持者和维护社会秩序与共同价值观之间的矛盾"[45]。为了避免负面舆论、经济损失和法律纠纷，博物馆往往倾向于采取预防性措施——自我审查，应对极端、激进的艺术作品或展览，但自我审查的内部决策过程是不透明的，其本身就构成争议。[46]斯坦纳在文章的结尾指出，在一个共享权威（shared authority）的时代，完全隐藏和单纯规避风险并不可取。博物馆一旦面临普适的公众教育和自

由的艺术表达之间的冲突，推进透明的审查与自我审查机制，以及开放式的对话与参与，反而能为博物馆提供相应的解决方案。[47]

而艾伦·利维（Ellen K. Levy）作为一位活跃在艺术和科学交叉领域的学者和作家，她的文章主要关注生物艺术（bioart）和纳米艺术（nanoart）融合的新型艺术形式在博物馆展示中引发的伦理和技术问题，认为博物馆应主动承担帮助公众更好地理解相关技术、维持信息透明等方面的伦理责任。[48]

随后，巴恩·索德·芬奇（Bjarne Sode Funch）和黛娜·伊斯特普（Dinah Eastop），则通过博物馆社会教育、藏品保管等具体业务，探讨新博物馆伦理的创新形式。

芬奇在艺术博物馆中的艺术心理学和美学教育等方面经验丰富。他研究的是博物馆如何将对抗性戏剧作为教育策略，促进观众的情感参与和伦理思考。[49]所谓"对抗性"，指的是观众在亲身参与戏剧角色扮演的过程中，与专业演员产生对话、请求、威胁，甚至冲突的过程，观众仅有一定的身份提示，需要根据情境进行即兴创作。[50]这一方式能够促使观众身体和精神的共同"在场"，提供真实的体验感受与情绪变化。芬奇也意识到，在这一方法的实施过程中，避免对参与者造成心理伤害等伦理问题至关重要。这是本书中少有的将艺术实践与博物馆教育结合的研究文章，从对抗性戏剧这一非传统教育方法中，找到增进博物馆与观众双向互动、激发观众主动学习热情的创新路径。伊斯特普主要讨论的则是博物馆藏品预防性保护过程中的伦理原则，强调保护除了技术性属性，还具备社会性，需要藏品保管员及其他遗产保护领域专业人士的共同参与。[51]

此外，苏珊娜·麦克劳德（Suzanne MacLeod）少见地关注到业务活动以外的博物馆建筑，认为建筑不仅仅是博物馆身份和功能的物质表现，同样承载了博物馆的伦理价值与社会责任。[52]她借用"建筑环境伦理"的概念，认为建筑作为社会和文化生产的过程，其自身的重要性被减弱，与居住或工作在其中的人相关，甚至关乎经济、环境和社会的可持续发展。[53]建筑背后的资本投入、决策制定及社会影响，都是建筑伦理考量的因素。文章明确指出"地方感、参与性、基于过程的设计和社区学习、机构学习和变革，以及价值观念的拓展"[54]等五个伦理维度，以此呼吁博物馆在设计建筑及实施时，要考虑伦理、社会和环境因素的重要性。

五、结语

本书汇集了来自不同地区、不同研究领域的博物馆学者和从业人员，对21世纪博物馆伦理的系统论述，从理论和实践两方面重构了新博物馆伦理的当代理解。其理论贡献在于试图打破对于传统道德约束和伦理准则规范的认知，提出了一种动态发展的新博物馆伦理，呼吁当代博物馆在应对复杂多元的外部环境及内部博弈时，不断地反思与评估。书中提到的公众参与、机构开放、管理透明和共享权威等核心伦理观念，为当代博物馆反思其社会责任、机构角色和未来使命指引了方向。正如玛乔丽·施瓦泽（Marjorie Schwarzer）的评价："本书在突破传统和直面社会议题等方面表现得相当勇敢，开创了博物馆伦理的新领域……书中收录的27篇文章为后续研究提供了大量的理论参考和实践指南，为相关学者和实践工作者提供了灵感和参考。"[55]

当然，本书也存在不足之处。马斯汀在本书开篇提到的"社会包容""激进的透明度""遗产的共同守护"三个伦理原则，在后文的论述中表现得不够明显，第三个原则的相关论述文章散见于二至四单元，再加上本书篇幅过长，因此显得重点不甚突出。这也与莫里斯·戴维斯（Maurice Davies）的评价一致：他虽然认同新博物馆伦理这一概念的开创性，但也指出了书中内容的不足，即忽略了对战争冲突下的文化遗产保护、博物馆藏品非法交易与销售等敏感问题的论述。[56]

总的来说，这本立足于当代博物馆伦理的著作，强调博物馆应具备明确的伦理责任和意识，认识到博物馆在推动社会改革方面的巨大潜力，其中对博物馆包容性、影响力、参与度、问责制和透明度的呼吁，对当代博物馆学理论和博物馆实践的发展意义重大。

（张峥，吉林大学考古学院文博遗产系讲师，研究方向为博物馆伦理、观众研究与展览评估、参与式博物馆建设。）

注释：

[1] 张昱：《博物馆职业主义的早期实践及其反思》，《东南文化》，2021年第1期，第138页。

[2] L. Earle Rowe, "Museum Ethics", American Association of Museums, *Proceedings of the American Association of Museums(Volume 2)*, 1917, pp. 137-143.

[3] Martin Gammon, *Deaccessioning and its Discontents: A Critical History*, Cambridge(Mass.): The MIT Press, 2018, pp. 135-154.

[4] Judith Chelius Stark, "The Art of Ethics: Theories and Applications to Museum Practice", Janet Marstine, ed., *The Routledge Companion to Museum Ethics: Redefining Ethics for the Twenty-First Century Museum*, London and New York: Routledge, 2011, pp. 26-40.

[5] Janet Marstine, "The Contingent Nature of the New Museum Ethics", Janet Marstine, ed., *The Routledge Companion to Museum Ethics*, pp.3-25.

[6] Ibid., p.6.

[7] Richard Sandell, "On Ethics, Activism and Human Rights", Janet Marstine, ed., *The Routledge Companion to Museum Ethics*, p.129.

[8] Janet Marstine, "The Contingent Nature of the New Museum Ethics", Janet Marstine, ed., *The Routledge Companion to Museum Ethics*, p. 16.

[9] 同注4。

[10] Judith Chelius Stark, "The Art of Ethics", Janet Marstine, ed., *The Routledge Companion to Museum Ethics*, pp. 38-39.

[11] Robert R. Janes, "Museums and the End of Materialism", Janet Marstine, ed., *The Routledge Companion to Museum Ethics*, pp. 54-69.

[12] Hilde Hein, "The Responsibility of Representation: A Feminist Perspective", Janet Marstine, ed., *The Routledge Companion to Museum Ethics*, pp. 112-126.

[13] Ibid., p.119.

[14] Christina Kreps, "Changing the Rules of the Road: Post-colonialism and the New Ethics of Museum Anthropology", Janet Marstine, ed., *The Routledge Companion to Museum Ethics*, pp. 70-84.

[15] Paul Taspsell, "'Aroha mai: Whose Museum?': The Rise of Indigenous Ethics within Museum Contexts: A Maori-tribal Perspective", Janet Marstine, ed., *The Routledge Companion to Museum Ethics*, pp. 85-111.

[16] Christina Kreps, "Changing the Rules of the Road: Post-colonialism and the New Ethics of Museum Anthropology", Janet Marstine, ed., *The Routledge Companion to Museum Ethics*, pp. 70-71.

[17] Paul Taspsell, "'Aroha mai: Whose Museum?'", Janet Marstine, ed., *The Routledge Companion to Museum Ethics*, p. 102.

[18] Tristram Besterman, "Museum Ethics", Sharon Macdonald, ed., *A Companion to Museum Studies*, Oxford: Blackwell, 2005, pp. 431-441.

[19] Bernadette T. Lynch, "Collaboration, Contestation, and Creative Conflict: On the Efficacy of Museum/Community Partnerships", Janet Marstine, ed., *The Routledge Companion to Museum Ethics*, pp.146-163.

[20] Ibid., p.146.

[21] Claudia B. Ocello, "Being Responsive to be Responsible: Museums and Audience Development", Janet Marstine, ed., *The Routledge Companion to Museum Ethics*, pp. 188-201.

[22] Ibid., p. 188.

[23] Andrea Bandelli, Elly Konijn, "An Experimental Approach to Strengthen the Role of Science Centers in the Governance of Science", Janet Marstine, ed., *The Routledge Companion to Museum Ethics*, p. 165.

[24] Ibid., p. 172.

[25] Ibid., p. 166.

[26] Lisa Yun Lee, "Peering into the Bedroom: Restorative Justice at the Jane Addams Hull House Museum", Janet Marstine, ed., *The Routledge Companion to Museum Ethics*, pp. 174-187.

[27] Ibid., p. 183.

[28] Paul Williams, "Memorial Museums and the

Objectification of Suffering", Janet Marstine, ed., *The Routledge Companion to Museum Ethics*, pp. 220-236.

[29] Ibid., p. 220.

[30] Yung-Neng Lin, "Ethics and Challenges of Museum Markteing", Janet Marstine, ed., *The Routledge Companion to Museum Ethics*, pp. 202-236.

[31] Ibid., p. 203.

[32] Tristram Besterman, "Cultural Equity in the Sustainable Museum", Janet Marstine, ed., *The Routledge Companion to Museum Ethics*, pp. 239-255.

[33] Pamela Z. McClusky, "'Why is this Here?': Art Museum Texts as Ethical Guides", Janet Marstine, ed., *The Routledge Companion to Museum Ethics*, pp. 298-315.

[34] Ibid., p. 299.

[35] James B. Bradburne, "Visible Listening: Discussion, Debate and Governance in the Museum", Janet Marstine, ed., *The Routledge Companion to Museum Ethics*, p. 276.

[36] Ibid., p. 282.

[37] Mary M. Brooks, "Sharing Conservation Ethics, Practice and Decision-making with Museum Visitors", Janet Marstine, ed., *The Routledge Companion to Museum Ethics*, p. 332.

[38] Ibid., p. 335.

[39] Michael Pickering, "'Dance through the Minefield': The Development of Practical Ethics for Repatriation", Janet Marstine, ed., *The Routledge Companion to Museum Ethics*, pp. 256-274.

[40] James B. Gardner, "Ethical, Entrepreneurial or Inappropriate? Business Practices in Museums", Janet Marstine, ed., *The Routledge Companion to Museum Ethics*, pp. 285-297.

[41] Ibid., p. 294.

[42] Ross Parry, "Transfer Protocols: Museum Codes and Ethics in the New Digital Environment", Janet Marstine, ed., *The Routledge Companion to Museum Ethics*, pp. 317-318.

[43] Mara Gladstone, Janet Catherine Berlo, "The Body in the (White) Box: Corporeal Ethics and Museum Representation", Janet Marstine, ed., *The Routledge Companion to Museum Ethics*, pp. 353-378.

[44] Christopher B. Steiner, "Museum Censorship", Janet Marstine, ed., *The Routledge Companion to Museum Ethics*, pp. 393-413.

[45] Ibid., p. 395.

[46] Ibid., p. 399.

[47] Ibid., p. 409.

[48] Ellen K. Levy, "Bioart and Nanoart in a Museum Context: Terms of Engagement", Janet Marstine, ed., *The Routledge Companion to Museum Ethics*, pp. 445-463.

[49] Bjarne Sode Funch, "Ethics of Confrontational Drama in Museums", Janet Marstine, ed., *The Routledge Companion to Museum Ethics*, pp. 414-425.

[50] Ibid., p. 416.

[51] Dinah Eastop, "Conservation Practice as Enacted Ethics", Janet Marstine, ed., *The Routledge Companion to Museum Ethics*, pp. 426-444.

[52] Suzanne MacLeod, "Towards an Ethics of Museum Architecture", Janet Marstine, ed., *The Routledge Companion to Museum Ethics*, pp. 379-380.

[53] Ibid., p. 382.

[54] Ibid., p. 390.

[55] Marjorie Schwarzer, "Book Review", *Museum Management and Curatorship*, 2011, 26(3), p. 309.

[56] Maurice Davies, "Book Review", 见https://www.museumsassociation.org/museums-journal/reviews/2012/06/01062012-books/.

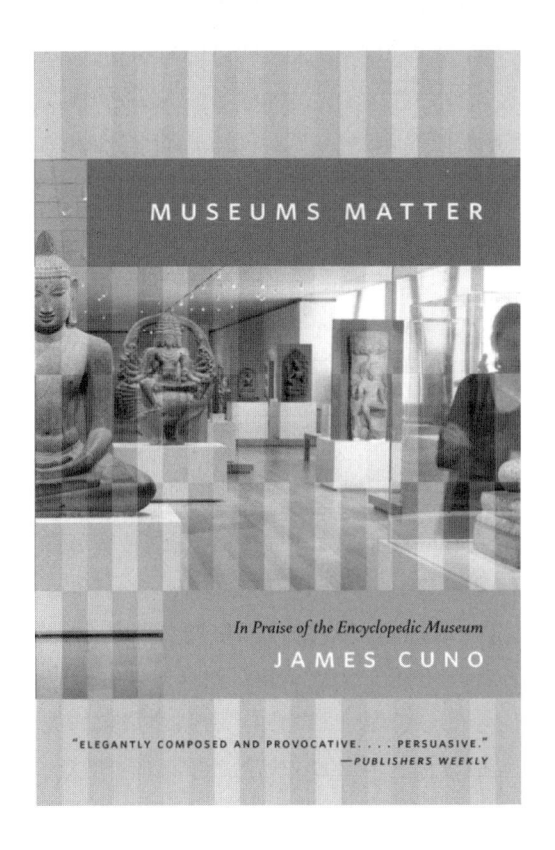

《博物馆的沉思：关于百科全书式博物馆的论争》
Museum Matter: In Praise of the Encyclopedic Museum

作者：詹姆斯·库诺（James Cuno）
出版年份：2011

❖—— · 本书短评 · ——❖

在文物返还的语境下再议百科全书式博物馆的当代价值。

述评人：蒲子琛

2002年，来自北美和欧洲的18家博物馆馆长齐聚德国慕尼黑，联合签署了《关于普世性博物馆重要性及价值的宣言》（Declaration on the Importance and Value of Universal Museums），此举引发了关于文物归属权问题与百科全书式博物馆责任的旷日持久的激烈辩论。普世性博物馆的拥护者以遗产和文化属于全人类为由，驳斥民族主义的主张；物件归还的支持者则以文化情境、民族情感为由，揭露殖民主义的野心。虽然辩论双方各持己见，但都没有真正说服对方，其中的一些论述却加深了人们对该问题的进一步认识。作为普世性博物馆的拥护者，詹姆斯·库诺（James Cuno）在坚持自己观点的同时，也在积极寻求超越争议的方案和出路。

2009年，库诺在美国莱斯大学（Rice University）"博物馆的前景"系列讲座中，通过聚焦百科全书式博物馆的价值，回应上述争论。百科全书式博物馆主要分布在欧美地区，以广泛收集来自全球的艺术珍宝与文化遗产为特征。在库诺看来，作为一种历史悠久、收藏体系完备的博物馆类型，百科全书式博物馆以其丰富的藏品资源，为科学研究和公众提供科学、客观的素材库，促进跨文化交流和对差异的理解与包容。

本书共分为四个部分。第一章回顾了百科全书式博物馆的起源及其背后的启蒙思想，包括理性、科学和民主在内的启蒙理念，至今仍指导着博物馆的运作。第二章回应了学术界针对博物馆话语的批判性评论。库诺旗帜鲜明地反对将博物馆视作国家和西方中心主义意识形态控制工具的后现代观点。[1]在第三章中，库诺将博物馆体验比作旅行和翻译的过程，认为博物馆能促使公众理解和思考世界主义。在第四章中，库诺回顾了印度学者对民族主义和世界主义的辩论，讨论了百科全书式博物馆与帝国的关系，并以后记中印度博物馆的例子进行佐证。

本书英文版出版于2011年，与库诺前后编辑出版的《谁的缪斯？：美术馆与公信力》[2]《谁的文化？：博物馆的承诺以及关于文物的论争》[3]，不仅形成了很好的呼应关系，还展示了库诺对该问题不断深入的理解。本文主要依据2024年出版的中译本撰写而成，除了按照上述框架梳理全书内容，笔者还在结尾部分对库诺的观点进行再评论。

一、百科全书式博物馆：历史起源与思想根基

库诺首先以大英博物馆为例，介绍了百科全书式博物馆的起源。他认

为，成立于1753年且在1759年向公众开放的大英博物馆，是世界上第一座真正意义上的百科全书式博物馆。[4]作为国家机构，大英博物馆为何不是国家主义或民族主义的映射，而是百科全书式博物馆呢？

对此，库诺从两个方面进行了回应。其一，大英博物馆忠于其首位捐赠者汉斯·斯隆爵士（Sir Hans Sloane）的初衷，即服务于学术研究和公共利益；其二，它并不强调英国的民族叙事，而是通过展示世界文化和自然现象的多样性，讲述世界的故事。[5]库诺认为，收藏世界和服务公共利益的宗旨与启蒙运动中对科学和理性的追求一致。

除了博物馆自身的原因，大英博物馆之所以是百科全书式博物馆的典范，还与其时的社会情境密不可分。作为17—18世纪，在欧洲广泛发展的知识、文化和哲学运动，启蒙运动反对传统权威与迷信，强调理性、逻辑与科学，倡导个人自由与平等。随着18世纪印刷业的兴盛，百科全书类的出版物迅速涌现。同时，沙龙、咖啡馆的流行，为公众提供了交流思想的场所，信息获取渠道的增加和科学探索精神的流行，推动了"公共知识分子文化"的兴起。[6]到了1800年，伦敦的人口数量迅速增长，成为世界闻名的大都市。在库诺看来，无论是博物馆的方法论还是其建立的时代背景，都与启蒙运动密切相关，因此，百科全书式博物馆可以被视为启蒙运动的直接产物。[7]

显然，库诺非常拥护和支持启蒙运动的理性精神和研究方法。然而，后现代主义在批判现代性的同时，也间接地将斗争的矛头指向了启蒙精神，导致在当代，启蒙运动的精神遗产及其价值总是被忽视。幸运的是，人们对启蒙运动的兴趣正逐渐复兴，[8]为论证这一观点，他分别介绍了茨维坦·托多罗夫（Tzvetan Todorov）和泽夫·司汤奈尔（Zeev Sternhell）的研究。前者肯定了启蒙运动的精神遗产，认为自由意志、对多样性的尊重和批判精神，对当下文化相对主义和民族主义兴起的局面具有启迪性。后者则批判性地探讨了18世纪反对启蒙运动各派别的思想框架，反向论证了启蒙思想的重要性。

既然启蒙精神的价值依然熠熠生辉，那么作为其产物的百科全书式博物馆在当代的重要性也就不言而喻了，这正是库诺重视百科全书式博物馆的原因。

二、谁的话语：博物馆研究的学术争论

展览作为连接藏品与公众的核心方式，其话语性（discourse）通常受到专业人士和评论家的广泛关注。在库诺看来，人类学家弗朗斯·博厄斯（Franz Boas）和诗人保罗·瓦莱里（Paul Valery），代表了博物馆展示的两种方式：前者将展品作为更广泛叙事的一部分；后者则强调展品本身。具体而言，博厄斯批评将民族学藏品从其原生环境中剥离的做法，并发明了"生活组群"（life groups）的展示方法。瓦莱里则希望公众能与展品进行更长时间、更近距离的互动，以获得更深刻的体验。[9]

类似的争论也出现在纽约现代艺术博物馆的扩建项目中。策展人柯克·瓦恩多（Kirk Varnedoe）支持按时间顺序的传统方法，维护展览的完整性。哲学家马克·泰勒（Mark Taylor）则主张解构连贯的叙事，并将多层次性和复杂性作为替代性方案。建筑师贝尔纳·楚米（Bernard Tschumi）将现代艺术史的断裂和非连续性纳入设计，构想了一个具有多个独立"小孔"的"海绵"型博物馆。然而，雕塑家理查德·塞拉（Richard Serra）批评了这种设计，质疑其对参观者体验和展品重要性排序的影响。[10]

库诺指出，上述争论表明，无论如何设计，博物馆总是人为建构的产物。由此引起了围绕博物馆话语的诸多讨论：艺术史学家迈克尔·巴克森德尔（Michael Baxandall）认为，"所有展览都在给展品附加意义"[11]；艺术史学家卡罗尔·邓肯（Carol Duncan）和艾伦·沃勒克（Alan Wallach），将博物馆视为体现国家意志和社会权威的仪式化纪念碑；社会学家托尼·本内特认为，博物馆是通过文化手段引导公众与权力共谋的规训工具；唐纳德·普雷齐奥西（Donald Preziosi）则认为，博物馆正通过自身的话语对参观者进行重塑，进而框定大众身份。[12]很显然，这些观点代表着后现代主义对博物馆的批判学说，他们将博物馆视作话语建构争论的空间。对此，库诺认为，这些评论家忽视了参观者的自主性，杜撰了理论化的博物馆情景而非实际情况。他坚信参观者的个人能动性，认为参观者会主动从展品中学习、质疑、评估和思考。

为论证自己的观点，库诺通过一件藏于芝加哥艺术博物馆的青花英式银托架执壶，证明物件自身讲述故事的能力。这件制作于16世纪末明万历年间的执壶，最初为印度尼西亚市场制作，后经由印度洋传至波斯，改作水烟筒，最终于17世纪初通过东印度公司抵达英国。在加装了英格兰银制

配件后,成为一位收藏家的餐桌装饰。[13]这件执壶本身就是一个信息库,记录了瓷器制作的复杂工艺、早期海上瓷器贸易、大英帝国的兴起,以及近代家装风格和历史,展现了文化的交融。由此,库诺总结道,博物馆应从展品出发,"物是第一的,其次才是话语"[14]。

通过对物件及其体验的强调,库诺解构了博物馆的批判学说。在库诺看来,博物馆是个人体验的公共空间。其核心任务是以吸引人的方式展示藏品,并对藏品进行不懈的研究。[15]如此一来,博物馆才能从后现代理论对博物馆话语的批判中解放。

三、旅行与翻译:百科全书式博物馆的世界主义价值

库诺认为,人们常试图从文化混合中寻找纯粹性,而旅行挑战了这一倾向。他将在百科全书式博物馆中进行参观的过程和旅行类比,认为二者都能促进对世界、文化和差异的理解,使人们思考陌生与熟悉、自我与他者、故乡与他乡。在博物馆中,参观者能够建立自己的叙事,就像旅行者编写游记一样。

博物馆与旅行的类比不仅发生在参观过程中,也存在于展品之中。如前文所说,物品会讲述关于旅行和迁移的故事。库诺分别以贝宁王国的铜板、塞内加尔嵌有护身符的织物、中国西藏的唐卡、镶有英式银托架的青花执壶为例,指出旅行有自愿和非自愿之分,需要考虑藏品的历史背景和国家间不对等的权力关系。[16]

此外,库诺还将博物馆类比翻译。翻译通过吸纳新元素和外来词汇丰富语言,库诺借此阐发其对视觉艺术的观点。艺术家布莱斯·马登(Brice Marden)的《禅的习作》(*Zen Studies*)系列版画,始于他对英译中国古诗词的阅读,是对汉字书法的视觉化"移译"。马登的创作融合了他自己的创作习惯和他对中国诗词、绘画和书法的钟情,也佐证了库诺的观点,即"长久以来,艺术品一直在诉说着关于根柢与道路(root and routes)的故事"[17]。

基于此,库诺转向旅行和翻译所隐喻的世界主义,强调其在全球化中的重要性。他援引大量学者的观点,呈现了围绕世界主义的争论:玛莎·努斯鲍姆(Martha Nussbaum)赞美斯多葛学派的理想,提倡效忠于全人类的道德社会,认为世界主义鼓励人们从他者的视角思考自己;夸梅·安东尼·阿皮亚(Kwame Anthony Appiah)认为,人既可以拥有故乡

的文化特性，也能欣赏其他文化。相较之下，理查德·福尔克（Richard Falk）则对理想化的世界主义表示担忧，主张基于思考与实践、跨国斗争和社会力量，重塑爱国主义；相比世界主义，内森·格莱泽（Nathan Glazer）、伊莱恩·斯卡利（Elaine Scarry）和艾伦·沃尔夫（Alan Wokfe），更为支持民族国家和宪政爱国主义。[18]库诺认为，上述观点表明世界主义与符合道德的爱国主义可以共存，世界主义也需要地方与国际的政治支持。

库诺还关注到"新世界主义"的观点。罗克珊·尤本（Roxanne Euben）将世界主义描述为一场关于本地与全球、有根与无根、特殊性与普遍性关系的辩论，而非一套经验和规范论证。南亚学者则考虑了欧洲以外，被边缘化的庶民阶层（subaltern people），认为如今的世界主义者实际上多是全球资本主义扩张的政治经济受害者。谢尔登·波洛克（Sheldon Pollock）通过比较拉丁文和梵文的发展与传播过程，探讨了世界主义与本土性的兼容。沃尔特·米格诺罗（Walter Mignolo）指出，世界主义应从地方历史出发，持续批判和对话，而非构建未来理想世界的蓝图。[19]

在库诺看来，百科全书式博物馆是一个世界主义机构。通过收集全球文化，博物馆见证了文化的混合本质，揭示了文化间复杂的联系，证明了不存在孤立、纯粹、不变的本质化的文化。通过对这种混合性过程的科学展示，博物馆能够增进对差异的包容和理解。[20]此外，百科全书式博物馆还是一个重述性的机构，即对藏品进行挑选，然后"挪用、再挪用、消解、利用和保护"，并邀请人们用批判性思维探索这一过程。[21]在此过程中，既有的观念和理解会发生改变，权威观念也会被消解。

四、帝国阴霾：后殖民时代的百科全书式博物馆

百科全书式博物馆的发展历程和藏品体系与帝国主义的历史深深纠缠。对此，库诺直面百科全书式博物馆与殖民、帝国之间的关系，梳理后殖民语境下，印度学者对世界主义和民族主义的理解。

20世纪80年代，帕沙·查特吉（Partha Chatterjee）创建了"庶民研究团体"（Subaltern Studies Collective），反对将殖民历史精英化，提倡人民史观。查特吉认为，"想象的共同体"不能概括亚洲和非洲的民族主义，因为后者与西方标准化的民族主义社会模式存在差异。[22]民族与国家、精

英与庶民之间的矛盾,和印度教与伊斯兰教之间的紧张关系有关。为此,库诺以1992年印度教徒在巴布里清真寺引发冲突的事件为例,说明当代印度民族文化融合了宗教文化的多样性。阿马蒂亚·森(Amartya Sen)认为,印度的多元化和理性公共辩论历史悠久,以此反驳印度的理性主义是由启蒙运动时期的欧洲引入印度的观点。泰戈尔也批判狭隘和僵化的民族主义,主张印度民族主义应基于更广泛的人类共同理想和全球视角,促进人类福祉与发展。[23]

在全球化背景下,阿尔君·阿帕杜莱(Arjun Appadurai)对现代民族国家的研究尤为重要。他指出,在全球化冲击下受到挑战的民族或国家,很可能会通过文化清洗,即清除或抑制文化中被视为外来或边缘的元素,维护统一的国家身份,但这可能会导致危险和暴力。[24]作为后殖民研究的重要学者,爱德华·萨义德(Edward Said)对民族主义也持批判态度,认为民族主义常被用来巩固权力,因此他对世界主义抱有更加积极的态度。[25]

上述印度学者的观点表明,世界主义和理性主义在非西方世界同样被广泛认可和探讨。回顾完上述观点后,库诺回到了对博物馆与帝国关系的回应上。他指出,帝国是一种持久的国家形式,许多文化交流发生在帝国之内。虽然近代民族—国家的兴起替代了帝国,但帝国的影响依然以超越民族的经济和政治形式存在。[26]库诺认为,无论是帝国还是民族—国家,都未能充分应对跨地域人群混杂带来的挑战,这并非殖民与被殖民的二元对立关系。

既然民族主义立场存在诸多问题,那么如何才能走向世界主义?首先,库诺认识到民族主义的羁绊,即现代性与殖民主义历史的交织,使自由话语很难脱离民族或国籍的影响,从而引发了对普遍现代性的批判。问题的焦点在于如何定义现代性的本质:是追求全球性、包容性的世界主义,还是局限于民族主义的自我辩护?随着时间的推移,基于国家的身份认同不断导致内战和教派暴力,因此亟须一种既认可国家必要性,也鼓励更广泛的国际联系和合作的新路径。

对此,库诺指出,百科全书式博物馆能够在超越国家或民族界限的世界主义中扮演关键角色。作为启蒙运动的产物,它通过批判性探索,促进多元文化理解。在库诺看来,百科全书式博物馆是帝国的见证,不是帝国的工具。[27](久已有之的,而不是现代欧洲帝国主义的)帝国造成了文化交织与混合的局面，博物馆在这样的背景下建立，它反映了客观事实，不带偏见地展示来自不同文化的人工制品与艺术作品，而文化的解释权并不仅仅掌握在博物馆的手中。[28]

在后记部分，库诺通过印度的案例进一步支持他的观点。殖民时期，英国对印度的统治不仅限于政治层面，更深入知识生产与文化权威的建构。博物馆成为维持帝国统治的工具。独立后的印度延续了英帝国的政策，印度国家博物馆同样承担了讲述国家与民族叙事的责任。然而，远离帝国中心的地方博物馆逐渐摆脱了中央控制；个人和土邦主弥补了英国的博物馆政策对艺术博物馆的忽视。[29]对此，库诺既批评了英国在印度建立的博物馆，即虽然模仿了百科全书式博物馆的形式，却未能真正促进对全球文化的理解；也批评了独立后的印度博物馆，过于依赖民族主义和宗教话语。

为超越民族主义，库诺强调，百科全书式博物馆的世界主义视角，不仅有助于打破单一文化的意义垄断，还可以促进对差异本身更深层次的理解，这对于构建一个开放和包容的世界来说至关重要。[30]

五、余论：评论与思考

从百科全书式博物馆建立的背景出发，库诺强调了这类博物馆的重要性和价值，并呼吁公众将其视作启蒙运动的现代延伸。在库诺看来，百科全书式博物馆不仅是艺术与文化遗产的守护者和研究中心，更是在全球化背景下维持文化多样性和文化交流的重要平台。相应地，参观这些博物馆犹如旅行和翻译，能够让参观者超越文化界限，学会尊重多样性与差异，从而增强对我们共同历史和未来的认识，培养世界主义的视角。为了增加说服力，库诺不仅使用了芝加哥艺术博物馆的丰富实例，还广泛引用了来自不同领域学者的意见。

库诺主张开放和多元的全球视野，为当前关于博物馆的讨论，提供了有价值的视角。尽管如此，库诺的一些观点似乎并不十分令人信服，并引起了一些批评。本书译者夏美芳指出，本书的不足之处有二，一是未能对"百科全书式博物馆"给出一个明确的定义；二是未能在第四章中对百科全书式博物馆与"帝国"和"帝国主义"的联系进行更深入的阐释，容易引起误解。[31]

这样的批评不是孤例。考特尼·里瓦德（Courtney Rivard）认为，库诺的论证逻辑存在严重缺陷。在回应针对博物馆权力与话语的批评时，库诺通过激活启蒙运动的个人主义理论，解释参观者会构建自己的叙事，但忽视了博物馆展览的高度策划性，以及这些展览如何促进特定的世界观。遗漏了这些关键的问题，库诺将展览建设和机构目标中涉及的重要权力问题隐藏于世界主义的修辞中。[32]

非洲学者夸梅·奥波库（Kwame Opoku）认为，库诺在本书中有意识地回避了有关殖民遗产的来源、文化财产归属权与归还等问题。他批评道，在解释藏品的来源时，库诺给出了误导性的解释。例如在提到贝宁铜板的来源时，库诺将英帝国对贝宁王国的侵略归因为"为了报复战友的死亡"，具有美化帝国主义战争的嫌疑。奥波库还认为，库诺对民族主义抱有偏见，夸大了百科全书式博物馆在理解文化多样性、促进社会进步方面的普适性，并没有考虑非洲和其他非西方世界国家，尤其是前殖民地的现实情况和当地人民的情感体验，这本身是一种虚假的平等主义。为此，他写道："我们是否应该将更多的非洲文物重置于西方？当然，没有人会想到将标志性的西方文物重置于非洲。"[33]

笔者认为，库诺确实在本书中提供了一个有价值的观点，特别是在批判理论盛行的今天，库诺提醒我们重新评估百科全书式博物馆、启蒙精神的价值。然而，库诺提倡在世界范围内建立更多的百科全书式博物馆，却并没有考虑现实世界中不同国家的情况，也没有给出建立百科全书式博物馆的方法。值得思考的是，在如今这个全球化时代，我们是否有更合理、更道德、更平等的方式建立新的百科全书式博物馆？或者说，我们是否可以在其他类型的博物馆中发扬库诺所说的百科全书式博物馆的精神——启蒙思想，抑或世界主义呢？

（蒲子琛，伦敦大学学院人类学系硕士、考古研究所硕士。主要研究方向为物质文化研究、博物馆人类学。）

注释：

[1] 詹姆斯·库诺：《博物馆的沉思：关于百科全书式博物馆的论争》，夏美芳译，上海：东方出版中心，2024年，第xv页。
[2] 詹姆斯·库诺编：《谁的缪斯？：美术馆与公信力》，罗桑、张婷译，北京：中国青年出版社，2013年。
[3] 詹姆斯·库诺编：《谁的文化？：博物馆的承诺以及关于文物的论争》，巢巍等

译，北京：中国青年出版社，2014年。
[4] 詹姆斯·库诺，前揭书，第12页。
[5] 詹姆斯·库诺，前揭书，第4页。
[6] 詹姆斯·库诺，前揭书，第10页。
[7] 同注4。
[8] 詹姆斯·库诺，前揭书，第14页。
[9] 詹姆斯·库诺，前揭书，第26页。
[10] 詹姆斯·库诺，前揭书，第28页。
[11] 詹姆斯·库诺，前揭书，第29页。
[12] 詹姆斯·库诺，前揭书，第30页。
[13] 詹姆斯·库诺，前揭书，第37页。
[14] 詹姆斯·库诺，前揭书，第38页。
[15] 詹姆斯·库诺，前揭书，第41页。
[16] 詹姆斯·库诺，前揭书，第51页。
[17] 詹姆斯·库诺，前揭书，第64页。
[18] 詹姆斯·库诺，前揭书，第67页。
[19] 詹姆斯·库诺，前揭书，第70页。
[20] 詹姆斯·库诺，前揭书，第71页。
[21] 詹姆斯·库诺，前揭书，第73页。
[22] 詹姆斯·库诺，前揭书，第77页。
[23] 詹姆斯·库诺，前揭书，第83页。
[24] 詹姆斯·库诺，前揭书，第84页。
[25] 詹姆斯·库诺，前揭书，第86页。
[26] 詹姆斯·库诺，前揭书，第88页。
[27] 詹姆斯·库诺，前揭书，第89页。
[28] 詹姆斯·库诺，前揭书，第91页。
[29] 詹姆斯·库诺，前揭书，第97页。
[30] 詹姆斯·库诺，前揭书，第92页。
[31] 詹姆斯·库诺，前揭书，第147页。
[32] Courtney Rivard, "Book Review", 见https://hemisphericinstitute.org/en/emisferica-91/9-1-book-reviews/museums-matter-by-james-cuno.html.
[33] Kwame Opoku, "Affirmations and Declarations: Review of James Cuno's Museums Matter", 见https://www.modernghana.com/news/378234/affirmations-and-declarations-review-of-james-cunos-museum.html.

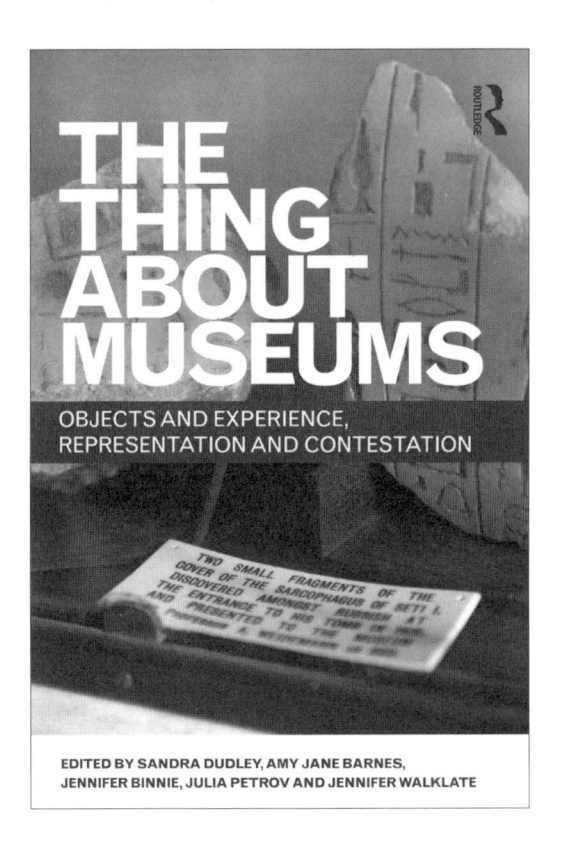

《关乎博物馆：物件与体验、表征、争议》
The Thing about Museums: Objects and Experience, Representation and Contestation

编者：桑德拉·达德利（Sandra Dudley）等
出版年份：2012

◆—— · 本书短评 · ——◆

从本体、体验、表征、争议四个方面回答了物件为何重要。

述评人：李睿康

一、前言

博物馆是与"物"（objects/things）[1]打交道的场所，"物"是博物馆区别于其他社会文化机构的特性。然而，这并不意味着博物馆仅限于和"物"打交道。《关乎博物馆：物件与体验、表征、争议》试图探讨如何从博物馆以"物"为核心的特性中，寻找其与当代社会的联系。本书是英国莱斯特大学博物馆研究系为纪念苏珊·皮尔斯（Susan M. Pearce）而编写的论文集，全书内容来自2008年举办的国际物质世界会议（International Material Worlds Conferences）。本书首次出版于2012年，本文基于2012年英文版写成。

本书从物质文化研究的视角探讨了博物馆和文化遗产的理论和实践，以案例研究为主要研究方法，关注博物馆、艺术馆和画廊，以及遗产等文化机构中"物"的存在及其与人的关系。全书的核心问题是如何理解博物馆中的"物"？具体而言，何为博物馆物？它如何影响观众的体验？如何塑造人—物之间的互动关系？它如何在不同的情境下被表征，并参与具有争议的社会议题？

站在博物馆学与物质文化研究的交叉点上，本书从理论思辨和实践探索方面强调"博物馆应关注人与物的互动关系，在人与物之间建立联系"[2]的理念。从理论上看，本书主张博物馆脱离过于关注物的收藏或过于关注人的话语的"人、物分离"的二分思维，重建人—物相互联系的互动关系。为此，全书探讨了博物馆物件在物理特征、符号特性和实践特质等方面的多重角色。从实践上看，本书收录的文章覆盖地质学、考古学、人类学和艺术史等多种学科和类型的博物馆，涵盖欧美、亚洲和非洲等多元文化地区，为当代博物馆连接社区、促进文化交流提供了一条"物质性"的道路。

本书探讨了物的多重本质，这体现在全书的结构上。除了导言和结语，全书共分为四部分，分别探讨了博物馆中物的概念和本体、物的体验、物的表征，以及物的争议话题表达等内容。第一部分"博物馆物及其创造"，从认识论推演出发，关注博物馆物的多元本质，以及制造"物性"的过程和方式。第二至四部分更具体地探讨物在博物馆和遗产环境中是如何被体验、感知和表达，从而发挥作用的。具体而言，第二部分"博物馆物与观众参与"，关注博物馆物的物理状态，以及它如何影响和介入观众体验，促进观众主动生产意义。第三部分"博物馆物与意义表征"，聚焦物的表征问题，探讨博物馆如何通过与艺术、时尚、人类学等跨学科的相遇，讲述物背后人的故事。第四部分"博物馆物与困难议题"，延续了物的表征问题，更进一步从政治语境出发，探讨博物馆表征的挑战和争议，反思博物馆如何通过展览物件建立、反思和重构社会认同。因此，也可以视为物的表征的一部分。

为此，下文从物的本体、体验和表征三个角度，梳理本书的具体内容。物的本体研究关注博物馆物是什么，包括界定物的概念和社会生命；物的体验聚焦物与人的感官互动，即物如何通过自身物理特性影响人的情感体验；物的表征关注物如何代表不同群体的观念和思想，并塑造身份认同。

二、本体：何为博物馆物？

何为博物馆物？它是否存在边界？它如何被制造？[3]博物馆物不是天然存在的，而是一种社会建构，其生产和创造是一个极其复杂的社会过程。[4]自然科学物件与文化物件一样，是一种社会建构，需要以文化的态度对待自然。博物馆物的创造不仅涉及如何用不同材料创造物件的技术过程，而且涉及物件从生产、传播到进入博物馆收藏、展示和体验的整个社会过程中，与人产生的关系。汉娜·李·乔克（Hannah Lee Chalk）从物件收藏（Acquisition）的角度指出，博物馆物的创造过程（creation of objects），与人的主观意识密不可分，即使被认为是科学和客观的自然科学物件，在被收藏进入博物馆的那一刻，就嵌进了文化和社会建构。乔克以地球自然标本为研究对象，运用行动者网络理论，将物件的收藏理解为选择、移除和铭刻的社会过程。[5]首先，选择阶段被视为一种谈判过程，在标本的预期功能和收集过程中，现实条件之间的权衡。其次，移除阶段被比作人为的手术，无论使用何种方法改造原物件，将物从原始环境中移除并带入博物馆就已经改变了它的原始状态。最后，铭刻阶段通过标记符号等方式，改变了原物件的状态。通过这三个阶段，自然物件不仅是外界自然的一部分，还成了人为的科学标本。这一过程拓展了博物馆对标本收藏的客观叙事，解释了非物质文本如何为物件的物理存在赋予意义，从而塑造其主观的、浪漫的社会意义。

造物的过程具有复杂性，博物馆物的本质也具有多元性。物的范围不仅包括核心的文物，围绕文物进行的藏品登录等一系列物质化行为产生的成果，也是博物馆物的一部分。杰弗里·斯温尼（Geoffrey Swinney）从博物馆藏品登录（museum register）出发，扩展了对博物馆物的解读。杰弗里提出，博物馆藏品登录是构建物件的档案集合，以追踪和记录物件的生命传记、轨迹和社会关系。它不仅是一种记录博物馆藏品的工作过程，而且本身就是制造而成的博物馆物的一部分，或可被称为"元物件"（meta-objects），它们是关于收藏的记录的集合，是关于档案本身的档案。[6]作为动词的"藏品登录"指的是通过一系列程序，将外界的物品正式纳入博物馆收藏体系的过程。这一技术过程类似于一种"仪式"，通过铭刻物件的相关轨迹，使其获得博物馆物件身份。而作为名词的"藏品登录"指的是，藏品登录自身是博物馆物质载体的一部分，它的铭刻体现博物馆的权力关系，例如谁拥有权力操作这些档案、协议和实践。藏品登录的物质形式的改变，如从纸质版到电子版，也在无形中显现着它的物质性。因此，藏品登录既是对物的客体化过程的描述，又是新的创造物。

　　博物馆物的本质具有多元性，物的意义也具有多样性。博物馆物被嵌套在生产、流通、收藏、展示和接受等社会生命之中。博物馆在很大程度上塑造了博物馆物的生命，而物件也通过自身的物质存在、意义，以及引发的观众对话，产生了多重意义，塑造了博物馆的历史。玛琳·穆利欧（Marlen Mouliou）和德斯皮娜·卡勒索普鲁（Despina Kalessopoulou），聚焦雅典国家考古博物馆中的象征性物件，探究物件生命在多大程度上塑造了人们对历史的感知。穆利欧和卡勒索普鲁提出了三种追踪物件生命的话语：认识论式、干预式和公众式。认识论式指的是所选的象征性物件的物质和非物质意义的官方叙述；干预式指的是媒体平台针对物件的宣传叙述；公众式指的是观众在观看和体验物件后产生的叙述。通过实证研究，他们发现了博物馆物件价值的可变性（mutability）和多样性（multiplicity）。博物馆物件的价值不仅源于自身持久的物质性，而且来自其象征和多样的转译意义。三种话语共同塑造了标志性物件，并且让这些物件在传递象征意义的同时，发挥自身能动性，影响和改变观众的体验。[7]

　　总而言之，关于物的理解和界定牵涉其生命轨迹的方方面面。无论是人们日常生活中常见的物件，抑或边缘化的物件，都具有同等的复杂性和社会性。正由于物的复杂本质，人们可以在不断的实践中重新理解和界定物的概念和边界。

三、体验：博物馆物如何影响观众感官和情感体验？

在了解博物馆物的多重本质后，"博物馆物与观众参与"（Visitor's Engagements with Museum Objects）关注博物馆物的物理状态，以及它如何影响和介入观众体验，并促进观众主动生产意义。

物的在场与缺席是物的体验研究中一个具有张力的议题。物的在场同时也是人的在场。卡罗琳·伯杰龙（Caroline Bergeron）聚焦博物馆藏品背后藏家的在场问题，提出收藏者在博物馆空间在场的三种形式：物理在场（toponymic presence）指的是与藏品无直接关系，而与博物馆的物理空间关联，如以捐赠者的名字命名某个部分；智识在场（intellectual presence），即藏品与收藏者之间有紧密关系，比如在物件旁边注明收藏者的名字和收藏动机；政治在场（political presence），比如通过收藏者的荣誉地位和媒体宣传，体现某个历史事件和集体回忆。[8]

另一个维度是物的不稳定在场和物的缺席。在常规情况下，博物馆通常追求充实感和秩序感，通过有序安排藏品和连贯叙事，呈现物在场的完整且连贯的形象。学者另辟蹊径，指出物的不稳定和缺席状态也能给观众带来不一样的体验。克里斯·多赛特（Chris Dorsett）通过自身参观英国艺术展（British Art Show）感受物的不稳定状态的经历，提出展出的某物可能会因为现实环境短暂地变成无物，这种不稳定颠覆了连贯语言的解释，让人迷失。而海伦·里斯·莱希（Helen Rees Leahy）揭示了物件被盗、未能及时布展等物件缺席的情况给观众带来的悖论性体验：人们往往在意识到物件的缺席时，才发现物件的存在。对于"缺席"的体验可以理解为徘徊在回忆（丢失、遗忘和无法触及的情绪）和期望（期待物件被找到）之间的情感。[9]尽管，承认"缺席"往往会引发博物馆的意义生产危机，但是博物馆可以使用复制品解决这一危机。展示复制品不是为了愚弄观众，而为观众带来真实物件缺席引发的悖论性体验。

物的物理状态也深刻影响了观众的体验。在物件展陈中，目前博物馆的惯常做法是，在博物馆物件外套上一个玻璃罩，或者放置"请勿触摸"的牌子，这种方法强化了以视觉为核心的观展逻辑。在这样的情况下，观众会花大量时间观看文本，但花少量的时间观看实物。如果过于依赖视觉，现实生活中的文本信息就会占据主导地位，观众会忽略对实际物体的关注。实际上，博物馆中可以体验的知识有两种形式：实物对象（infobject）和外部信息（objectext）。实物对象是通过博物馆物件的具身参与而获得的体验，例如通过观看获得对物件材料的认识，通过触摸体验物件的材质和重量等。外部信息则是物件本体之外的知识信息，例如展厅中物件的文本信息、音视频信息，以及与他人交流得到的信息等。[10]

为了让观众获得多重体验，学者们从多感官体验、灯光体验、神奇体验（magical approach）和共同体验等方面，分析了观众体验的生成，强调了物自身的物质性对观众体验生成的重要性。海伦·桑德森（Helen Saunderson）运用博物馆学和实证心理学的交叉视角，研究博物馆的多感官体验。桑德森认为，拥有多种感官的体验可以影响情绪、记忆、注意力和整体感知体验。[11]为观众提供多感官的体验，能够让观众获得实物对象和外部信息这两种形式的知识。而迈克尔·卡茨伯格（Michael Katzberg）则聚焦灯光对观众体验的影响，他以大都会博物馆"危险关系"（Dangerous Liaisons）展为例，将博物馆的展示空间比作戏剧舞台，将灯光比作实现戏剧叙事的关键要素。他对标叙事学，提出了灯光的三重修辞学：作为物理照明的灯光，作为焦点对焦的灯光，以及作为呈现时间序列的灯光。卡茨伯格指出，灯光在展示博物馆物件中有着传达态度、表达情绪的作用，从而促进观众和博物馆物之间的对话。[12]琳达·杨（Linda Young）将博物馆参观作为仪式体验，提出了博物馆塑造神奇体验的新视角。杨借用盖尔"技术的魅惑"观点，探讨林肯古今博物馆（Lincoln Birthplace Historic Site）和库克船长博物馆（Captain Cook's Cottage）如何塑造具有魔力的神奇体验，生成观众对英雄超凡魅力的情感体验。[13]玛丽克·埃克豪特（Marijke Eeckhaut）则从当代艺术展览的视角，探索了展览中共同体验的可能性。之前的观众体验研究，强调了观展过程中获得的个体意义的差异性，而埃克豪特则关注当代艺术是否能给缺乏相关知识和经验的普通观众带来一些整体的、相似的体验。埃克豪特以参与式观察、访谈和档案文件等方法，分析了比利时安特卫普当代美术馆的两个展览，比较了来自不同背景的、缺乏经验的参观者，在面对当代视觉艺术时的行为、解释和选择，发现与精通博物馆知识的观众相比，普通观众更加追求展览中物件带来的愉悦和情感体验，他们更注重体验艺术作品中的故事，以及分享情感的可能性，而不是相对抽象的概念。与观众自身熟悉的经验、知识、思想关联的作品，更加能唤起视觉的吸引力，并激发观众的情感共鸣。[14]

物的体验塑造了观众的人格，人们在博物馆体验中获得了参与社会表达的可能性。丁颖茵（Wing Yan Vivian Ting）借用莫里斯·梅洛-庞蒂（Maurice Merleau-Ponty）的知觉现象学理论，提出感性存在（sensuous beings）这一概念，探讨物质性如何塑造人们的认同。她认为，物件不是物质的"尸体"，而是来自不同地点和时间的人类的生命延伸。物与人共享身体感知/物质性感知，这使人能够通过感性的身体，体验与周围环境相关的各种可能性，二者共享的物质性感知使得人与物之间存在一种互惠关系。[15]

物质性将人们的身体体验与物件的感知品质联系，增强人们对物体现的人性的同理心。妮基·克莱顿（Nikki Clayton）和马克·古德温（Mark Goodwin）则更进一步探讨了如何利用博物馆物件激发个体的诗歌创意写作，实现个体阐释和表达。文章以世界物质会议举办的工作坊为例，探究博物馆物件如何释放参与者的语言创造力，增加他们对物质世界更深刻的情感和诗性理解。他们在实践中发现，博物馆物件不仅能激发观众的感官参与，而且能帮助人们建构个体性和社会性的回忆，从而帮助人们建立自己的身份联系。甚至，物件成为个体的延展，帮助人们在想象中表达自己的心声。[16]

总结来看，物的多重物理状态形成了观众的不同体验，进而让观众获得了关于物件自身，以及物关联的社会的相关知识和体验。这些复杂的体验增强了观众的自我认知，并提供了他们自我表达的行动力量。

四、意义：博物馆物如何表征？

在探讨了物如何影响观众的体验、建立与人的关系后，随之而来的问题是博物馆如何利用物来讲故事、谈社会，即博物馆物如何表征？博物馆物如何处理社会争议话题？

博物馆的物质性和非物质性之间的平衡，是物的表征的核心问题之一。朱莉娅·彼得罗夫（Julia Petrov）探讨了观众如何通过观看来感受，并以非物质的方式体验博物馆。她认为，装饰艺术的物件具有一种感官的联系，能够激发观众的能动性，观众可在观看和体会物件的过程中，回味熟悉的日常经验，主动创造属于自己的意义。彼得罗夫以衣服为主要分析对象，认为衣服在博物馆的在场展示，目的是让观众联想到衣服穿戴者的身体，及其与空间的互动关系，从而代入自己过去的生活，理解衣服在日常生活中的意义，最后生成的观众与衣服的意义，也成为博物馆内容生产的重要部分。这种方式跨越了主动和被动的知识生产，让观众成为积极的、具有能动性的看展主体。基于这些分析，彼得罗夫反思了博物馆现有的、以策展人为主的知识生产逻辑。她认为，观众能够基于物件，将自己的文化理解、个人叙述和经验技能带到博物馆，而这些理解也是博物馆知识生产中不可或缺的一部分。[17]

可以看出，物的物质性和非物质性并不是对立的，二者在博物馆与人的关系互动中实现整合。罗杰·参西（Roger Sansi）探讨了观念艺术语境下博物馆的去物质化策略，关注作为景观的博物馆和作为档案的博物馆之间的张力，并提出了作为关系的博物馆是缓解二者张力的中间地带。参西以毕尔巴鄂古根海姆博物馆和巴塞罗那当代艺术博物馆为例，探讨了博物馆作为景观和档案的两种观念艺术表征策略。一方面，作为现代城市的象征，博物馆将关注点从展品转移到自身建筑，满足大众文化的审美需求，但可能导致博物馆变成流于表面、转瞬即逝的空壳。另一方面，作为反思社会权力结构的机构，博物馆将重心从展品转移到档案，激发公众对社会政治文化议题的辩论，但可能导致博物馆陷入精英的信息和话语的论辩中，失去具身体验。在这两种模式之间，参西提出了作为关系的博物馆成为中间地带的观点。这种博物馆能够通过相遇，填满空荡荡的馆舍，将档案转化为生动的体验，满足大众将博物馆作为景观的相遇需求，同时也促进公众参与博物馆内容生产的民主实践。[18]

博物馆物如何处理社会争议话题，是物的表征中另一个重要的议题。在"新博物馆学"的影响下，博物馆权威与其社区之间寻求某种权力的平衡，以实现民主化，通过物质性的彰显方式，激发这种民主化成为博物馆物的表征的核心话题。书中提出，博物馆中的物件能够通过具有争议性的表征，颠覆来自博物馆、官方历史和政治权力的霸权。无论在场与否，博物馆中的物件都要求人们忠于过去，包容不同主体的视角和观念。因此，突出物件的争议性，成为博物馆介入社会政治参与的一种方式。

例如，博物馆展示来自世界各地的物件时，面临一个问题：当物件历史受到它的来源地人民的激烈争论时，博物馆如何呈现物件？当这些充满争议的物件进入博物馆并需要通过阐释呈现给观众时，谁拥有为一个社区代言的正当性？玛莉卡·克拉默（Malika Kraamer）探讨了博物馆在处理具有多种争议性表征的同一物件时的阐释问题。[19]通过分析一位参观者对莱斯特新步行博物馆（Leicester's New Walk Museum）收藏的肯特布归属源头的投诉，克拉默思考了加纳艺术历史传统在当地被理解、构建和质疑的方式。她在加纳进行田野调研时发现，关于肯特布的起源问题没有统一定论，三个社区各执一词，认为肯特布来自本社区，而这些立场的差异背后，则是族群之间的身份崛起和认同斗争。这些不同的话语塑造了人们对物件过去的不同理解。克拉默提出，博物馆需要认识到阐释的主观性，并承认物件背后争论的合理性和意义的多样性。博物馆每一个看似简单的阐释背后，可能都存在相互矛盾的阐释。博物馆能做的不是确定谁是唯一的正确阐释，也不是向大众标榜自己的唯一权威性，而是承认，物的意义总是在变化的，物背后的身份也是一直在生成的。好的博物馆展示不是提供物件的客观知识，而只是激发问题，对既定的想法提出挑战，并提供一个对话的机会，让观众和物件相互关联。

同时，在面对社会冲突性议题时，博物馆或可成为一个疗愈的场所。贝弗利·巴特勒（Beverley Butler）提出"遗产疗愈"（heritage healing）的概念，认为博物馆在记忆工作、文化传播方面的功用，使得它与人类的幸福、关照和治愈联系。[20]类似地，艾丽丝·塞梅多（Alice Semedo）探讨了博物馆化和遗产化如何重塑地方社会的记忆和认同，指出博物馆是一个调解过去、现在和未来身份的疗愈场所。以葡萄牙卢斯村庄的记忆博物馆为例，塞梅多指出，新建的博物馆在物质、符号和实践层面如何成为地方记忆的存档空间以及支持社区创造新身份的催化剂。首先，博物馆承担调解者的使命，它是外来者（负责地方大坝建设的公司）和地方社区之间的调解者，也是埋藏在老村庄中的记忆与当下居民生活实践的调解者。其次，博物馆还是记忆和身份的空间，是一种新的文化生产方式，赋予濒临灭绝或过时的事物第二次生命，通过删除、重置和添加等方式，重新塑造地方社会的记忆。[21]

总而言之，博物馆提供了一个公共、展览空间和私人传记空间交织的空间。它不仅是集体档案，还是一种治疗实践。

五、结语：博物馆与"物质性"

英国纽卡斯尔大学博物馆系的教授克里斯托弗·怀特黑德（Christopher Whitehead）在对此书的评价中认为，这本书为博物馆的物质文化研究绘制了一张全局地图，书中容纳了博物馆领域下物质文化研究的问题。然而，这些框架仍然存在进一步充实和探索的空间。例如，书中谈到的物质性具体如何发挥作用？物质与文本相比，其特殊性在哪里？物质和非物质的区别在哪里？从哲学的意义上来看，我们如何让自己的知觉意识到物的存在？[22]这些追问，为我们进一步将博物馆这一对象和物质文化研究的视角结合提供了新的空间。

笔者认为，"物质性"可以被视为贯穿全文的核心线索。探讨博物馆中物的本质、体验和表征，是为了强调物质性在博物馆物的创造、收藏、展示、体验和意义阐释中不可或缺的位置。书中主张的物质性，不单单是物件自身的物理特质，而是结合内容和物理实体的物，以及它与人之间产生的互相联系的整体。正如达德利所说："物质可以理解为意义、物理形式，以及感官体验的交点。"[23]

在博物馆领域中占主导地位的观点认为，博物馆的使命并非在于物件的转移和保存，更在于信息的传递和存储。这种观点认为，物件之所以具有价值和重要性，是因为它们直接涵盖了文化意义，同时可以用来构建真实或想象的故事。这种信息文化主导下的博物馆实践，深刻地影响了博物馆的展览观念，导致了人与物的分离。传统的玻璃柜式的展览观念，强化了以视觉为核心的观看方式，眼睛被置于博物馆参观的主导地位。与眼睛观察对应的是思维的逻辑性、可靠性和权威性。博物馆渐渐与生产知识划上等号，即强调博物馆展览中的知识生产，并希望通过理性的、线性的叙事来生成知识。对物件的阐释也以反映社会文化为主，较少提及物件自身的特质。[24]就此，博物馆被赋予分解材料/技术与观念/想法的特权，而这一特权也让博物馆与观众的距离越来越远。

笔者认为，本书的核心贡献在于重新将焦点放回博物馆中的"物"，进而强调"物"对人类产生的实际和潜在影响。实际上，人与物之间的关系是复杂的，人类赋予物意义的同时，物也构成了人类的真实生活。要理解人与物的关系，单一侧重某一方都无用，本质都是将人与物分离。因此，需要找到连接二者的桥梁，将其转化为相辅相成的统一体。作为桥梁，物质性是地球上一切存在的共同特征，它塑造了我们的本质，并赋予我们独特的属性。[25]我们人类的存在依托于身体，而身体本身就是一种独特的"物"。与此同时，我们的世界也充满了物，物构成了世界本身。关注"物质性"的目的，在于打破二元对立状态，将心灵与身体、文化与自然、理性与情感、精神与物质、秩序与混乱融为一体。

物质性并非孤立存在的某种特性，而是存在于物件自身的特质，以及我们体验它们的具身感知的关系之中。[26]因此，人和物是在二者的相互关系中得以界定的。换句话说,物质性可以界定为人—物相互介入的关系属性,这种介入可以同时是认知性和感性的。也就是说,物质性不仅需要通过眼睛去观看,而且需要通过身体的其他器官去感知。

博物馆视角下的物质性研究,着眼于人和物的相互介入状态(human-object engagements)[27],即探究物质性如何连接人与物,形成二者相互生成而非对立的关系。一方面,物引发了人的身体感知,其物理特性很大程度上影响了人的体验,这强调了物具有引起人们情绪改变的主动能力;另一方面,人在获得关于物的体验的同时,也能够结合自身的理解、认知和回忆,赋予物意义,这强调了人在与物相遇过程中的主动能力。

可以说,物质性带来了一种理解博物馆中人—物关系的新的本体论——博物馆不是为了通过物件传递信息,而是通过物件建立关系、激发意义。因此,除了关注物携带的文化意义,博物馆也需要重视人(策展人、观众等)与物(物件、收藏,以及其他展陈空间)互动时产生的情感体验和意义的生成过程。这种综合的视角能够更好地理解博物馆中人与物的关系,以及物在社会中的作用和意义。

博物馆在以物为核心的特性中,如何寻找其与当代社会的连接方式?本书最终给出一种方案:重新聚焦物,把握博物馆的物质性,通过人与物之间的亲密互动,建立相互关系、共同生成意义,从而找到博物馆与当代社会的连接方式。

(李睿康,北京大学艺术学院博士研究生,研究方向为博物馆跨文化传播、博物馆地方参与。)

注释:

[1] 在本文中,"物"(objects/things)也可称为"物件",指的是博物馆和遗产语境中一切物理的、可感的实体。之所以没有用藏品(collection)、标本(specimen)、艺术品(artwork),以及人工制品(artifact)等概念,是因为在博物馆和遗产语境中,除了用于展出的核心展品,与之相关的档案、资料,以及博物馆空间中的灯光、道具等基础设施等,都属于物的范畴。

[2] Sandra H. Dudley, "Introduction: Museums and Things", Sandra H. Dudley, Amy Jane Barnes, Jennifer Binnie, eds., *The Thing about Museums: Objects and Experience, Representation and Contestation*, New York and London: Routledge, 2012, p. 3.

[3] Ibid., p. 15.

[4] Maria Lucia de Niemeyer Matheus Loureiro, "Musealisation Processes in the Realm of Art", Sandra H. Dudley, eds., *The Thing about*

Museums, pp. 69-79.

[5] Hannah Lee Chalk, "Romancing the Stones Earth Science Objects as Material Culture", Sandra H. Dudley, eds., *The Thing about Museums*, p. 21-24.

[6] Geoffrey Swinney, "What Do We Know about What We Know? The Museum 'Register' as Museum Object", Sandra H. Dudley, eds., *The Thing about Museums*, p. 31.

[7] Marlen Mouliou, Despina Kalessopoulou, "Emblematic Museum Objects of National Significance In Search of Their Multiple Meanings and Values", Sandra H. Dudley, eds., *The Thing about Museums*, pp. 47-68.

[8] Caroline Bergeron, "Material Object and Immaterial Collector: Is There Room for the Collector-Donor Discourse in the Museal Space?", Sandra H. Dudley, eds., *The Thing about Museums*, p. 242.

[9] Helen Rees Leahy, "Exhibiting Absence in the Museum", Sandra H. Dudley, eds., *The Thing about Museums*, pp. 250-260.

[10] Helen Saunderson, "'Do not Touch': A Discussion on the Problems of A Limited Sensory Experience with Objects in a Gallery or Museum Context", Sandra H. Dudley, eds., *The Thing about Museums*, pp. 159-170.

[11] Ibid., p. 162.

[12] Michael Katzberg, "Illuminating Narratives: Period Rooms and Tableaux Vivants", Sandra H. Dudley, eds., *The Thing about Museums*, pp. 131-142.

[13] Linda Young, "Magic Objects/Modern Objects: Heroes' House Museums", Sandra H. Dudley, eds., *The Thing about Museums*, pp. 143-156.

[14] Marijke Van Eeckhaut, "Inexperienced Museum Visitors and How They Negotiate Contemporary Art: A Comparative Study of Two Visitor-Driven Visual Art Presentations", Sandra H. Dudley, eds., *The Thing about Museums*, pp. 117-130.

[15] Wing Yan Vivian Ting, "Living Objects: A Theory of Museological Objecthood", Sandra H. Dudley, eds., *The Thing about Museums*, p. 173.

[16] Nikki Clayton, Mark Goodwin, "The Poetic Triangle of Objects, People and Writing Creatively: Using Museum Collections to Inspire Linguistic Creativity and Poetic Understanding", Sandra H. Dudley, eds., *The Thing about Museums*, pp. 182-199.

[17] Julia Petrov, "Playing Dress-up: Inhabiting Imagined Spaces through Museum Objects", Sandra H. Dudley, eds., *The Thing about Museums*, pp. 230-241.

[18] Roger Sansi, "Spectacle and Archive in Two Contemporary Art Museums in Spain", Sandra H. Dudley, eds., *The Thing about Museums*, pp. 219-229.

[19] Malika Kraamer, "Challenged Pasts and The Museum: the Case of Ghanaian Kente", Sandra H. Dudley, eds., *The Thing about Museums*, pp. 282-296.

[20] Beverley Butler, "Heritage as Pharmakon and the Muses as Deconstruction: Problematising Curative Museologies and Heritage Healing", Sandra H. Dudley, eds., *The Thing about Museums*, pp. 354-371.

[21] Alice Semedo, "(Im)material Practices in Museums", Sandra H. Dudley, eds., *The Thing about Museums*, pp. 340-353.

[22] Christopher Whitehead, "Book Review", *Curator: the Museum Journal*, 2012, 55(04), pp. 507-510.

[23] Sandra H. Dudley, ed., *Museum Materialities: Objects, Engagements, Interpretations*, New York and London: Routledge, 2010, p. 8.

[24] Julia Petrov, "Playing Dress-up: Inhabiting Imagined Spaces through Museum Objects", Sandra H. Dudley, eds., *The Thing about Museums*, p. 232.

[25] Susan Pearce, "Forward", Sandra H. Dudley, ed., *Museum Materialities*, p. xiv.

[26] Christopher Tilley, *The Materiality of Stone: Explorations in Landscape Phenomenology*, Oxford: Berg, 2004.

[27] Sandra H. Dudley, ed., *Museum Materialities*, p. 1.

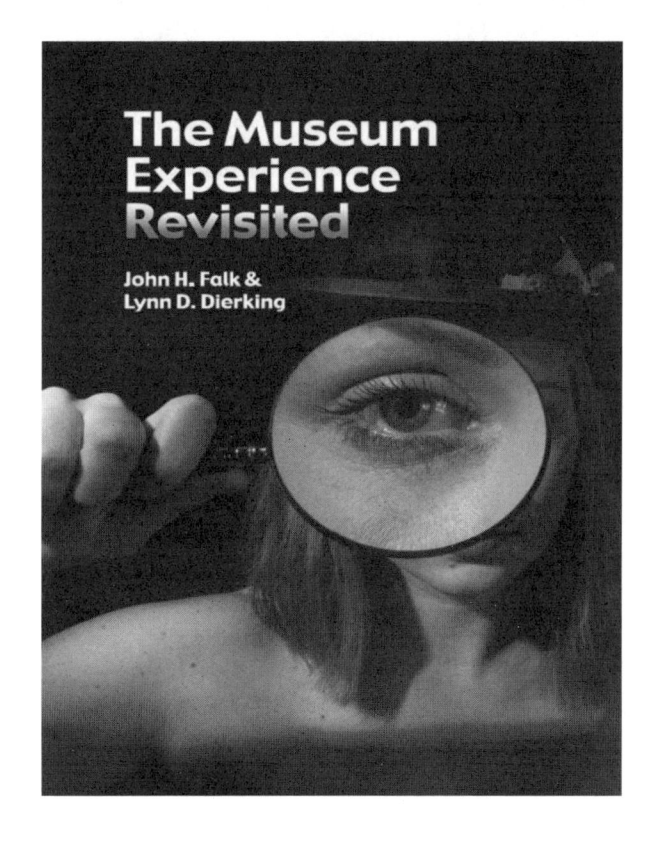

《博物馆体验再探讨》

The Museum Experience Revisited

作者：约翰·福尔克（John H. Falk）、
林恩·迪尔金（Lynn D. Dierking）
出版年份：2012

❖ —— 本书短评 —— ❖

重构了作者在1992年提出的博物馆体验理论。

述评人：朱晓欣

1992年，约翰·福尔克与林恩·迪尔金合著的《博物馆体验》[1]（*The Museum Experience*）出版。20世纪90年代，在博物馆面临转型之际，《博物馆体验》试图让博物馆从业者重新审思观众的博物馆体验，打破以往把观众体验局限于参观展览现场的观点，转而认为体验贯穿整个参观过程。[2]2012年，福尔克与迪尔金修订了《博物馆体验》，出版了《博物馆体验再探讨》。2021年，该书由中国科技馆在国内翻译出版，本文基于中文版本写就。

1992—2012年的20年间，福尔克对博物馆观众的参观动机、学习模式进行了更进一步的研究。2000年，《学自博物馆：观众体验与意义生成》（*Learning from Museum: Visitor Experiences and Making of Meaning*）[3]面世，福尔克对"互动体验模式"（interactive experience model）理论进行修订，提出了"情景学习模式"（contextual model of learning）的概念。2009年，《博物馆观众：身份与博物馆体验》（*Identity and the Museum Visitor Experience*）[4]从"身份"的角度重新思考观众参观博物馆的动机，并区分了五种观众类型。此外，为区别学校教育与博物馆学习，福尔克与迪尔金创建了"自由选择学习"概念，强调观众在参观博物馆时的自主性与选择性。[5]这些新的研究成果与理论建构丰富了《博物馆体验》的内容，并最终促成了《博物馆体验再探讨》的出版。

延续《博物馆体验》的叙述框架，本书对以上内容进行了整合。以情景学习模式为透镜（第一章），以"身份"与"选择"为探究博物馆参观全过程的核心线索，本书探讨观众如何通过三大情景，满足自我的差异化需求，从而构筑独属于自己的博物馆记忆（第二至十一章）。在此基础上，福尔克与迪尔金将视域延伸至参观之外，重思在变化的市场与社会环境中，博物馆作为博物馆存在的价值与意义（第十二章）。福尔克与迪尔金重构了他们20年前提出的博物馆体验理论，期望给予博物馆专业人士一个可供理解的观众视角，从而锚定21世纪的博物馆在个人、社区与社会中的位置。[6]

一、模式的更新：从互动体验模式到情景学习模式

相较于初版，本书最大的变化莫过于以"情景学习模式"取代了"互动体验模式"。互动体验模式由个人情景、社会情景与环境情景组成，三个情景整合在一起，共同发挥作用。而情景学习模式则更为精细化、复杂

化，将社会情景修正为社会文化情景，增添了时间维度。这些变化反映了福尔克对观众博物馆体验思考的进一步深入。

第一，从社会情景到社会文化情景的转变。在参观博物馆的过程中，观众与同行伙伴之间、观众与博物馆员工之间，都将产生社交互动。同伴对展示内容的理解、博物馆员工的服务态度、孩子对博物馆环境的适应程度等因素，影响着参观者的博物馆体验。[7]最初，福尔克与迪尔金将这种博物馆参观过程中的社交互动概念化为社会情景，并认为社会情景对观众的参观计划（agenda）具有强大影响力。[8]而在情景学习模式中，"社会"情景被更新为"社会文化"情景。其中，"文化"一词最为关键。福尔克将其定义为一种适应性，一种使个体得以生存的社会机制。[9]在社会化的过程中，文化影响了个体的价值认知与行为，进而影响了个体认识世界的方式。个体之间的交互，亦是其过往经验的交流互动。对博物馆来说，社会文化情景指涉的不仅仅是观众个体，更是博物馆自身。就前者而言，不同文化背景的观众对博物馆有不同的价值认知，所以他们在参观博物馆时会产生不同的参观体验。就后者而言，博物馆亦是一个社会实体，由带有某种文化价值观与偏好的人设立，[10]这种价值观影响了博物馆认为值得保护、征集，以及向观众展示的内容。两种认知的交错使博物馆与观众的关系变得更为复杂。相比初版将社会情景界定为观众与他人的互动，社会文化情景把观众的个体经验延伸至更大的社会文化背景，也将博物馆与观众置于更广阔的社会视野下理解。

第二，在情景学习模式中加入时间维度。时间维度的增加，让博物馆体验从某一瞬间定格的"快照"转变为长时段的动态观察。互动体验模型的三个情景将体验定格在某一刻，忽略了体验随时空发展的可变性与延伸性，从而影响博物馆学习的结果。而通过加入"时间"，情景学习模式得以从更大的时间范围，如观众的个人生命历程，以及更广的空间范畴，如社区与社会背景，描述观众体验。除此之外，"时间"维度的增加也表明博物馆体验并非一个线性发展过程，而是循环往复的。观众过去参观博物馆形成的体验与认知，将影响其未来参观博物馆的决定，新体验在旧体验的基础上叠加而成。

第三，模型的命名从"体验"变成了"学习"。在初版中，福尔克专门就博物馆学习进行了讨论，用互动体验模型描述了博物馆学习的三个维度，并没有对学习与体验进行区分。而在新版，福尔克不仅以"学习"取代"体验"的理论框架作为讨论基础，在全书中也没有就学习与体验概念展开进一步探讨。这是否意味着福尔克延续了初版对学习与体验两者区别的回避？在笔者看来，不论是初版还是新版，福尔克都将学习视为体验最关键的一部分。从参观博物馆的目的出发，福尔克认为，学习是不言而喻的，是最基础且无须讨论的，如同询问人们去餐厅吃饭的原因时，并不会有多少人回答"因为饿了"一样。[11]不同于学校学习，在博物馆中，"学习"的概念被泛化，并非狭义的知识获取，而是情感、技能、认知等多层次的意义建构。福尔克将"学习"定义为"内在动机的学习，是一种丰富的、充满情感的体验"[12]。在此，"学习"似乎朝被福尔克视为感觉统一体的体验[13]迈向了一步，两者之间的界限更为模糊。然而，回顾情景学习模式的八个要素，比起由"感觉"构成的体验，其对学习过程、结果的研究更为精细，也更易于理解观众。此外，有赖于生物学背景，福尔克也从进化的角度看待学习，认为学习既是过程，亦是结果。[14]在这个过程中，学习被包含在一层层的体验内，"被视为由人们随时间推移在自身社会文化和实体世界中建构而成"[15]，意义也由此逐渐生成。在这里，学习与体验密不可分，被福尔克视为体验的核心部分。因此，从这个角度出发，与其说福尔克认为"体验"与"学习"等同，或是放弃对"体验"的描述，不如说在福尔克的视角中，"学习"才是博物馆体验的核心。

二、身份与选择：以观众为中心的博物馆体验

以情景学习模式为理论基础与描述框架，延续初版的脉络，福尔克与迪尔金将本书分为"参观开始前""参观过程中""参观结束后""博物馆参观的专业指导"，以及"超越参观"五部分。[16]其中，作为线索的"身份"与"选择"串联了博物馆体验建构的整个过程。

2009年，福尔克在《博物馆观众：身份与博物馆体验》中，系统论述了博物馆观众体验的模型。在该书中，福尔克进一步深入"个人情景"，以动机为切口，认为观众选择参观博物馆，更多基于个人的身份需求。相比以往认为身份由性别、阶级等宏观因素构成的观点，福尔克将身份视为个体对自身角色的认识，个体通过赋予身份相关的品质或描述，理解自身的行为与角色。[17]反之，对身份的认识也会影响个体的相关表现行为。由此出发，福尔克将观众的身份类型分为五大类：探索者（explorers）、促进者（facilitators）、寻求体验者（experience seekers）、专业人士/"发

烧友"（professionals/hobbyists）、充电者（rechargers）。在后续研究中，福尔克添加了虔诚的朝圣者（respectful pilgrims）和寻求"关联"者（affinity seekers）这两种身份类型。[18]不同类型身份代表的需求及行为不同，为预测观众提供了可行性。以身份为基础，福尔克提出，观众与博物馆的互动，实则是一个反馈循环。"个人身份"与"对博物馆供给的认知"产生了"身份相关的参观动机"，而处在"个人情景""环境情景""社会文化情景"的交互作用下，"身份相关的参观动机"也转而影响既有的"个人身份"与"对博物馆供给的认知"，最终反馈给观众与博物馆。"身份"也并非一成不变，而是流动的，会随个体对博物馆的价值认知，以及参观需求而变化。

关于选择，在情景学习模式中，相较于互动体验模式，值得注意的是"选择与控制"这一要素的出现。"自我感"（sense of self）是所有学习的基础，围绕"自我感"的自尊、控制等问题将影响学习效果。[19]当人们感觉自己能够自主控制学习时，其学习效果便会显著增强。区别于学校，福尔克认为，博物馆是典型的自由选择学习的场所。自由选择学习具有自由选择性、非连续性、自我掌控性与自主性。[20]在博物馆中，人们可以自由选择去哪里参观，参观什么，以及同谁一起参观，拥有充分的自主权和选择权。在福尔克看来，这种自由选择学习是一种自下而上的、由个人驱动的学习方式。[21]如果说，在《博物馆体验》中，观众自由选择的相关内容已经初见雏形的话，那么《博物馆体验再探讨》中，"选择"则贯穿全书，强调观众塑造博物馆体验过程的自主性。

综上，"身份"与"选择"奠定了本书的核心观点——观众利用博物馆满足其差异化的爱好与需求。

在第一部分"参观开始前"中，福尔克与迪尔金主要解决两个问题：观众为什么选择参观博物馆？观众对博物馆体验的理解从何出发？从观众的参照系入手，福尔克与迪尔金认为，观众选择参观博物馆与观众的需求，以及博物馆能否满足这种需求相关。借由身份相关的参观动机，福尔克与迪尔金提供了理解观众为什么选择参观博物馆的预测模型。[22]而博物馆能否满足观众的需求则与观众对博物馆的认知相关，这需要在"社会文化情景"中加以理解。在社会文化生态学的视角下，博物馆与所处社区的其他教育基础设施，共同组成了一种复合生态，对更多公众产生影响。因此，处在社会中的博物馆不仅要满足观众的需求，更要满足社群/社区的需求，从而影响相关群体对博物馆的价值认知。[23]当观众认知中的博物馆与其需求契合时，观众就会走进博物馆，反之则不会。接下来，福尔克与迪尔金从"个人情景"出发，讨论了先前经验、兴趣与既有知识结构对博物馆体验的影响。身份相关的参观动机、先前经验、兴趣与既有知识，最终形成了观众的参观计划，这一计划决定了博物馆体验的基础，并影响观众参观博物馆的全过程。

在第二部分"参观过程中"，福尔克与迪尔金从"实体情景""社会文化情景"入手，讨论观众在博物馆参观中的体验建构。观众可以发挥主观能动性，形成博物馆体验，而"拥有相似身份相关的参观动机的观众，倾向于获得相似的博物馆体验"[24]。但在具体情景中，观众将在展览内外进行取舍：选择阅读自己感兴趣的说明牌，选择欣赏自己期待看到的展品，并基于个人兴趣、既有知识等建构意义。因此，在博物馆这一自由选择式环境中，尽管参观同一展览，阅读同一个说明牌，观众形成的体验也因个人选择及参考框架而有差异。[25]但这是否意味着观众在博物馆中的行为与体验是无法捕捉的？在福尔克与迪尔金看来，博物馆的可供性与行为环境，限制了观众的参观行为。博物馆的可供性包括博物馆内部空间布局、博物馆规模等，这些因素使观众呈现一定的参观模式。而行为环境则由社会文化决定，其中，行为由公认准则制约。结合行为环境与博物馆可供性，观众行为将呈现一定的特征与轨迹，这与前述身份相关的参观动机一致。[26]在第七章，福尔克与迪尔金认为，博物馆体验亦是一种社交体验，参观过程中的对话与互动对身份建构具有重要作用。在第八章"情景的相互作用：作为格式塔的博物馆"中，福尔克与迪尔金强调了情景间的互动，突出博物馆体验的整体性。在福尔克与迪尔金看来，博物馆体验不仅是智力体验，也是一种情感体验。而这种体验将持续到参观后，并成为博物馆记忆的内在组成部分。

在第三部分"参观结束后"，观众在博物馆中所见的"现实"，转化为其关于博物馆的记忆。这种记忆是选择性的，相对稳定与持久。从博物馆中的一次性体验，到关于博物馆的长期记忆，是观众自身建构的过程。观众在博物馆中，经由"实体情景""个人情景""社会文化情景"的作用，形成了博物馆参观的总体记忆。身份相关的参观动机和先前经验帮助观众判断这些记忆是否具有意义，观众会过滤不相关的记忆，从而使记忆变成值得记住的博物馆经历。这种经历在日后的加强和巩固中深化细节，从而生成关于博物馆体验的长期记忆。在记忆生成的过程中，观众在博物馆中的所见所为是基于"选择"塑造的记忆，[27]而身份相关的参观动机和先前经验则是影响记忆持久性的相关因素，与动机和经验相关性越高的博物馆记忆持续时间越久。此外，观众关于博物馆的长期记忆，也与博物馆学习密切相关。长期记忆被纳入观众的个人意义建构，巩固观众先前知识甚至引发新的反思。因此，福尔克与迪尔金认为，博物馆学习不仅是被观众重构且重塑的体验，也是体验的结果。[28]

第四部分"博物馆参观的专业指导"，则基于身份相关的参观动机与情景学习模式，探讨博物馆如何塑造观众体验。福尔克与迪尔金提出了两个问题：如何确定观众的博物馆体验包含博物馆希望传达的信息？如何提升博物馆体验的效果？一方面，博物馆需根据观众的兴趣、认知与身份相关的参观动机，调整机构目标，寻找机构目标与观众需求的关联点。另一方面，博物馆要从情景学习模式的三个情景入手，了解观众的真实需求与兴趣，确保观众在博物馆中的选择权与控制权，协助观众制订参观计划，与观众共同创造博物馆体验。

三、超越参观：社会视野下的博物馆价值

回顾福尔克1992年以来与博物馆体验相关的著作，就博物馆与更广阔社会的关系，福尔克将其置于休闲时代与学习型社会的需求下理解。相较于博物馆与社会，福尔克更聚焦博物馆与观众的关联。而《博物馆体验再探讨》虽然也关注休闲、学习方面，但福尔克与迪尔金倾向于从更广阔的范畴，从博物馆之于社区、社会的价值，阐述博物馆的未来发展图景。

早在理论框架中，福尔克便将博物馆与观众的关系，延展至社会这一更大的脉络中。[29]"身份"的出现将博物馆置于整个社会，将观众个体的参观动机与社会联系，性别、阶级、民族等由社会决定的"大身份"，影响着作为参观动机的"小身份"。通过关注身份相关的参观动机，博物馆可以利用三大情景，针对性地满足该群体代表的某类社区或社群，进而影响整个社区、社会。以非裔美国人为代表的受众发展工作便是一个极佳例子。陈设非洲艺术藏品、举办非洲相关展览，的确能吸引更多非裔美国人参观，但在福尔克看来，这并不能改变该群体对博物馆的态度与认知。而通过满足非裔社群内部的差异化需求，如身为导览者的家长教育孩子的需求、喜欢艺术品的探索者的需求等，博物馆最终会扭转非裔社群对其的旧

有认知，从而使该社群的博物馆参观率上升。[30]

就本书内容而言，福尔克与迪尔金在许多章节都强调了社区、社会。第三章中，福尔克与迪尔金从社会文化生态的视角理解博物馆。作为社会中文化基础机构的博物馆，与其他文化机构组成了一个复合生态，适应社会的文化需求，共同促进整个社会的文化发展。而在第十章，福尔克与迪尔金则强调了博物馆学习的长期影响，并认为考察个体观众在博物馆的学习过程与效果，将有助于衡量博物馆在整个社区中的影响。相较于初版，这些章节更强调博物馆之于社区的积极影响。

在前文铺垫博物馆之于社区发展意义的基础上，福尔克与迪尔金进一步表达了自己对当今博物馆与社区、社会关系的理解。不同于20世纪的博物馆，21世纪的博物馆面临更多挑战：缩减的公共财政支持、更为激烈的市场竞争、越来越少的观众。博物馆想要改变日渐边缘化的困境，获得更多观众的青睐，就需要重新思考自身的价值并证明价值的存在。他们认为，博物馆成功的关键在于从根本上满足社区需求，为公众提供有价值的体验。这种价值首先体现为教育价值，即博物馆是社区资源的一部分，将尽可能为更多人创造内容丰富的学习环境。[31]这意味着博物馆需要意识身份相关需求与期待的重要性，为社区中的每个人提供个性化的学习支持。而依托情景与身份的博物馆体验"作为搭建博物馆需求和计划与观众需求与计划的桥梁"，将会使博物馆与公众的兴趣有效联结。除了教育价值，公共价值是博物馆立身于变动社会环境的另一核心要素。实现公共价值意味着博物馆不能只着眼于作为个体的来馆观众，而应将自身视为更大范畴下的一部分，为整个社区的发展与福祉做出重要贡献。[32]因此，博物馆需要"确保工作与其所在社区的结构和真实需求进行充分、有意义的联系"[33]，思考自身之于社区的价值，重新定义机构目标，调整机构未来的行动计划与发展规划。在这些价值理念的指引下，越来越多的博物馆将重塑自身思想，将自身打造为讨论与解决各种社会议题的公共论坛，成为社区聚集之地。福尔克进一步指出，在21世纪，成功的博物馆将是致力于提供公共服务，接触并吸引新观众，努力解决当前公民、教育、经济、环境和社会问题的机构。[34]

对博物馆价值的讨论延续至福尔克的最新著作《博物馆的价值：提升社会福祉》，他进一步挖掘了观众博物馆体验的内核——"福祉"（well-being）。在福尔克看来，人们做出的选择由自我（self）驱动，而自我并非选择的终点,而是目的,即福祉的一种手段。[35]自我在博物馆参观体验中,是"身份"的核心。换而言之,从自我到身份,再概念化为福祉。福尔克认为,人们参观博物馆、参与博物馆体验的根源,正是对更高福祉的追求。那么福祉究竟是什么?扎根生物学与进化论,整合社会科学,福尔克将博物馆提供的福祉分为四个类别:个体福祉(personal well-being)、智识福祉(intellectual well-being)、社交福祉(social well-being)与环境福祉(physical well-being)[36]。个体福祉为构建独特身份体验的个人渴望,包括情感与自我成长;智识福祉是对知识需求的满足;社交福祉聚焦人们从社会关系中获取的尊重与认同;环境福祉指博物馆体验能够在一定程度上缓解现代社会带来的压力。福尔克强调,人们借由参观、体验博物馆,追求和实现的这些福祉,恰恰是博物馆当下价值的核心,也理应成为博物馆的使命。[37]在不确定的未来面前,博物馆需要在系统思考这四方面福祉的基础上,构建自己的目的与使命宣言,方可在变动的世界中取得成功。

不难发现,从《博物馆体验》到《博物馆体验再探讨》,再到《博物馆的价值:提升社会福祉》,福尔克终其一生都在探讨一个问题:是什么驱使着人们参观博物馆?从模糊的体验,到更为具体的学习,再到抽象化的价值。福尔克试图给出的最新答案是:正是博物馆带给个人、社区与社会的独特价值意义,吸引人们一次又一次踏入博物馆的大门。

三、结语

在大卫·弗朗西斯(David Francis)[38]与苏珊·斯佩罗(Susan B. Spero)[39]看来,《博物馆体验再探讨》引入情景学习模式与身份相关的参观动机两大理论,展现了福尔克与迪尔金对博物馆情景与观众类型细分这两个核心议题的新思考。此外,《博物馆体验再探讨》更总结了过去30年间博物馆观众研究领域的成果,为博物馆专业人士提供了一份观众工作与研究的全新指南。

然而,每一种理论建构都有其缺陷,福尔克的博物馆学习理论亦如此。一方面,得益于生物学的教育背景,福尔克的博物馆体验研究或多或少地带有文化生态观的痕迹。另一方面,福尔克也以建构主义为理论基础,试图超脱传统的学习模式框架。但在艾琳·胡珀-格林希尔(Eilean Hooper-Greenhill)看来,人们应该进一步批判思考这些观点。[40]首先,以生态学为基础的文化与学习概念带有功能主义色彩，即"学习是为了适应社会"。这种功能主义的观点无法处理意义的问题，也将无法从更为多元的文化视角进行解释。这些都指向了福尔克理论中隐藏的行为主义根源，倾向于从"变量"的角度进行研究。其次，格林希尔认为，福尔克的研究没有注重对性别、阶级、种族等相关的学习特性的讨论，也没有重视博物馆展览中存在的叙事冲突。最后，福尔克的研究带有浓厚的北美特色，即以功能主义、行为主义为主导的社会分析方法。

但不可否认的是，福尔克与迪尔金的博物馆体验研究，也让博物馆界进一步思考：何谓体验？如何创造更好的博物馆体验？《博物馆体验再探讨》中重新修正出现的情景学习模式与身份相关的参观动机，从描述与预测两个角度切入研究观众，可谓理解观众博物馆体验的有效工具。情景学习模式让博物馆体验更具历时性与共时性，并再次强调了初版的观点：博物馆体验并非一次性的，而是持续的，其影响是长久的。对"身份"的关注则揭示了作为反馈循环的博物馆体验，应当从需求（观众）与供给（博物馆）两端进行思考。

另一方面，福尔克与迪尔金并不是在倡导一种社会公众均质化的博物馆体验，而是差异化的。其中，多种"身份"意味着需要看见观众间的差异。在《博物馆观众：身份与博物馆体验》中，福尔克曾从身份相关的参观动机出发，倡导博物馆给观众提供多层次的信息与服务，这种偏向于市场营销的服务理念或许不被某些博物馆专业人士看好。但就当今博物馆观众服务而言，在注重均质化公众之余，若想更进一步吸引观众、维持观众、扩大影响，还需要关注作为个体的观众，看见他们的差异化需求。正如福尔克在书中谈道："成功的博物馆将是那些明白如何与观众发展有意义关系的博物馆，这意味着将其服务对象视为个体的集合，而不是未定义的群体'公众'。"[41]

而在21世纪，博物馆理应思索自身之于社会福祉的真正价值，明确未来的工作方向与使命，并在此基础上重构博物馆与个人、社区、社会之间的关系。福尔克在本书中对博物馆价值的讨论不仅为《博物馆的价值：提升社会福祉》一书埋下伏笔，更彰显价值是当下博物馆更好地吸引观众、服务观众的关键。

（朱晓欣，山东大学文化遗产研究院文物与博物馆硕士，主要研究方向为博物馆研究。）

注释：

[1] John Falk, Lynn Dierking, *The Museum Experience*, Washington: Whaleback Books, 1992.

[2] John Falk, Lynn Dierking, "Redefining the Museum Experience: The Effective Experience Model", *Visitor Studies*, 1992, 4(01), pp. 173-176.

[3] John Falk, *Learning from Museum: Visitor Experiences and Making of Meaning*, New York and Oxford: Rowman & Littlefield Publishers, 2000.

[4] John Falk, *Identity and the Museum Visitor Experience*, New York and London: Routledge, 2009.

[5] 周婧景、赖颖滢：《博物馆"自由选择学习"概念的形成及其述评》，《科学教育与博物馆》，2021年第4期，第295—304页。

[6] 约翰·福尔克、林恩·迪尔金：《博物馆体验再探讨》，马宇罡等译，北京：社会科学文献出版社，2021年，第3—7页。

[7] 约翰·福尔克、林恩·迪尔金：《博物馆经验》，罗欣怡等译，台北：五观艺术有限公司，2002年，第20页。

[8] 约翰·福尔克、林恩·迪尔金，前揭书，第90页。

[9] John Falk, *Learning from Museum*, p. 39.

[10] 约翰·福尔克、林恩·迪尔金：《博物馆体验再探讨》，第57页。

[11] 约翰·福尔克、林恩·迪尔金，前揭书，第25页。

[12] John Falk, *Learning from Museum*, p. 21.

[13] 约翰·福尔克、林恩·迪尔金：《博物馆体验再探讨》，第157页。

[14] John Falk, *Learning from Museum*, p.xii.

[15] Ibid., p.8.

[16] 约翰·福尔克、林恩·迪尔金：《博物馆体验再探讨》，第5页。

[17] John Falk, "Contextualized Falk's Identity-Related Visitor Motivation Model", *Visitor Studies*, 2011, 14(2), pp. 141-157.

[18] 约翰·福尔克、林恩·迪尔金：《博物馆体验再探讨》，第28—29页。

[19] John Falk, *Learning from Museum*, pp. 21-22.

[20] 同注5。

[21] John Falk, "Free-choice Environmental Learning: Framing the Discussion", *Environmental Education Research*, 2005, 11(03), pp. 265-280.

[22] 约翰·福尔克、林恩·迪尔金：《博物馆体验再探讨》，第21—32页。

[23] 约翰·福尔克、林恩·迪尔金，前揭书，第54—56页。

[24] 约翰·福尔克、林恩·迪尔金，前揭书，第85页。

[25] 约翰·福尔克、林恩·迪尔金，前揭书，第85—89页。

[26] 约翰·福尔克、林恩·迪尔金，前揭书，第111—127页。

[27] 约翰·福尔克、林恩·迪尔金，前揭书，第184页。

[28] 约翰·福尔克、林恩·迪尔金，前揭书，第200—201页。

[29] 赵星宇：《从"情景"到"身份"——约翰·福尔克博物馆学习理论模式的发展与演变》，《科学教育与博物馆》，2017年第4期，第308—314页。

[30] 约翰·福尔克、林恩·迪尔金：《博物馆体验再探讨》，第36—41页。

[31] 约翰·福尔克、林恩·迪尔金，前揭书，第290页。

[32] 约翰·福尔克、林恩·迪尔金，前揭书，第303页。

[33] 约翰·福尔克、林恩·迪尔金，前揭书，第299页。

[34] 约翰·福尔克、林恩·迪尔金，前揭书，第305页。

[35] John Falk, *The Value of Museums: Enhancing*

[36] Ibid., pp. 27-28.
[37] Ibid., p. 159.
[38] David Francis, "Book Review", *Visitor Studies*, 2015, 18(1), pp. 121-123.
[39] Susan Spero, "Book Review", *Museum Management and Curatorship*, 2013, 28(4), pp. 430-432.
[40] Eilean Hooper-Greenhill, *Museums and Education: Purpose, Pedagogy, Performance*, New York and London: Routledge, 2007, pp. 39-41.
[41] 约翰·福尔克、林恩·迪尔金：《博物馆体验再探讨》，第288页。

Societal Well-Being, New York and London: Rowman & Littlefield, 2022, p. xii.

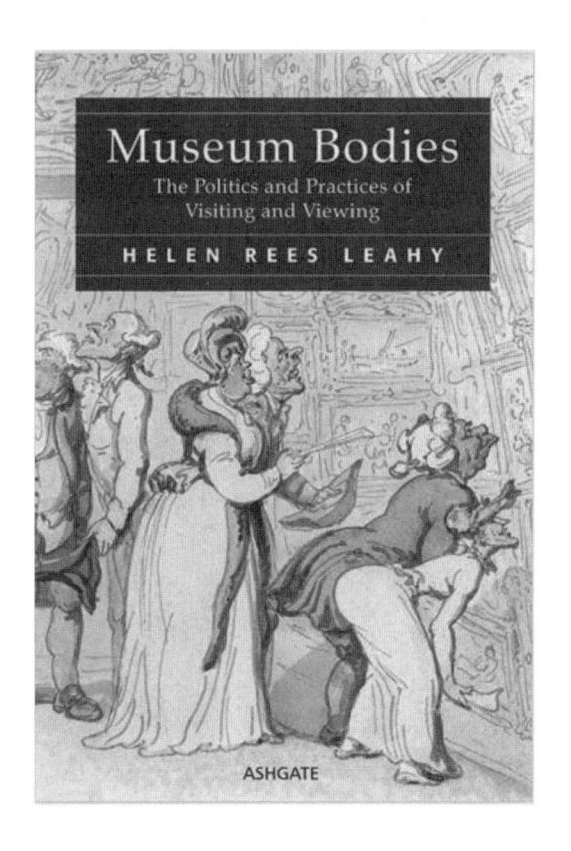

《博物馆中的身体：参观与观看的政治与实践》

Museum Bodies:
The Politics and Practices of Visiting and Viewing

作者：海伦·里斯·莱希（Helen Rees Leahy）

出版年份：2012

❖——· 本书短评 ·——❖

以解构与批判的视角揭露博物馆参观规则背后的真相。

述评人：杨婷玉

2010年，古根海姆博物馆（The Guggenheim Museum）展出了蒂诺·赛加尔（Tino Sehgal）的两个行为艺术项目——"吻"（Kiss）和"这一进步"（This Progress）。在"这一进步"中，赛加尔通过重建观众在博物馆走路和说话的习惯，重新建构博物馆作为本体感受和社会性的场所。[1]赛加尔希望观众反思自己在博物馆内无意识使用的技巧和方法，这无疑颠覆了人们对传统的博物馆形式和观众参观方式的认知。借此，海伦·里斯·莱希追问道：一系列参观实践如何融入博物馆观众？为何赛加尔重建观众行走和说话的方式会让人感到不安？

为了回应上述问题，莱希论述了从18世纪至今，英国的博物馆对于观众身体和行为表现、规定、接纳的一系列实践，这不仅包括博物馆对于观众行为和身体的限制与引导，而且涉及基于年龄、性别、教育程度、阶级等因素对某些观众群体的区分和排斥。具体而言，本书聚焦博物馆观众本身的行为举止，以详细的实践案例说明博物馆在早期设立参观条例，如限制观众携带具有"潜在危险性的"雨伞和手杖进入博物馆，不允许观众触碰藏品等一系列规则，试图教导每一个进入博物馆的观众，使其符合博物馆的要求，至少看起来合乎规矩。在这一过程中，观众并非一味任由博物馆塑造自己的行为和身体，相反，他们会用与博物馆期望相距甚远的行为表达对博物馆的反抗，例如故意毁坏博物馆的墙壁、破坏博物馆的藏品等。大卫·弗里德伯格（David Freedberg）认为，所有在博物馆中实施破坏行为的反传统者，都"了解他们攻击的作品的经济、文化和象征价值"[2]。

《博物馆中的身体：参观与观看的政治与实践》首次出版于2012年，并于2016年和2017年再版，尚无中译本。因此，本书评基于英文首版写作而成。全书共分为六章，莱希在第一章从18世纪中期的英国博物馆和画廊谈起，博物馆在开馆之初便向观众提出了参观的限制条件。第二章讨论观众在博物馆的观看方式和原则，例如观众在观看展览的时候要找到一种节奏，扫视（glance）与凝视（gaze）结合，更好地让自己的观看与展览协调。第三章讨论观众在博物馆中的行走原则，博物馆要求观众按"正确"的方向和"正确"的速度前进。第四章延续第三章的讨论，因为一些观众拒绝遵守博物馆既定的展览节奏，只将博物馆用于参观和娱乐，这也导致了观众误读藏品。第五章讨论观众在博物馆中的违规、暴力行为，例如通过破坏藏品表达社会抗议。最后一章提到了博物馆对于观众群体的选择，在18—19世纪，博物馆仍对女性观众、工人阶级观众和儿童观众抱有排斥态度。

基于此，笔者主要从三个方面对本书展开讨论。第一部分涉及书中第一章至第三章，讨论博物馆在早期开放政策中对于观众参观的限制措施，包括对观众观看和行走方式的规定。第二部分围绕书中第四章至第五章展开，讨论观众为什么会以误读和违规行为来反抗博物馆塑造其身体。最后一部分讨论博物馆如何根据观众的文化性和社会性——性别、阶级和年龄，规范观众的参观方式。

一、博物馆塑造观众：观看与行走的规则

19世纪中期，罗伯特·皮尔爵士（Sir Robert Peel）发表过两条评论，思考美术馆的潜力及其与真实观众之间存在的矛盾，对比艺术博物馆理想化的凝聚力与现实观众理解和表现的偏差。皮尔爵士的评论点明了早期艺术博物馆在文化精英主义和大众参与之间的摇摆。[3]观众参观国家画廊（National Gallery）的反应远没有达到博物馆工作人员的预期，大部分人将画廊作为满足自己生理需要的社交空间，而不是愉悦精神和满足兴趣，即在博物馆内专注社交，而不是关注藏品。观众群体的复杂性常常会让博物馆的理想与现实产生落差，观众无法理解博物馆想要表达的内容，所以会有忽视藏品，甚至不理解藏品的表现。

为了引导观众更好地理解藏品，博物馆制定了一系列规定，让观众以更加符合博物馆要求的方式参观。这一系列规定主要体现为参观限制、规定观众观看的方式、规定观众行走的方式。

（一）参观限制：在博物馆中快速穿行

面对无序的观众，大英博物馆（The British Museum）和英国皇家学院（The Royal Academy）在成立早期有着不同的政策。英国皇家学院向观众收取一先令的入场费，观众参观不受限制，可以任意在萨默塞特府（Somerset House）内观看和走动。观众依靠手中的藏品目录，观看摆放在房间内的藏品，他们的身体和目光也被目录引导着移动。大英博物馆采用了严格而复杂的申请制参观方式，相同参观时间段的观众组成小组，进入博物馆参观，但不能随意走动，只能跟随导游（guide），按照特定路线，快速游览博物馆内部，对于藏品的了解也只能依靠导游的介绍。馆方设计这样的参观方式，是出于藏品安全和学者需求的考虑，通过采用复

杂的参观限制措施，打消大部分人的参观意愿，减少"行为不良、举止粗鲁"的人进入博物馆的可能，为"更有资格"的观众提供了便利。大英博物馆对观众的参观访问加以限制，但为保证博物馆的合法公共利益，大英博物馆不收取门票费用。从对于观众的限制来看，实际上并非所有人都被欢迎入内。这一观点可以用"文化的虚拟表征"（virtual representation of culture）概念解释，即认为对文化资源的投资符合国家利益，即使这些资源的消费仅限于社会或教育精英。[4]

相较而言，大英博物馆要求观众的身体和目光都由导游引领，限制更为严格，时间、自由和信息都严重缺乏，观众在参观时的不快感会更加强烈。皇家学院自由、不受管制的参观方式虽然略显散漫，但观众依靠手中的目录，他们的身体和目光都能被引导着集中于藏品。由此可见，"观看"是观众身体实践在博物馆中最为常见，也是最好把握的一种方式。

（二）观看：正确且集中的观看方式

早期的国家画廊将画作较为密集地悬挂在墙壁上，任由观众随意观赏。但随着博物馆新兴的教育功能不断凸显，大多数人认为，这种自由观看的方式满足不了博物馆的教育目的。1847年，约翰·罗斯金（John Ruskin）呼吁，将国家画廊拥挤的画作排列，改为与人们目光平齐的系列图片展览。根据罗斯金的说法，"宽敞的单线悬挂不仅可以让人们从正面欣赏单件艺术品，还可以让观众吸收对艺术本身发展的线性描述"[5]。这种清晰且引人注意的布展方式实践于1857年"曼彻斯特艺术珍宝展"（Manchester Art Treasures Exhibition），其清晰的逻辑性受到了广泛赞扬。展览有效地引导观众的目光和步伐跟随藏品布置移动，以便观众能够完整欣赏藏品。"曼彻斯特艺术珍宝展"富有逻辑性的展示方式，与早期国家美术馆堆积式悬挂画作的展示方式完全不同，说明了注意力的集中与分散是博物馆研究中反复出现的主题。

观众需要专心观看展品、排除干扰因素，不仅要凝视其中一幅作品，进行深入思考，还要扫视全部展品，获得对展览的大致印象。这两种观看模式同时存在于观众的参观过程之中，前者是"漫长的、沉思的"，并意味着"某种程度的冷漠和脱离"，而后者是"一种鬼鬼祟祟或旁观的目光，其注意力总是在别处"[6]。二者之间存在一种张力，艺术家努力吸引观众的目光持续停留在作品上，但策展人力图管理观众的注意力，使凝视和扫视能够平均地出现在观众观展的过程中。"曼彻斯特艺术珍宝展"为保证观众能够充分欣赏藏品,特意制定了观赏顺序。对于展览中数量庞大的精美藏品,大多数观众的注意力难以集中,只是匆匆看几个小时便离开。从这一意义上来说,这个展览是失败的,庞大的展览规模和复杂的藏品破坏了观众的专注力。波士顿美术馆秘书本杰明·伊韦斯·吉尔曼（Benjamin Ives Gilman）为了促成某种基于凝视的专注力,发明了一种类似滑雪镜的手持观看眼镜,确保观众使用该工具观看藏品时,不受外部因素干扰。

19世纪的博物馆想要引导观众在一个"正确的位置"上观看展品,将排列画作的方式由杂乱无章改为线性排布,以达到最好的观赏效果。观众的目光在扫视和凝视之间摇摆,时而移动,时而静止,时而徘徊,时而聚焦。不同模式的观察视角可以是叠瓦状的（或者是碰撞的）,并且观众可以在单个视觉范围内同时占据不同的主体位置,[7]他们的身体随着观看模式的变化,在展览空间中移动。但观众在频繁的观看之中容易疲惫,博物馆为此进行了观众注意力管理,吉尔曼发明的手持观看眼镜试图解决观众在凝视时受到周遭影响而分心的问题。这一点也反映凝视与扫视之间的紧张关系,没有接受过系统训练的观众,很难在两者间获得平衡。

（三）行走的原则：在博物馆中寻找方向

对于初次进入博物馆的观众而言,没有之前参观展览的经验,想要在有限的几小时内富有条理地观看一场展览很有难度。博物馆的官方指南主要是一份以展品为主的清单,不会为观众提供具体行走路线方面的指导。当时有出版商捕捉到这一需求,出版了大量非官方的博物馆游览指南进行售卖。这些指南都声称会帮助观众高效、全面地游览博物馆,不会遗漏任何一件重要藏品。

一本名为《看什么以及在哪里看！或艺术珍品展操作员指南》（*What to see and where to see it! Or the Operative's Guide to the Art Treasures Exhibition*,1857）的博物馆游览指南的作者描述,他的小册子可以满足那些对展览的规模"有些困惑和感到眼花缭乱"的工人群体及其家人的需求,他们的参观时间是有限的。[8]指南的作者还为他们量身设定了一条博物馆游览路线。虽然大多数展览指南都是从古代大师画廊开始的,但指南作者建议他的读者从装饰艺术博物馆开始参观,在那里他们会发现比"古代大师作品"更容易让人领略设计和工艺魅力的物品。[9]

对于身体实践的研究依旧在进行。博物馆限制观众在馆内奔跑的行为，批评观众在博物馆中过于散漫地闲逛。评论家们希望观众能够以一种不疾不徐的节奏前行，同时充分体会策展人利用展览传达知识与观点的良苦用心。事实上，这一点很难做到，哪怕在今天，大多数具有一定教育基础和艺术观赏经验的观众，在参观完展览后也会觉得头晕目眩，难以完全记录下自己方才在展厅中看到的方方面面。

大多数观众无法只依靠自身形成观展节奏，需要博物馆引导。在缺乏正面引导的情况下，博物馆便采用禁令，反向告知观众什么是正确的节奏，比如禁止观众奔跑或过于缓慢的停留，以促使观众选择适中的步行速度参观。

这里出现了一个有趣的观点。饱受现代观众诟病、让观众"走得太累"的画廊，第一次进入贵族私人宅邸的时候，正是为了方便主人步行锻炼，画廊墙壁上的挂画也是为了让宅邸主人在行走时更有趣味。由于现代人的生活习惯已经变化，所以进入保持原有使用功能的空间会觉得不适应。这一点可以用亨利·列斐伏尔（Henri Lefebvre）所说的"节奏"（rhythm）概念解释，他认为，节奏从根本上来说是有形的，观众自身的能量周期与在博物馆间的走走停停交叉，观众有节奏地在展览中移动，不仅能与策展脚本产生共鸣，还能与策展人产生共鸣。[10]

二、对抗塑造的身体实践

观众对于博物馆的塑造并不是全盘接受的。正如开头提及的赛加尔重塑行走与交谈的方式会让观众产生不安，正是由于观众自身的思想与行为不完全受博物馆控制。以下，本书从观众对博物馆展览的误读和观众在博物馆内的违规行为两方面进行讨论。

（一）观众的误读：在泰特美术馆"小心脚下"

观众面对藏品时，并非博物馆所想的那般被动，他们热衷以自己的方式解读藏品的意义，而不是一味认同策展人的理念。对于许多人来说，这个"创造意义"的过程是一种身体和社会表现。[11]本书以泰特美术馆（Tate Modern）中的一件作品为例，说明观众对藏品的解读甚至可以覆盖策展人的原始意图，可见观众的误读可以创造藏品的另一种意义。

在泰特美术馆的涡轮机大厅（the Turbine Hall）中，一直上演着身体实践与艺术碰撞的作品。艺术家多丽丝·萨尔塞多（Doris Salcedo）对这一主题解读的作品是《教条》（*Shibboleth*），表现形式是大厅地面上的一道裂缝。观众对于这一艺术作品反响热烈，以至于美术馆不得不张贴告示，提醒看得入迷的观众小心脚下，不要绊倒。观众将美术馆大厅变为一个身体游戏的场所，他们用自己的脚步试探裂缝的边缘，寻求平衡的极限，抑或跨在裂缝之上拍照打卡。

但是观众的反应并不是艺术家和美术馆想看到的。萨尔塞多认为，这件作品是社会中富人和穷人、包容者和排斥者之间的断层线。[12]这件作品代表一个消极的空间，象征白人族裔与有色族裔之间的差异，以及这一差异在历史上被忽视的事实。尽管艺术家和美术馆努力确证，对于这件作品的意义解读是现代性断裂，但许多观众对于作品的感知并非如此。甚至在社交媒体上，作品名"Shibboleth"也被流行的"The Crack"取代，官方意义在这一刻彻底丧失。

这种情况也带来了良好反馈。观众对作品意义的重塑让它获得了更多关注，成功吸引了大量观众前来参观，作品的影响力也变得更大。观众这样做的原因，除了泰特美术馆之前的作品已经将自己塑造为娱乐空间和拍照打卡地，更因为观众有对自己身体实践的解释权，能够自主地感知作品，通过即兴创作而不是顺应艺术原则的方式解读作品。这种解读表明了观众与官方意义的对抗，他们从自身经历出发对作品的解读，才能获得大多数人的认同，这也解释了为什么最后这件作品的代名取代了本名流行于世。

（二）制定和打破规则：观众对博物馆的破坏

博物馆会对观众的身体施加限制，保证观众能够有序安全地参观。但有学者认为，博物馆极力塑造观众富有专注力和克制力身体的行为，会让观众误入歧途，使他们采用暴力方式，表达反抗与不满。观众对博物馆的破坏行为被达里奥·甘博尼（Dario Gamboni）称为"博物馆病理学"（museum pathology），即破坏以及盗窃艺术品的行为，其动机不是经济利益，而是为了损害该机构及其在民族国家中的象征地位。[13]

观众违规行为并非都是极端暴力的，大部分都是一些小动作，比如在建筑物上留下划痕，随意触摸藏品等。菲奥娜·坎德林（Fiona Candlin）研究发现，从18世纪下半叶开始，博物馆逐渐从现实性（tactuality）场所转变为视觉性（visuality）场所，观众逐渐不被允许触碰藏品，只能用眼睛观看，原本的触摸行为成了违规行为。后来规定进一步升级，贵重藏品被栏杆围护，这样的保护措施也向观众表达了博物馆对该藏品珍贵价值的重视。[14]

但是这一举措却带来了阈值效应（threshold effect），破坏者进入博物馆具有象征意义的空间之内，面对重重栏杆保护的藏品，其赌注加码了。不过大多数情况下，破坏博物馆藏品的观众并不逃避警方的逮捕，相反，他们想用这一行为扩大自己的影响，达到宣传自己的目的。例如《蒙娜丽莎》多次受到抗议者泼漆示威，他们借此机会，表达对于环保或者其他主题的主张。他们对博物馆藏品的施暴行为，也表现了博物馆与文化权威的密切联系。当观众对文化权威怀有怨恨时，他们便对代表其价值意义的藏品发动攻击。

三、博物馆中"不受欢迎"的观众

19世纪，大规模参观博物馆和展览是一种经验事件，它支撑了"社会"这一概念的抽象化和形成，使其被定义为一个由全体人口组成的类别。[15]当多样化人群开始参观时，博物馆才能显示其包容性及其在民族国家和社会之中的象征地位。但根据文化准入的排他性模式，无论是妇女、儿童还是工人阶级，都没有资格完全进入艺术欣赏领域。[16]因此，19世纪的博物馆对于这一类"不受欢迎"的观众的态度摇摆不定，它们既想展示对公众的影响力，同时希望限制这类观众入场，保护藏品安全和维持博物馆参观礼仪。

（一）阶级：被限制进入博物馆的工人阶级

在停止提前预订门票制和强制执行导游入场制后，大英博物馆于1810年颁布修订条例，规定公众日开放时间内，无论人数多少，只要外表得体，人们都可以入场参观藏品，并且无须陪同。[17]

虽有规定博物馆向全体民众开放，但《泰晤士报》（*The Times*）报道称，博物馆保安拒绝一名穿制服的仆人入内，原因大概是他的着装，可穿制服的士兵和水手却被允许进入。[18]该报推测，拒绝的原因并非贵族偏见，而是仆人和主人可以在博物馆内平等地会面，这与二者在家中严格遵守家庭和工作人员之间空间划分的情形形成鲜明对比。

博物馆一边限制不同阶级的人群在博物馆中平等会面，另一方面又关注展览对工人阶级的影响程度。"曼彻斯特艺术珍宝展"意图宣扬其教育目标和社会包容性政策，工人阶级的参与程度势必引起广泛关注。不过工人阶级的缺席又引发了不同的声音。有人认为他们的缺席比出现更加引人注目，但也有反对意见。狄更斯认为，组织者对工人阶级参与展览的程度感到失望，并断言："工人并没有热切地付出，无论是先令，还是对美的事物的热情。"[19]与展览对工人阶级男性的关注形成鲜明对比的是，工人阶级女性几乎没有受到关注，明明她们也一样参与了家庭和工作这两方面的事务。

（二）性别：被描绘为业余爱好者的女性观众形象

在18世纪，舆论对女性观众参观展览的关注点，主要集中在批评她们的观赏行为存在缺陷上，当时的评论家们认为，女性无法欣赏严肃艺术流派，常常深陷抽象的感受难以自拔。甚至，这一对于女性审美能力的偏见直到一个世纪后依旧普遍存在。安·普兰（Ann Pullan）认为，女性在欣赏严肃艺术方面的无能与她们在艺术实践领域的从属地位相关，[20]她们被排除在专业艺术家协会之外，只有业余爱好者的身份。甚至在绘画中，女性观众也很少被描绘为严肃观看艺术的观众而单独出现在画面内，一般都会有男性同伴在旁指导。

即使没有男性同伴的指导，女性观众也会被描绘成更关心其他男性而不是墙上艺术作品的形象。在画家詹姆斯·天梭（James Tissot）的画笔下，女性观众对艺术漫不经心，视线与身边的男性观众相连。[21]值得庆幸的是，我们能够在埃德加·德加（Edgar Degas）的画作中，看到为数不多的严肃观展的女性观众形象。画作《背向画面的女人》（*Woman Viewed from Behind*）中的女性观众，看起来自信而专注，全身心地投入艺术观赏的乐趣之中，没有男性同伴或是旁观者的干扰，也摆脱了其成为男性审视对象的压力。[22]

（三）年龄：被部分接纳的儿童观众

尽管自1824年国家美术馆成立以来，儿童观众就被允许进入，但他们多年来一直被排除在大英博物馆之外。八岁以下的儿童不被允许入内的限制，给希望在"公众日"参观大英博物馆的家庭带来了相当大的不便和失望。尤其是当孩子们被允许进入汉普顿宫（Hampton Court）和国家美术馆时，这条规则显得更加武断。[23]

大英博物馆对于是否接纳儿童进入博物馆的意见不一。1832年，《便士杂志》（*Penny Magazine*）赞同将儿童排除在外，然而，大英博物馆的一些高级职员似乎并不支持这样的观点。动物学管理员约翰·爱德华·格雷（John Edward Gray）对禁止儿童入场而导致他们的母亲也无法参观博物馆的现象感到遗憾。他觉得儿童被排除在外，对他们的家人、邻居，以及博物馆工作人员都很不方便。因为博物馆禁止儿童进入，所以家长不得不临时把儿童托管到邻居家中。[24]随着19世纪下半叶，大英博物馆的参观限制进一步放宽，入场人数增加，其中也包括了各个阶层的儿童。

与大英博物馆不同，国家美术馆并未对儿童观众做出限制，据说，年纪很小的孩子也会经常被带到画廊，因为他们的存在而引起的不便都是"微不足道"的。管理员托马斯·乌温斯（Thomas Uwins）观察到，对于有年幼子女的家庭来说，博物馆不仅是欣赏艺术的地方，还常常是野餐和孩子们打闹的场所。整个19世纪，国家美术馆在一定程度上仍然充当儿童游乐场的角色。1853年特别调查委员会观察到，大多数时候，大楼内都有足够的空间"供孩子们玩耍"[25]。

四、结语

本书采用专业且细致的语言，向观众解读最为基本的博物馆参观规则。在本书中，莱希借鉴了大量文学作品（包括虚构和非虚构作品），阐述主要观点。本书的导言清晰地说明了写作背景，方便读者了解作者通过何种视角思考观看行为和参观行为，进而将本书内容与作者借鉴的更广泛的文学领域联系，[26]配合书中与展览案例相关的插图，使得读者产生身临其境的深入阅读体验。结合时代背景，读者能够更好地对一些常识发出追问，比如为什么现代博物馆门前要建长长的台阶？这揭示了博物馆与大众观念中不同的形象，即博物馆会将自己的规则强加给观众，并迫使观众接受。

书中多次强调博物馆观众的身体，例如观众在馆内如何找到观赏藏品的最佳站位，观众应该穿着得体并且举止恰当地进入博物馆。观众能够亲身来到博物馆参观，这是非常重要的一种体验。尽管现在博物馆的发展已经来到了虚拟领域，但是观众亲临博物馆的体验是不可替代的，它使观众能够接触虚拟领域无法复制的艺术，因为观众能够测量、评估其周围的空间和物体与自己身体的关系。观众的身体应该被重视，这一点在书中被反复提及，这也与近些年来多感官的发展思潮契合。

近10年来，博物馆研究领域逐渐开始关注包括多元感官在内的身体的在场。《艺术、博物馆与触觉》（*Art, Museums and Touch*，2010）[27]审视了艺术博物馆和艺术史中触觉的概念和使用。书中观点证明了触觉在过去和现在,对博物馆都至关重要,并反对将触觉作为一种非中介、不复杂的学习方式的流行观点。《多感知博物馆:触摸、声音、嗅味、空间与记忆的跨学科视野》(*The Multisensory Museum: Cross-Disciplinary Perspectives on Touch, Sound, Smell, Memory, and Space*,2014)[28]在博物馆学与人类神经科学之间开展对话,结合神经科学领域新的研究与技术,讨论博物馆如何更好地考虑视觉、听觉、味觉、嗅觉、本体感觉等观众身体感知之间的组合,意在启发更加多元的博物馆体验。《感官博物馆》(*The Museum of the Senses*,2017)[29]主要探讨人们如何通过多种感官处理和接触藏品,以及博物馆从古至今如何促进其自身成为不同可能性的身体互动场所。

以上有关感官与博物馆的著作,大多讨论观众采用特定感官体验形式与博物馆进行互动,而莱希对观众身体体验的解构,则使读者能在更抽象的反思层次上,重新组合这些感官体验。对于阅读本书的读者而言,莱希的解读不仅能帮助他们在下次参观时认识和反思自己对博物馆的身体反应,他们还将有更好的机会理解和欣赏现代艺术,重新审视博物馆的功能。[30]

(杨婷玉,上海大学文化遗产与信息管理学院硕士研究生,研究方向为博物馆学。)

注释:

[1] Helen Rees Leahy, *Museum Bodies: The Politics and Practices of Visiting and Viewing*, Aldershot: Ashgate Publishing Ltd., 2012, p. 3.
[2] David Freedberg, *The Power of Images*, Chicago and London: University of Chicago Press, 1989, p. 409.
[3] Helen Rees Leahy, *Museum Bodies*, p. 19.
[4] Ibid., p. 27.
[5] Ibid., p. 52.
[6] Ibid., p. 47.
[7] 同注6。
[8] E. T. B., *What to see and where to see it! Or the Operative's Guide to the Art Treasures Exhibition*, Manchester, 1857, p. 4.
[9] 同注8。
[10] Helen Rees Leahy, *Museum Bodies*, p. 85.
[11] Ibid., p. 111.
[12] 同注11。
[13] Ibid., p. 129.
[14] Anna Jameson, *Companion to the Most Celebrated Private Galleries of Art in London*, London: Saunders and Otley, 1844, p. 34.
[15] Helen Rees Leahy, *Museum Bodies*, p. 152.
[16] Ibid., p. 153.
[17] Ibid., p. 157.
[18] 同注17。
[19] Ibid., p. 161.
[20] Ibid., p. 164.
[21] Ibid., p. 167.
[22] 同注21。
[23] Ibid., p. 170.
[24] Ibid., p. 171.

[25] Ibid., p. 172.
[26] Shannon Wellington, "Book Review", *Library Review*, 2014, 63(4/5), pp. 378-379.
[27] Fiona Candlin, *Art, Museums and Touch*, Manchester: Manchester University Press, 2010.
[28] Nina Levent, Alvaro Pascual-Leone, *The Multisensory Museum: Cross-Disciplinary Perspectives on Touch, Sound, Smell, Memory, and Space*, Lanham(Md): Rowman & Littlefield, 2014.
[29] Constance Classen, *The Museum of the Senses: Experiencing Art and Collections*, New York: Bloomsbury Publishing, 2017.
[30] Julia Ulyannikova, "Book Review", *Australian Academic & Research Libraries*, 2012, 44(4), pp. 257-258.

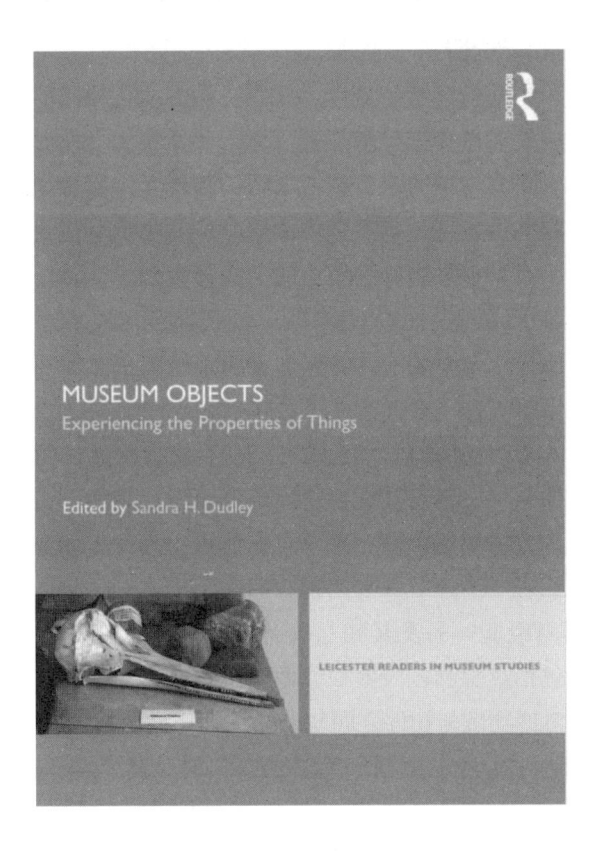

《博物馆物件：体验事物的属性》
Museum Objects: Experiencing the Properties of Things

编者：桑德拉·达德利（Sandra Dudley）
出版年份：2012

本书短评

全面反思博物馆作为人与物相遇之地的价值定位。

述评人：郭岚

2010年，美国历史学家史蒂芬·康恩出版了《博物馆还需要实物吗？》[1]一书。如标题所示，康恩以对实物在博物馆中合法性地位的反思为起点，探讨当代博物馆维持其作为民主机构的文化权威的可能性。该书甫一面世，就引发了博物馆界的热烈讨论，莱斯特大学的桑德拉·达德利就是其中一员。在其主编的论文集《博物馆物件：体验事物的属性》的序言中，达德利如此评价道："虽然（康恩的）这本书可能会受到批评，因为它尤其关注具有物理形态的、历史的、大多数源于19世纪的物件，且它没有超越'博物馆物件'的传统边界。然而，它在许多方面仍旧是卓越的——至少给出了一个肯定的结论，即博物馆确实仍然需要实物（不管我们如何定义它们）。"[2]

除了扩大博物馆物件的所指范围——从有实体形态的物件到无形的，甚至数字化的物件——达德利还创造性地将康恩之问颠倒，即"物件还需要博物馆吗？"。虽然这个问题并没有在博物馆界产生如前者一般的轰动影响，但对我们进一步理解博物馆物件的两个层次——物件本身与物件之上的感官和具身经验——及其相互关系，依然大有启发。从某种程度上说，本书正是包括达德利在内的32位博物馆学家，在博物馆和物质文化研究的视域内，对博物馆与物件之间复杂关系的回应。

从构成上看，本论文集包括33篇论文和4篇导言。本书的4个篇章分别为：第一，物件及其属性（Objects and Their Properties），强调物件的非物理性特质，不仅是感官的，也是情感的；第二，体验物件（Experiencing Objects），探讨物件如何被感知和被体验；第三，体验物件的情境（Contexts of Experiencing Objects），关注不同情境对这些物件体验的影响；第四，物与人的区隔（Object/Person Distinctions），探讨物与人的边界，以及如何描述二者之间的关系。以物件为起点，以物与人的交互为过程，以物与人的边界探讨为目的，如此相对集中且渐进的编排方式，反映了达德利试图超越物质文化研究，以物件及收藏本身为关注的研究取向，从而将物与人的相遇及其结果作为关注焦点。

本书评将依照论文集本身的篇章架构进行评述，在评述各篇文章观点和内容的基础上，试图更为综观地对博物馆、物件、人等方面之间的关系予以回应。

一、揭秘物件的复合属性

在物质文化研究中，物件不仅仅是物质的，更是文化的。苏珊·皮尔斯在对与物相关的相似概念进行辨析后指出，物件的收藏背后隐藏着非常不同的心态。在博物馆研究中，皮尔斯认为，不能仅仅关注物件的生产制作过程，还有必要挖掘物件背后的文化价值。更重要的是，避免将藏品看作一个既成的事实，而应揭示其被挑选的过程（从自然之物转化为收藏、展示之物），以及被赋予文化意义的过程（在展示、观看的过程中承载特定意义）。因此，博物馆视域下的物件应该被视为一个开放的问题。即使是自然历史标本，人们也可以对其进行社会分析，因为"'自然'本身是历史和社会建构的结果"[3]。如果将物件视为一个过程，那么将物件置于其所属的关系网络中加以考察就是必要的。物件的来历、所有者的社会地位、物件在不同时空的辗转轨迹等，能够很好地延伸物质文化研究的广度和深度。然而，物件本身的特性（比如外形、风格、光泽、保存状态等），也常常会因不受重视而不被"看见"。本书第一部分收录的论文各有侧重地关注了有形之物复合的物质属性——"总是复合的、流动的、创生的"[4]。

莱昂·罗森斯坦（Leon Rosenstein）的文章聚焦古物之美。在他看来，古物具有不同于艺术品、工艺品、纪念品等的如下特征：必须依附其诞生的时代，可以被阐释但难以被改写；不仅具有公认的历史、美学价值，还应具有工艺制造上的难度；风格由形式及其内容相互支撑，材料本身的持久性强化了古物的年代感。虽为古物，但古物之美不仅是对昔日世界的审美展示，更在形与质之间表现了时间的纵深感。因此，古物不仅可以言说过去，还能启发对过去的想象。斯蒂文·胡珀（Steven Hooper）以观看（looking）为基本方法，探究塔希提岛神屋（Tahitian god-house）的承载力量，以案例方式佐证了物件在时间上的纵深感。胡珀强调，观看过程中不断地发问和假设，不仅可以引向更细微的观察，而且能够提出可能的推论。在物件解读的过程中，他强调将物件嵌入关联的历史情境，丰富对物件及其制作的文化阐释："如果要发挥物件在分析社会和宗教系统方面的潜力，我们不能仅将物件视为文化的例证，而要将其视为文化实践的构成。"[5]这启发我们对物件付诸更为审慎的考察，关注物件制作、使用等背后的行动者意图，及其反映的历史纵深和文化图式。

接下来的两篇文章聚焦物件的制作过程，以第一人称讲述了物件制作过程的独特之美。安娜·麦克伦南（Anna MacLennan）以自己的亲身经历为例，指出参与串珠制作的过程丰富了她对物件之美的理解：既包括物件本身唤起的审美体验，也包括参与制作的过程及其背后的故事。在博物馆的情境中，若能在观看物件的同时丰富观众的制作经验，观众也许能得到更为丰富、有趣的认知和情感体验，甚至可能生发敬畏之心。萨布丽娜·格施万特纳（Sabrina Gschwandtner）走得更远，不仅拓宽了编织的意义之网，而且将其视为多元的可能媒介。对她而言，编织不仅是艺术创作的对象，还是公共参与的媒介；不仅能够生发愉悦的审美体验，还能作为一种符号，唤起独特的历史意识。这篇文章不仅流露了格施万特纳作为艺术家对编织创作的热忱，还生动展现了编织可能承载的公共意蕴。

除了丰富对物件本身的认识，有关物质性的考察还可能对社会文化史的研究有所贡献。苏珊·库克勒（Susanne Küchler）在比较民族志的视阈中，将马兰加艺术（Malangan art）的表征属性和礼物的流通过程联系。首先，"恒常"与"无常"之间的张力体现在供奉之物的创作过程中，它们的主题是一致的，但创作的过程充满了随机性。其次，记忆的生产嵌于特定的社会结构和文化秩序，那些注定会被摧毁的供奉之物作为一种独特的视觉符号，是马兰加社会再生产的一个重要环节。库克勒认为，博物馆中马兰加的供奉之物，不仅是马兰加文化的有形持存，更是动态解读以供奉之物为中心的历史社会的可能方法——"必须在历史背景下考察这样的交换系统以及收藏之物，并对礼物生产与不断变化的政治经济环境之间的交互过程进行动态分析"。[6]乔弗雷·巴钦（Geoffrey Batchen）以一个内附老照片和一缕头发的吊坠盒为分析对象，尝试为诸如此类的摄影珠宝在摄影史中找到自己的"位置"。首先，附有头发的摄影珠宝是一种关系性的存在，在不同的情境中传递着不同的情感：或表达特别的爱意，或成为记忆的有形持存，抑或兼而有之。其次，在批判摄影理论的关照下，巴钦认为，在摄影珠宝中增加一缕头发，代表了制作者意欲弥合观众与物件、照片与人物等之间距离的努力。[7]可触摸的头发打断了肖像摄影直白的视觉表征，这消解了单一图像可能引发的记忆危机。巴钦对情感如何寓居于有形之物的讨论，启发了如何将物件视为能动中介的思考。

最后一篇文章从实操的角度，呼吁大家更多地关注物件在博物馆中的保存，因为藏品并不是永恒不变的物质存在，而需要工作人员前前后后、持续不断的用心维护。塞缪尔·阿尔伯蒂（Samuel J. M. Alberti）强调，博物馆中的物件保存策略确实有标准化的可能，但这并不是绝对的，针对性的调整往往是必要的。不论是标本剥制、软化，还是最常被忽视的清洁工作，这些幕后工作看似普通实则十分艰巨，需要博物馆工作人员保持审慎思考、不断精进工作方法。

二、体验物件：人与物的相遇

承接第一部分对物件复合特性的关注，第二部分"体验物件"则转向探讨物件与人相遇时的情形。本部分的九篇文章虽然方法、理论视角各异，但均将物件作为体验的对象，并共同关注物件是如何被感知、阐释和体验的。由此，物件不再固定于特定时空，人与物的相遇、人对物的体验、体验的流动，使物件成为一种生成性的存在。

物件的意义不是本质的，而是生成的。对此，大卫·摩根（David Morgan）认为，物件的意义并不自然地附着于物件的物质形式，而是在物件与他者（包括人、物件、环境、历史、语言、观念等）相遇的过程中被激发的。"意义不仅是抽象的、弥散的，也是具身的、可感的、互动的，以及渐进的。"[8]正是基于此，物质文化研究不仅需要关注物件的流通过程，还需要关注物件如何被具体地体验。恩斯特·范·德·维特林（Ernst van de Wetering）则讨论了意义生产的机制。人与物件的相遇首先是对外观的直接感知，因此，需要探讨"有关物件外观的知识"。在博物馆，物件需要的是尽可能不影响其外观的修复，应尽可能保留物件完整的、自然的属性，否则观众在与物件的相遇过程中，很可能产生断裂、疏离的感觉。此外，博物馆中物件的修复和保存并不是纯粹的技术问题，还需要更多伦理和审美方面的考量。[9]

接下来的三篇文章采取跨学科的视角，探讨了人与物件相遇时体验的创造性和多重性。塞米尔·泽基（Semir Zeki）从神经美学的角度，讨论大脑视觉感知与艺术创作之间的共通性，提出"艺术的总体功能可以被视为大脑功能的延伸"[10]。脑科学的研究揭示，视觉感知并不是对外部世界的简单复刻，而是个体基于既有的认知图式，产生的有选择的结果。与此相对，艺术创作也通过有选择的艺术呈现，以更好地切近事物永恒的、本质的特征。奥尔加·贝洛娃（Olga Belova）也赞同视觉感知是身体与周围世界互动后，形成的一种积极、完整的经验过程。在现象学的视阈中，她探讨作为一种具身实践的视觉感知，并将其特点总结为原初的、具身的、可逆的、过程性的,这意味着视觉是在世界中的观看(in),而不是对世界的观看(on)。[11]莉兹·詹姆斯(Liz James)突破了传统艺术史的视觉分析方法,探讨拜占庭时期的宗教艺术如何通过全方位的感官体验(视觉、嗅觉、触觉、味觉和听觉的综合),影响信徒的宗教体验。在她看来,从香炉中的香烟到圣像前的亲吻,从教堂的光线变化到圣餐的味道,艺术空间的改造和宗教仪式,巧妙地激活了信徒的多感官体验。

人与物件的相遇、人对物的体验,不仅具有知觉的面向,也生发着情感的涌动。安娜·吉布斯(Anna Gibbs)关注到,不同学科对"情感"的理解存有显著差异,提醒我们生物学视角的缺席有可能限制情感研究的丰富向度。吉布斯强调,不同于即时的情绪反应,情感是一种流动在物件、感官和情绪反应等之间的关系性存在。情感不仅支撑着个体内在的经验世界,更是人与世界、社会互动的关键动因。在讨论具体情感时,彼得·德·博拉(Peter de Bolla)提出惊奇(wonder)是一种比敬畏(awe)更易于接受,比狂喜(rapture)更少占据自我意识的独特情感。惊奇不仅可以超越日常经验,引导我们面对自己的无知,同时也能够激发我们更深层次的审美经验。达德利则关注情感、记忆和审美经验的紧密联系。通过个人在难民营中的田野调查经历,达德利展示了味觉、触觉、知觉等感官记忆如何与情感和记忆交织,形成对田野工作更深层次的认识。同时,她也反思了研究者自身的"流放"状态,以及如何避免用自己的视角简化或曲解被研究者的经历。

最后,本部分以托马斯·哈代(Thomas Hardy)的诗歌《在大英博物馆》(*In the British Museum*)收尾:"我是一名劳动者,所知甚少,或一无所知。但我止不住地想,那块石头曾经回响过保罗的声音。"[12]博物馆中发生的不仅是观众与物件视觉的相遇,还可能有不可名状的对话和情感流动。博物馆不仅是缪斯(muses,名词)的寓所,更是沉思(muse,动词)之域。就像一台时空机,博物馆让观众在多感官经验与情感的涌动中,经由想象回到过去。

三、体验物件的情境:不同的时空之维

第三部分延续了前文对物件体验的关注,在更为宽阔和深入的视阈中考察了体验物件的情境,即不同的时空之维对体验物件的可能影响。从故居博物馆到自然遗址,从后现代的策展实践到另类的阐释策略,从圣物触

发的灵性到服装的本真性，从日常生活中的视觉奇迹到衰败的创生性，跨文化、跨语际、跨时空的复杂情境都可能影响我们对物件的体验和情感。

聚焦泛在的博物馆情境的两篇文章共同指出，跨时空的文化实践需要考虑如何处理过去与当下的张力。金·克里斯滕森（Kim Christensen）聚焦故居博物馆——玛蒂尔达·乔斯林·盖奇故居（Matilda Joslyn Gage House）的阐释策略，探讨如何在事物展示和思想观念之间找到平衡。传统的故居博物馆侧重对家庭生活、时代景观的简单展示，但作者认为创造"可用的过去"——以物质遗产为方法创建过去与当下的联结——更具启发性。[13]塞尔玛拉·波考克（Celmara Pocock）提醒我们，"价值观是流动的，且持续地受到技术、社会和管理的影响"[14]，因此需要将物件视为过程性的存在。波考克以澳大利亚大堡礁为例，反思了文化遗产管理中美学价值评估的问题，认为现行以客观性为要求的评估方法，往往忽略了美学价值的多元化和观众的多感官体验，其结果会不可避免地产生偏见。该研究阐明，评估方法不仅需要考虑景观的自然属性，还要关注以技术为中介的多感官体验。重要的是，在过去、现在、将来的连续体中，文化遗产被视为一种社会建构的存在。

当体验物件的情境是跨地域时，博物馆还需要回应不同群体、不同价值立场之间存在的可能冲突。朱莉·马库斯（Julie Marcus）认为，前现代的珍宝柜与现代博物馆之间并非全然断裂，它们都能够通过物的收集和展示激发观者的好奇心和求知欲，与此同时，"真理和欲望总是密不可分"[15]。以悉尼博物馆（The Museum of Sydney）为例，马库斯探讨了博物馆表征的异质性（heterogeneity）与博物馆认识论的同质性（homogeneity）这两个基本问题。她认为，这座博物馆在展示上虽然采用了后现代的方法，但未能真正呈现和尊重原住民的声音，反而维持了一种边缘化和非历史化的殖民叙事。克里斯蒂娜·克里普斯（Christina F. Kreps）以位于印尼中加里曼丹省省会帕朗卡拉亚（Palangka Raya）的巴兰加博物馆为例，指出以西方博物馆学的视角很难理解巴兰加博物馆对待民族志藏品的态度，其差异主要体现于对所有权和阐释权的理解。在巴兰加博物馆，物件并不会因为进入博物馆而成为一种具有文化表征性的存在，它们在当地的公共生活中依旧具有实用价值，对民族志藏品的阐释也常常被裹挟在宗教权威、地方文化、科学理性等因素之中。可见，反思西方博物馆学范式对不同区域的本土化过程十分有必要。

其他几篇文章虽不以博物馆为背景，但对博物馆中体验物件的复杂情境依然有启发。雅恩·盖斯布斯（Jan Geisbusch）以帕德雷·皮奥（Padre Pio）神父的手套为研究对象，考察圣物的体验情境。在宗教实践中，虽然视觉虔诚是引发信徒的神圣性体验的主要渠道，但触觉体验与视觉虔诚有结合的可能。在他看来，"有些物品——包括圣物在内——需要以一种不同的方式被接触和体验，这种方式允许在科学、学习和教育的同时，让迷恋和崇拜得以蓬勃发展"[16]。维多利亚·罗文（Victoria L. Rovine）也关注了人与物件相遇过程中的多感官体验。罗文看来，服装的质地不仅受原材料、制作工艺等影响，还能经由触觉、嗅觉、视觉等多感官，激发消费者对本真性的体验。以印度传统服饰和西方高定时装为例，罗文探讨了手工制作如何参与服装本真性的生产和再生产，进而影响消费者的文化身份认同。杰里米·库特（Jeremy Coote）批评了美学研究对艺术和艺术作品的过度关注，主张还应关注"日常生活中的视觉奇迹"（marvels of everyday vision），更多地捕捉日常生活中的审美经验。以南苏丹尼罗河流域的牛为中心的审美实践为例，库特呈现了牛的身体形态和审美特质如何成为养牛人社会生活和文化实践的重要元素，这些元素广泛地出现在诗歌、舞蹈、服饰、装饰等方面。然而，将审美原则与社会结构强加联系并非总是恰当的，还需要考虑审美感知的偶然性，物件的象征意义同时是想象的产物。凯特琳·德西尔维（Caitlin DeSilvey）看见了日常生活中"另类"的视觉奇迹，即物件在衰败中的经验可能。在蒙大拿州的一个废弃农场，德西尔维持续经历了"人工制品"（artefact）和"自然存留"（ecofact）秩序错乱的感知时刻，认为物件作为文化记忆的承载，其在衰败过程中自然经历的生化反应也是其社会生命的延续，因此物件的衰败也可以被视为一个创造性过程。总的来说，这些研究提倡更加包容、动态地理解作为过程的物件，鼓励在多感官体验中以"文化之眼"（the cultural eye）[17]敞开对物件和世界的丰富想象。

四、物与人的区隔：边界及其限度

本书的最后一部分围绕能动性（agency）这一关键词，探讨了人与物之间的边界及其限度。由于学术立场、文化场域、时代背景等因素都影响着能动性，因此，人们对人与物之间的关系及其区隔的看法也呈现极为丰富的多样性。达德利在导言部分总结道，不仅物件是否具有能动性存有立场上的争议，而且在那些认为物件具有能动性的团体内部，"能动性的含义及其表现方式也可能有多种不同的表达方式"[18]。

物件的能动性能够帮助博物馆成为一个接触地带，促进跨文化的对话。1898年剑桥人类学远征队（Cambridge Anthropology Expedition）在托雷斯海峡对当地岛民进行了实地考察，留下了大量档案和物质收藏。当地的部分岛民认为，物件远渡重洋在英国的博物馆进行展出，或许是彰显其自身文化地位的一种方式，因此并不十分排斥人类学家的"进场"，且相对积极地参与以物件为中心的人类学知识生产过程。作为"远征百年纪念展"的策展人，安妮塔·赫尔（Anita Herle）认为，讲述过去的故事不应成为纪念展览的重心，而是以物件的能动性为方法，呈现包括物件的制作者、所有者、岛民的后代、人类学家、策展人、博物馆等在内的不同主体，如何跨越时空相遇、共同阐释托雷斯海峡的地方知识。

民族志藏品不仅能够连接跨时空的人与事，而且它们的考古过程及其出土物也隐喻着一种复杂的关系。加布里埃尔·莫申斯卡（Gabriel Moshenska）使用废墟（ruin）和碎片（fragmentation）作为核心概念，探讨了如何以考古学的方法来理解和纪念轰炸的历史。"考古过程可以是一个回忆的过程，也可能是一个遗忘的过程。"[19]在轰炸遗址中，战争记忆不仅存在于上/下的空间隐喻之中，轰炸的物质碎片及其掩盖的生命历程，也可作为记忆的表达。因此，考古作为记忆的一种方式，或可激活当下与过去、物质与生命、个体与共同体等之间的共鸣。西蒙·J.内尔（Simon J. Knell）从知识考古学的视角，讨论了物件无形的属性，即有关物件观念的知识是如何产生的。物件虽然有客观的物质形式和构成，但其意义和价值由物件嵌入的文化世界、观看者既有的文化图式，以及阐释的过程共同构建。内尔呼吁博物馆超越理性的知识建构观，以更具文化或民族志色彩的方式，探索人与物件之间的关系，进而"揭示一种值得惊叹的东西"[20]。

阿尔弗雷德·盖尔（Alfred Gell）和霍华德·莫菲（Howard Morphy）的话语交锋，阐明了如何定义能动性和社会能动主体（social agents），形成了别样的学术争鸣。盖尔的基本假设是，社会能动主体不仅包括人类，还有非人类实体，如物件、动物等。在他看来，能动性始终是一种关系性的存在，不同的能动主体在具体的情境中显现自身与他者的能动关系。莫菲批判性地回应了盖尔的观点，认为后者仅在能动关系发生的具体情境中，考察艺术品的能动性，忽略了艺术品在不同文化和社会结构中的多样性和复杂性。在莫菲看来，艺术品承载的知识和意义不仅是情境化的，更是历史性的，因此需要在时空并置的范畴中理解人与艺术品的能动性。他呼吁艺术人类学积极地与其他学科进行联盟，发展"与语言学、艺术史和认知科学在内的其他学科之间的协同关系"[21]，在跨学科的语境中，凸显艺术品与艺术人类学在社会行动中的独特价值。

最后两篇文章以隐喻的方式，探讨了人与物之间的边界，提倡更加融合的观看世界的方式。对于盲人而言，自我和外部世界的边界在哪里？是手杖的尖端、手柄，还是介于两者之间的部位？兰布罗斯·马拉富里斯（Lambros Malafouris）以"盲人的手杖"类比，借助神经可塑性的研究和现象学视角，探讨了人类认知系统与物质世界的界限，以及物质对象和人工制品如何动态地调节人类的认知系统。马拉富里斯认为，"认知考古学占主导的表征或计算思维"限制了我们对这些问题的理解，而通过"主动外部主义"（active externalism）和"平等原则"（parity principle）的哲学视角，我们可以重新构想物质对象与人类认知过程的关系。[22]蒂姆·英戈尔德（Tim Ingold）通过辨析人工制品和生物体的边界，挑战了传统上将制作视为一种外在的、目的性的设计过程，而将生长视为内在的、自然的发展过程的认识。英戈尔德强调，不能割裂地看待文化形式和物质世界的关系，持续地与外在环境相互作用才能制作和生长，编织才可能存在。[23]

五、结语：在博物馆中与物件相遇

行文至此，我们已经对整本书的内容有了初步了解。如达德利所言，本书的特殊之处在于"自下而上地关注物件"[24]：先是敞开物的复合属性，然后捕捉人与物相遇过程中生发的感官经验与情感涌动，继而洞察不同的时空情境对经验物件的可能影响，最后相对理论化地探讨人与物之间的边界问题。

伦敦大学人类学与社会学系讲师法比奥·吉吉（Fabio R. Gygi），在本书的评论文章中写道："虽然这本优秀的论文集针对的是博物馆学的学生，但同样可以作为对当代物质文化研究或任何与物质相关领域及其影响的介绍。"[25]虽然不同篇章、文章的侧重点各不相同，但是始终围绕博物馆中人与物件的相遇展开。不论是否致力于博物馆学研究和实务工作，读者在阅读的过程中都可以更为深切地感受物的丰富意蕴及物质性的多元面向，进而"刷新"观看物质世界的眼光。对于博物馆而言，认识到经验物件是个性化的、具身的、情感的，也能更为深刻地反思其作为人与物件相遇之场的价值定位，进而影响策展理念和实践。

（郭岚，北京师范大学教育基本理论研究院博士研究生，研究方向为教育基本理论、博物馆教育等。）

注释：

[1] Steven Conn, *Do Museums Still Need Objects?*, Philadelphia: University of Pennsylvania Press, 2010.

[2] Sandra H. Dudley, "Preface", Sandra H. Dudley, ed., *Museum Objects: Experiencing the Properties of Things*, London and New York: Routledge, 2012, p. xxvii.

[3] Susan M. Pearce, "Musem Objects", Sandra H. Dudley, ed., *Museum Objects*, p. 24.

[4] Sandra H. Dudley, "Introduction to Part I", Sandra H. Dudley, ed., *Museum Objects*, p. 21.

[5] Steven Hooper, "On Looking at a Tahitian God-house", Sandra H. Dudley, ed., *Museum Objects*, p. 44.

[6] Susanne Küchler, "Malangan: Objects, Sacrifice and the Production of Memory", Sandra H. Dudley, ed., *Museum Objects*, p. 67.

[7] Geoffrey Batchen, "Ere the Substance Fade: Photography and Hair Jewellery", Sandra H. Dudley, ed., *Museum Objects*, p. 80.

[8] David Morgan, "The Materiality of Cultural Construction", Sandra H. Dudley, ed., *Museum Objects*, p. 102.

[9] Ernst van de Wetering, "The Surface of Objects and Museum Style", Sandra H. Dudley, ed., *Museum Objects*, p. 107.

[10] Semir Zeki, "Art and the Brain", Sandra H. Dudley, ed., *Museum Objects*, p. 109.

[11] Olga Belova, "The Event of Seeing: A Phenomenological Perspective on Visual Sense-making", Sandra H. Dudley, ed., *Museum Objects*, pp. 129-130.

[12] Thomas Hardy, "In the British Museum", Sandra H. Dudley, ed., *Museum Object*, p. 165.

[13] Kim Christensen, "Ideas Versus Things: The Balancing Act of Interpreting Historic House Museums", Sandra H. Dudley, ed., *Museum Objects*, p. 173.

[14] Celmara Pocock, "Sense Matters: Aesthetic Values of the Great Barrier Reef", Sandra H. Dudley, ed., *Museum Objects*, p. 250.

[15] Julie Marcus, "Towards an Erotics of the Museum", Sandra H. Dudley, ed., *Museum Objects*, p. 189.

[16] Jan Geisbusch, "For Your Eyes Only? The Magic Touch of Relics", Sandra H. Dudley, ed., *Museum Objects*, p. 211.

[17] Jeremy Coote, "'Marvels of Everyday Vision': The Anthropology of Aesthetics and the Cattle-keeping Nilotes", Sandra H. Dudley, ed., *Museum Objects*, p. 216.

[18] Sandra H. Dudley, "Introduction to Part IV", Sandra H. Dudley, ed., *Museum Objects*, p. 291.

[19] Gabriel Moshenska, "Resonant Materiality and Violent Remembering: Archaeology, Memory and Bombing", Sandra H. Dudley, ed., *Museum Objects*, p. 313.

[20] Simon J. Knell, "The Intangibility of Things", Sandra H. Dudley, ed., *Museum Objects*, p. 334.

[21] Howard Morphy, "Arts as a Mode of Action: Some Problems with Gell's Art and Agency", Sandra H. Dudley, ed., *Museum Objects*, p. 357.

[22] Lambros Malafouris, "The Blind Man's Stick (BMS) Hypothesis", Sandra H. Dudley, ed.,

Museum Objects, p. 366.
[23] Tim Ingold, "Making Culture and Weaving the World", Sandra H. Dudley, ed., *Museum Objects*, p. 382.

[24] Sandra H. Dudley, "Preface", Sandra H. Dudley, ed., *Museum Objects*, p. xxviii.
[25] Gygi, Fabio R, "Book Review", *Material Religion*, 2014, 10(1), pp. 115-116.

《重置博物馆：范式转变的持续对话》
Reinventing the Museum:
The Evolving Conversation on the Paradigm Shift

编者：盖尔·安德森（Gail Anderson）
出版年份：2012

◆—— · 本书短评 · ——◆
全面勾勒近一个世纪以来博物馆范式转变的历程。

述评人：赵娜

目前，从"以藏品为中心"到"以观众为中心"的范式转变，逐渐被博物馆世界认可。那么，这一转型是如何发生的，又将走向何处？这已然成为当下博物馆界的重要研究议题。21世纪初，美国博物馆学家盖尔·安德森（Gail Anderson）试图通过历史的回溯回应这一议题。2004年编辑出版的《重置博物馆：范式转变的历史和当代视角》（*Reinventing the Museum: Historical and Contemporary Perspectives on the Paradigm Shift*）精选了35篇美国博物馆发展历程中的经典之作，分别从"博物馆的角色""公众的角色""公共服务的角色""博物馆藏品的角色""领导力的角色"五部分，阐释博物馆范式转变的演变历程与具体表现。[1]

2012年，也就是第一版面世八年后，《重置博物馆：范式转变的持续对话》[2]付梓。博物馆内外世界的复杂演变是《重置博物馆》系列持续出版的重要原因。本书中，安德森不仅新增了21世纪以来的新作，而且在文章编排上做出了相当大的调整，一改以往按照传统业务分类的方式，转而采用综合性思维，阐述博物馆转型的宏观框架。从框架和内容来看，本书从时间维度和博物馆职能两个方面推进，分为"20世纪对话的关键时刻""21世纪兴起的思想观念""有意义的公众参与观点""框架与基础设施的转变"和"领导力的战略意义"五个部分。这样的编排逻辑与安德森在开篇构建的"重置博物馆工具"（Reinventing the Museum Tool）契合。

如果回到本书的副标题——范式转变的持续对话，我们会不禁追问，博物馆范式转变的本质究竟是什么？影响博物馆范式转变的关键要素是什么？对此，安德森从机构价值、博物馆治理、管理策略、传播理念四个维度，阐明了博物馆范式转变的本质，并点明该书的核心观点：理念和实践的根本转变对于博物馆在21世纪保持其社会相关性至关重要。[3]由此可见，社会相关性成为安德森笔下博物馆范式转变的关键要素。作为一种隐喻，社会相关性既贯穿于博物馆角色定位，又显见于具体的传播理念和业务工作，同时深刻影响着机构组织框架和领导力治理。

本书评将以社会相关性为线索，参考重置博物馆工具框架，从博物馆社会角色的变化、博物馆的核心价值、组织架构的调整、领导力治理四个方面着手，就本书提及的那些启发博物馆转型的开创性文章进行评述。

一、社会角色：从被动调适到积极对话

宏大社会结构的每一次变动都会深刻影响博物馆这一微观场域。20世纪70年代末的全球经济危机与20世纪80年代公共资金的大幅削减，共同迫使博物馆不得不依靠自身收入和社会支持维持运营。至20世纪90年代，在后现代思潮的影响下，社会结构、生活模式、知识体系等层面的巨变引发了人文科学领域的全面危机与反思，博物馆界也不例外。[4]传统的标准受到冲击，公共机构的权威也受到质疑，正如加拿大人类学家迈克尔·埃姆斯（Michael Ames）所述，这是一个解构（deconstruction）、重构（reconstruction）和自我建构（self-construction）的时代。[5]博物馆成了社会争议的竞技场，具体而言，公共机构的权威、知识的生产和传播问题、文化的多元主义、种族（民族）文化运动、艺术的标准与价值、少数群体的声音和平等、博物馆的真实性和娱乐化倾向等争议话题，都在博物馆（包括美术馆）世界出现，博物馆因应对外部世界变化，走上被动调适之路。

（一）20世纪中后叶：被动压力下的自我调适

在外部世界的影响下，尤其伴随着社区博物馆、科学中心等新兴形式的出现，博物馆的社会角色引发争议。对此，加拿大博物馆学家邓肯·卡梅伦（Duncan F. Cameron）关于"神庙"（temple）与"论坛"（forum）的讨论，可以作为这一时期的代表作。卡梅伦提出，作为"神庙"的传统博物馆，需要重置其社会功能：在观众的认知基础上，对藏品进行补充阐释；同时要创建用于对抗、实验和辩论的论坛，为艺术和人文领域的新思想提供对话平台，为人们创造平等的文化机会。[6]传统博物馆的转型需求和外部世界的冲击，共同促成了博物馆社会角色的转型。

除了外部世界的变动对传统博物馆的挑战，新问题、新局面的涌现，客观上推动了博物馆事业的民主化和专业化进程。一方面，各级政府颁布的公共法案为博物馆行业操作提供了权威标准。1990年颁布的《美国原住民墓葬保护和返还法案》，为博物馆与少数文化群体的关系树立了新的伦理观。此外，通过成文法与普通法建立的博物馆问责法律机制，也明确规定了"作为不以营利为目的准公共机构的博物馆，其运营的各个领域都需要对公众负责"[7]，从而落实博物馆的社会责任。另一方面，博物馆行业准则也在不断完善。1970年，美国博物馆认证委员会（Accreditation Commission）诞生，指导博物馆在各个业务层面开展标准化运作。1973

年，美国博物馆协会成立了教育专业常设委员会（Standing Professional Committee on Education），作为博物馆教育部门的喉舌和倡导者，该委员会旨在推动实现教育工作者在博物馆内部的平等。

（二）21世纪：积极应对与参与社会变革

如果说20世纪下半叶，博物馆应对社会挑战的举措是被动的，那么进入21世纪，博物馆参与社会变革的行动则显得相对积极与从容。全球化、经济衰退、人口转型、环境与社区的可持续发展等重要社会议题，给博物馆带来挑战的同时，也带来了机遇。"如何在探索世界深远意义的事物上发挥更大的作用"[8]成为博物馆追求的更高目标。

首先，在与当代社会不断碰撞的过程中，博物馆需要更加多元和包容。格雷厄姆·布莱克（Graham Black）提出了经典的五项原则：博物馆作为记忆的机构，需要为所在社区创造一个包容性的公民环境；博物馆作为学习机构，可以成为学习的支持者和促进者，帮助个体和社区为未来生活做出有益的决定；博物馆作为社交机构，可以利用自身广泛的资源，为不同社区和团体提供平等和参与式的服务；博物馆作为民主机构，可以成为鼓励公民对话和反思的场所；博物馆作为响应的机构，通过努力改变其组织文化，满足当代社会的需求。[9]这些原则虽聚焦城市历史博物馆，但其对博物馆的重新定位，同样适用于整个博物馆界。

其次，为直面21世纪的复杂性，学者们提出了整体性的策略。美国学习创新研究所（Institute for Learning Innovation）的首席执行官埃姆里·科斯特（Emlyn Koster），提出了"相关性博物馆"（the relevant museum）的概念，[10]并从宏观规划与内容选取的角度，指导博物馆将相关性驱动思维付诸实践。兰迪·科恩（Randi Korn）提出，通过整体组织运作方式，阐明博物馆的意图，以平衡博物馆的独特价值和对社区的潜在影响力。[11]道格拉斯·沃茨（Douglas Worts）通过辨析文化的适应性及其与可持续性社会的关系，提出了"批判性评估框架"（critical assessment framework），从个人、社区、机构和全球这四个层面，为博物馆应对日益复杂的文化现实、进行项目开发与评估提供参考。[12]这些策略或从整体立意出发，或通过循环和关系关照整体视角，对于解决博物馆范式转型可能出现的失衡现象贡献颇多。

二、核心价值：从收藏驱动到以观众为中心

长久以来，博物馆被视为知识和真理的布道者，收藏是博物馆存在的第一要义。一般认为，20世纪后半叶，尤其是70年代以后，博物馆开始走出排他性的象牙塔，成为满足社会需求和服务公众的文化机构。事实上，这一希望的种子早在20世纪初期，就被具有前瞻性的博物馆学家播下。美国博物馆史上最具远见的先驱者约翰·科顿·达纳（John Cotton Dana），在100年前便发出振聋发聩的呐喊，以收藏保护为目的的博物馆功能终将成为过去，而以社会需求和公众利用为核心的功能才是博物馆的未来。[13]为此，他高举公共服务的大旗，提出了博物馆扩大公共服务的具体方法，如出借藏品、建立分馆、加强宣传等。[14]达纳对于博物馆教育功能与公共服务的倡导，为博物馆的功能转型开启了先机，但收藏与研究依然在博物馆功能中占据主导地位。至20世纪40年代，受第二次世界大战和大众教育运动的影响，博物馆的教育功能开始被学界重视。大都会艺术博物馆的教育人员西奥多·罗威（Theodore Low），倡议博物馆应成为大众教育的堡垒，强调将收藏、研究与公共教育三大功能合为一体，为社会大众提供主动的、与日常生活相关的教育。[15]自20世纪中叶开始，在经济复苏与公众意识觉醒的双重推动下，博物馆开始关心社会公众，并开始思考如何扮演与公众进行双向沟通的媒介角色。"博物馆已经从一种内向型经营形态转变为外向型经营形态，即集中向公众提供各种主要教育服务，并以其是否有效作为衡量的标准。"[16]史蒂芬·威尔（Stephen E. Weil）的这一经典论断表明，以观众为中心的范式转变已经在博物馆世界，尤其是美国博物馆界悄然扎根。

（一）立足公众视角以满足社会需求

重视观众和社会需求的前提是全方位地理解观众，并借助观众的视角实现博物馆的转型与蜕变。进入21世纪以来，博物馆研究者不再仅仅关注观众个体，而是将其放入社会环境，整体考量带有各种"社会标签"的公众，从而更好地为观众提供服务。朱迪·兰德（Judy Rand）撰写的《观众权利议案：基于观众视角的人类重要需求列表》（*The Visitors' Bill of Rights: A List of Important Human Needs, Seen from the Visitors' Point of View*）一文，将观众视作真实的人，思考其在博物馆中的各种需求。[17]美国博物馆与图书馆协会（Institute of Museum and Library Services）撰写的《21世纪的博物馆与图书馆：定义新情境和新技能》（*Museums and Libraries in the 21st*

Century: New Contexts and Skills Definitions）一文，则分析了全球经济与社会学习的变化，对个人技能的新要求，提出博物馆需要"利用其馆藏与专业知识，更有效地与日益多样化的观众和21世纪的社区需求互动……提供灵活的、共创的、沉浸式的体验，将个人与其家人，以及其他志同道合的人联系"[18]。作为21世纪美国博物馆界观众体验研究的经典之作，约翰·福尔克（John H. Falk）有关情景学习模式的文章也被收录其中。福尔克基于"观众身份—动机与体验"的链条，剖解观众本身多元异质的特征与自由选择式学习的本质。

当承认观众的多样性和复杂性，并将其视为研究重点时，博物馆就需要根据对观众的新理解，重新认识观众在博物馆的体验方式，并据此改变既有的沟通范式。新媒体与信息时代的发展使得学习和休闲方式发生了翻天覆地的变化，观众的博物馆参观和体验随之改变。"随着社交媒体的发展，艺术品可以作为复杂互动的枢纽，促进观众进行探索、联系和交流"[19]，皮特·萨米斯（Peter Samis）将其定义为连接主义范式（Connectivist Paradigm）。妮娜·西蒙（Nina Simon）基于Web2.0现实提出的"参与式博物馆"，是这一时期观众研究的又一力作。她基于支架式教学理论，提出参与的原则与四种模式，将博物馆视为一个社交枢纽，重塑了博物馆与观众的关系。[20]此外，参与的理念还影响了博物馆评估环节。受建构主义思维的启发，安德鲁·佩卡里克（Andrew J. Pekarik）设计了基于参与者现实感知的测评维度，从而建立一个复杂庞大的知识体，以实现对观众更丰富和深层次的理解。[21]

（二）博物馆学习与跨学科探索

以观众为中心的范式转变，引发了学者对博物馆学习深层意义的探讨，并且呈现跨学科研究的特点。乔治·海因（George E. Hein）将建构主义理论引入博物馆研究，从学习者的角度，提出建构主义的博物馆教育理论。[22]这一理论加深了对博物馆学习特殊性的认识，突出了对"人"的关怀，促进了博物馆达成教育目标，以及博物馆意义的改变，直至今日仍被博物馆界广泛讨论。安娜·卡特勒（Anna Cutler）通过分析文化学习与一般学习的差异，发现文化学习与学习者的态度、行为、批判性思维，以及可迁移的技能等非陈述性记忆密切相关，博物馆应利用文化学习的特殊性，积极开展多种活动，促进博物馆与社会、公众的互动。

与此同时，对于博物馆学习成果的认识不再局限于认知层面，而是包含着休闲、社交、朝圣等广泛的维度。首先，当阐释的概念由文化遗产领域引入博物馆时，博物馆对阐释的认识从"阐释语言的有效性"扩展至"超越教育本身，推动对博物馆角色转变"的思考。换句话说，阐释成为一种赋权行为，意指观众通过参与实现个人意义的建构。[23]其次，与"阐释"相伴，这一时期"体验"也成为学界关注的热词。安德森特意挑选了盛行于商业领域的《体验经济》（*The Experience Economy*）一文，探讨"体验"的来龙去脉及其之于博物馆的价值。约瑟夫·派恩（Joseph Pine）与詹姆斯·吉尔摩（James H. Gilmore）提出了体验的四个领域（娱乐体验、教育体验、逃避现实体验、审美体验）和五大原则（主题体验、用积极提示协调印象、消除消极提示、提供纪念品、五感参与）[24]。很显然，这些内容与观众在博物馆空间中的体验高度契合，掀起了博物馆体验研究的热潮。

即便是与观众距离最远、曾经处于对反关系的博物馆藏品，也在研究层面发生了公众转向。受后现代思潮的影响，人们对主观和多重现实的关注与数字技术一同，将藏品从狭隘的文化、学科和以博物馆为中心的理解中解放。受此影响，博物馆藏品被赋予了多义实体（Polysemic Entities）的意义。[25]另一个问题是，作为赋予藏品意义的基础，藏品研究如何满足当代社会和用户需要？菲奥娜·卡梅伦（Fiona Cameron）[26]、杰瑞·波达尼（Jerry Podany）[27]、詹姆斯·加德纳（James B. Gardner）和伊丽莎白·梅里特（Elizabeth Merritt）[28]分别从文档记录、藏品保护、收藏规划等层面进行了详细论述。这些研究看似属于藏品研究的范畴，实则关注如何建立藏品与观众的相关性。

三、组织框架：从学科导向到一体化战略

虽然以观众为中心的理念范式已不再陌生，但正如威尔所述："大多数博物馆都是学科导向的，收藏品类和展览内容也因此深受限制。"[29]可见，理念的落实需要机构框架与组织的系统革新，通过鼓舞人心的管理战略，为博物馆提供指导方针。换言之，整体协调博物馆内部资源的分配运作，才有机会最大限度地发挥理念转型的效力。

（一）借鉴社会企业管理模式

在市场经济和博物馆自负盈亏的共同影响下，企业管理模式被运用于博物馆机构组织，敦促博物馆关注外部世界及其互动的组织路径。肯

尼斯·赫德森（Kenneth Hudson）借用"销售模式"（selling mode）与"市场模式"（marketing mode）的概念，对比了传统博物馆与转型博物馆的不同经营形态。在他看来，如今的博物馆应从市场出发，在考虑公众利益和需求的基础上设计产品。[30]同样的理念在福尔克和贝弗利·谢泼德（Beverly Sheppard）的文章中也得以窥见，福尔克提出，博物馆需要综合考虑社会、政治、经济背景，衡量外部资产（个人、组织、社区等）、内部资产（物理、人力、智力等）和经济资产等，通过各要素的相互作用，共同推动博物馆的品牌建设。[31]

长期关注博物馆战略与市场营销的尼尔·科特勒（Neil Kotler），敏锐地察觉到博物馆中文化体验的新趋势，并强调博物馆应加强市场趋势研究，对新文化体验人群进行市场细分、考察观众的博物馆满意度与阻碍因素，尤其要加强博物馆与其他文化组织的竞争与合作研究，从而明确博物馆的定位与战略规划。[32]

社会企业模式在博物馆运营中的优势显著。首先，它强调清晰的愿景和使命，[33]这有助于博物馆确立机构的核心目标，从而在公共服务中保持专注度。其次，在社会企业模式下，博物馆能够更高效地运用有限的资源（包括藏品、人力、资金等），确保每一项投入产生最大化的社会效益和文化价值。最后，博物馆通过深入了解和响应观众的需求，提升观众体验，吸引更广泛的受众，从而使"以观众为中心"的理念得以落实。

（二）使命导向的整体性战略规划

由公众需求驱动的变革，促成了博物馆机构运行的颠覆性转型。"一个意图明确的博物馆，应采用一种整体组织的运行方式，思考且最终确定自身的价值和博物馆对其所在社区的预期影响。"[34]同时，通过各项系统性规划，使得业务供给匹配公众需求。

首先，为确保博物馆对藏品进行持续性的保护和利用，收藏规划（collecting planning）尤为重要。加德纳结合美国博物馆协会评估与认证项目的相关概念，归纳了收藏规划的六点要求：确定博物馆观众，以及如何通过藏品满足观众需求；回顾现有藏品的优劣；进行差距分析，对比藏品的理想状态与现实情况；根据需求评估和差距分析，确定藏品收购和退出的优先次序；确定其他博物馆或组织拥有的"补充藏品"；考虑现存和所需资源（经济、人力、物力）。[35]

其次，博物馆的阐释功能得到进一步强化，并提升至机构框架层面。玛丽安娜·亚当斯（Marianna Adams）提出，博物馆的阐释规划（interpretive planning）需要通盘考量六个维度的问题：阐明机构的使命及其收藏的独特之处；细化博物馆观众研究；了解社区需求；认知博物馆与社区的关系，形成社区认同；加强博物馆内部各部门的协调；明确成功标准并制定时间表。[36]阐释规划将机构使命、博物馆藏品与观众等阐释要素，通过一个系统化框架串联，成为美国博物馆新兴的、组织和指导观众体验的纲领性文件。

近年来，环境可持续发展问题引发全球关注，绿色规划也成为博物馆转型中的重要课题。一方面，博物馆作为主要的能源消耗者，绿色运营触及博物馆建设的各个方面。另一方面，作为公共文化权威和守护者，博物馆具备能力与责任，示范和传播绿色运营的理念，[37]为社会可持续发展贡献更大的力量。

四、领导力治理：从层级结构到激励共创

在美国，董事会是博物馆的最高权力机构，[38]担负着履行博物馆公共服务职能、提供战略指导和信托监管、确保机构可持续发展的责任。21世纪的博物馆董事会不再是简单的层级结构，而需要时刻与社会环境、社区公众和博物馆标准的变化保持相关性。博物馆董事会成员除拥有专业知识和保持对工作本身的热情外，还需要不断创新组织文化与工作方式，赢得社会和公众的信任。

（一）董事会与领导者素养

如何在复杂的变局中寻找适时的发展道路，推动博物馆的成功转型，对博物馆董事会而言是一项艰巨挑战。一个有效的董事会应是一个强有力的指导联盟。首先，董事会各成员应建立信任、坦诚、相互尊重的伙伴关系，在使命驱动下，通过建立探索文化、倡导公开透明风气等12项原则，形成一个目标一致、权责清晰、充满活力的领导集体。[39]其次，对于领导者个人而言，专业水平与个人魅力同等重要。

澳大利亚学者谢琳·苏奇（Sherene Suchy）认为，个人魅力实际上可以定义为一套可供学习的技能。她借鉴心流理论（flow theory）提出了激发领导力激情的五大关键主题：对博物馆物、视觉艺术、设计等充满热情；甘心扮演公众社区与博物馆的协调者和桥梁角色；对教育充满热情；对创业和创新充满热情；欣赏多样性、差异和试验，并将博物馆打造为

"辩论场所"。[40]

（二）构建合作共同体

基于共同的使命和目标，领导团队还需与更广泛的利益相关者达成共识，激励包括员工和志愿者在内的博物馆工作人员，共同打造有包容性的机构文化，同时通过共创的工作方式，建立更富弹性的运行机制。

哈佛大学教授查理德·查特（Richard P. Chait）等人从管理学视角出发，提出现有的董事会信托管理、战略管理和生成性管理三种模式，需要构建必要的平衡关系，其中生成性管理模式倡导在博物馆中探索多元话语范式，或将成为博物馆治理中极具回报性的挑战。[41]罗伯特·简斯（Robert R. Janes）针对员工士气和组织压力等问题，提出通过重振理想价值观、构建灵活的内部组织和设立快速反应小组等方式，激发员工的积极性和创造性。[42]劳林·马约内（Laurin Mayeno）借用文化能力学习倡议（The Cultural Competence Learning Initiative），提倡博物馆要平衡团队内部发展，建立信任坦诚、平等参与的建设性伙伴关系。[43]在这一维度上，博物馆的"论坛"角色不仅指向外拓展、推动对话的平台，同时也激励着博物馆向内营造平等共创的机构生态。

五、结语

在过去的一个世纪中，博物馆的转型之路已由边缘性的动摇，发展为整体性的变革。以"社会相关性"作为隐喻的博物馆转型，是一个集理念和实践、外部视角和内部结构于一体的系统性转变。博物馆不再、也不能安于表面的"小修小补"，而需要将自身置于复杂而不断变化的世界，通过平衡影响博物馆发展的外部力量，重置博物馆的角色定位与战略部署，实现其核心业务、组织框架和领导力治理的系统转型。需要注意的是，社会相关性的提升不应以牺牲博物馆自身的独特性为代价。博物馆的独特性建立在博物馆专业化发展及其伦理基础之上，进而为促进社会变革，发挥博物馆独特的力量，或许这才是安德森所说"使博物馆成为21世纪社会不可或缺的一部分"[44]的要义。

整体来看，该书收录的文章横跨100年，为我们描摹了国际博物馆世界，尤其是美国博物馆百年发展的基本样貌，同时也为思考博物馆的当代转型提供了参考框架。安德森历经一年多筛选、编辑作品的良苦用心，意在告诫我们，对于博物馆世界而言，探寻问题的本质远比提出解决的策略更有意义。如对于博物馆教育功能的认识，不能局限于开发展教活动或观众调查等业务层面，而是要将其深化至博物馆内部结构改革与博物馆研究学科痼疾。正是通过对问题的层层剖析和完整理解，美国博物馆教育功能才能彻底重塑。

此外，一些批评声音也指出，安德森选择的文章多集中于博物馆工作领域，缺乏对于博物馆学基本问题的探讨；[45]同时以美国博物馆协会出版的文章居多，缺乏相反观点的交锋。[46]但瑕不掩瑜，立足我国博物馆的发展进程，该书提供的博物馆转型框架，启发我们从整体论视野下把握博物馆的变迁，从而深化对于博物馆未来发展方向的思考。书中谈到的很多问题，也是今天的中国博物馆正在面临或即将面对的，其中的策略建议或许可为中国博物馆提供参考。例如，规范化的收藏规划应考虑哪些因素？如何平衡博物馆展示中的多元声音？观众研究如何从个体的人走向社会中的人？全球化与信息时代冲击下，博物馆的内部框架与领导力需要进行怎样的改进？读者都可以在书中找到回答这些问题的方向。

（赵娜，成都金沙遗址博物馆副研究馆员，主要研究方向为博物馆展览策划、考古遗址的展示与管理。）

注释：

[1] Gail Anderson, ed., *Reinventing the Museum: Historical and Contemporary Perspectives on the Paradigm Shift*, Walnut Creek: AltaMira Press, 2004.

[2] Gail Anderson, ed., *Reinventing the Museum: The Evolving Conversation on the Paradigm Shift (Second Edition)*, Walnut Creek: AltaMira Press, 2012.

[3] Gail Anderson, "A Framework: Reinventing the Museum", Gail Anderson, ed., *Reinventing the Museum*, p. 8.

[4] 尹凯：《重置与转向：当代博物馆理念的梳理与思考》，《东南文化》，2018年第4期，第82页。

[5] Michael M. Ames, "Museums in the Age of Deconstruction", Gail Anderson, ed., *Reinventing the Museum*, p. 87.

[6] Duncan F. Cameron, "The Museum, A Temple or the Forum", Gail Anderson, ed., *Reinventing the Museum*, pp. 54-57.

[7] Willard L. Boyd, "Museum Accountability: Laws, Rules, Ethics, and Accreditation", Gail Anderson, ed., *Reinventing the Museum*, p. 61.

[8] Emlyn Koster, "The Relevant Museum: A Reflection on Sustainability", Gail Anderson, ed., *Reinventing the Museum*, p. 202.

[9] Graham Black, "Embedding Civil Engagement in Museums", Gail Anderson, ed., *Reinventing the Museum*, pp. 267-283.

[10] Emlyn Koster, "The Relevant Museum", pp. 202-211.

[11] Randi Korn, "The Case for Holistic Intentionality", Gail Anderson, ed., *Reinventing the Museum*, pp. 212-222.

[12] Douglas Worts, "Culture and Museums in the Winds of Change: The Need for Cultural Indicators", Gail Anderson, ed., *Reinventing the Museum*, pp. 250-266.

[13] John Cotton Dana, "The Gloom of the Museum", Gail Anderson, ed., *Reinventing the Museum*, p. 17.

[14] Ibid., pp. 17-33.

[15] Theodore Low, "What Is a Museum?", Gail Anderson, ed., *Reinventing the Museum*, pp. 34-47.

[16] Stephen E. Weil, "From Being about Something to Being for Somebody: The Ongoing Transformation of the American Museum", Gail Anderson, ed., *Reinventing the Museum*, p. 170.

[17] Judy Rand, "The Visitors' Bill of Rights: A List of Important Human Needs, Seen from the Visitors' Point of View", Gail Anderson, ed., *Reinventing the Museum*, p. 315

[18] Institute of Museum and Library Services, "Museums and Libraries in the 21st Century: New Contexts and Skills Definitions", Gail Anderson, ed., *Reinventing the Museum*, p. 500.

[19] Peter Samis, "The Exploded Museum", Gail Anderson, ed., *Reinventing the Museum*, p. 309.

[20] Nina Simon, "Principles of Participation", Gail Anderson, ed., *Reinventing the Museum*, pp. 330-350.

[21] Andrew J. Pekarik, "From Knowing to Not Knowing: Moving Beyond 'Outcomes'", Gail Anderson, ed., *Reinventing the Museum*, pp. 401-411

[22] George E. Hein, "The Constructivist Museum", Gail Anderson, ed., *Reinventing the Museum*, pp. 123-129.

[23] Lisa C. Roberts, "Changing Practices of Interpretation", Gail Anderson, ed., *Reinventing the Museum*, pp. 155-156.

[24] B. Joseph Pine Ⅱ, James H. Gilmore, "The Experience Economy", Gail Anderson, ed., *Reinventing the Museum*, pp. 164-169.

[25] Fiona Cameron, "Museum Collections, Documentation, and Shifting Knowledge Paradigms", Gail Anderson, ed., *Reinventing the Museum*, pp. 226-229.

[26] Ibid., pp. 229-236.

[27] Jerry Podany, "Sustainable Stewardship: Preventive Conservation in a Changing World", Gail Anderson, ed., *Reinventing the Museum*, pp. 239-249.

[28] James B. Gardner, Elizabeth Merritt, "Collections Planning: Pinning Down a Strategy", Gail Anderson, ed., *Reinventing the Museum*, pp. 431-435.

[29] 史蒂芬·威尔：《博物馆重要的事》，张誉腾译，台北：五观艺术有限公司，2015年，第114页。

[30] Stephen E. Weil, "From Being about Something to Being for Somebody", p. 173.

[31] John Falk, Beverly Sheppard, "Creating a New Business Model", Gail Anderson, ed., *Reinventing the Museum*, pp. 383-385.

[32] Neil Kotler, "New Ways of Experience Culture: The Role of Museums and Marketing Implications", Gail Anderson, ed., *Reinventing the Museum*, pp. 388-394.

[33] John Falk, Beverly Sheppard, "Creating a New Business Model", p. 381.

[34] Randi Korn, "The Case for Holistic Intentionality", p. 218.

[35] James B. Gardner, Elizabeth Merritt, "Collections Planning", pp. 433-435.

[36] Marianna Adams, Judy Koke, "Comprehensive Interpretive Plan: A Framework of Questions", Gail Anderson, ed., *Reinventing the Museum*, pp. 395-399.

[37] Sarah Brophy, Elizabeth Wylie, "It's Easy Being Green", Gail Anderson, ed., *Reinventing the Museum*, pp. 437-445.

[38] 段勇：《当代美国博物馆》，北京：科学出版社，2003年，第25页。

[39] Boardsource, "The Source: Twelve Principles of Governance That Power Exceptional Boards", Gail Anderson, ed., *Reinventing the Museum*, pp. 473-475.

[40] Sherene Suchy, "Emotional Intelligence, Passion and Museum Leadership", Gail Anderson, ed., *Reinventing the Museum*, pp. 456-464.

[41] Richard P. Chait, William P. Ryan, Barbara E. Taylor, "Governance as Leadership: Bringing

New Governing Mindsets to Old Challenges", Gail Anderson, ed., *Reinventing the Museum*, pp. 468-472.

[42] Robert R. Janes, "The Mindful Museum", Gail Anderson, ed., *Reinventing the Museum*, pp. 508-520.

[43] Laurin Mayeno, Steve Lew, "Multicultural Organizational Development in Nonprofit Organizations: Lessons from the Cultural Competence Learning Initiative", Gail Anderson, ed., *Reinventing the Museum*, pp. 486-496.

[44] Gail Anderson, "A Framework", p. 8.

[45] Peter H. Welsh, "Grasping Museums: Three New Museum Studies Anthologies", *Museum Anthropology*, 2005, 28(1), pp. 67-72.

[46] Carl R. Nold, "Book Review", *The Public Historian*, 2006, 28(1), pp. 133-135.

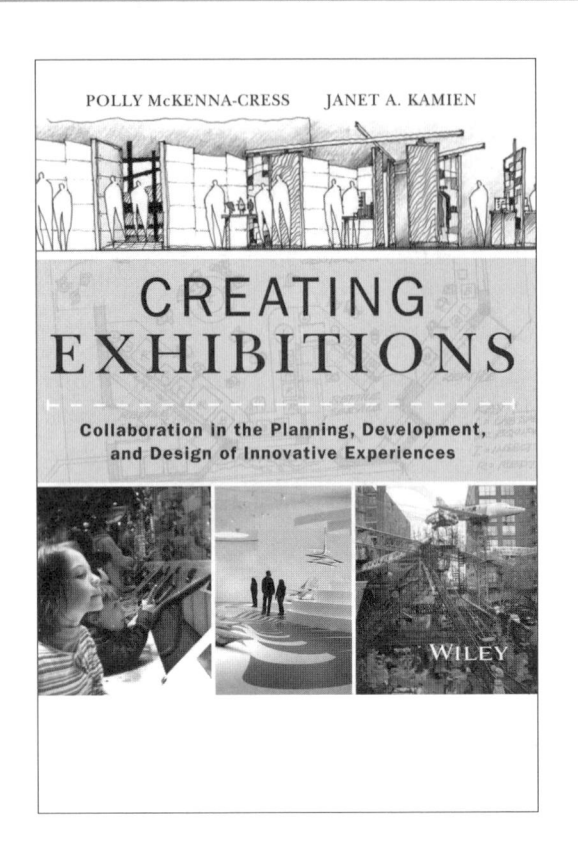

《博物馆策展：在创新体验的规划、开发与设计中的合作》
Creating Exhibitions: Collaboration in the Planning, Development and Design of Innovative Experiences

作者：波利・麦肯纳–克雷斯（Polly McKenna-Cress）、珍妮特・卡曼（Janet A. Kamien）

出版年份：2013

◆── 本书短评 ──◆

全方位呈现合作各方、技巧方法与步骤流程的策展指南。

述评人：陈颖琪

自20世纪下半叶，藏品与公众的关系发生逆转，"以观众为导向"的理念逐渐成为博物馆界的新风潮。而在当下，一个新的转变正在发生，即博物馆的关注焦点开始从作为消费者的观众转向作为生产者的合作者。

> 因为展览策划涵盖学术、视觉、空间、审美、认知、情感、费用、时间等诸多要素，极具专业性和综合性，因此"整合或寻求资源，以补充自身服务观众的不足，或扩展自身服务的优势"迫在眉睫。[1]

这个变化使得博物馆不再将目光局限于传统意义上作为服务对象的观众，而开始放眼于能够合作打造展览的各方力量。需要指出的是，这并不意味着将观众排除在外，观众也是合作者中一支重要力量。此外，随着博物馆观众构成的多样化，对展览内容多元性与参与体验广泛度的要求也在逐渐提升，这就需要更多来自不同领域的专业人士参与策展团队。本书旨在帮助更多的策展团队了解合作流程，明确团队构成，学会方法技巧，以合作模式有效地开展工作，并最终为观众带来创新体验。

本书成书于2013年，由波利·麦肯纳-克雷斯（Polly McKenna-Cress）与珍妮特·卡曼（Janet A. Kamien）合著。2019年由阿桥社文化事业有限公司首次翻译出版。[2]2021年，浙江大学出版社将此书纳入"博物馆学认知与传播"译丛翻译出版。[3]本文依托浙江大学出版社的译本写成。

本书共九章节。第一至二章简述了在博物馆策展过程中开展合作的必要性与模式，并提出了本书的核心概念——在合作中起主导作用的"五种倡导者"。第三至七章，克雷斯与卡曼分别对机构倡导者（advocacy for the institution）、主题倡导者（advocacy for the subject matter）、观众体验倡导者（advocacy for visitor experiences）、设计倡导者（advocacy for design）、项目和团队倡导者（advocacy for project and team）的职能与工作要点做出阐释。第八至九章则介绍了合作过程需要使用的方法、技巧及流程步骤。

本文按照本书的书写顺序与结构逻辑，分为合作策展的图景展望、合作策展的主体与合作策展的方法与流程这三个部分展开论述。

一、合作策展的图景展望：为何合作？如何合作？

什么是合作？博物馆策展为何需要合作？谁来合作？如何合作？在本书的前两章中，克雷斯与卡曼提纲挈领地回答了这几个问题。

他们首先将合作定义为"来自不同观点的思想和想法的交汇，旨在为公众创造多层面的叙述和多样化的体验"[4]。因为前来博物馆参观的观众往往有不同的文化背景，拥有不同的知识储备，因此，展览策划需要尽可能多元，这就离不开来自不同学科背景、掌握不同专业技能的团队成员的参与。除此之外，在策展过程中开展合作还能激发博物馆的三大主要生存本能：不同的观点、跨学科的参与、创新。[5]合作模式不仅能够助力思想的碰撞与丰富观点的诞生，还可以为不同学科创造互联机会，使展览超脱于个人有限的经验与知识，走向创新。

在讨论合作方法时，克雷斯与卡曼首先指明了"合作"与"配合"两种模式的差异。"合作模式"强调团队成员共享知识与经验，通过思想交汇创造成果；而"配合模式"强调团队成员基于各自的角色分工开展工作。在此基础之上，克雷斯与卡曼提出了合作的三种模式："核心小组合作"模式中，一个小型灵活的核心小组共享共同愿景，且通常从外部引入贡献者，获得关键性投入；"有远见的合作"模式中，有一位有远见的领导者统领全局，团队成员共同支持项目发展；而"更高目标的合作"模式具有强烈的愿景与预期结果，由社会问题及其不断升级的需求驱动，且通常能够同时与多个机构开展合作。[6]

此外，克雷斯与卡曼创造性地提出，在合作团队的构建中不可或缺的"五种倡导者"，分别为机构倡导者、主题倡导者、观众体验倡导者、设计倡导者、项目和团队倡导者。在规模较小的机构中，一个人可能承担不止一个角色；在大型机构中，则可能会有许多人从特定倡导角度出发，完成工作。但无论在何种机构中，必须从项目一开始，就对倡导者及成员各自扮演的角色做出界定。"五种倡导者"是本书的核心概念，笔者将在下一部分对其分别进行阐述。

每种倡导者都需要明确行动步骤。研究应是所有工作的第一步，对相关展览、藏品和档案资料的深入探索，能够为后续工作打下基础。随后，信息应被整理为图形、图表等形式以便查阅，并通过分析与整合，转化为展览中的具体体验。同时，需要详细记录项目每个阶段的框架、预算和藏品清单，以便评估审查成果。在合作过程中，权力分配问题可能导致分歧。倡导者应促进团队成员之间的信任与合作，专注于提供良好的观众体验。遇到问题时，可以通过观众评估获取数据，并在需要时寻求更高层的决策支持。

二、合作策展的主体：围绕"五种倡导者"

伴随着策展需求从单一决策逐渐转向合作共荣，谁来参与合作成为一个重要的问题。在理想的策展流程中，展览团队、机构员工、外部利益相关者、专家与资助者、观众在其中各司其职，来自博物馆内外的声音共同促成展览的诞生，而五种倡导者在整个工作流程中起主导作用。从第三章到第七章，克雷斯与卡曼分别阐述了五种倡导者在策展过程中的职能。

（一）机构倡导者

机构倡导者往往代表机构，是策展方的客户，对机构负有最终责任，[7]通常由馆长、部门经理或副理事长充当，其主要工作是为展览的问世提供动力、资源和许可，进一步推动机构实现短期目标和总体目标。在开展工作时，机构倡导者需要思考两个重要问题：第一，使命陈述（mission statement）是否反映了机构当前的思考，是否以一种有助于创建展览和教育活动的方式精心制定？[8]第二，对于新的展览计划，机构的需求是什么？[9]

第一个问题关乎机构的整体目标与方向。使命陈述是对组织的存在意义及其总体目标的简要描述，往往能够作为决策指南，在选题、观众目标和社区参与等问题上指导展览团队。第二个问题则聚焦举办展览的目标。机构倡导者与团队成员需要回答：我们在做什么？我们为谁而做？成功会是什么样的？这些问题的答案将能够指导策展工作的进展。为了激发创意，团队可以使用头脑风暴、专家研讨会、员工访谈、观众研究等多种方法。选定一个可行的创意后，团队需要分析现有资源，如员工、藏品、硬件设施、工具、资金等，以评估项目能否实现。在策展过程中，机构倡导者需要把项目的日常权限授权给团队，使团队独立开展工作的同时，与自己随时保持联系，及时完成重要的阶段性审查。此外，机构倡导者还需要帮助策展团队与其他具备筹款能力或专业技能的部门建立联系，以引入外部资源。

最后，机构倡导者需要判断展览的材料、方法与基调是否适合机构、社区和利益相关者，对存在争议的基调与观点做出取舍，明确展览的边界。为了更好地对此类问题做出判断，进行观众研究、保持与社区成员的密切合作是可行的方法。

（二）主题倡导者

内容是一个展览存在的根基，而主题倡导者在策展团队中扮演的是把握展览主题的角色。具体而言，主题倡导者需要找到展览希望呈现的内容，并且在提供大量专业知识与吸引观众之间，找到平衡点，将"以观众为核心"的理念贯彻始终。这种对观众的重视源于几代博物馆理念的转变。[10]随着互联网的普及，大众获取藏品的相关信息变得容易。为带给观众独特的体验，展览逐渐从展示物件转向传授物件相关的知识，近年来又开始关注物件的意义与观众生活的关联。在当前的展览中，博物馆更倾向于通过物件建立与观众的个人和情感联结。

为使展览更具吸引力，主题倡导者可以通过反思自身的经验，考察、激发人们对特定主题兴趣的可能因素。同时，与观众进行交流也是了解他们兴趣点的重要方法。

此外，主题倡导者需要区分物件驱动的展览与思想驱动的展览。[11]对于专家来说，单独的物件中蕴含的信息是不言自明的，但对于外行来说，必须引入适当的先验知识，帮助他们理解物件传达的信息与内涵。在这一理念的基础上，策展团队可以采取多种展览方法：第一，向观众传播他们需要的，且只有在博物馆环境中才想了解的信息，以此培养观众对藏品的入门鉴赏能力，直到他们可以与藏品直接对话。第二，使用藏品资料支持展览思想，通过"真实的物件"传达理念。第三，使用传统的方式展出藏品，利用藏品天然的吸引力，吸引一些新手观众。[12]

最重要的是，策展团队需要将观众的需求放在首位，创造一个有吸引力且易于探索的环境，充分发挥博物馆的社会价值。为此，展览可以为观众提供一些基础的信息与知识，并且建立一些情感目标和体验方法。更详细的信息则可以通过内容分层共享，比如使用分层的标签副本、学习或资源区、分发的材料、网站、图录、期刊或其他出版物等。[13]

（三）观众体验倡导者

"观众是展览工作的核心。"[14]为此，观众体验倡导者的工作在于为观众与观众体验做出倡导，其主要任务包括"使观众明确展览重点，构建吸引人的整体叙事，整合不同用户基于材料的参与方式，注重社交、情感和认知价值，并在必要时将展览中的'学术语言'转换为观众可以理解、领会和参与的语言"[15]。观众体验倡导者通常会以多种面貌出现，比如展览开发者、博物馆教育人员、评估人员等。

在进行展览主题的选择时，观众体验倡导者会发挥重要的作用。他们需要考虑展览的目标观众与机构的使命陈述，并且通过对流行文化的考察，了解观众感兴趣的主题，以及他们在进入博物馆时可能带有的文化印记，以此探索在展览中可能需要消除观众怎样的误解。

基于约翰·福尔克（John Falk）、林恩·迪尔金（Lynn Dierking）和乔治·海因（George Hein）等学者关于教学法的研究成果，[16]克雷斯与卡曼认为，策展团队应该致力于建立观众的个人经历与展览中材料的关联。由于观众往往具有不同的知识背景和信息获取方法，展览需要为观众提供"进入"主题的多种方式与多样化的信息处理方法。

在概念开发阶段，观众体验倡导者与团队成员需要就内容、观众、"文化潮流"、学校课程、藏品与其他资源等展开研究。[17]进入方案设计阶段后，则需要考虑展览中使用的组织信息的方式，找到一个既不过分复杂、也不透明到令人感到乏味的信息组织系统。此外，观众体验倡导者需要确保展览中有一条清晰的故事线贯穿始终，并通过小故事和互动元素增强叙事性。在设计开发阶段，观众体验倡导者需要拟定具体的展览信息，开展原型测试，并持续收集顾问、社区和员工的反馈。展览正式开放后，团队成员需要积极与观众交流，及时解决可能出现的问题，开展系统的总结性评估，[18]持续地革新和开发展览内容。

（四）设计倡导者

在本书中，"展览设计"被定义为"通过空间问题的解决，为不同受众创造精美而又有意义的体验"[19]，而设计倡导者需要关注如何用空间设计，支持和提升观众的整体认知、情感和体验目标。

展览是一种特殊的媒介，设计倡导者应当充分利用其作为媒介的三个特征：真实的东西、真实的体验与社交的空间。[20]物件的真实性与其蕴含的意义往往是观众选择博物馆的原因，设计倡导者的工作则是在展示真实物件的同时，用故事传达信息，担任观众感官的阐释者和转换者。若展览举办的场所本身是一个具有深层意义的地点，设计倡导者则需要找到场所的影响力，将深层次的意义转换为真实体验。此外，设计倡导者可以通过空间设计促进观众的社交。

在设计过程中，五个主要的设计原则需要贯彻始终：参与，即创造和促进观众参与体验的机会；舒适，即观众身心都感到舒适；超出预期，即观众应该带着惊喜离开；激发好奇心、共鸣和奇妙感，即提供激发这三者的机会；具有颠覆性和沉思性，即超越静态或无聊。[21]

在设计启动初期，设计倡导者需要考虑空间的大小和范围、预算与进度、提供视觉研究和界面外观的参考资料，支持策展团队。策展工作开始后，则需要开始对空间和观众流进行规划，考虑展览空间的规模和景观，提供引领观众参与故事的参观动线，关注空间内的引导和终点的呈现，并思考如何融入多感官体验与互动体验，灵活运用戏剧与剧场、沉浸式环境、标志物体验等互动方式。此外，整个展览中的展示方式应符合展览的故事、使命、结局和个性。需要注意的是，在展览设计中，设计倡导者还需要融入无障碍理念与环保理念。

（五）项目和团队倡导者

项目和团队倡导者最常被赋予项目经理的头衔，主要负责项目的运行，确保团队能够在规定的时间和预算范围内，根据需要生产最佳产品。项目和团队倡导者需要关注项目的三个方面：工作预算的创建和管理、工作进度表的创建和管理、团队的健康状况及其成员的工作方式，同时也需要兼顾外部承包商的合同和进度表，以弥合这些群体在工作方式上的差异。[22]

预算与进度表的制定需要从研究阶段开始。[23]在概念开发阶段前，就需要确定各个阶段的重要时间节点，获得团队成员的认可，并选择一个具有可塑性的操作系统管理进度表。编制预算时可以参考先前的项目或行业标准，并通过自己的方法跟踪预算、承担超支风险。在进行团队管理时，需要明确一个项目的审查流程，构想解决由权力失衡带来分歧的方法，并始终坚持既定的认知、情感和体验目标。[24]

更重要的是，项目与团队倡导者应当是项目最终的推动者，[25]需要促进团队中的每个人发挥各自的优势，把握整个策展流程，使项目始终处于良好的状态。

三、如何开展合作策展：方法与流程

为了顺利地开展合作策展，策展过程中需要使用的技巧方法与流程阶段也是重要的一环。在本书的第八至九章中，克雷斯与卡曼分别对这两个问题进行了阐述。

（一）合作策展的方法和技巧

想法是一切的起点。为产生更多的创意与想法，团队成员可以选择召开专家研讨会或进行头脑风暴。这两种方法都需要让掌握各种专业技能与知识的人参与、自由分享想法。相比之下，头脑风暴持续的时间更短，涉及的人员更少。

获得想法与创意后，则需要进行概念的组织和可视化的记录。草图、思维导图、概念图、泡泡图、概念平面图，都可以作为不同阶段团队想法与概念的视觉传达。此外，团队还可以通过阐释框架，明确展览使命、传播目的、长期与短期目标，这个框架既需要书面文档，也需要视觉表达。观众踏查则是一种从观众亲身体验的角度描述展览的书面叙述，能够帮助团队考虑展览中的种种影响因素，如气味、声音、灯光等，将观众的体验可视化。

在合作策展的过程中，有不少环节需要团队做出决定并进行评估。召开有效的会议在任何阶段都非常重要，因为其创设了一个支持决策的合作环境。观众评估则能够为决策提供依据。展览评估一般分为三个阶段，分别为前置性评估、形成性评估与总结性评估，可以通过焦点小组、留言簿、对话板、开放式访谈等定性方法，或拦截式访谈、观察、在线调查等定量方法开展。此外，团队还可以在特定阶段进行原型测试（prototype testing），"原型"是一种测试模型，被定义为"与他人，特别是最终用户一起测试想法的过程"[26]，通常以实物为对象，划分为概念性原型、形成性原型与工程性原型，分别在展览策划的不同阶段使用。在每个阶段结束时，团队需要将阶段成果对理事会、主管人员等进行展示，由他们审查与评论。

（二）合作策展的阶段与流程

整个策展流程包含五个主要阶段，分别为规划阶段、概念开发阶段、方案设计阶段、设计开发阶段与施工图设计阶段。

在规划阶段，首先将召开总体规划会议，机构倡导者在会上需要在理事会、内外部利益相关者的支持下，制定短期和长期的战略规划。随后，团队需要在几个关键领域展开研究：探索怎样的展览主题能够满足社区需求、支持机构使命；研究观众对主题可能抱有的期待；基于主题，研究现有资料、藏品和可用资源；研究进度表和规划。[27]

概念开发阶段指更清晰地考虑并形成概念研究方法的阶段。在这一阶段，团队需要起草展览的使命、传播目的、短期和长期目标、目标观众，并以这些作为评估决策的依据。主题倡导者和观众倡导者需要引导展览内容的开发和展览叙事的逻辑线索。[28]团队应当将观众评估置于首位，积极进行观众测试。整合初始概念时，应进行"试点测试"。

进入方案设计阶段后，模糊的想法开始被塑造为完整的体验。试点测试应当贯穿这个阶段，团队需要大致草拟观众动线、故事、图示方法、配色方案等。这一阶段，叙事初见轮廓，视觉体验与视觉表达不断充实。这些工作不仅仅由设计倡导者完成，开发人员、评估人员、主题专家、原型设计师、教育人员等人，也需要在此阶段高度参与。[29]

经过以上三个阶段的合作开发，展览的基础框架构建完成后，合作的方式将开始从团队共同决策向各个倡导者分开工作、但定期展开对话转变。

设计开发阶段是明确和完善展览所有领域细节的阶段。[30]此阶段需要关注展览所有要素、模式、媒体、教育活动、人员配备方案等的细节，确定最终的阐释框架和展品清单。

在施工图设计阶段，设计倡导者、项目和团队倡导者需要创建最终的详细图纸，将其提供给内部或外部的制造商；[31]观众倡导者、开发人员、教育人员需要制作原型，为开展教育活动做好准备；主题倡导者需要检查内容的准确性，并对借展的展品进行担保；机构倡导者需要与新闻界、理事会和外部资助者会面，为推出展览做好宣传方面的准备。

根据展览的规模，招标工作可能会历时一个月甚至更久，应吸引三至五家机构参与投标。[32]施工启动后，许多展览的构成要素处于最后的完工阶段，团队需要与制造商合作开展工作，[33]完成展览的制作。之后，还需要经过布展和试运行，展览才能够真正展现在观众面前。

展览开幕之后，为更好地满足观众的需求，仍需维护与推进与观众的关系。此外，团队需要及时开展总结性评估，发现问题、积累经验。

四、余论

保罗·皮尔森（Paul Pearson）曾在评价本书时指出：

> 本书并没有提出一个突破性的理论框架，承诺只要严格遵循其流程与理念就能取得令人惊叹的成果。克雷斯与卡曼所阐述的以团队为中心、以倡导为基础的方法，与其说是革命性的，不如说是进化性的——它是过去四五十年来，博物馆领域经过检验和完善的一

系列实践方面微观革命的综合。[34]

总而言之，本书汇集了两位作者及博物馆领域近200位学者与专家的经验与思考，囊括了来自世界各地的历史博物馆、艺术博物馆、自然科学博物馆等的真实案例，能够在策展实践上给予从业者专业的指引。

从结构逻辑与内容侧重点上来说，本书颇具创新之处。同为策展类书籍，阿德里安·乔治（Adrian George）所著的《策展人手册》（The Curator's Handbook）[35]从策展人的视角出发，详尽地阐述了从策展到撤展过程中的每个环节。相较之下，本书并不按部就班地记录策展的每个程序或步骤，也不过多着墨于策展过程的繁复工作，而更注重搭建一种健康的团队合作关系，明确团队中不可或缺的各类角色，以及他们需要承担的工作，以合作的形式推动策展进程，共同为观众打造创新的体验。

本书中，"策展人"（curator）这个概念似乎并不突出。在克雷斯与卡曼看来，策展人是可以担任"主题倡导者"角色的人选，因为两者有着一些相似的特质，即掌握与主题相关的专业知识，或对藏品非常熟悉。然而，随着时代的演进，"策展人"一词涵盖的意义正在逐渐拓展，其实际需要承担的工作不止于此。[36]从这个维度来看，克雷斯与卡曼实际将"策展人"一职的内涵揉碎并融入整个策展团队。机构倡导者统筹管理、组织资源；主题倡导者选择展览主题、激发观众的兴趣；观众体验倡导者立足于观众的学习模式，处理展览信息、拟定展览叙事；设计倡导者通过空间设计，提升观众的整体体验；项目和团队倡导者确保团队在规定的时间与预算范围内，完成各项工作。这五种倡导者通过会议、可视化记录、审核评估等方法联结，构建一张灵活互通的合作网络。社区成员、观众与其他利益相关者适时参与，在合作策展的过程中各司其职。如此一来，"策展人"需要承担的复杂工作被拆解，由此化繁为简。

换言之，本书展现了一种理念上的转变，将"策展人"从一个专门的职业扩展为一种全新的工作模式。在这种模式之下，策展工作不再仅由个别专家承担，而成为一个需要跨领域合作的过程。不同专业的知识与多元的视角融入其中，为观众带来更为丰富的观展体验，也推动博物馆向着开放、创新的方向发展。

（陈颖琪，上海大学文化遗产与信息管理学院硕士研究生，主要研究方向为博物馆学。）

注释：

[1] 周婧景：《博物馆现象的内在逻辑及其研究价值初探——从〈博物馆策展〉一书谈起》，《博物馆管理》，2020年第2期，第45—55页。

[2] 波利·麦肯纳-克雷斯、珍妮特·卡曼：《创造展览：如何团队合作、体贴设计打造一档创新体验的展览》，金振宁译，台北：阿桥社文化事业有限公司，2019年。

[3] 波利·麦肯纳-克雷斯、珍妮特·卡曼：《博物馆策展：在创新体验的规划、开发与设计中的合作》，周婧景译，杭州：浙江大学出版社，2021年。

[4] 波利·麦肯纳-克雷斯、珍妮特·卡曼，前揭书，第1—2页。

[5] 波利·麦肯纳-克雷斯、珍妮特·卡曼，前揭书，第6页。

[6] 波利·麦肯纳-克雷斯、珍妮特·卡曼，前揭书，第8—10页。

[7] 波利·麦肯纳-克雷斯、珍妮特·卡曼，前揭书，第23页。

[8] 波利·麦肯纳-克雷斯、珍妮特·卡曼，前揭书，第40页。

[9] 波利·麦肯纳-克雷斯、珍妮特·卡曼，前揭书，第50页。

[10] 波利·麦肯纳-克雷斯、珍妮特·卡曼，前揭书，第70页。

[11] 波利·麦肯纳-克雷斯、珍妮特·卡曼，前揭书，第74页。

[12] 波利·麦肯纳-克雷斯、珍妮特·卡曼，前揭书，第75—76页。

[13] 波利·麦肯纳-克雷斯、珍妮特·卡曼，前揭书，第77—78页。

[14] 波利·麦肯纳-克雷斯、珍妮特·卡曼，前揭书，第26页。

[15] 波利·麦肯纳-克雷斯、珍妮特·卡曼，前揭书，第89页。

[16] 波利·麦肯纳-克雷斯、珍妮特·卡曼，前揭书，第94页。

[17] 波利·麦肯纳-克雷斯、珍妮特·卡曼，前揭书，第100页。

[18] 波利·麦肯纳-克雷斯、珍妮特·卡曼，前揭书，第128页。

[19] 波利·麦肯纳-克雷斯、珍妮特·卡曼，前揭书，第131页。

[20] 波利·麦肯纳-克雷斯、珍妮特·卡曼，前揭书，第135页。

[21] 波利·麦肯纳-克雷斯、珍妮特·卡曼，前揭书，第141页。

[22] 波利·麦肯纳-克雷斯、珍妮特·卡曼，前揭书，第193—194页。

[23] 波利·麦肯纳-克雷斯、珍妮特·卡曼，前揭书，第195页。

[24] 波利·麦肯纳-克雷斯、珍妮特·卡曼，前揭书，第209页。

[25] 波利·麦肯纳-克雷斯、珍妮特·卡曼，前揭书，第32页。

[26] 波利·麦肯纳-克雷斯、珍妮特·卡曼，前揭书，第244页。

[27] 波利·麦肯纳-克雷斯、珍妮特·卡曼，前揭书，第272页。

[28] 波利·麦肯纳-克雷斯、珍妮特·卡曼，前揭书，第273页。

[29] 波利·麦肯纳-克雷斯、珍妮特·卡曼，前揭书，第275页。

[30] 波利·麦肯纳-克雷斯、珍妮特·卡曼，前揭书，第279页。

[31] 波利·麦肯纳-克雷斯、珍妮特·卡曼，前揭书，第284页。

[32] 波利·麦肯纳-克雷斯、珍妮特·卡曼，前揭书，第287页。

[33] 波利·麦肯纳-克雷斯、珍妮特·卡曼，前揭书，第288页。

[34] Paul Pearson, "Book Review", *Exhibition*, 2014(spring), pp. 91-93.

[35] 阿德里安·乔治：《策展人手册》，ESTRAN艺术理论翻译小组译，北京：北京美术摄影出版社，2017年。

[36] 阿德里安·乔治，前揭书，第2页。

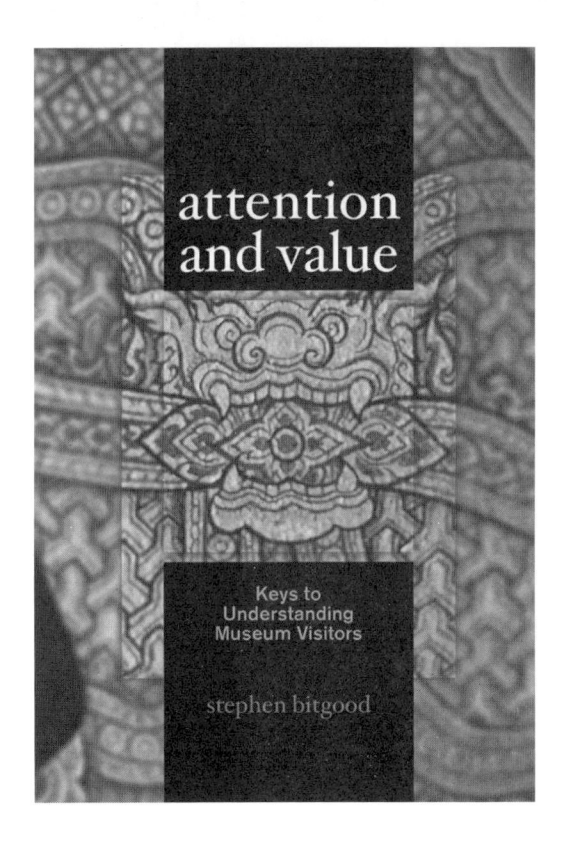

《注意力与价值：理解博物馆观众的关键》
Attention and Value: Keys to Understanding Museum Visitors

作者：史蒂芬·比特古德（Stephen Bitgood）
出版年份：2013

◆——— 本书短评 ———◆

近年来环境心理学视角下观众实证研究的集大成之作。

述评人：穆祉潼

21世纪是信息泛滥的时代，这导致了一种有意思的现象，即"有价值的不再是信息，而是注意力"[1]。过载的信息与有限的精力之间的矛盾，使得各种媒介不得不为了吸引更多的目光而相互竞争。相较于日常生活中颇受大众喜爱的电视、互联网等媒介，博物馆的优势并不突出；与此同时，博物馆、动物园、科学中心等展示场所之间，以及内部要素之间也存在竞争。在这种总体情境下，探索吸引人们参观博物馆的路径和方式，就显得尤为重要。不同于诸多学者直接研究观众在博物馆中的学习情况，史蒂芬·比特古德（Stephen Bitgood）将学习视为注意力的副产品，聚焦作为学习发生前提的注意力。[2]每一次展览参观都是观众练习集中注意力的过程，通过展览设计科学地管理观众体验过程中的注意力分布，也成了展览成功的基础。因此，无论是为了设计出令人满意的展览，还是为了达到最佳的教育效果，博物馆都需要充分理解观众的注意力。

本书的写作并非一蹴而就，而是经过了多年的积累与锤炼。比特古德不仅持续从过往研究成果中获取养分，关注约翰·柯兰（John Koran）等人对于注意力和好奇心的研究，[3]并在2000年就开始意识到注意力对设计阐释性说明牌的意义。[4]同时，在杰·朗兹（Jay Rounds）应用觅食理论（foraging theory）研究博物馆观众[5]、钱德勒·斯克里文（Chandler Screven）强调观众理解展览内容的时间和精力成本[6]等启发下，比特古德及其团队花费多年时间，通过反复实验，验证了价值在展览中的重要性，部分修改其内容后收录于本书的第二部分和第三部分。经过不断地思考论证，比特古德最终确认，理解博物馆观众的关键概念是"注意力"和"价值"，并在2010年正式提出了"注意力—价值模型"（attention-value model）[7]。本书对这一模型进行深入的拓展和完善，旨在探究注意力和价值如何与展览情境、社会环境共同塑造观众的博物馆体验。

可以说，本书是近年来环境心理学视角下观众实证研究的集大成之作，它汇集了比特古德10余年来的大量实验研究数据，以此论证注意力—价值模型在展览中的适用性和对观众学习情况的预测性。本书英文原文通俗易懂，阅读难度不大，既可以作为学生了解观众研究领域的入门读物，又能作为博物馆专业人士日常工作的实践指南。本书首次出版于2013年，2016年再版，除了出版信息，两个版本没有任何差别。

全书大致可以分为理论探讨与实践运用，共包含四个部分、十六章节，每个章节开头都简明扼要地概括了本章的主要观点。理论探讨集中于

第一部分，回顾与总结了观众注意力相关的理论和模型，并在附录B中系统梳理管理观众注意力时需考虑的各项变量。实践运用则包括第二部分、第三部分的实证案例，以及第四部分为改善展览设计和提升观众体验提出的建议指南。

本书评参考作者的行文逻辑，从五个部分介绍和评述本书的主要内容。第一，探讨本书的核心概念之一——注意力，借此引出作者的注意力—价值模型；第二，理解本书的另一核心概念——价值，探索其影响观众注意力的方式；第三，连接注意力与价值，寻找通过提升价值激发注意力集中的方法；第四，深入分析注意力—价值模型在展览设计中的应用路径；最后，批判反思本书的启示与不足。

一、注意力：博物馆展览成功的核心

注意力是认知心理学领域最重要、最古老的议题之一，早在19世纪末就有学者认识到其复杂性。简单来讲，当人们将注意力集中于某件事情时，就需要忽视其他事情。因此，注意力是选择性的，需要花费人们大量的心力。作为博物馆研究的常用概念，"观众注意力"是一个心理学过程，涉及三个连续阶段，即捕捉（capture）、聚焦（focus）、参与（engage）。每阶段都受到个人和环境等一系列因素的影响，具有独特的触发机制，呈现多重反应，能够通过多个指标测量其预期效果。[8]基于此，比特古德从个人—环境变量（person-setting variables）、反应—影响变量（response-impact variables）、解释机制（explanatory mechanisms）和推断效果（inferred outcomes）四个维度，描绘观众注意力的理论框架。[9]其中，前两者是可以被测量的变量，后两者是推测的机制或结果。

为了进一步理解观众注意力、引出注意力—价值模型，比特古德在随后三个章节中回顾了过去80余年观众研究的成果。按照时间顺序，比特古德首先简要介绍了20世纪40年代以前的行为主义心理学研究。尽管这些研究方法在21世纪看来十分稚嫩，但是它们对于比特古德理解注意力的某些方面，依旧有价值，比如开始尝试实证研究、关注"博物馆疲劳"（museum fatigue）、"吸引力和持续力"（attracting and holding power）、"分心"（distraction）、"物件竞争"（object competition）、"物件饱和"（object satiation）等现象及彼此之间的相互关联，说明注意力研究的一些方法论和演绎推理问题，提供后续注意力研究的基点等。[10]

为了更细致地对比过往研究，比特古德从前文所述的是否将观众注意力视为一个连续过程、注意力理论框架中的个人—环境变量、反应—影响变量、解释机制和推断效果等五个方面，分别对哈里斯·谢特尔（Harris Shettel）、鲍勃·拉科塔（Bob Lakota）、斯克里文、柯兰、吉安娜·莫斯卡多（Gianna Moscardo）、艾伦·兰格（Ellen Langer）、约翰·福尔克（John Falk）、林恩·迪尔金（Lynn Dierking），以及朗兹等代表性学者的研究展开了述评，并对每种观点进行总结和批判。例如，比特古德认为，谢特尔是最早意识到观众观看展览存在连续过程的学者之一，注意力的三个阶段可以分别通过吸引力、观看时间和学习评估来测量。[11]总而言之，尽管上述的过往研究中有些并不直接讨论注意力，但是多样化的成果却揭示了观众注意力的复杂性，并为完善作者的模型内容提供了良好的借鉴和有益的帮助。[12]

相较于捕获和聚焦阶段，注意力的参与阶段形成的效果是这些文献热衷探讨的话题。但事实上，以学习为代表的效果难以直接观察或测量，需要从个人—环境变量和注意力参与程度之间的关系推导。[13]目前对推断效果的研究可以分为三类，对探究式学习、家庭学习等集中后的注意力（engaged attention）的测量方法；以展览有效性为代表，促使注意力集中的设计原则；集中注意力后产生的心流、沉浸、恢复等内心感受。这些深度集中的注意力推断的效果，大致可以分为学习认知层面的提升和情感层面的感受，不仅体现了研究者的创造性，更表明了博物馆体验效果的丰富多样。

在前人研究成果的启示下，比特古德提出了注意力—价值模型。简而言之，该模型可以概括为：注意力=检测+价值（attention = detection + value）[14]。应当这样理解该模型：首先，尽管注意力受到一系列因素的影响，但是观众对于某一展览要素的关注，与检测到刺激物（如博物馆物件）的难易程度、感知该展览要素的价值直接相关。在不同的阶段，二者的重要程度也不一样：检测在捕捉阶段最为重要，价值在参与阶段最值得重视。其次，要理解检测和价值如何影响观众注意力，就有必要了解观众参观时的心理过程。第一，人们的生理反射、刺激物的显著度、视线范围、展品与观众的距离及注意力分散等因素，决定了某一展览要素被检测到的难易程度。第二，视觉搜索的模式与检测过程密切相关，按顺序搜索（serial/sequential search）或同时搜索（parallel/simultaneous search），都可能影响检测到的展品。第三，在做决策的过程中，经济学中的价值概念能够很好地解释观众的选择，观众在观看展览时，会自觉或不自觉地进行价值判断，关注某一事物最重要的原因，是他们感知到了更高的价值。用经济学中的价值概念解释观众的选择可表达为：价值=效益÷成本（value = utility ÷ costs）[15]。其中，效益是观众在展览中能够感知的收益或满意度，能够通过兴趣水平、先验知识、议程进行测量。成本主要包括时间、精力、金钱等，这意味着如果没有预先感知到足够多的收益，或要花费难以接受的时间、精力等成本，那么观众集中注意力的行为便不会发生，遑论产生学习等效果了。价值等式继而引出了可替代定理和低成本定理的概念，前者意味着特定要素的价值不是固定的，这取决于随时发现的替代品方案；后者则认为，观众对成本的敏感度高于效益，因此往往选择低成本低获益的方式，这尤其体现在观众对展览说明文字的阅读上。[16]第四，注意力水平不是恒定不变的，能量水平、疲劳程度、物件饱和程度与情绪构成了观众参观过程中的身心状态，这些因素正向或负向地影响注意力。最后，除了以上参观心理，观众日常生活中的阅读习惯、行走偏好和参观前的议程，也将极大地影响注意力集中程度。

总的来说，注意力—价值模型弥补了博物馆观众研究在注意力维度上的缺失，提供了管理注意力的双重视角，既能用于分析观众对展览的反应，又能诊断展览设计在管理注意力方面的问题。

二、价值：注意力的主要动机

尽管注意力—价值模型是由比特古德总结归纳多年的研究和实践经验而来，但价值是否对注意力发挥了重要作用、如何发挥作用等问题仍有待检验。为此，在本书的第二部分，比特古德聚焦注意力的主要动机——价值，并采用实验的方式论证"效益÷成本"这种经济学计算思路在展览中的适用性，为观众观看影片和阅读说明文字的行为提供了最佳例证。

研究发现，人们愿意在电影院里看两个小时的电影，但在博物馆展览的影片前停留的时间不会超过两三分钟。显然，这并不仅是影片的质量差异所致，影片时长、其他替代物、参观预期和沉没成本都是重要原因。比特古德及其助手将展览影片质量作为效益指标，时长作为成本指标，并从杰克逊维尔大学的两个心理学班级中招募了65位本科生，开展对照实验。每位被试者需要在21组选项中进行选择，每组选项中后者的质量高于前者，但时长是前者的两倍，如10分钟低质量影片与20分钟中等质量影片。结果表明，当时间成本相对较低时，观众更愿意选择高质量的体验，但时间成本较高时，选择就会相反。当两者之间的质量差异较大时，较高质量的电影会被认为有更高的价值。如果将以上结论普遍推广至展览，那么就意味着选择关注某一要素，需要对同时可见的所有要素进行判断。也就是说，要成功地管理观众的注意力，就必须考虑展览要素之间的关系。[17]

一些研究指出，博物馆观众更喜欢阅读精练的文字，而非长篇大论，但有时观众又会阅读较长的段落，而忽略简短的标签。这种现象同样可以通过注意力—价值模型预测：如果观众预感从该段说明文字中，能够获取足够高的效益，即使有较大的难度，他们仍然会选择阅读；但难度过大时，则会少量阅读或不读。为了证实这一猜想，比特古德和斯蒂芬尼·杜克（Stephany Dukes）设计了两个实验，文本质量和阅读工作量分别作为效益和成本指标。被试同样被给予一系列选择，每组分别有较低质量和较高质量的文本。实验一旨在使用笑话检验不同信息传递方式（视觉呈现、文字呈现、语言呈现）的影响。结果发现在字数较少时，观众都倾向于阅读质量较高的文本，而字数较多时，则倾向于阅读质量较低的文本，这与影片实验的结论一致。然而，视觉呈现方式（在文字卡片上注明质量高低和字符数）会使人们感觉阅读成本更高，对选择的影响较大，但文字或语言呈现的方式基本不影响选择。在实验一的基础上，实验二的文本内容增加了相对无趣的天气预报，并增加单一文本的字符数量。结论再次证实了质量与工作量之间的反向关联，且笑话比天气预报更让人感兴趣。因此，展览设计要通过更精练清晰的文字、有趣的内容减少工作量，提升观众感知到的价值，从而减少观众望而却步的情况。[18]

在第八章中，比特古德继续聚焦阅读艺术品说明文字的情况，但进一步探究了价值等式对注意力投入程度（部分集中或深度集中）的影响。其中，工作量仍是主要的成本指标，效益指标则拓展至观众的兴趣。为了说明"价值=效益÷成本"的连接作用，比特古德将人们在博物馆中的决策过程独立出来，对比兴趣和工作量通过价值，间接与直接影响注意力的路径，循序渐进地开展了三项模拟实验。实验一，43位心理学新生对一系列艺术品图片打分后，自由选择全文朗读、部分朗读或不读长短不一的艺术品介绍文本。在此基础上，实验二的文本有项目符号区分段落。除了朗读文本，被试还需写下记忆的文本内容，实验员以要点的形式进行评分。实验三的流程与实验一基本一致，但文本有项目符号，且长度差异较小。结果表明，兴趣对于短文本朗读影响不大，更浓厚的兴趣或更长的文本不会提高文本记忆情况，记忆程度只与朗读的文本量有关。就像注意力—价值模型揭示的那样，三项实验中，价值都是预测观众注意力最好的工具，虽然以工作量为代表的成本也是强有力的指标，但兴趣的重要性只在阅读量很大时才会凸显。因此，展览设计时应尽量避免浪费观众的时间成本，降低阅读难度，创造观众原本兴趣之外的意外收获。[19]

三、方法：如何集中注意力

承前所述，感知到的价值是观众关注某一展览要素的主要原因，而只有当注意力深度集中时，观众才有可能达到认知和情感效果，那么尽可能地提高感知价值以促使观众进入注意力的参与阶段便十分重要。为此，比特古德在第三部分介绍了推动注意力集中的多种方法，如自助导览设备、描述或比较物件、临近物件处放置说明牌、为录音增加阐释性文字，以及在动物园中使用剪影立牌。这些案例分别说明，增加效益、降低成本或两者的结合，是促使注意力集中的核心逻辑。

一个好的导览设备应具有高选用概率、高使用频率和可以有效处理信息等特征。相关研究表明，尽管自助导览设备有博物馆导览、展览导览、学校团队工作单、展品导览、寻路指南等多种形式，但其物理特征远不如内容、组织和放置方式重要。通过使用导览设备，观众在博物馆和展览中的停留时间显著增长，阅读说明文字的数量也有所增加，能够经济高效地提升观众注意力，也更有可能产生学习或其他积极的效果。这正是观众通过导览设备增加参观收获、提升感知价值，从而深度集中注意力的结果。

比特古德在第十章提出了"激发参与"（prompted engagement）概念，指帮助促进感官、知觉和认知等信息进行深层精神加工的活动，想象力练习、描述、对比分析、自由联想或讲故事等均属于相关举措。[20]根据注意力—价值模型，激发参与能促使观众更深层次地理解展览内容、增加收益，使学习等预期效果更易发生。比特古德仍然采取了实验的方式进行验证：实验一展示了描述和对比分析的有效性，三组被试分别描述、对比艺术品特征或不加任何限制地欣赏艺术品，结束后均需按感兴趣程度打分，再自由朗读文本信息。实验二进一步测试了自由选择对深度集中注意力的影响。结果发现，激发参与和自由选择都导致了更长的观看时间，前者降低、后者提高了观众兴趣。尽管激发参与的举措能够促进朗读行为，但是自由选择会中和这一效果。总而言之，在展览缺少选择时，激发参与是促使观众集中注意力的有效举措，但随着展览中物件数量的增加，观众也变得更加挑剔，观看比例下降。毕竟观看更感兴趣的物件、忽略其他物件，是博物馆观众注意力自由选择的本质。[21]

依据注意力—价值模型，说明牌的位置在注意力捕捉阶段和判断观看成本这两个层面十分重要。那么何种位置更适宜观众阅读呢？比特古德在第十一章简要介绍了安尼斯顿自然历史博物馆（Anniston Museum of Natural History）、伯明翰动物园（Birmingham Zoo）、北卡罗来纳动物园（North Carolina Zoo）开展的三项研究。实验证明，将说明牌置于观众行进过程中容易观察到的平行视线位置，能最大限度地减少观众找寻难度、降低参观成本，是最优的选择，说明牌放置距离超过地面7英尺（约2.13米）或观众视线后方，都难以取得良好的效果。[22]

展览设计的微小改变能降低观众获取信息的难度，帮助观众深入理解具体内容，对观众注意力产生巨大影响。例如，伯明翰民权研究所（The Civil Rights Institute）的"抗争"（Confrontation）展厅由14幅真人大小的黑白照片组成了一条路径，视觉图像伴随着录音，再现民权运动开展过程的相互冲突。然而，观众似乎很难辨别每一声音与图片的对应性，因此比特古德开展"补救性评估"，补充了对应音频的阐释性文本内容。通过跟踪计时和评分量表发现，书面文字显著地延长了观看时间，观众对于画廊的情感态度也发生了一定的变化。与梅尔顿的研究结论不同，提供全部的文本并没有导致观众对单一图片的关注度下降，这可能因为视觉信息更易让人理解展览内容。这项评估提醒博物馆，有效的管理需要仔细检查注意力的分配方式，并在发现设计失误后及时更改。

该部分的最后一章将关注点转移至动物园，通过观察和访谈，比特古德及其团队发现，在北卡罗来纳动物园的主路、支路和观看羚羊的死胡同处，放置真实大小的动物剪影，并在主路剪影上添加邀请观众前往观看羚羊的标签后，较好地改善了动物园中支线人流较少、动物难以辨别、大象关注度过高等问题。作为一种有效吸引注意力的方式，以剪影为代表的"地标物体"如果被有效使用，可以引导观众视线，改变观众流量，促使观众集中注意力。

四、应用：注意力—价值模型的价值

作者通过第二部分和第三部分的实验或案例，论证了注意力—价值模型的有效性。构建和论证该模型的最终目的，是通过科学合理的展览设计，管理参观过程中观众的注意力分配，从而达成良好的展览体验效果。由此，比特古德在第四部分转向了模型的应用，为提升展览设计和观众体验提供建议和指南。

即使观众已经在展览中全神贯注，注意力丢失、水平降低的现象仍然可能发生，这常常被笼统地概括为"博物馆疲劳"。然而，比特古德将导致注意力下降的原因细化为身心状态、感知过程和决策过程三种。[23]首先，身心状态类原因包括能量水平、博物馆疲劳和物件饱和。尽管缺少研究证明，但睡眠缺乏、生病或劳累导致的低能量水平，明显会影响注意力的集中。博物馆疲劳可以细分为身体疲劳和精神疲劳，除了长时间行走带来的身体疲劳，参观博物馆还可能导致精神涣散、兴趣缺乏。作为一种与其他因素相互作用的身心状态，比特古德甚至猜测，博物馆中的精神疲劳比身体疲劳更为普遍。[24]物件饱和由鲁滨逊和梅尔顿首次提出，强调个体难以承受沉重的脑力负担。在博物馆中，随着时间的推移，对同类物件减少关注是一种常见结果。与精神疲劳相比，这样的情况更快出现、更为普遍，也更容易恢复。其次，分心和信息过载会造成感知过程中的注意力下降，这是一种信息接踵而至导致观众应接不暇的现象。最后，决策过程中的自由选择同样会导致注意力下降，这已经通过第十章的实验得到了证明。为了尽量减少注意力的流失，博物馆可以通过提供休息场所、使用简洁的说明文字、减少同质化的展览要素、减少回头路等展览设计解决问题；另一方面，博物馆也应当提醒观众适当休息，为其提供观展指南，鼓励观众以更有趣的方式理解展品。[25]

除了引导观众参与展览和教育活动，合理管理观众注意力的方式还包括帮助他们在博物馆中找寻方向。观众导引（visitor navigation）能使观众以较高的效率参观博物馆，了解他们所在的物理位置和特定内容的方向。其中有三个重要因素：第一，概念导向（conceptual orientation）提供了展览内容、组织结构等信息，有时作为展览的先行组织者存在。第二，寻路（wayfinding）帮助观众找到特定的位置，包括方向标、所处位置、博物馆导览、视觉访问等方式。第三，流通路径系统（circulation）强调博物馆中路径的复杂程度、十字路口的数量、单向观看、转弯、地标物件、与游客的接近程度、直路或曲路、90度转角等，均会影响观众的地理认知，进而影响其参观体验。在理想情况下，精心设计的导引系统能够使观众的注意力不浪费在寻找方向上，而是聚焦展览本身。

好的展览设计通常以一种微妙的方式管理观众注意力，提供高感知价值的体验，最大限度地减少不必要的疲劳。结合前文所论，全书的最后一章提出了注意力管理指南中最重要的原则。[26]其一，评估是必不可少的，前置性评估、形成性评估、批判性评估（critical appraisal）和补救性评估，对于展览都具有重要意义。其二，导航应置于易被发现之处，内容简单明了。其三，应当分别考虑单个展品内部和展品之间的注意力分布，前者应关注检测的难度、依序搜索的顺序、展览要素的价值、观众的身心状态和行为模式，后者则更应突出视线和展品布置的安排情况。比特古德还以表格形式总结了观众注意力每一阶段常见的问题和解决方案，如观众在注意力捕捉阶段较少走近观看展品，博物馆可以通过检查流通情况、增加寻路指示牌、改变地标性展品等方式改善。[27]但是，这些问题并没有唯一的解决方案，需要博物馆结合每一阶段的特点进行多方面的判断。其中，价值一直发挥着不可忽视的作用。

五、结语

回顾全书发现，比特古德以极为简洁的注意力—价值模型，概括了观众在博物馆参观中的行为逻辑和展览有效设计的基本准则，其背后体现两重思想：展览的成功取决于对观众注意力的合理管理，而价值极大地影响了观众注意力的集中程度。书中梳理观众注意力研究的四个维度，也是对博物馆观众研究整体图景的描绘：过往博物馆观众研究过于关注展示效果的达成，而心理学出身的比特古德更关注效果产生的条件和过程，突出了影响注意力的个人—环境变量，尤其强调在各个阶段都发挥了重要作用的价值。他将注意力视为学习产生的前提，为一些展览难以产生良好的教育效果的现象，提供了强有力的解释机制，借此呼吁博物馆重新审视"约定俗成"的策展流程和展览要素。基于注意力和价值这两个关键词，比特古德形成了从观众行为研究到展览设计的完整链条，实现理论到实践的转化，有很强的现实意义。

与此同时，比特古德对价值的重视似乎也与近年来部分英美学者的研究取向一致。例如，史蒂芬·威尔（Stephen Weil）指出"博物馆的价值取决于其影响力"[28]，卡罗尔·斯科特（Carol Scott）区分博物馆价值的不同类别，[29]约翰·雅格布森（John W. Jacobsen）将参观博物馆视为观众花费时间、精力和金钱换取效益的交换行为，[30]福尔克认为，博物馆体验的价值在于增加公众个体、智识、社交及身体等方面的福祉等，[31]对价值的测量也成为开展机构评估、理解博物馆的社会贡献、获取资助的重要方式。[32]这启示我们，当涉及具体的展览和展览要素时，注意力—价值模型或许也能为博物馆项目评估，提供一种可能性：推断展览效果是否良好不仅取决于展览传播的有效性，[33]更可以通过观众的感知价值，判断展览管理观众注意力的有效性。这在一定程度上能够规避展览传播从单向信息传递转向双向意义沟通的背景下，展览评估在实验评估或自然评估方法论上的争论。因为不论是测量观众接受展览预期传达的信息、习得展品承载的知识的程度，还是理解观众在展览中自主建构的意义和多样化的体验效果，都必须建立在展览有足够的价值吸引观众投入深度注意力的基础上。在这个意义上，除了本书论及的应用范围，注意力—价值模型仍有很大的拓展空间。

不过，本书的最终目的是从科学的角度提供展览设计的改进方案，[34]忽略了展览设计的艺术特征。尽管注意力—价值模型的两个关键词都围绕观众展开，但该模型的建立体现了明显的机构导向，理解观众的行为和心理是为了满足博物馆运营的现实需要，而缺少对观众真正需求的思考。不论是模型本身还是价值的经济学计算公式，这些毫不掩饰的科学性，将观众的任何选择视为完全理性的判断，而未考虑实际参观过程中的偶发情况和感性因素。从这些角度来看，本书的实证主义倾向和研究方法论，或许难以被人文社科领域偏好阐释学的研究者接受。[35]除此之外，书中也不乏前后矛盾、用词混乱、论述不详之处，实验室场景下的实证研究也难以全然让人信服，这些都是不可忽视的问题。

（穆祉潼，复旦大学文物与博物馆学系博士研究生，主要研究方向为博物馆传播、展览评估。）

注释：

[1] Herbert A. Simon, "Designing Organizations for an Information Rich Word", Martin Greenberger, ed., *Computers, Communications, and the Public Interest*, Baltimore: Johns Hopkins Press, 1971, pp. 40-41.

[2] Stephen Bitgood, *Attention and Value: Keys to Understanding Museum Visitors*, New York: Left Coast Press, 2013, p. 10.

[3] John J. Koran, Mary Lou Koran, "The Roles of Attention and Curiosity in Museum Learning", *Roundtable Reports 8*, 1983, 2, pp. 14-17.

[4] Stephen Bitgood, "The Role of Attention in Designing Effective Interpretive Labels", *Journal of Interpretation Research*, 2000, 5(2), pp. 31-45.

[5] 觅食理论认为，一个选择的价值由该选择带来的收益，除以替代品所需的搜索和处理时间的比率决定。Jay Rounds, "Strategies for the Curiosity-Driven Museum Visitor", *Curator: The Museum Journal*, 2004, 47(4), pp. 389-412.

[6] C. Screven, "Motivating Visitors to Read Labels", *ILVS Review: A Journal of Visitor Behaviour*, 1992, 2(2), pp. 183-211.

[7] Stephen Bitgood, "An Attention-Value Model of Museum Visitors", *The Centre for the Advancement of Informal Science Education*, 2010, pp. 1-18.

[8] Stephen Bitgood, *Attention and Value*, p. 17.

[9] Ibid., pp. 14-17.

[10] Ibid., pp. 21-22.

[11] Ibid., pp. 37-39.

[12] Ibid., p. 53.

[13] Ibid., p. 54.

[14] Ibid., p. 65.

[15] Ibid., p. 12.

[16] Ibid., pp. 69-70.

[17] Ibid., p. 82.

[18] Ibid., p. 91.

[19] Ibid., pp. 100-103.

[20] Ibid., p. 123.

[21] Ibid., pp. 130-131.

[22] Ibid., pp. 134-135.

[23] Ibid., p. 155.

[24] Ibid., p. 159.

[25] Ibid., pp. 164-165.

[26] Ibid., pp. 177-183.

[27] Ibid., pp. 182-183.

[28] Stephen Weil, "A Success/Failure Matrix for Museums", *Museum News*, 2005, pp. 36-40.

[29] Carol A. Scott, "Using 'Values' to Position and Promote Museums", *International Journal of Arts Management*, 2008, 11(1), pp. 28-41.

[30] John W. Jacobsen, *Measuring Museum Impact and Performance: Theory and Practice*, Lanham: Rowman & Littlefield Publishers, 2016, p. 59.

[31] John H. Falk, *The Value of Museums: Enhancing Societal Well-Being*, Lanham: Rowman & Littlefield, 2022, pp. xiv-xviii.

[32] Carol A. Scott, "Museum Measurement: Questions of Value", Conal McCarthy, ed., *The International Handbooks of Museum Studies*, New York: John Wiley&Sons, Ltd., 2015, pp. 97-122.

[33] Harris H. Shettel, Margaret Butcher, Timothy S. Cotton *et al.*, *Strategies for Determining Exhibit Effectiveness Final Report*, 1968, p. x.

[34] Stephen Bitgood, *Attention and Value*, p. 11.

[35] Manuel Gándara Vázquez, "Keys to Understanding Museum Visitors (Atención y valor: claves para comprender a los visitantes de museos), de Stephen Bitgood", *Intervención: Revista de Conservación*, 2016, 7(13), p. 81.

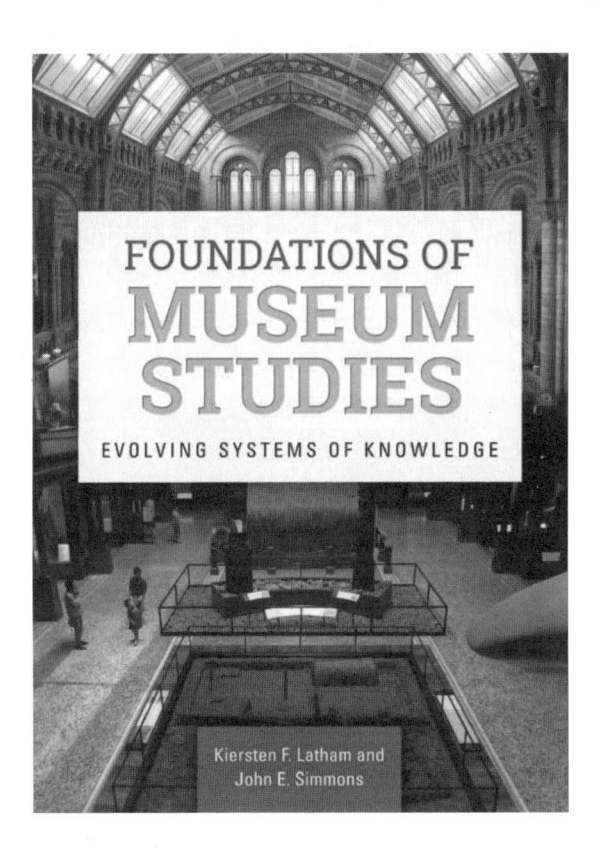

《博物馆学基础：不断演进的知识体系》

Foundations of Museum Studies:
Evolving Systems of Knowledge

作者：基尔斯滕·莱瑟姆（Kiersten F. Latham）、
约翰·西蒙斯（John E. Simmons）

出版年份：2014

◆—— 本书短评 ——◆

以图书馆与信息科学视角，将博物馆视作开放的动态系统。

述评人：潘怡菲

一、博物馆学：图书馆与信息科学的视角

20世纪60年代，以希贝尼克·斯特朗斯基（Zbyněk Stránský）为代表的东欧博物馆学家们，奠定了博物馆学理论研究的核心框架，及其在信息科学中的重要地位。基于斯特朗斯基的理论，伊沃·马罗耶维克（Ivo Maroević）在信息科学的基础上，进一步发展了博物馆学的研究对象和基本概念，并类比博佐·特扎克（Božo Težak）关于信息从散布经由传输、积累、选择、吸收的E-T-Ac-S-A模型（emission-transmission-accumulation-selection-absorption）[1]，指出了博物馆从广泛的文化和自然中吸收数据和信息，再通过展览、出版和现场导览等方式散布，并在其中进行信息和物的传输、收藏和分类的工作方法。[2]

1996年，第一届"档案馆、图书馆和博物馆：全球信息框架环境下的合作可能性"（Archives, Libraries and Museums: Possibilities of Cooperation in the Environment of Global Information Infrastructure）大会在克罗地亚举办，搭建了博物馆学和其他信息科学学科的对话平台。[3]随后，一直以来秉持实践导向的英美世界看到了从信息科学视角理解博物馆的发展潜力，博物馆、图书馆、档案馆（Museums-Libraries-Archives，简称MLA）等机构如何融合，及其相互关系等讨论开始出现。2015年，第38届博物馆学国际专业委员会专题研讨会对博物馆学在MLA方面的探索进行了专题梳理，从信息的传播理论、历史沿革和数字化发展等角度，讨论了博物馆学在信息科学中的各个议题。

以信息科学的视角看待博物馆，能更好地理解博物馆内外部系统之间的相互作用，也能更好地理解博物馆中物与人的动态关系。在这样的学术脉络下，本书以图书馆与信息科学（Library and Information Science，简称LIS）视角，将博物馆置于不同层次的系统进行论述，强调博物馆研究作为一门元学科的跨学科和动态特点。[4]本书虽然在融合英美世界和欧洲世界的博物馆学思想方面有野心，但从整体上来说，也是一本相对基础的入门书籍，全面介绍了理论和实践层面上与博物馆研究有关的一切基础概念和方法，涉及博物馆的定义、历史、功能、类型、博物馆物、工作人员、观众和未来发展，旨在成为博物馆研究专业的研究生入门课程的核心教材，为博物馆研究提供良好的理论基础。[5]2024年，本书中译本出版，本书评基于中译本写作。

本书采用了苏珊娜·基恩（Suzanne Keen）对博物馆的定义："一个建立并永久维护不可替代和有意义的物质资源，并利用它向公众传播思想和概念的系统。"[6]这个定义将博物馆视为一个系统，强调博物馆中有意义的物质资源（meaningful physical resource）的重要性，以及博物馆向公众传播信息的功能。笔者将围绕这个定义组织行文结构：第一部分介绍博物馆何以成为一个开放的动态系统；第二部分基于斯特朗斯基的理论框架，介绍博物馆中有意义的物质资源，以及博物馆物作为文献的实物及其表征的双重性质；第三部分介绍博物馆中的人，包括博物馆的工作人员和观众，以及以文献为中心的博物馆，通过向公众传播信息构建意义。在最后的讨论部分，笔者再次强调了本书的系统视角和对博物馆专业化的贡献，并基于本书中对博物馆未来价值的论述，展望一个更加开放、与社会有更强关联的博物馆发展图景。

二、博物馆：开放的动态系统

博物馆作为开放的系统，由藏品保存、学术研究、展览传播、公共教育、观众服务和行政管理等部分组成，各个部分作为较小的系统运行，同时又构成较大的博物馆内部系统（internal system），并置于更大的、由本地和全球环境组成的外部系统（external system）之中，前者受后者影响。系统理论（systems theory）和系统思维（systems thinking）能帮助我们更好地理解博物馆在内外部系统中的工作方式，即内外部系统是相互影响、相互作用，通过反馈进行自我调节，且跨学科的。[7]

博物馆内部系统作为一个整体生态系统，由内部博物馆和外部博物馆组成：内部博物馆包含藏品，以及研究与保管藏品的人员，外部博物馆包含可以将内部博物馆的知识传递给外行公众的，诸如展览和公共项目等所有转化方式。[8]这种内部研究和对外教育的二分法，便于探讨博物馆的结构、功能和关系，但属于静态的分类方式，有其局限性：如今，内外部博物馆的边界日益模糊，博物馆的活动和工作分配趋于流动和融合，博物馆与公众的关系正变得更为密切，也更加透明。

关于博物馆的外部系统，博物馆的公立或私立及营利性或非营利性、地方经济、社区组织、记忆机构、文化遗产、身份认同和国家地位、全球经济、商品化等，都会影响博物馆在社会中的定位，以及博物馆的运作方式。作为系统的博物馆，其各个部分之间，及其与外部其他系统之间的关系均是动态的，它们共同构成由观众和工作人员围绕物品构建概念和体验的有机反馈循环关系网络。

从最初有目的性的收藏，到缪斯神庙的建立、中世纪的教会收藏、文艺复兴时期珍奇柜（cabinets of curiosities）形式的贵族收藏，再到现当代博物馆，博物馆离不开内外部系统各部分的相互影响和反馈更新。马罗耶维克将博物馆内部系统的核心功能分为三大类：保存（preservation）、研究（research）和传播（communication）。这三种功能在博物馆系统中相互影响，协同发挥作用，共同赋予了博物馆作为基于物与人关系的机构（person-object-based institution）的独特特征。[9]博物馆的保存功能要和研究与传播功能平衡，既要让博物馆物能用于展览、学习和研究，又要保持其物理性质的稳定。[10]博物馆的研究始于对博物馆保存之物的研究，现已延伸到有关物的信息及围绕博物馆物形成的人与物相互关联的网络的研究。在博物馆系统中，信息通过博物馆物及其情景生成，通过博物馆物的保存实现延续，通过博物馆物及其关系建立组织，通过各类渠道在博物馆内部和外部系统之间多向传播。[11]

从系统的角度来看待博物馆，不论是公立或私人的博物馆，不论博物馆的规模大小，不论博物馆收藏研究的是哪种学科类型的物，也不论地、市或省、州、国家级的博物馆，它们的内在结构、流程和概念基础是一致的，不同博物馆之间的相似性比差异性更重要。[12]所有的博物馆都收藏并妥善保存藏品，都研究藏品和人与物的关系，都在博物馆内外系统之间传播信息、构建意义。诚然，对博物馆进行分类有诸多好处，例如能为博物馆工作人员提供学科支持，能更因地制宜地为博物馆运营筹措资金，为博物馆观众的参观选择提供参考。然而，在研究博物馆学理论发展、探索博物馆实践的方法论时，更应考量不同博物馆之间的内在共性，以及强调博物馆学的学科独特性。

三、博物馆物：有意义的物质资源

在基恩的定义中，建立和永久维护"有意义的物质资源"，是博物馆功能的核心部分，有目的地收集、组织、保管和阐释物，是博物馆与其他社会机构的本质区别。在本书中，博物馆收藏之物指一个占据空间的三维物质实体，包含人工制品、标本、材料、艺术品和物质文化等。[13]物质资源的意义源于人与物之间的共生关系，即观者与物的对话。用斯特朗斯基的博物馆的（museal）、博物馆性（museality）、博物馆物（musealia）和博物馆化（musealization）这几个概念，能更好地理解博物馆物为何是一种有意义的物质资源。

"博物馆的"表示作为机构的博物馆在创建、发展和运营中涉及的相关范畴；"博物馆性"指在一个现实中记载另一个现实的东西的特征；"博物馆物"指被赋予了博物馆性的物品，是从某一现实中提取的物品，并在新的博物馆情境中表征原始现实；"博物馆化"描述的是一件普通事物成为博物馆物的过程。[14]因而，博物馆物承载着两层现实：原初现实和博物馆现实。举例来说，一个从伍德莱时期的房屋遗址中发掘的贝壳珍珠，作为一个博物馆物，它的博物馆性在于其代表了过去不同时期、不同学科角度的现实，如自然史现实的珍珠沉积的方法、人类学现实的美洲原住民对这颗珍珠的使用等；考古学家对其的发掘到它成为博物馆藏品、被博物馆学家研究、被展出的一系列过程，是这颗珍珠的博物馆化过程。[15]

需要指出的是，博物馆性的定义也经过了演变。斯特朗斯基最开始将博物馆性定义为特定的记载价值（specific documentary value），也就是博物馆物的品质或价值（the quality or value of musealia），但克劳斯·施赖纳（Klaus Schreiner）指出，这一定义恰好将博物馆物放在了特定学科的语境中研究，体现了布尔乔亚阶级的绝对利益。因而，斯特朗斯基又将博物馆性的含义改为特定价值的来源（specific value orientation）而不是价值本身，反映了博物馆学的核心目的是研究人对现实的态度（attitude of man to reality），并强调这是博物馆学认知意图的中心（the center of the gnoseological intention of museology）。[16]作为数据载体的博物馆物是无限的信息来源，是博物馆研究的核心概念。此外，博物馆化的过程也不局限于博物馆内，城堡、教堂和考古遗址是在原地实现博物馆化的典型例子，只不过博物馆对所有物品进行的是主动的、有意图的传播和阐释，博物馆化的过程可能发生在任何物品身上。

早期博物馆的信息阐释是基于博物馆物的，这种"基于物的认识论"（object-based epistemology）虽是博物馆发展的基础，但也有着单向、封闭的缺点。[17]20世纪末，"基于物的对话"（object-based dialogue）的信息阐释范式开始出现，物、展示和观众共同参与意义构建的行为过程，观众与物的互动创造了博物馆参观的独特体验。这也呼应了斯特朗斯基对博物馆承载的其实是人与现实的关系的强调。将博物馆物理解为"文献"（document），能帮助我们更好地理解博物馆物及其表征的与人的关系。如今，文献不再仅指文字印刷品，而指任何物质信息资源、任何人类思想的物质表达和呈现，有着作为实物及其表征的双重性质。[18]文献和博物馆物一样，具有物理维度，服务于交流，产生于特定的社会行动者群体中，并且对特定的受众产生作用。以文献为中心的博物馆，将博物馆物置于所有博物馆活动、意义和目的的中心点，是一种动态的、全面的博物馆理念，是博物馆系统作为有机反馈循环关系网络的体现。人与文献的交流共同构成博物馆的体验，人与文献的关系是所有博物馆工作和体验的核心。

四、博物馆的意义建构：与公众的传播和互动

从系统的角度来说，博物馆的使用者（users）包括两方面的人员，一是内部博物馆的工作人员，二是外部博物馆的观众。

博物馆在发展的早期，并没有成熟的工作人员分工。为王公贵族保管藏品的人鲜为人知，甚至有的助手是博物馆收藏的一部分。[19]一直到19世纪后期，英美世界的博物馆才开始对工作人员进行专业培训。进入20世纪，博物馆的专业化程度逐渐加深，直至今日，分化为各类工作人员专有的职业头衔。本书按照行政管理、收藏、保护、教育、展览、公共关系、安保、维护、观众服务和研究等工作类型，对博物馆的工作人员进行了介绍。[20]从馆长到清洁人员，每一位员工都在博物馆中扮演着至关重要的角色。不过不同规模的博物馆，在这些职能的安排和分工上各有不同，各个头衔的工作职责并不一定泾渭分明。博物馆工作人员的跨部门合作是如今博物馆工作的趋势。

一般情况下，博物馆对每位公众开放，每位观众个体都能为博物馆体验带来不一样的人与物的关系。对观众进行画像研究，有助于博物馆更好地提供体验，本书介绍了五类观众群体：普通观众、有组织的学生群体和教师、儿童和家庭、青年人、老年人。[21]这些观众来博物馆的需求和目的各有不同，博物馆针对这些需求，也会提供不一样的内容。观众参观博物馆的动机又可分为几个不同又互相重叠的类别，例如社交、回忆、玩耍、休闲、学习、疗愈和沉思等。[22]基于这些不同的需求和目的，博物馆观众又可分为五种类型：喜爱开阔眼界、了解新鲜事物的探索者；希望同伴能

收获满意体验的促进者;打卡式搜集标志性事物的体验寻求者;热爱博物馆、有针对性参观目标的专业人士或爱好者;希望在博物馆中获得休息、避开现实世界的充电者。[23]

博物馆作为重要的非正式学习环境(informal learning environments),工作人员必须通过理解学习理论,更好地搭建非正式学习的框架。本书提到两个框架:第一个是乔治·海因(George E. Hein)的知识理论与学习理论的象限结构,横坐标的两端分别是学习者的被动性与主动性程度,纵坐标的两端分别是知识外在于学习者和知识由学习者内在建构的程度,这样组成了不同学习主动性和理解程度的四个象限。[24]博物馆展览可以利用好学习者主动发现、构建知识的积极过程,设计非线性的、有多个切入点(entry points)的展览,允许观众进行多元学习模式和观点的探索和吸纳。第二个框架是情景学习模式(Contextual Model of Learning),指出了个人情境、物质情境和社会文化情境对博物馆中非正式学习的影响,博物馆员工需要考虑这三方面的复杂因素,满足不同观众的不同需求。[25]最后,通用设计(universal design)和通用学习设计(universal design for learning)能为所有博物馆观众提供有用的框架支持,博物馆员工可以通过三个方面的多样化,满足具有多种特征的潜在观众需求:呈现方式的多样化,即让观众获取信息的方式和媒介多样;表达方式的多样化,即为观众的行动和表达提供多种途径;参与方式的多样化,即以多种方式吸引观众接受挑战的兴趣。[26]博物馆作为一个综合的动态系统,要简单、直观地为每位观众提供公平、灵活的使用机会,为他们提供一个安全、包容、有支持的非正式学习平台,更好地探索人与物的关系、构建意义。

五、结语与讨论

作为一本面向博物馆研究硕士生入门课程的核心教材,本书从理论和实践两个层面,全面地介绍了博物馆的早期历史、当下状况和未来发展趋势,体现了一种和博物馆本身一样发展着的、动态的观点和方法论,引导读者对比思考。尤其是对斯特朗斯基的博物馆学专有术语的阐释和强调,为博物馆研究和实践的从业人员和学者、爱好者们理解与博物馆物有关的现象,提供了理论框架。

然而,英语世界对本书的评价较为负面。一些生物学领域的评述者承认，本书是结构严密的博物馆研究入门读物，却也认为作者采用的更多的是将博物馆视作文化机构的视角，缺少自然科学的视角，并且没有提到一些关键范畴，如基因种子库、藏品返还（repatriation）、多样性物种收藏等议题。[27]但笔者想要说明的是，本书强调的正是作为系统的博物馆的共性，而不是不同传统学科收藏之间的差异，基于本书有限的篇幅，不可能涵盖所有类型博物馆的所有话题。还有学者认为，斯特朗斯基的概念晦涩难懂，更以本书与共四册、有两千五百多页的《博物馆研究国际手册》（The International Handbooks of Museum Studies，2015）进行对比批评。[28]

不过，笔者确实有两处意见不能与本书作者统一。一是书中在讨论博物馆营利性与非营利性时，提到营利性私立博物馆。在笔者看来，无论是公立还是私立博物馆都应该是非营利性的，博物馆不能存在与百货商店一样以商业盈利为主要目的的潜在问题。国际博物馆协会最新通过的博物馆定义也规定了博物馆非营利的本质。二是关于本书对作为有意义的物质资源的博物馆物的物质性的界定，即博物馆物一定是占据物理空间的三维物质实体。然而，在网络科技发达的今天，仅以数字形式存在的二维博物馆藏品已屡见不鲜，如数字和新媒体艺术、照片、影视作品等。

本书在最后一个章节，将博物馆的未来归结为价值。[29]在迅速变化的社会中，博物馆系统也需要随时更新，保持与社会和观众群体的相关性（relevance），让博物馆价值融入社会的每个环节，变成普通公民生活中定期的、日常的、不可或缺的部分。通过顺应未来科学技术的发展、回应社会热点议题、保存展示人与物之间的动态关系，博物馆能够更好地为未来的意义建构提供开放包容的平台。

（潘怡菲，英国伦敦大学学院考古学院博物馆研究硕士，研究方向为博物馆与社区成员的关系及成员福祉，包括创伤知情的博物馆方法论、多感官博物馆和参与式博物馆。）

注释：

[1] Božo Težak, "Introduction", *Informatologia Yugoslavica*, 1969, 1(1-4), pp. 1-2.
[2] Ivo Maroević, *Introduction to Museology: The European Approach*, München: Verlag Dr. Christian Müller-Straten, 1998, p. 141.
[3] Žarka Vujić, Helena Stublić, "Museology as Part of Information and Communication Sciences in Croatia: A View on A Thirty-year-

long Experience", *ICOFOM Study Series*, 2016, 44, pp. 39-40.

[4] 基尔斯滕·莱瑟姆、约翰·西蒙斯：《博物馆学基础：不断演进的知识体系》，陈淑杰译，上海：东方出版中心，2024年，第11页、第25—26页。

[5] 基尔斯滕·莱瑟姆、约翰·西蒙斯，前揭书，前言，第23—24页。

[6] 基尔斯滕·莱瑟姆、约翰·西蒙斯，前揭书，第11—12页。

[7] 基尔斯滕·莱瑟姆、约翰·西蒙斯，前揭书，第49页。

[8] 基尔斯滕·莱瑟姆、约翰·西蒙斯，前揭书，第51页。

[9] 基尔斯滕·莱瑟姆、约翰·西蒙斯，前揭书，第62页。

[10] 基尔斯滕·莱瑟姆、约翰·西蒙斯，前揭书，第63页、第72页。

[11] 基尔斯滕·莱瑟姆、约翰·西蒙斯，前揭书，第75—76页。

[12] 基尔斯滕·莱瑟姆、约翰·西蒙斯，前揭书，第82页。

[13] 基尔斯滕·莱瑟姆、约翰·西蒙斯，前揭书，第103—104页。

[14] 基尔斯滕·莱瑟姆、约翰·西蒙斯，前揭书，第24页、第106页。

[15] 基尔斯滕·莱瑟姆、约翰·西蒙斯，前揭书，第106—107页。

[16] Bruno Brulon Soares, Zbyněk Z. Stránský, Bruno Brulon Soares, ed., *A History of Museology*, Paris: ICOFOM, 2019, pp. 80-81.

[17] 基尔斯滕·莱瑟姆、约翰·西蒙斯，前揭书，第109页。

[18] 基尔斯滕·莱瑟姆、约翰·西蒙斯，前揭书，第110—111页。

[19] 基尔斯滕·莱瑟姆、约翰·西蒙斯，前揭书，第118—119页。

[20] 基尔斯滕·莱瑟姆、约翰·西蒙斯，前揭书，第123—141页。

[21] 基尔斯滕·莱瑟姆、约翰·西蒙斯，前揭书，第144—147页。

[22] 基尔斯滕·莱瑟姆、约翰·西蒙斯，前揭书，第148页。

[23] 基尔斯滕·莱瑟姆、约翰·西蒙斯，前揭书，第148—151页。

[24] 基尔斯滕·莱瑟姆、约翰·西蒙斯，前揭书，第152—153页。

[25] 基尔斯滕·莱瑟姆、约翰·西蒙斯，前揭书，第153—154页。

[26] 基尔斯滕·莱瑟姆、约翰·西蒙斯，前揭书，第154—156页。

[27] Kevin Thiele, "Book Review", *Systematic Biology*, 2015, 64(4), pp. 692-694; Mazin Qumsiyeh, "Book Review", *International Journal of Environmental Studies*, 2016, 73(1), pp. 153-155.

[28] Steven Lubar, "Books Review", *Curator: The Museum Journal*, 2016, 59(3), pp. 315-318.

[29] 基尔斯滕·莱瑟姆、约翰·西蒙斯，前揭书，第183页。

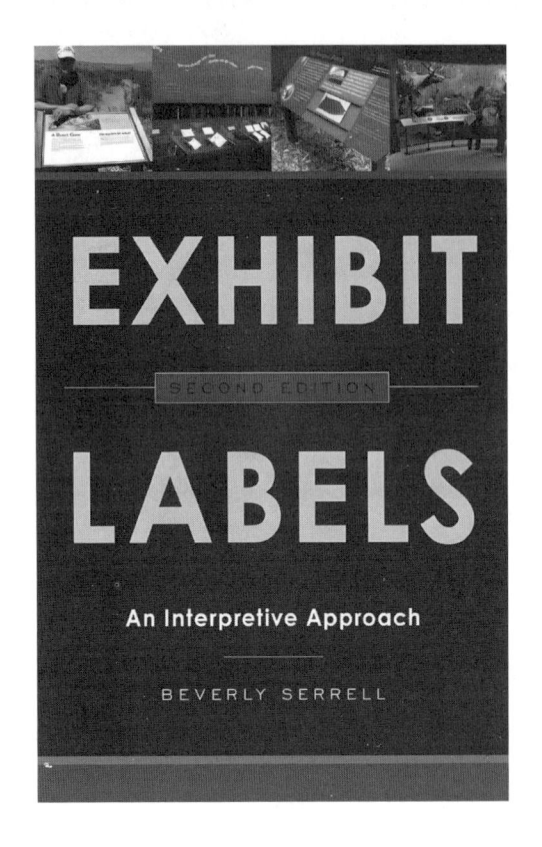

《博物馆说明牌：一种解说方法》
Exhibit Labels: An Interpretive Approach

作者：贝弗莉·瑟雷尔（Beverly Serrell）
出版年份：2015

❖——— 本书短评 ———❖

展览标签规划、写作、设计和制作过程的优秀指南。

述评人：韩雪

贝弗莉·瑟雷尔（Beverly Serrell）是较早关注博物馆说明牌[1]的欧美学者，早在1977年进行美国芝加哥谢德水族馆（John G. Shedd Aquarium）[2]的观众调查时，她就意识到，如果为观众提供更多信息，观众将会更爱参观水族馆。有了多年专业经验的积累和学术思想的积淀，瑟雷尔关于博物馆说明牌规划、写作、设计和生产的指南——《博物馆说明牌：一种解说方法》于1996年正式出版。本书发行以来反响热烈，成为博物馆类畅销书籍。正如费城艺术博物馆教育部门特别项目协调员贝·哈洛韦尔（Bay Hallowell）的评论所言，只有那些热衷于在博物馆和参观者之间建立有效沟通的人，或是在各种类型的博物馆工作多年的人，才能写出这样一本冷静、简洁、中立的书。[3]

时隔19年，本书于2015年再版，并于2022年出版中译本。[4]丰富且多元的从业经验使瑟雷尔敏锐地感知到，在过去的20年里出现了一些新的问题和挑战：观众成为博物馆关注的重心，"目标观众"和"潜在观众"同样重要；互动——参观的内涵被极大拓展，多重感官如听觉、触觉、嗅觉被调动，以视觉、语言和引人入胜的方式呈现信息受到人们的广泛欢迎；科技的进步使得新的数字媒体技术不断应用于博物馆展览，为人们创造和利用当代成果提供更多可能性等。相较第一版，瑟雷尔在第二版保留了许多相同的原则、案例、参考资料和建议，也引入了新的研究成果、技术、图片、参考文献，以及博物馆展览的最佳实践案例。除进一步充实内容外，其版本结构也有调整：全书由原本的四个部分拓展为五个部分，"提升观众的体验"独立成为第三部分，其中"文字和图像协同配合""互动展品标签""电子标签和超媒体"相关章节由"任务"部分转至"提升观众体验"部分。

下面，笔者将从"解说、包容、评估"这三种博物馆理念出发，并结合贯彻理念的方法与实践进行论述。三种理念相辅相成、贯彻全文。具体而言，博物馆对观众的关注是"包容"的主要内涵，是博物馆行动的根本遵循；"解说"是促成对话的方法，即通过解说搭建博物馆与观众沟通的桥梁；"评估"则是发现问题的工具，推动解说落到实处，不断追求卓越。

一、解说：创造对话的理念

在瑟雷尔看来，说明牌可分为解说性说明牌和非解说性说明牌，前者由标题、介绍、分区说明牌、分组说明牌和示例说明牌组成，后者由识别标签（ID标签）、捐赠者名牌、导向标识、常规标识，以及致谢说明板组成。[5]其中，解说性说明牌是本书的主要研究对象，换言之，解说是本书的落脚点。瑟雷尔率先回顾了解说的历史，其中，弗里曼·蒂尔登（Freeman Tilden）的解说概念获得了作者的认同并给予她启发。瑟雷尔认为："任何以某种方式，如解释、引导、提问、告知或刺激，邀请读者参与的说明牌都是解说性的。"[6]此外，瑟雷尔进一步指出解说和讲故事之间的相似之处，以及说明牌在面对种族等敏感或争议话题时的挑战等问题。

那么，博物馆该如何解说？"主体理念"和"解说方法"可被视作瑟雷尔对说明牌解说策略的思考——前者界定了说明牌要讲述一个什么样的故事，而后者则鼓励观众切身参与这个故事。[7]

其一，主体理念是对说明牌的支撑。作者主要在第一部分集中笔力，按照"主体理念是什么、如何形成、如何发挥作用、为何必要"的逻辑思路对其进行论述，并结合案例解读阐述其价值，相关内容在说明牌开发及评估环节也有提及。瑟雷尔将主体理念定义为："关于展览内容的一句话（或者一段陈述），是一个包含一个明确的主语、一个主动动词，以及一个结果的完整的、非并列的主动句。"[8]强大而有凝聚力的主体理念起奠定基调和限定内容的作用，被用来指导展品内容的开发及说明牌创作，确保每件展品有一个明确的目标来支持、例证或说明主体理念的方方面面。[9]基于此，说明牌中无关的信息被剔除，各个层级的说明牌各司其职、层层深入，阐发主体理念，最终呈现众星拱月的清晰脉络。说明牌撰写工作需要编辑、审校、设计师团队的通力合作，创作团队调整侧重点、增加新内容、反复审阅等流程都会耗费很长时间。主体理念是全局观的一种体现，创作团队对主体理念的共识和遵循，能够很大程度上提高这一复杂工作的效率。

其二，解说方法的激励作用。好的解说以解释、引导、提问、告知或刺激等方式，把听众带进文字内容，以及它们创造的图像，让听众通过预测情节的走向参与这一过程。解说的目的不仅是指导观众参与行为，而是激发，即把观众体验作为观众意义构建的一种手段。如何进行解说？瑟雷尔认为，能够吸引观众观看、思考、提问是重中之重。最好的问题是观众自己提出的问题，那些带着优越感的"你知道吗"式问题，以及装模作样的"为什么"式提问，将使观众感到不适。她对兼具静态和动态展品特征的说明牌（翻版说明牌、开放式提问、反馈式展板），以及互动展品说明牌的提问策略分别进行阐述。在互动中，瑟雷尔批评公式化的写作风格，认为互动展品的说明、设问和解说都需要与互动的独特设计和内容呼应。[10]说明牌设计者通过明确的肢体动作语言，邀请观众操作展品进行互动，利用文字对操作结果和观众认知进行回应等方式，唤醒观众已有的知识和经验，与观众建立情感上的连接，并最终获得他们的胜任感。换句话说，有效的说明牌在自身、观众和展品之间创造了一种新的动态。[11]

值得注意的是，博物馆的解说存在一个不可避免的问题，即谁在解说？瑟雷尔用漫画的形式生动地指出，权威的本质及谁有权做决定等问题正是博物馆争论的焦点。[12]瑟雷尔给出几点建议：一是明确谁在发声；二是要让观众清楚，解说传达谁的观点；三是仅呈现观点而无须解决问题；四是邀请观众参与。一个开放的、以探索过程为中心的话语体系完全代替了原先单向的、以结论为中心的话语体系。[13]解说性说明牌的对话姿态是博物馆从神坛走向公众的尝试，即承认博物馆的所知存在不确定性和分歧，解说性说明牌为观众提供了必要的信息、证据和思维工具，鼓励其展现多元观点、多元视角。除此之外，瑟雷尔鼓励多种发声方式，她以开放之地湖滨保护区（Openlands Lakeshore Preserve）阐释自然的尝试为例，论证了设计在这一方面的巨大潜力。[14]

综上，由博物馆说明牌的解说延伸而来的对话是多元的、多层次的。首先，围绕主体理念构建的完整对话使得文字、图形、器物和媒体有机融合，就像一部立体而形象的小说。[15]其次，创造说明牌与观众之间的对话，即通过缩减说明牌内容并鼓励观众参与实现其目标。最后，重视观众之间、观众与博物馆之间的交流互动，聆听、对话与评估是博物馆评价展览效果、收集观众意见的重要方法。解说倡导的开放对话使博物馆成为充满活力的论坛，而非其单方的寂寞独白。

二、包容：观众友好的风格

博物馆从以"藏品"为中心转向以"观众"为中心时，文字说明系统不再以机械的教导输出为主，而是开始强调多元式体验。本书第二部分和第三部分主要讨论在写作说明牌时，应该如何考虑观众的感受。瑟雷尔在"观众细分"章节介绍了学习风格、多元智能、观众身份、观众类型学等描述观众群体的相关理论，并进一步认为博物馆可以参考观众的喜好，提升自身的设计理念和解说方式。除此之外，瑟雷尔还强调在选择合适的阅读层级时，规划多语种说明牌，兼顾各种语言背景的观众，这显示了博物馆对不同文化背景观众的关照。

如果说认识观众的差异性和多样性是博物馆包容性的一种体现，其包容性思维的核心部分，是对"人的平等"的重视。瑟雷尔在本部分开篇章节就奠定基调，将观众定义为"一群自愿前来、主动性一般、时间有限、大多数为第一次参观的人"[16]。尽管观众背景各异，但其诸多期望和需求是一致的，博物馆应该努力满足他们最普遍的共同需求，"人的平等"则是一种求同的尝试。在"层级"一章中，瑟雷尔进一步批判博物馆从业者基于自身知识背景，形成关于信息层级或等级的典型观念，她认为不应该将观众的兴趣看作是可以分等级（如更感兴趣或不那么感兴趣）的属性或数值，[17]观众的能力、智力也不应该被视为有本质或程度上的差别，相反，博物馆应假设他们都是对展览感兴趣的观众。观众的兴趣由他们各自的不同经验构成，彼此不同但是不分优劣。[18]同时，她建议采用按照说明牌目的、内容的复杂程度、观众在博物馆中的时间分配、说明牌距离地面的高度这四个维度，确定博物馆层级。

当以观众为出发点时，博物馆知识的传播方式也得到了解放。在实际参观中，观众的参观方式不严格遵循展览对于重要信息和非重点信息的预设，而是在展厅中发挥个体的能动性，结合自己的经验和偏好，形成个人独特体验。瑟雷尔提出用条块分割代替分层的设想，例如在美国国家邮政博物馆（National Postal Museum），展览设计者意识到他们为观众提供了各种不同的体验，这显然不是层级结构。[19]瑟雷尔在"模式"一章中详细列举了呈现信息或体验的形式或方式——模式，并指出那些认为观众只偏爱单一、排他性的模式的观点是狭隘的。模式的组合以内容和传播目标为筛选标准，以期达到信息传递的连贯性和有效性，乃至整体最优。尽管实物体验对观众来说依旧至关重要，但博物馆将展品分条块展示的方式隐含了"博物馆物"的平等，这为思想带来了极大的自由度。博物馆数字化的发展趋势，迎合了人们对信息和知识的关注，在"数字解说设备"一章中，瑟雷尔以数字化的影响为切入点，对数字说明牌的利与弊、数字化需要做什么等问题进行深入探讨。[20]瑟雷尔意识到数字设备在寻路和定位、提供日程、提供介绍、标记热点、让观众为说明牌做注释等方面潜力巨大,可以极有力地帮助观众在展览中拥有更好的体验。[21]

当博物馆包容性的认知落实到实践时,撰写观众友好型说明牌成为首要考虑的问题。在"撰写观众友好型说明牌"一章中,瑟雷尔从易读性、关联性、行文方式、修辞手法、语言风格、写作目的等多个角度入手,提出了16个指导方针,并强调要以一种对观众有意义的方式,设计和展示博物馆需要传递的内容。由观众友好型说明牌引申,瑟雷尔分析并举例了观众友好型机构的特点,指出"对观众友好意味着给观众启发而非为其传递信息"[22]。以观众为中心的博物馆不只被视作学习知识的场所,还被视为综合性体验的场所,其中,启发和激发才是最终目的。"启发""激发"这两个词语也预示着,博物馆对观众影响深远。瑟雷尔在文中使用"钓钩"(hook)一词,将说明牌中吸引观众兴趣的信息比喻为"捕获"观众的"钓钩",强调了博物馆说明牌的激发作用。[23]观众从参观中学习,这些体验能够激发个人的情感和记忆,这种记忆或者收获往往能长时间留存,持续数周、数月,甚至数年。

三、评估:直面问题

为了制作更好的说明牌,强调评估的意义十分必要。评估指向一个自我革新的、具有推动性的理念,即"行动起来!"。评估的观点贯穿全书,在"开发过程中的评估环节""展览开放后的评估""研究与评估的结果"这三个章节,瑟雷尔着力对评估进行介绍,强调说明牌评估的全过程性,文本撰写前、撰写中,以及完成"最终"版本的这三个阶段都需要从观众那里获得反馈。[24]对于评估调查的样本量,瑟雷尔推崇小样本调查,继而结合案例对三个阶段的评估内容和具体方法展开详细说明。

横向来看,我们可以认识评估的不同层次。本书第四部分聚焦说明牌生产的不同环节及流程,这与评估环节紧密相连,即说明牌生产的每一环节都影响着说明牌的实际效果。书中,瑟雷尔对每一生产步骤都给出了详细的指导意见。博物馆说明牌评估的有效性,不仅在于有趣、简洁、通俗易懂的说明牌文字,还在于其内容设计和形式设计,因为印刷字体的类型(衬线体/非衬线体)、字号、粗细、数量、字间距、行距、色彩搭配,以及是否分栏等版式问题都会影响观众阅读说明文字的体验。另外,精心撰写的文字,其与插图、器物、新媒体等形式相互配合的展示方式更是重中之重。为了避免安装方面的失误,展览可基于立面图、空间模型和电子布局，用图纸和模型还原展品相对位置，再根据环境状况审查和编辑说明牌。当然，不论是生产、设计，还是材料选择和设备安装，所有评估的最终目的是改进展览，促进展览更为有效地传播。

纵向来看，我们可以深入不同的评估方式。具体而言，瑟雷尔将评估分为前置性评估、形成性评估和总结性评估。三种评估方式各有侧重，前置性评估通过前置性访谈、焦点小组、观众小组等方式，反映观众的知识背景，给策展团队提供有关观众体验、情感、兴趣和预期方面的大量数据，使策展团队客观地认识观众。同时，这也有助于塑造展览的主体理念、传播目标、教育目标，以及使用能够引起观众广泛共鸣的词汇和案例。[25]瑟雷尔以布鲁克林历史博物馆（Brooklyn Historical Museum）的前置性访谈[26]为例，工作人员对正在策划的展览如此发问：在这样一个展览中，你期待看到哪些展品，参与哪些活动，发现哪些新奇事物，会有什么样的感受？很显然，这些问题极具典型性和启发性。

形成性评估借助初步设计与经济实惠的简化模型，对说明牌及互动展品的内容展现力进行检验，丰富具体的想法、明确传播的目标、完善撰写和修订的文本、确保信息传达的高效与精准。此外，它还擅长发现并解决互动元素在物理构造与机械设计方面的细微瑕疵。[27]值得注意的是，瑟雷尔认为总结性评估可能会对未来产生影响，其价值通常比不上前置性评估或形成性评估，因为后两者提供的建议可以立刻付诸实施。[28]然而在现实中，囿于时间、资金等各种因素，前置性和形成性评估往往被忽视。当互动越来越成为博物馆实现其目标的手段，以测试展品文字和图形的传播能力为主要目的的形成性评估更应该被重视。博物馆通过形成性评估揭示问题，经历尝试、修改、再尝试、再修改的过程，协调观众在展览中阅读说明牌的体验与其观看展览的视觉感受。

总结性评估则以补救为目的，具有前置性评估和形成性评估不具备的一些优势。总结性评估运用多种评价标准，包括"聆听观众的对话""使用开放式的提示型调查问卷""将观众拍摄的照片视为体验价值的证明"，辨别观众已经掌握的内容、他们难以忘怀的体验，以及对他们而言意义重大的事物。[29]这有利于修正展览团队的错误假设或预期，协助团队识别并修复那些容易被忽视的缺陷或漏洞。[30]同时，瑟雷尔也指出，说明牌的总结性评估要结合整个展览背景进行。为此，她分享了9个关于总结性、合作性和元数据研究的项目，这些项目揭示了其在观众、博物馆、展览和评估方面的问题，强调了解释性标识牌的关键作用。本书末尾，瑟雷尔以凝聚博物馆说明牌撰写者、设计者、展览开发人员和评估者智慧的说明牌改进意见收尾，当策展工作者为筹备展览而查阅这些意见时，评估的意义不言而喻。

四、结语

  2024年1月，由瑟雷尔和凯瑟琳·惠特尼（Katherine Whitney）合著的《博物馆说明牌：一种解说方法（第三版）》出版发行。据瑟雷尔所称，这大概是本书的最终版本，新的版本有两大特点：一是进一步强调了"主体理念"在说明牌生产中的重要性，且每一章对此都有涉及；二是书籍精简化，纸张较薄且文字空距适宜，更加方便读者阅读。版本虽已更新，但2015版作为承前启后的版本，既能紧随技术发展的潮流，又能较为全面地整合博物馆生产的理念，是系统学习博物馆说明牌生产的重要书籍。

  本书中，不论是瑟雷尔传达的一些博物馆理念，还是生产说明牌时的指导方法都极具参考性和启发性。然而，作为一项实践性极强的工作，规划、撰写、设计和生产说明牌时，策展团队需要在展览制作过程中知行结合，在实践中不断反思和提升，这些经验非一本书能够穷尽。瑟雷尔也深知这一点，在对说明牌的生产与制作工艺进行介绍时，她指出，说明牌的制作方法还在不断更新，并推介《展览家》（*Exhibitionist*）杂志作为捕捉近期业内制造工艺资源变化的优质资讯平台。在评估部分，她还强调阅读本章内容不能代替通过其他方式学习评估的过程等。这本凝聚瑟雷尔心血的经验之书，更像一个引子或触发器，引导博物馆工作人员有针对性地将特定的理念和实用技巧融入日常工作，以此优化业务流程，并促使个人深入积累与反思相关经验。

  同时我们注意到，瑟雷尔的博物馆说明牌理论基于英语世界的经验总结而成，一些建议不能直接应用于汉语语境，例如她对于说明牌字数的提议：每个说明牌的平均字数为25—30个单词。但由于英汉之间语法结构、意义构成等差异，中文说明牌以多少字数为宜依旧有待商榷。此外，说明牌形式设计是其生产的重要环节。说明牌要符合人体工程学、观众心理学和美学的设计原则，所以瑟雷尔在字体排版的常见问题上给出诸多具体指导意见。但值得注意的是，文字不仅是展品的补充说明，其本身也逐渐成为展品的一部分。作为设计元素的文字展品同样能够对主题的阐释大有裨益，这一点不容忽视。

当然，上述提及的内容并不是本书的遗漏之处，相关知识及其延伸内容并非一本书能够穷尽，瑟雷尔对解说性说明牌的创作理念和指导方法一针见血，翻阅这本凝聚瑟雷尔心血的工具书，总能带给读者新的启发。将说明牌作为一种解说方法，本书聚焦瑟雷尔对这一领域的研究，以期博物馆加强对说明牌的关注和改进，让观众能够看懂并喜爱阅读说明牌，在与文字的交互中，加强个人认同、找寻深层意义，这也是本书的核心力量。

（韩雪，山东大学文化遗产研究院文物与博物馆专业硕士，研究方向为博物馆实务。）

注释：

[1] 瑟雷尔所说的说明牌（Label）是广义的概念，是展览的说明文字和展板载体结合的各类牌示的总称。国内通常所指的说明牌是狭义的概念，其内涵更接近"展品说明牌"或者"标签"。
[2] Beverly Serrell, "Survey of Visitor Attitude and Awareness at an Aquarium", *Curator: The Museum Journal*, 1977, 20(1), pp. 48-52.
[3] Bay Hallowell, "Book Reviews", *Curator: The Museum Journal*, 1997, 40(1), pp. 75-80.
[4] 贝弗莉·瑟雷尔：《博物馆说明牌：一种解说方法》，刘巍等译，北京：社会科学文献出版社，2022年。
[5] 贝弗莉·瑟雷尔，前揭书，第37—38页。
[6] 贝弗莉·瑟雷尔，前揭书，第25页。
[7] 贝弗莉·瑟雷尔，前揭书，第22页。
[8] 贝弗莉·瑟雷尔，前揭书，第7—9页。
[9] 贝弗莉·瑟雷尔，前揭书，第13页。
[10] 贝弗莉·瑟雷尔，前揭书，第233页。
[11] 贝弗莉·瑟雷尔，前揭书，第234页。
[12] 贝弗莉·瑟雷尔，前揭书，第167页。
[13] 李德庚：《流动的博物馆》，北京：文化艺术出版社，2020年，第87页。
[14] 贝弗莉·瑟雷尔，前揭书，第168—169页。
[15] 贝弗莉·瑟雷尔，前揭书，第151页。
[16] 贝弗莉·瑟雷尔，前揭书，第80页。
[17] 贝弗莉·瑟雷尔，前揭书，第176页。
[18] 贝弗莉·瑟雷尔，前揭书，第183页。
[19] 贝弗莉·瑟雷尔，前揭书，第186页。
[20] 贝弗莉·瑟雷尔，前揭书，第256—265页。
[21] 贝弗莉·瑟雷尔，前揭书，第271—276页。
[22] 贝弗莉·瑟雷尔，前揭书，第154页。
[23] 贝弗莉·瑟雷尔，前揭书，第71页。
[24] 贝弗莉·瑟雷尔，前揭书，第296页。
[25] 贝弗莉·瑟雷尔，前揭书，第302页。
[26] 贝弗莉·瑟雷尔，前揭书，第305页。
[27] 贝弗莉·瑟雷尔，前揭书，第314页。
[28] 贝弗莉·瑟雷尔，前揭书，第324页。
[29] 贝弗莉·瑟雷尔，前揭书，第376—377页。
[30] 贝弗莉·瑟雷尔，前揭书，第371页。

《博物馆学习：作为促进工具的理论与研究》
Museum Learning:
Theory and Research as Tools for Enhancing Practice

作者：吉尔·霍恩施泰因（Jill Hohenstein）、
特安诺·穆苏里（Theano Moussouri）

出版年份：2017

❖—— 本书短评 ——❖

致力于弥合"博物馆学习"中学术与实践、理论与实证之间的鸿沟。

述评人：张书良

一、研究缘起

除视角的互换外,从"博物馆教育"到"博物馆学习"[1]的演进还蕴含着多维的转变:在价值取向上,前者以博物馆为本位,关注内容的输出与输入;而后者以学习者为本位,关注内容的生成与交流。在内容上,前者"输出与输入"的是基于实在主义的知识与信息,而后者"生成与交流"的是基于建构主义的经验与意义。[2]因此,这一演进也意味着,在该领域的研究与实践中,理论与方法、思路与技术等多方面的变革,体现了博物馆对"人"的因素的关注。[3]如杰·郎德斯(Jay Rounds)所说:"一个重要的转变在于意义是如何得到理解的:个体不再被看成'空壳'、待装知识的盒子;教育也不再被视为线性的、从内行到外行的过程,而是横向的;最重要的是,教育成为人、场所与物之间错综复杂互动的产物"。[4]

霍恩施泰因和穆苏里的《博物馆学习:作为促进工具的理论与研究》致力于弥合"博物馆学习"领域中学术与实践、理论与实证之间的鸿沟,对多年来世界范围内的相关材料进行梳理。作者强调理论对于研究与实践的中介作用,并指出研究问题通常由理论视角界定,进而选取了七个主题,在具体情境中展开对"博物馆学习"相关理论、研究与实践的讨论。2022年,该书由罗跽翻译成中文,作为"世界博物馆最新发展译丛"(第二辑)中的一部,由复旦大学出版社出版。

除首尾两章的介绍和总结外,该书分为两个部分:第一部分包括第二章和第三章,分别介绍博物馆学习及相关领域的理论、研究方法和方法论,强调了理论对于研究与实践的中介作用,[5]并指出研究问题通常由理论视角界定;[6]第二部分包括第四章至第十章,作者选取了"博物馆和意义的创造""叙事、对话与沟通的关键""博物馆里的真实性""博物馆中的记忆、联想与回忆""学习中自我与身份的角色""动机:从参观到奉献"和"在博物馆中质疑文化与权力"这七个彼此关联且具有现实意义的主题,在具体情境中展开对博物馆学习相关理论、研究与实践的讨论,使学理性的讨论落地博物馆实践。这种模式既具体而清晰地呈现了该领域理论、研究与实践之间的关联,又使繁多的观点与材料实现了现实意义上的统摄。

在本书中,作者并不讳言自身专业背景给本书带来的偏见与局限:在理论视野上主要受社会建构主义、信息处理理论和社会文化论的影响,研究方法偏重实证,因此对学习者的能动性、互动性、信息处理方式、社会文化语境等因素给予了更多关注。如作者所说,这七个主题的选择看似随意,实则各有目的。[7]由"个人/社会"和"认知/情感"组成的双轴结构,形成了贯穿全书的线索,关于博物馆学习的各种理论被置于双轴坐标上一一定位,[8]关于"意义建构"相关理论观点的介绍,也沿此双轴依次展开。其他主题中,"叙事、对话与沟通"与"记忆、联想与回忆"关注意义被建构、组织、储存与再现的方式,"自我与身份"和"动机"关注意义构建依赖的社会关系、线索及其背景,基本遵循由"个人/社会"的次序,"认知/情感"穿插其内。另外两个主题相对特殊,其中,"真实性"关注人与物的对峙,"文化与权力"关注社会性联系。

垂直维度致力的理论、研究、实践之间的联结,与水平维度的双轴结构使读者易于根据自身的研究或实践需要,从该书中选取特定的理论与方法。从"研究"与"评估"二分[9]的视角来看,由朱迪·戴蒙德(Judy Diamond)等人所著、同属"世界博物馆最新发展译丛"(第二辑)的《实用评估指南:博物馆和其他非正式教育环境的评估工具(第三版)》与本书恰好构成了该领域具有互补性的两套"工具箱"——前者提供测度与分析的框架,后者提供解释的框架。其中,戴蒙德等人对博物馆学习成果的划分[10]毋宁说是一种悬置了主体性的状态描述,大致可以在前述的双轴结构中得到定位。相比之下,本书的七个主题突出地指向了主体的存在与行动,并关注主体间的关系。

二、主体性:意义的起点

"意义建构"在博物馆学习中无疑具有核心地位,"教育体验的本质就是创造意义"[11]。郎德斯区分了展览中"意义"的两个层次:一是"词典定义",体现为设计者意图展现信息的唯一正确阐释;二是"生命意义",即人类的本质追寻。"意义建构"强调的是后者。他同时指出,意义总是关于"某物"的意义,"某物"可以涵盖观众生命体验中的一切,不必与展览的"官方"主题有关。[12]作为主体与相关项之间的关系,意义产生于任何生命活动之中。意义建构即使不是博物馆学习本身,也是博物馆学习的基础和重要目标。

主体性是意义建构的基础,包括人作为主体的能动性、创造性、自主性。[13]在"叙事、对话与沟通"中,主体性体现于主体对经验的统摄,即人们主要以叙事的形式组织对事件的经验和记忆，[14]这一"组织"包括两个方面：一是对经验的选择，二是在经验片段之间建立联系，构建一个完整的故事。[15]理查德·阿特金森（Richard Atkinson）和理查德·谢夫林（Richard Shiffrin）的"记忆储存模型"具有类似的特征：被认为有用的"感觉记忆"为意识摄取，转入"工作记忆"；当工作记忆得到意义的加工后，便可能被转入"长期记忆"。其中"长期记忆"包括了"陈述性记忆"与"非陈述性记忆"，后者涵盖了情感、身体等学习的"非认知性部分"。[16]此外，独特的、细节丰富的，与个体经历、情感或兴趣有关的记忆，以及自主生成的记忆往往能留存更久。[17]

在"自我与身份"和"动机"中，主体性体现于自主选择与行动的能力。自我具有暂时性和激励性，即自我具有过去、现在、未来等多种样态，并存在通过一定行为实现某些未来身份的可能性。"自我"也是多重身份的上级范畴，"自我观念"与自我接受的身份有关，主体可以选择身份和界定自我。[18]此外，与动机有关的"自我决定理论"（self-determination theory，简称SDT）、"心流理论"（flow）和"严肃休闲理论"（serious leisure theory）均强调主体的内在动机，基于身份的动机（identity-based motivation，简称IBM）理论将身份视作激励人们行动的力量。[19]

由此可以发现主体性意义的一些特征。叙事理论要求意义的故事性与完整性，所以对于某一段博物馆经历而言，其意义是在时间中逆向构建的，如华莱士·马丁（Wallace Martin）所说："像雅努斯一样，读者始终既在瞻前也在顾后，所谓顾后就是根据每一点新信息积极地重构过去。"[20]由于意义建构以身份与动机为基点，其"瞻前顾后"必然会出离这一段经历，在个人的先验知识、自我观念，记忆的激发、追寻与再现中寻找答案。最后，由于主体的生命意义变动不居、自我与身份是暂时的，这段经历的意义永远有待完成。

除了内在于主体的自主性，主体性还涉及相关性、激发性与主体能力等因素。相关性指主体认为某些意义对自身重要。在"叙事"与"记忆"中，相关性体现于对感觉经验或短期记忆的自主选择与对回忆的触发。[21]在"自我"与"身份"中，相关性体现于"先验知识"的影响与个人身份的"过滤作用"。[22]由于身份的暂时性与多样性，相关性也变动不居。在"动机"中，相关性是"自我决定理论"的条件之一。激发性意味着主体意欲对外界刺激做出即时反应，这在"对话"中得到最鲜明的体现——主体随时"就好像是在与别人讨论，或者准备与别人讨论一样"[23]。挑战与个体能力相符，是"自我决定理论"与"心流"的相关条件。[24]显然，这些因素已经不可避免地跨入了主体间关系的视野中。

本书中对主体性的讨论主要限于具体的人，如博物馆学习者与工作人员。然而，博物馆物乃至博物馆本身同样具有主体性特征，这在书中有体现但未曾言明。博物馆物正是先前制作者或使用者的主体性体现，对于博物馆而言，藏品、建筑、博物馆工作者的人格等，共同塑造了博物馆自身的品格，其意义构建的方式很大程度上与前述的主体性意义类似。[25]博物馆领域的"从物到人"并不是关注点的简单转移，而是一种视角变换，即以看待"人"的方式看待博物馆物、观众、博物馆，乃至社会。[26]这意味着不再把物看作单纯的物理实体，不再把观众看作有待填满的容器，不再把博物馆与社会看作不具人格的制度，而是将其视作具有情感的、能动的主体，认同他们之间的对话、交流与合作。

三、主体间性：意义的网络

单子式的主体性是不完整的。个体的存在不是二元对立情境下主体自身的建构和对客体的征服，而是更具有平等意味的"主体间"的共生共在。[27]

主体间性是指主体与主体之间的相互性和统一性，是主体性的延伸。[28]如果说在博物馆学习中，学习者、博物馆物的缔造者、博物馆工作者、博物馆机构，乃至社会均可被视为主体，那么主体间性的意义便可区分几个层次：一是主体间的一般意义关系（"言语"）；二是主体间一般意义活动与其社会情境之间的关系（"语言"）；三是主体间的身份关系，以及主体身份与社会情境之间的关系（"元语言"）。

"言语"指主体间一般的意义交流活动。对于博物馆学习而言，"言语"首先可以发生于博物馆物与观众之间，如不列颠博物馆关于"萨顿胡宝藏"（Sutton Hoo Collections）的展览中，物本身便能够创造一种极具故事性的、关于彼时彼地事件和人物的叙述。[29]物的媒介性也影响言语的传达。如埃文斯（Michael Evans）等人，将真实性区分为"认识论"和"对话"两个层面[30]：在前一层面上，物因为真实存在于主体之外，而成为认知的来源；在后一层面上，物成为意义交流的媒介，其真实性只是一种"述真性"[31]。其次,"言语"可以发生于博物馆机构与观众之间,如博物馆展览叙事、观众参与、博物馆给予观众的协助等。最后,"言语"可以发生于观众与博物馆工作者、观众与观众之间,如博物馆讲解、家庭参观和学校旅行等。除了前文提到的相关性与激发性,后两类"言语"往往具有阐释性、协助性、引导性等特征。[32]

"语言"是"言语"的社会方面,与集体记忆有关。而"集体记忆"关涉思想如何从一组人传向另一组人、事件如何被集体铭记,即"语言"是"言语"发生的基础。集体记忆形成于文化工具的基础上,即"语言"诞生于"言语"之中,但也是"言语"得以发生的前提。[33]集体记忆具有一系列特征:一是集体记忆很可能受制于权力;二是集体记忆以一种"心照不宣"的方式生成;三是大事件的发生与"复述"间常存在20—30年的滞后,而这种滞后可能与权力有关。[34]

"元语言"指"言语"活动中,关于解释言语相关规则的文本集合,好比一本关于"言语"的"词典"。身份实际上起元语言的作用,体现为主体在社会交往中的相对位置。首先,身份体现主体发出文本的文化类别。[35]这一文化类别与其他主体的期待有关,往往直观反映在人的衣着打扮、言行举止、博物馆与展览的"入口叙事"[36]等因素中,影响人与人、人与博物馆的言语活动能否开始和如何选择。其次,身份还意味着某一文化类别的文本以何种方式被解读,即我们怎样和某一类人打交道、欣赏某一类展览、参与某一类教育活动。自我与身份在我们跨越不同的社会和文化背景,"理解人们如何生活在这个世界上,如何做出选择,如何让他们的经历变得有意义"的努力中发挥了核心作用。[37]

皮埃尔·布迪厄(Pierre Bourdieu)的"惯习"(habitus)概念,可以进一步阐释身份及"元语言"。惯习是通过渗透与沉浸(而非正式学习)发生的"人体内社会秩序的永久内化"。作为一种结构化力量,惯习作用于个体的行为,并使其区别于其他个体。[38]因此,惯习表现为主体在"言语"生产及解读方式上的倾向性,可视为"元语言"的内化。"元语言"也与动机的产生有关,这体现于关于动机的"文化路线"(cultural itineraries)、"参观策略"(visit strategy)、"文化模型"(cultural models)[39]等研究中,即动机产生于"惯习"与"场域"的互动。在布迪厄等人的基础上,多罗西·霍兰德(Dorothy Holland)等人发展了"自我形成理论"(self-formation theory),探索身份如何在既定的社会地位与能动性之间起中介作用。该理论认为，人们的社会地位与特定的期望模式有关，这有助于人们相互了解，并在这样的"形意世界"（figured worlds）中了解自我。[40]

"元语言"还有多种体现。如人们对博物馆中发生的事情、博物馆将如何展开叙述，以及博物馆环境中对人们的期望存在一种"剧本性"的预期，当某人的行为偏离这一预期时，便很可能引发旁人的关注。[41]再如，大卫·斯科特（David Scott）注意到，一些博物馆利用通常博物馆传达的崇敬氛围，强化展览的重要性，具有"博物馆特征"的身份在某些情况下，有助于减少观众对相关信息的抵制。[42]当被要求评论看到物品的真实性时，观众表示，他们没有注意到这一点，但他们认为这些物品是真实的，只因为它们在博物馆里。[43]这类制度化或结构化的不平等引发了关于"文化与权力"的一系列讨论。

主体间性强调主体间的"共识"：无论在"语言"还是"元语言"层面，意义交互的出发点都在于意义是否具有相关性、身份与预期是否相符。观众往往期待他们先前的观念与成见能在博物馆里得到证实。[44]博物馆与观众的意义交互依赖这种双向选择关系。但是，一味迎合这种关系会导致主体间意义的同质化与意义交互活动的线性化——特定的主体锚固在一起，成为排他性的"孤岛"，而意义也将在这样的过程中走向封闭与僵化。在市场导向的影响下，博物馆参观人数往往是考评的重要指标，主体间性的滥用值得警惕。

四、他者性：意义的碰撞

与主体间性类似，他者性以主体性为基础，并强调主体间的尊重和交流。二者的根本区别在于主体的确立方式：主体性和主体间性以自我为基础确立主体，客体和他者都根据"我"而得到规定；在他者性中，主体在与他者的交互中确立自身。进而，在主体间性中，主体间关系表现为镜像对称结构；[45]而在他者性中，他者完全异于主体，不为主体左右。因此，他者性意义一方面要求包容差异性，另一方面表现为对他者的责任。[46]

作为公共文化机构，相关性只能作为博物馆的一种手段或一种阶段性目标。博物馆与观众在主体间互动中融为一体这样的局面，不仅不可能出现，更与博物馆的社会责任存在本质偏差。本书的主要线索之一是"个人/社会"，其中"社会"更强调其集体性与互通性的一面，而非异质性，

"个人/社会"大致相当于前述的"主体性/主体间性"。但"他者性"在书中仍有多处体现,如在谈及"能动性"问题时,作者引用马丁·瑟克费尔德(Martin Sökefeld)的观点指出,能动性确实指的是"按自己的意愿行事的能力",但这总是"以他者为参照"。[47]主体与他者的关系有两方面体现:其一是主体对他者的主动关注,如"真实性"问题中,现代生活的碎片化使人感到生活是不真实的,因此人们希望在他人或其他文化的"真实生活"处,寻求关于真实事物的体验。[48]其二是主体被他者形塑,如某些情况下出现的"顿悟时刻"(aha moments)[49],以及自我与身份在与"形意世界"的互动中发生转变。[50]类似于前述主体性意义的"时间漂流",与他者互动中产生的意义衍变表现为一种"主体间漂流",二者相互依存,共同组成意义的时空流动。

书中也体现了博物馆这种对于"异我"的他者的责任。自扎哈瓦·多林(Zahava Doering)和安德鲁·佩卡里克(Andrew J. Pekarik)的作品诞生以来的20多年间,越来越多的运动试图在故事和叙述方面,吸引观众走出他们的舒适区,博物馆开始更多关注争议性历史、少数群体、在地社区、原住民等议题,这同时也是"新博物馆学"和批判性教学在博物馆领域的体现。[51]在讨论"文化与权力"问题时,作者引用玛格丽特·林道尔(Margaret Lindauer)的研究和布迪厄的观点,讨论了不同类别的社会群体在博物馆意义建构上的差异,以及博物馆如何理解和应对这样的差异。[52]

作者提出了一个问题:观众来博物馆只是想证实自己的想法,一旦博物馆偏离了观众的预期,就可能招致批评。因此,如果博物馆意在教育而非迎合观众,那么在增加观众数量的同时,去超越这种"验证世界观"的模式便成为一种挑战。[53]"出位之思"(andersstreben)或许可以为该问题提供一种视点。"出位之思"指一种体裁在保持自身特色的同时,也试图模仿另一种体裁的表达优势或美学效果。而"身份"与"体裁"具有内在的相似性,都是文化类别的表征。因此,主体间关系上的"出位之思"意味着从一个身份的视角,叙述另一个身份视角下看到的故事。在文学与艺术领域,出位之思"往往会催生那些仅仅墨守媒介本位的文学艺术作品无法达到的神奇的艺术效果,表征单一媒介无法表征的丰盈的艺术内涵"[54]。博物馆领域同样存在这样的效果。詹妮弗·邦内尔(Jennifer Bonnell)和罗杰·西蒙(Roger I. Simon)认为,处理"困难"话题需要更多的情感,需要让观众不安地面对内疚与羞愧,因为人们对一个事件会有多种解释和看法。[55]大卫·安德森（David Anderson）和清水弘之（H. Shimizu）研究了影响长期记忆"生动性"的要素。生动性产生于期望与实际经验的张力中，这种张力带来了体验中"高度积极或消极"的情感。[56]出位之思同时形塑着主体间关系，如有时观众需要打破他们的期望，对某种特定"讲述方式"的态度"复杂化"[57]。但是，出位之思不能脱离原有身份，否则便直接成了他者的自我言说，失去了"超越期望"的特殊作用。对于博物馆而言，出位之思要求，无论叙述的内容与身份是什么、参与的主体有谁，博物馆都不能罔顾自身的专业素养，否则既无法实现其表达优势，还可能危及博物馆的公信力。

五、余论

若追随艾琳·胡珀-格林希尔的足迹，以米歇尔·福柯的"知识型"理念，审视从"博物馆教育"到"博物馆学习"的转型，[58]前者大致体现了一种以表象为特征的"古典知识型"：基于同一性与差异性，特定的描述与整理方式得以建立，博物馆物被作为经验世界的表象，组织成为知识的图表；此时，博物馆知识必然以"说教"的方式进行传递，因为"人"与"经验世界"尚不存在，存在的只有表象秩序。而后者见证了"人"的浮现，体现"现代知识型"的特征。如果说，戴蒙德等人的框架有如福柯所说的经济学、生物学和语文学，在不同的维度上描述人的经验、从侧面昭示人的存在，那么在本书中——双轴结构显示意义向戴蒙德等人划分的多元维度开放，博物馆学习相关的各种理论、研究与实践，在具体的应用情境中接续展开，七大主题直接指向了人的存在方式，开始了对主体经验深层规律的探索。前文以意义为媒介，以主体性和主体间关系为线索，对这三个维度间的交织关系进行了再度描述与梳理，试图对这种转型的意义做出阐释：它不是简单的主客对转、角色互换，也不是博物馆与观众的趋同互化、不分彼此，而是博物馆与公众均以"人"的角色交流碰撞、共同参与意义的生产。

乔治·海因（George E. Hein）将理论视为社会文化的反映："我们可以认真地思考一下，教育活动建立在什么潜在理论之上，然后再根据这些理论对博物馆的教育活动做个整体的规划。"[59]对于中国博物馆的研究与实践而言，认知、情感、行为、态度、社会等多维度的描述性框架，以及建构主义、体验式学习、情境式学习、具身认知等学习理论，已经被引入多年，"学习"的广度与深度不断得到强调。在这样的情况下，知识与信息的传递依然在大多数博物馆得到首要且单一的关注，那么本书或许可以为此提供两个维度的借鉴与反思。其一，作为一套理论与方法的工具箱，其提供的种种解释性框架在目前中国的社会背景下是否有效？其二，更为重要的是，是否需要超越对于博物馆学习表象秩序的描述，回归对"人"及主体经验的关注？

有时我们会把问题想得过于复杂，而忽视了常识。"一切教育的目的都应该着眼于人的培养，即对于理想的人、完全的人、最具人性的人的培养，博物馆教育也要立足于人的培养。"[60]如果说有一个观点可以统领全书，乃至概括一切博物馆活动的要义，那或许会是"仁者爱人"。

（张书良，上海大学文化遗产与信息管理学院博士研究生，主要研究方向为博物馆展览策划。）

注释：

[1] "Museum learning"在国内也译为"场馆学习"，但无论是从对博物馆的理解还是从跨语境研究考虑，将"Museum learning"译为"博物馆学习"都更合适。详见赵星宇：《"博物馆学习"还是"场馆学习"：试论Museum Learning的中文表达》，《东南文化》，2017年第5期，第108—112页。

[2] 郑旭东：《从博物馆教育到场馆学习的演进：历史与逻辑》，《现代教育技术》，2015年第2期，第5—11页。

[3] 吉尔·霍恩施泰因、特安诺·穆苏里：《博物馆学习：作为促进工具的理论与研究》，罗跣译，上海：复旦大学出版社，2022年，第3—5页。

[4] 马蒂厄·维奥-库维尔：《没有（学者型）策展人的博物馆：经理人管理时代的展览制作》，刘光赢译，《国际博物馆（中文版）》，2018年第1期，第10—25页。

[5] 吉尔·霍恩施泰因、特安诺·穆苏里，前揭书，第17—21页。

[6] 吉尔·霍恩施泰因、特安诺·穆苏里，前揭书，第40页。

[7] 吉尔·霍恩施泰因、特安诺·穆苏里，前揭书，第8—11页。

[8] 吉尔·霍恩施泰因、特安诺·穆苏里，前揭书，第26页。

[9] 乔治·海因：《学在博物馆》，李中、隋荷译，北京：北京燕山出版社，2010年，第64—66页。

[10] 包括知识与理解、参与或兴趣、行为与态度、技能。参见朱迪·戴蒙德、迈克尔·霍恩、大卫·尤塔尔：《实用评估指南：博物馆和其他非正式教育环境的评估工具（第三版）》，邱文佳译，上海：复旦大学出版社，2022年，第16—17页。

[11] 吉尔·霍恩施泰因、特安诺·穆苏里，前揭书，第74页。

[12] Jay Rounds, "Meaning Making: A New Paradigm For Museum Exhibits?", *Exhibitionist*, 1999, 2, p. 5.

[13] 冯建军：《主体教育研究40年：中国特色教育学建设的案例与经验》，《中国教育科学（中英文）》，2021年第4期，第8—19页。

[14] 吉尔·霍恩施泰因、特安诺·穆苏里，前揭书，第136页。
[15] 吉尔·霍恩施泰因、特安诺·穆苏里，前揭书，第136—140页。
[16] 吉尔·霍恩施泰因、特安诺·穆苏里，前揭书，第242—243页。
[17] 吉尔·霍恩施泰因、特安诺·穆苏里，前揭书，第253页。
[18] 吉尔·霍恩施泰因、特安诺·穆苏里，前揭书，第284—286页。
[19] 吉尔·霍恩施泰因、特安诺·穆苏里，前揭书，第333—340页。
[20] 华莱士·马丁：《当代叙事学》，伍晓明译，北京：北京大学出版社，2005年，第124页。
[21] 吉尔·霍恩施泰因、特安诺·穆苏里，前揭书，第257页。
[22] 吉尔·霍恩施泰因、特安诺·穆苏里，前揭书，第297—298页、第303—304页。
[23] 吉尔·霍恩施泰因、特安诺·穆苏里，前揭书，第142—143页。
[24] 吉尔·霍恩施泰因、特安诺·穆苏里，前揭书，第333—336页。
[25] 安来顺：《博物馆与公众：21世纪博物馆的核心问题之一》，《中国博物馆》，1997年第4期，第17—27页、第43页。
[26] 尹凯：《"从物到人"：一种博物馆观念的反思》，《博物院》，2017年第5期，第6—11页。
[27] 周丽英：《试论博物馆传播与观众认知关系的实质及其发展》，《博物院》，2017年第3期，第18—24页。
[28] 尹艳秋，叶绪江：《主体间性教育对个人主体性教育的超越》，《教育研究》，2003年第2期，第75—78页。
[29] 吉尔·霍恩施泰因、特安诺·穆苏里，前揭书，第147页。
[30] 吉尔·霍恩施泰因、特安诺·穆苏里，前揭书，第194页。
[31] 赵毅衡：《符号学：原理与推演》，南京：南京大学出版社，2016年，第254页、第259—266页。
[32] 吉尔·霍恩施泰因、特安诺·穆苏里，前揭书，第168—169页。
[33] 吉尔·霍恩施泰因、特安诺·穆苏里，前揭书，第246—249页。
[34] 吉尔·霍恩施泰因、特安诺·穆苏里，前揭书，第250—265页。
[35] 赵毅衡，前揭书，第122页。
[36] 吉尔·霍恩施泰因、特安诺·穆苏里，前揭书，第144—145页。
[37] 吉尔·霍恩施泰因、特安诺·穆苏里，前揭书，第276—277页。
[38] 吉尔·霍恩施泰因、特安诺·穆苏里，前揭书，第290—292页。
[39] 吉尔·霍恩施泰因、特安诺·穆苏里，前揭书，第347—355页。
[40] 吉尔·霍恩施泰因、特安诺·穆苏里，前揭书，第292—293页。
[41] 吉尔·霍恩施泰因、特安诺·穆苏里，前揭书，第139页。
[42] 吉尔·霍恩施泰因、特安诺·穆苏里，前揭书，第152页。
[43] 吉尔·霍恩施泰因、特安诺·穆苏里，前揭书，第203页。
[44] 吉尔·霍恩施泰因、特安诺·穆苏里，前揭书，第144页、第305—306页、第347—348页。
[45] 徐明：《公共文化语境中博物馆观众的主体性分析》，《自然科学博物馆研究》，2016年第1期，第31—36页。
[46] 冯建军：《从主体间性、他者性到公共性——兼论教育中的主体间关系》，《南京社会科学》，2016年第9期，第123—130页。
[47] 吉尔·霍恩施泰因、特安诺·穆苏里，前揭书，第285页。
[48] 吉尔·霍恩施泰因、特安诺·穆苏里，前揭书，第199页。
[49] 吉尔·霍恩施泰因、特安诺·穆苏里，前揭书，第244页。
[50] 吉尔·霍恩施泰因、特安诺·穆苏里，前揭书，第292—293页。
[51] 吉尔·霍恩施泰因、特安诺·穆苏里，前揭书，第144—145页、第387—388页。
[52] 吉尔·霍恩施泰因、特安诺·穆苏里，前揭书，第385—396页。
[53] 吉尔·霍恩施泰因、特安诺·穆苏里，前揭书，第144页。
[54] 龙迪勇：《"出位之思"与跨媒介叙事》，《文艺理论研究》，2019年第3期，第184—196页。

[55] 同注29。
[56] 吉尔·霍恩施泰因、特安诺·穆苏里，前揭书，第256页。
[57] 同注29。
[58] Eilean Hooper-Greenhill, "The Museum in the Disciplinary Society", Susan Pearce, ed., *Museum Studies in Material Culture*, Leicester: Leicester University Press, 1989, pp. 61-71.
[59] 乔治·海因，前揭书，第18页。
[60] 胡锤、张小李：《现代技术与文博工作者的主体性——试论数字博物馆建设中"人"的作用》，《东南文化》，2009年第1期，第88—90页。

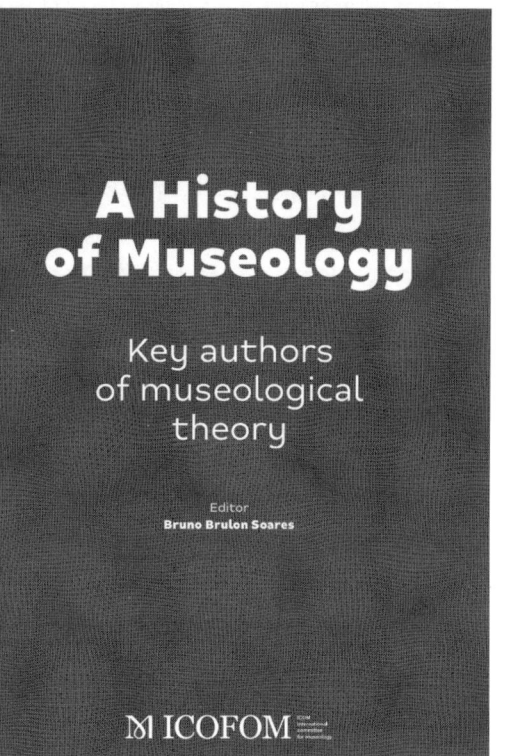

《一部博物馆学史：博物馆学理论的重要学者》
A History of Museology: Key Authors of Museological Theory

编者：布鲁诺·布鲁隆·索耶斯（Bruno Brulon Soares）
出版年份：2019

◆—— 本书短评 ——◆

以博物馆学家为线索，勾勒博物馆学的历史沿革与当代趋势。

述评人：薛仁杰

本书系由ICOFOM（国际博物馆协会国际博物馆学委员会）研究项目"博物馆学史"的系列文章精选汇编而成，该项目自2014年6月开展以来，得到了里约热内卢联邦大学、巴黎第三大学、卢浮宫学院和俄罗斯国立人文大学等众多学术机构及其学者的支持。其中，部分文章的早期版本在维基百科上先行发表。[1]本书于2019年6月5—6日在巴黎第三大学举行国际研讨会期间问世，主编是时任ICOFOM主席索耶斯。[2]

作为独特的、真正的博物馆学国际学术共同体，ICOFOM在成立的40余年间吸引了诸多学者的参与。他们对博物馆领域的整体、边界与未来展开了大量有益探讨，生产了非常丰富的博物馆学知识。然而，文献写作语言陌生、文献出版时间久远、文献数字化不足等一系列问题，导致现在的年轻学者对于早年参与ICOFOM讨论学者的背景、文献和讨论认识较少，这些学者的相互联系、学术贡献和学术影响尚未凸显。基于此，本书收录了参与ICOFOM讨论的第一代和第二代共18位博物馆学家的作品，以他们的传记、博物馆学观点、学术影响和主要著述为线索，将博物馆学的历史发展脉络系统地串联，全景式呈现博物馆学的历史沿革与当代趋势，兼具学术性与可读性。本书的出版既是对ICOFOM博物馆学思想传播重要性的阐明，也是对ICOFOM前辈博物馆学家博物馆学研究工作的跟进。

透过这18位博物馆学家的理论和实践工作，可以了解形塑当代博物馆学的三种趋势，分别是规范博物馆学（normative museology）、理论博物馆学（theoretical museology）和反思博物馆学（reflexive museology），这也是本书导言的主要内容。[3]具体而言，ICOM成立之后至ICOFOM成立之前，是规范博物馆学的蓬勃发展时期，主要体现在如下四方面：一是ICOM国家委员会相继在各国成立，制定相关从业规则；二是博物馆学培训课程广泛开展，明晰博物馆学概念和方法；三是有两本博物馆学期刊得以创建，为博物馆学的持续培训奠定基础；四是博物馆学术语的确立和词典的编写，为博物馆领域定义通用词汇。ICOFOM成立后至20世纪末，是理论博物馆学的蓬勃发展时期，博物馆学家的中心任务是为博物馆学建立理论基础，其中，东欧世界的博物馆学家旨在发展"科学博物馆学"（scientific museology），法语世界的博物馆学家旨在发展以生态博物馆（ecomuseum）为基础的"新博物馆学"（new museology），它们均有整合博物馆学统一理论的设想。20世纪末以来，反思博物馆学蓬勃发展，这一时期，拉丁美洲世界的社会博物馆学（sociomuseology）和亚非世界的博物馆的去殖民化（decolonisation of museum）的影响日益凸显，为博物馆学提供了新的理论支持。在这种情况下，博物馆学"通过一套明确的理论术语组织的单一哲学原则存在"的观点受到挑战，欧洲博物馆学模式受到质疑，反思之窗得以打开，ICOFOM的角色也逐渐从博物馆学中心论坛转变为博物馆学实验室。

在笔者看来，这些博物馆学家因为阐释依据的理论背景和阐释目的的不同，逐渐形成了四种有代表性的博物馆学范式（或称博物馆学流派），分别是东欧世界的科学博物馆学、法语世界的新博物馆学、拉丁美洲世界的社会博物馆学和亚非世界的博物馆的去殖民化。下文将以四种博物馆学范式为线索，串联18位博物馆学家，以此述评本书。

一、东欧世界的科学博物馆学

科学博物馆学旨在将博物馆学打造成一门科学学科，使其在大学中占有一席之地。若要将博物馆学打造成一门科学学科，其研究对象、方法、术语、语言和理论体系是关键要点。为此，若干东欧博物馆学家对其进行了探索，并利用ICOFOM这一国际博物馆学平台进行传播，影响深远，其代表人物包括扬·耶里内克（Jan Jelínek）、兹比内克·兹比斯拉夫·斯特兰斯基（Zbyněk Zbyslav Stránský）和维诺·索夫卡（Vinoš Sofka），前述博物馆学家的思想对伊沃·马罗耶维克（Ivo Maroević）、托米斯拉夫·索拉（Tomislav Šola）、彼得·冯·门施（Peter van Mensch）、阿夫拉姆·莫伊塞耶维奇·拉兹贡（Avram Moiseevich Razgon）、鹤田总一郎（Soichiro Tsuruta）和朱迪思·斯皮尔鲍尔（Judith Spielbauer）等来自世界各地的博物馆学家影响深远，是他们博物馆学思想的重要来源。

早在20世纪50—60年代，捷克斯洛伐克博物馆学家吉瑞·内乌斯图普尼（Jiří Neustupný）就对博物馆学的理论体系进行了探讨，他认为，博物馆学可分为一般博物馆学、应用博物馆学和专门博物馆学，这对后辈博物馆学家启发甚大。[4]1963年底，同是捷克博物馆学家的耶里内克和斯特兰斯基合作，在摩拉维亚博物馆（Moravian Museum）和扬·埃万盖利斯塔·普尔基涅大学（Jan Evangelista Purkyně University，现马萨里克大学）之间，建立对外博物馆学系（Department of External Museology）。耶里内克任命斯特兰斯基为系主任，由此建立了第一所致力于研究博物馆学理论、教授博物馆学的学校。

斯特兰斯基是建构科学博物馆学范式的重要人物，他提出了将元理论问题作为构建科学学科的起点，并引入了元博物馆学（metamuseology）概念。在他看来，研究对象、方法、术语、语言和理论体系是建构一门科学的关键要点。他对博物馆学研究对象的认识从博物馆性（museality）过渡到博物馆化（musealisation），前者是某种产品或"品质"，而后者是某种过程，博物馆化包括选择（selection）、叙词表化（thesaurisation）[5]和传播（communication）[6]。同时，他也探索了博物馆学的理论体系，包括理论博物馆学、历史博物馆学、社会博物馆学和应用博物馆学四个部分。此外，未在书中收录作品的捷克博物馆学家安娜·格雷戈洛娃（Anna Gregorová）也对科学博物馆学有所贡献，她认为："博物馆学是一门研究人与现实之间特定关系的科学，它包括有目的、有系统地收集和保护选定的、记录自然和社会发展的物件，这些物件主要是三维的，包括无生命的、物质的和可移动的，需要将它们充分用于科学、文化和教育。"[7]

耶里内克作为ICOFOM前两届主席，他将委员会的目标设定为努力将博物馆学定义为一门科学，并促使其发展为一门世界性的大学学科。他不仅延续了斯特兰斯基的学术关切，还通过相关出版物，传播了科学博物馆学的基本观点。在耶里内克的领导下，捷克斯洛伐克裔瑞典籍博物馆学家索夫卡作为编辑，为两卷本的《博物馆学工作论文集》（*Museological Working Papers*）组织文章；在耶里内克辞任ICOFOM主席后，他继续担任编辑，为前18卷《ICOFOM研究丛刊》（*ICOFOM Study Series*）组织文章，并制定了动态的编辑政策，使论文内容得到充分讨论。在担任ICOFOM主席和ICOM副主席期间，索夫卡正式确立了ICOFOM的宗旨、目标、政策和计划，成功地进行国际推广，使ICOFOM成为ICOM最成功的国际委员会之一。

虽然科学博物馆学在东欧博物馆学家的博物馆学范式探讨中，占据着主导地位，且产生了深远的影响，但是东欧博物馆学家内部尚存在不同的博物馆学主张。例如，克罗地亚博物馆学家马罗耶维克认为，博物馆学是一门信息科学，他采纳了斯特兰斯基"博物馆物"（musealia）和"博物馆性"的概念，定义更广泛的信息和交流过程。[8]此外，他还就博物馆学与遗产的关系、生态博物馆在本国的应用、博物馆传播的概念、替代物（substitutes）的类型等方面展开论述，著述颇丰。再例如，同是克罗地亚博物馆学家的索拉，他在将博物馆学发展为一门科学学科的过程中，于1982年提出了"遗产学"（heritology）的概念，以融合博物馆和遗产相关的专业，使其成为一门更广泛的科学学科。[9] 1989年，他提出了"遗产公共记忆术"（mnemosophy）的概念。作为有关公共记忆的跨学科科学，"遗产公共记忆术"通过集体记忆和社会记忆形成叙事，并在集体经验转移的内容中调节公共记忆的持续形成，最终旨趣在于为遗产专业服务，让社会研究和理解其过去。[10]

如果说上述两位东欧博物馆学家在科学博物馆学的基础上，发展了不一样的博物馆学主张，那么门施则是综合之前研究和东欧世界之外研究的集大成者。立足于世界各地不同的政治、经济和文化状况，在吸收科学博物馆学范式和博物馆学是一门信息科学观点的基础上，融合了法国新博物馆学、英国批判博物馆和遗产研究、巴西社会博物馆学和澳大利亚博物馆学等多种趋势后，提出博物馆学不应被视为一门规范科学的观点。[11]

此外，科学博物馆学也传播到了东欧以外的国家和地区，本书介绍的苏联博物馆学家拉兹贡、日本博物馆学家鹤田总一郎和美国博物馆学家斯皮尔鲍尔都深受影响。拉兹贡探索了博物馆学作为一门科学的定义，提倡"博物馆来源研究"（muzejnoe istochnikovedenie）的理念。这一理念分为三个类别，包括博物馆系统和博物馆作为有历史条件的社会机构的功能和内部组织；为科学和教育目的而收集和保存在博物馆收藏中的原始物件的特定方面；研究与特定博物馆概况对应的事件、自然和社会现象的特定方面。[12] 鹤田总一郎认为，博物馆学不是一门"纯科学"或"基础科学"，而是一门"高度发达的应用科学"，需要"将物与人同等看待"[13]。他认为的博物馆学体系包括自体博物馆学（muto museology）、专门博物馆学、综合博物馆学（myn-museology）或群体博物馆学（population museology）、社会博物馆学和博物馆管理。斯皮尔鲍尔将博物馆学视为一门不断发展的科学，并认为必须在理论、结构和数据方面，形成正式的规范，使博物馆学成为一门被学术界认可的学科和专业。

科学博物馆学作为博物馆学理论的范式之一，在20世纪70—80年代ICOFOM的讨论中占据主要地位，其诞生与发展一方面出于学科发展的考虑，另一方面出于冷战背景下，东欧博物馆学家需要提升政治权力和学术地位。20世纪末，科学博物馆学范式逐渐受到挑战，比如标准化的理论无法解释多样性的实践。由此，追随科学博物馆学的博物馆学家，不再执着

《一部博物馆学史：博物馆学理论的重要学者》 333

于将博物馆学构建为一门统一的科学学科，而是带着博物馆学的元理论问题，基于本地博物馆实践，生成与建构博物馆学理论。

二、法语世界的新博物馆学

20世纪80年代，就在ICOFOM内的东欧博物馆学家为博物馆学建立理论基础、发展科学博物馆学的同时，ICOFOM内的另一批博物馆学家——主要是法语世界的博物馆学家——则就新博物馆学和生态博物馆进行讨论。这在当时不仅是国际博物馆学界的一种新趋势，而且也为后来新博物馆学的发展奠定了重要基础。[14]由于参与其中的若干法国博物馆学家都在ICOM内担任重要领导职务，生态博物馆和新博物馆学也在世界范围内产生了广泛而深远的影响，其代表人物包括乔治·亨利·里维埃（Georges Henri Rivière）、雨果·戴瓦兰（Hugues de Varine）、安德烈·德瓦雷（André Desvallées）和马蒂尔德·贝莱格（Mathilde Bellaigue）等。

法语世界博物馆学先驱里维埃强调博物馆学理论与实践的跨学科性，他早年在国家民间艺术与传统博物馆（National Museum of Popular Arts and Traditions）工作期间，就将博物馆视为艺术与民族学的跨学科实验室，将收藏和研究结合，构思博物馆实务（museography），并面向人民群众。在他看来，博物馆学是一种涉及不同知识基础的、创造联系和产生价值的手段，需要在大众文化的多样性和社会经验的可变性基础上，丰富其表达方式。[15]1966—1968年间，里维埃与国家科学研究中心（Centre National de la Recherche Scientifique）合作，为国家民间艺术与传统博物馆开发了一个研究项目，该项目是生态博物馆模式的原型，是"奥布拉克和沙第永内合作研究项目"（Recherches coopératives sur program d'Aubrac et du Châtillonnais）的一部分，旨在分析法国两个农村社区的社会、历史和文化等有关方面。该项目创办了一场展览，可以被视为对这两个社区的展示性转化，项目研究过程中收集的物品具有特定的意义，关乎该地区人民的使用方式和习俗。除此之外，里维埃还参与了1969年在法国西南部朗德加斯科涅（Landes de Gascogne）创建的马奎兹生态博物馆（Écomusée de Marquèze）项目，这一博物馆被认为是法国的第一座生态博物馆。

1971年，时任ICOM秘书长的戴瓦兰，与里维埃、法国环境部顾问谢尔盖·安托万（Serge Antoine），在巴黎塞居尔大街（avenue de Ségur）举行的非正式会议上创造了"生态博物馆"一词。[16]当年9月30日，在第戎举行的ICOM第九届大会期间，环境部部长罗伯特·普贾德（Robert Poujade）在演讲中，首次使用了这一术语，该术语随即因其极富创新意味而获得认可并合法化。[17]

法国克勒索-蒙特梭煤矿生态博物馆（Écomusée du Creusot Montceau-les-Mines）的成立，是生态博物馆发展的里程碑，本书介绍的法国博物馆学家里维埃、戴瓦兰、德瓦雷和贝莱格，均参与了该博物馆的工作。建造博物馆的目的是突出该城市的工业历史，同时也想以此让该城市脱离其缔造者施耐德家族。其时，施耐德家族的印记出现在纪念碑上、教堂里，无处不在，掩盖了社区的历史。作为一个实验原型，生态博物馆与这片广袤而又分散的地域联系，其特点是一个"活跃的博物馆"（exploded museum），即通过为社区成员开展各种活动谋求发展。克勒索-蒙特梭煤矿生态博物馆的工作者贝莱格，将生态博物馆定义为一个可以从双重角度理解的文化场所：一方面，它是"空间性"的，因为它由一个有限的地域定义；另一方面，它也是"时间性"的，因为每一块有人居住的地域都有历史意义。[18]

戴瓦兰将生态博物馆概念的讨论推向国际层面，影响了大洋彼岸。1982年，新博物馆学和社会实验协会（Association Muséologie Nouvelle et Expérimentation Sociale）成立；1985年，皮埃尔·梅朗（Pierre Mayrand）发起了国际新博物馆学运动（International Movement for New Museology），德瓦雷是创始人之一。德瓦雷发表了大量生态博物馆和新博物馆学方面的著作，其中最为知名的是两卷本的《浪潮：新博物馆学选集》（*Vagues: une anthologie de la nouvelle muséologie*，1992/1994）。

新博物馆学运动的产生原因，除了生态博物馆思潮的推波助澜，还包括20世纪60年代民权运动、非洲殖民地国家的独立运动、美洲的博物馆创新实验性实践和经典博物馆模式遭受质疑等。[19]新博物馆学强调博物馆的社会作用，主要目的是使博物馆能够应对社会对于文化遗产的代表性和民主化的要求。新博物馆学是博物馆内部业务与外部功能的碰撞，增强了博物馆与社会的联系，但是容易陷入忽视博物馆内部业务的弊端。不管怎么说，新博物馆学为后世留下了宝贵的学术遗产。

三、拉丁美洲世界的社会博物馆学

20世纪末，欧洲博物馆学模式受到质疑。在ICOFOM的主持下，若干

ICOFOM区域小组委员会得以建立，有代表性的是ICOM国际博物馆学委员会拉丁美洲和加勒比地区区域小组委员会（ICOFOM LAM），它既进一步发展了欧洲的博物馆学理论，又基于当地博物馆实践的多样性，发展了拉丁美洲博物馆学，为博物馆学发展提供新的理论支持。近年来，拉丁美洲博物馆学在多种思潮的影响下，形成了一种新趋势——社会博物馆学，这一新趋势的奠基者包括瓦尔迪萨·卢西奥（Waldisa Rússio）、奈莉·德卡罗里斯（Nelly Decarolis）和特丽莎·席奈尔（Tereza Scheiner）等。

卢西奥是拉丁美洲博物馆学的先驱，她的思想是社会博物馆学的支柱之一，融汇了科学博物馆学、新博物馆学和社会学等多种思潮和学科，其中，社会学对她启发甚大。卢西奥在ICOFOM的论文中提出的理论基于"博物馆学事实"（museological fact）或"博物馆事实"（museum fact）的概念，这个概念源自社会学家埃米尔·涂尔干（Émile Durkheim）和马塞尔·莫斯（Marcel Mauss）构想的"社会事实"（social fact）[20]。"社会事实"可以被理解为一个群体或社会的一套共同实践，因此，"除非有一个明确的社会组织，否则任何社会事实都不会存在"[21]。卢西奥的"博物馆事实"包括人、物件和情境（scenario），这种博物馆学的概念化方法，将物件解释为社会进程的证据，需要了解物件本身、物件背后的人、人与物的关系和关系发生的情境。卢西奥认为，博物馆基本上是由人类和人类生活构成的，这使得博物馆学的进程和方法具有跨学科的特性，因为对人类、自然和人类生活的研究，属于不同的知识分支。卢西奥认为，博物馆学应包括社会学、政治学和教育学的概念，她结合不同的研究领域和理论趋势，挑战在巴西被理解为博物馆学的知识主体。

继卢西奥之后，德卡罗里斯和席奈尔登上历史舞台，她们共同创立了ICOFOM LAM，也都担任过ICOFOM的主席，席奈尔在2010—2016年间担任ICOM副主席，她们为拉丁美洲博物馆学的发展和传播做出了重要贡献，她们的思想也是社会博物馆学的重要支柱。

德卡罗里斯在ICOFOM各类会议上，就博物馆学的多个议题展开探讨：在博物馆学和发展中国家议题中，她呼吁人们认识到博物馆学作为一种有用工具，为发展中国家带来的多种可能性；在博物馆学和记忆议题中，她就记忆传递的伦理、政治遗产的遗忘等问题进行分析；在博物馆学和文化遗产议题中，她强调了非物质文化遗产的重要性。[22]

席奈尔的博物馆学思想受到多种思潮的影响：有索拉"遗产学"的影

响——博物馆学应该是更广泛知识领域的一部分；有科学博物馆学的影响——博物馆学应该成为一门具有本体论特征的学科；有新博物馆学的影响，她依据智利圣地亚哥圆桌会议（Round Table of Santiago de Chile）提出的"整体博物馆"（total museum）概念，发展了"整体遗产"（total heritage）概念，以扩大博物馆学的理论范围；[23]有传播学的影响，她定义了传统博物馆、互动式博物馆、自然博物馆和生态博物馆的传播模式。

近年来，在各式博物馆学思潮（科学博物馆学、新博物馆学、拉丁美洲博物馆学家的思想等）、社会发展议题（地方发展、可持续性、包容性等），以及以保罗·弗莱雷（Paulo Freire）思想为基础的本土批判教育理论等的多重影响下，社会博物馆学应运而出。社会博物馆学强调跨学科路径，将博物馆学与人文科学、发展研究、服务科学和城乡规划等领域结合，以人类有形和无形的文化和自然遗产的社会干预为基础，考虑地方、国家和国际等不同层级的发展议题，广泛地培训博物馆相关人员，将博物馆视为一种服务型机构。[24]社会博物馆学极大拓展了博物馆学的传统功能，丰富了其在当代社会中扮演的角色。

四、亚非世界博物馆的去殖民化

第二次世界大战结束后，伴随着去殖民化运动的迅猛发展，曾遭受西方殖民的亚非拉国家逐步独立。然而，殖民统治的影响仍然存在，这突出表现在文化和心理层面。西方在亚非拉国家建立的博物馆被认为是一种殖民行为，其展示模式受到批评，需要重塑。瓦沙特·亨利·毕德卡（Vasant Hari Bedekar）和阿尔法·奥马尔·科纳雷（Alpha Oumar Konaré）从各自国家的视角，对博物馆学进行了深刻反思，对博物馆的去殖民化发展贡献颇多。

印度博物馆学家毕德卡注重本国脱离英国殖民统治后的博物馆培训。巴罗达大学建立独立的博物馆学系，就是该国博物馆学的去殖民化行动，毕德卡长期在此教授博物馆学研究生课程，并发展博物馆学理论基础。他指出了印度及发展中国家的博物馆学机遇：观众具有巨大的多样性，博物馆应该依靠社区参与，与观众建立多元化的联系。[25]他还对博物馆在处理殖民主义的危害、少数族群与主要族群的关系等方面问题提出建议，影响了印度不同地区的博物馆实践。

马里博物馆学家科纳雷质疑了殖民时期博物馆建立的目的和博物馆学

家的角色，非洲的欧洲中心主义博物馆模式亵渎了非洲的传统。他在博物馆翻新时提出，博物馆要肯定本国文化，博物馆学家要受到本国历史、文化和科学的滋养。科纳雷考虑了在非洲背景下创建生态博物馆的问题，这是实现自治、优化传统教育结构和脱离殖民主义的方法。此外，他在担任ICOM主席期间，促进了博物馆对"原初艺术"（arts premiers）的欣赏，新博物馆得以建立，这些博物馆打破了被视为殖民主义的民族学逻辑。[26]

毕德卡和科纳雷等亚非博物馆学家，激励了一批更加具有反思精神的博物馆学家，启发他们对博物馆学采取更加批判的方法，发展了反思博物馆学。

五、结语

本书英文版出版后，受到国内若干学者的关注，王思怡将本书与ICOM的2019年博物馆新定义的讨论联系，[27]张俊龙对本书内容进行了回顾与反思，[28]两位学者对本书起到了一定的推介作用。

相较之下，本文归纳了四种代表性的博物馆学范式（或称博物馆学流派），并以此来评述本书。具体而言，科学博物馆学探讨了博物馆学的研究对象、研究方法、科学术语和理论体系，为后世博物馆学家留下了宝贵的学术遗产，深刻影响其他博物馆学范式；新博物馆学使得博物馆内部业务与外部功能产生碰撞，博物馆与社会的联系逐步增强，深刻影响当今博物馆的发展；社会博物馆学则更加全面地拓展了博物馆学的传统功能和在当代社会中扮演的角色；博物馆的去殖民化则基于亚非拉的本国文化传统，基于当地博物馆实践的多样性发展去殖民化的、反思的博物馆学。

本书介绍的18位博物馆学家，主要是早期密切参与ICOFOM学术活动的博物馆学家。从地域分布上看，这些博物馆学家有7位来自东欧国家，4位来自法国，3位来自拉美国家，2位来自亚洲国家，来自非洲国家和来自美国各1位。虽然编者考虑了这些博物馆学家的地域分布，但是仍有一些封闭性，英国、加拿大和澳大利亚等曾参与ICOFOM讨论的博物馆学家，未能列入这个名单，美国、亚洲和非洲的博物馆学家涉及较少，如能增添这些博物馆学家及其博物馆学观点，博物馆学的思想网络会更加丰满。

最后，本书对我国博物馆学界启发颇多。我国博物馆学的研究重点也从发现博物馆发展规律转换到认识和解释博物馆现象，不同学科背景的研究者依据不同的学术理论，对博物馆现象做出不同的解读，博物馆学不再是"知识病理学"下的孤木，而是搭建了许多与其他学科对话桥梁的花园。[29]正如索耶斯所言，"博物馆学，搭建桥梁"[30]，博物馆学知识领域将会在反思性实践中获得全新的意义。

（薛仁杰，浙江大学艺术与考古学院考古学博士研究生，研究方向为博物馆学。）

注释：

[1] Bruno Brulon Soares, ed., *A History of Museology: Key Authors of Museological Theory*, Paris: ICOFOM, 2019, p. 41.

[2] Ibid., p. 2.

[3] Ibid., p. 24.

[4] Ibid., p. 19.

[5] 叙词表，是把有关物品的名词按逻辑进行排序，例如图书分类表、生物分类系统等。可以依照叙词表的逻辑结构，将特定物件置于特定位置，并据此反映其与相关物件的关系。叙词表化是将一个物件纳入收藏或博物馆藏品信息记录系统的过程。

[6] Bruno Brulon Soares, ed., *A History of Museology*, pp. 80-83.

[7] Vinoš Sofka, *Museological Working Papers: A Debate Journal on Fundamental Museological Problems*, Stockholm: ICOFOM and Statens Historiska Museum, 1980, pp. 19-21.

[8] Bruno Brulon Soares, ed., *A History of Museology*, pp. 142-143.

[9] Ibid., pp. 217-219.

[10] 见 https://www.mnemosophy.com/post/2019/10/23/mnemosophy-towards-the-definition.

[11] Bruno Brulon Soares, ed., *A History of Museology*, p. 153.

[12] Ibid., pp. 89-90.

[13] Ibid., pp. 96-98.

[14] Ibid., p. 30.

[15] Ibid., pp. 58-59.

[16] Ibid., p. 118.

[17] 同注16。

[18] Ibid., pp. 184-185.

[19] Ibid., p. 117.

[20] Ibid., p. 102.

[21] 同注20。

[22] Ibid., pp. 194-197.

[23] Ibid., pp. 207-208.

[24] 马里奥·穆蒂尼奥：《何为社会博物馆学：历史、定义与特征》，尹凯、宋晓彤等译，《博物馆管理》，2022年第4期，第57—63页。

[25] Bruno Brulon Soares, ed., *A History of Museology*, pp. 167-168.

[26] Ibid., pp. 177-178.

[27] 王思怡：《何以定义：基于博物馆学与博物馆学者的视角——从〈博物馆学的历史：博物馆学理论核心作者〉出发》，《东南文化》，2020年第2期，第150—156页。

[28] 张俊龙、潘守永：《国际博物馆学四十年——基于〈博物馆学史〉的回顾与反思》，《文博学刊》，2021年第3期，第44—50页。

[29] 宋向光：《"孤木"与"丛林"——从博物馆是什么说起》，《东方考古》，2018年，第209—213页。

[30] Bruno Brulon Soares, ed., *A History of Museology*, p. 17.

《参与时代的博物馆与人类学》

Museums and Anthropology in the Age of Engagement

作者：克里斯蒂娜·克里普斯（Christina F. Kreps）

出版年份：2020

◆—— · 本书短评 · ——◆

博物馆人类学的最新力作。

述评人：尹凯

一、引言

相较于博物馆机构和人类学学科，博物馆人类学是一个相对晚近的产物。20世纪80—90年代，博物馆人类学在物质文化研究复归，批判博物馆学、包容与合作实践、人类学表征危机等因素的影响下逐渐兴起。[1]简单来说，博物馆人类学指的是"在博物馆实践的人类学"（anthropology practiced in museums）和"关于博物馆的人类学"（anthropology of museums）[2]。前者偏重操作与实践，后者侧重理论与批判，两者的结合意味着博物馆人类学对实践与理论的兼容。与博物馆人类学匹配的方法是博物馆民族志（museum ethnography），旨在调查和理解博物馆在社会中扮演的角色、制度历史，以及文化生产、消费和行动的实践和过程。[3]在本书中，克里斯蒂娜·克里普斯使用了多点民族志（multi-site ethnography）的方法，书写不同社会和文化情境中的博物馆，进而实现跨文化比较研究，回应全球互联的时代景观。

虽然作为分支学科的博物馆人类学和作为研究方法的博物馆民族志，对于沟通大学和博物馆、弥合学术人类学和应用人类学的关系至关重要，但是其发展却并不尽如人意。20世纪末，一些知名的博物馆学家纷纷指出，博物馆和人类学缺乏有效的应用和公众的参与。[4]为了在"社会相关、公共参与和对多元社区负责"[5]等方面发挥更加积极的作用，克里普斯积极呼吁在当代社会建构一种新的博物馆人类学。需要注意的是，克里普斯对新的博物馆人类学的设想兼具理论与实践两个维度。具体而言，她结合过去30年的学术研究和实践经历，不仅从历时性角度梳理了博物馆人类学的历史谱系和发展脉络，还从共时性角度，展现了不同社会文化情境中博物馆实践的相似性与差异性。最后，克里普斯探讨了新的博物馆人类学之于人类学学科和博物馆领域的价值，并提出了能够在博物馆与社区、博物馆机构之间建立互惠关系的合作博物馆学（collaborative museology）。

本书评将按照如下研究思路和框架展开：首先，梳理过去30年间学科领域内外的变化趋势，以此交代缘何需要一种新的博物馆人类学；其次，从时间维度梳理博物馆与人类学（尤其是应用人类学）的历史谱系和发展脉络；第三，描述和分析多点民族志的书写，发现不同情境中博物馆实践的异同；第四，从合作、关系、复数等关键概念，思考新的博物馆人类学在参与时代的价值。

二、缘何需要一种新的博物馆人类学

在本书的第二章，克里普斯详细论述了过去30年间博物馆人类学的趋势、目标和运动，主要包括批判与反思的博物馆学、物质文化研究的复兴、博物馆的去殖民化三个方面。[6]此外，第一章中有关参与时代的来临、博物馆与来源社区的合作、新博物馆伦理的讨论等内容，同样也在促使旧的博物馆人类学向新的博物馆人类学迈进。接下来，笔者将从上述几个方面，讨论参与时代缘何需要一种新的博物馆人类学。需要注意的是，我们既可以将这些方面看作新的博物馆人类学得以可能的影响要素和动力来源，也可以将其视为一种发展的产物，折射当代博物馆人类学的基本图景。

（一）参与时代及其内涵

作为人类学和博物馆学话语和实践中的关键概念，参与（engagement）一词由来已久，且曾经被不同领域的不同学者解释。[7]在分析既有认识的基础上，克里普斯更为关注的是参与生成的意义和关系，以及参与在不同时空维度的表达模式。回到博物馆人类学领域，克里普斯言简意赅地将参与理解为合作，尤其是博物馆与来源社区（source/originating peoples or communities）的合作。[8]作为博物馆人类学的基石和参与的当代表达，合作自20世纪90年代以来，便已经吸引了诸多学者的关注。相较之下，克里普斯试图用案例研究探究合作关系的复杂性、分层性，以及合作关系中的妥协和互惠现象。

对于博物馆和人类学来说，无论强调参与还是合作，最终不得不提的是，参与、合作的指向或对象究竟是谁。在克里普斯看来，参与或合作暗示的是博物馆的社会角色和公共参与，前者指的是自20世纪70年代以来，博物馆服务社会及其发展的总体趋势，后者指的是博物馆如何在微观层面，经由理论的反思和实践的形式关照社区。我们甚至可以说，"当代的参与可以被视为博物馆对话、联系社区，以及社区参与博物馆的多种方式"。[9]不同于现代博物馆在追求公民社会和民主化道路上发挥的作用，博物馆与社区的当代参与或合作，旨在对抗新自由主义、个体主义、地方感的丧失和商业化。

人类学伦理法则强调，博物馆人类学应当有益于共同合作的个体或社区，该法则深刻影响了当代博物馆人类学的实践，集中体现在互惠的基础原则、返还行动和保管工作中。[10]有趣的是，博物馆人类学伦理原则的变化不仅受到人类学伦理法则的影响，还与博物馆世界的"新"博物馆伦理息息相关。"新"博物馆伦理主张，博物馆伦理不是一套放之四海而皆准的普遍价值观，而是偶然的、相对的，需要根据社会变化的需求而变化。[11]很显然，这种新的伦理最大限度地承认与尊重了社区的自主性和多样性，重申了人而不是物的重要性。

（二）批判与反思的博物馆学

博物馆人类学研究中的批判性和反思性，与批判博物馆学的发展、博物馆研究的成熟密切相关。对于研究者来说，博物馆及其相关空间不仅能够发现收藏、展览、教育项目背后的内在过程，还可以触及文化表征的政治学、认同和国家建构、博物馆与社区关系、文化生产与消费的本质等议题。[12]对博物馆的批判性分析和理论性思考，意味将博物馆实践视为社会实践来研究，也就是说，敢于在传统惯例的基础上，重新思考博物馆在社会中扮演的角色。

无论是在后现代主义的理论思潮下，还是在博物馆殖民遗产的批判视野下，反思的博物馆学涉及自我意识和自我批判，这对于民主参与的意识觉醒、学术与实践的社会相关性都至关重要。[13]从根本上来说，批判与反思的博物馆学意味着一种从内而外的远离，在制造距离的过程中，质疑和解构那些习以为常的实践。与此同时，多点民族志和比较分析还可以在更大视域内，实现有关制度权力机构和组织等级关系的洞见。

（三）物质文化研究的复兴

国际学界对物件、物质文化兴趣的复苏，始于2003年《非物质文化遗产保护公约》的出台，不得不说，这是非常奇怪的现象。在笔者看来，物质文化研究的复归，远非强调物件无形性和非物质性的结果，而是旨在发现物件与不同群体之间的关系，更为重要的是，生成了对物件意义和能动性的复杂理解。[14]相较于20世纪80年代的物质文化研究思潮，21世纪以来物质文化研究的复兴，又被称为新的物质文化研究。前者侧重于重新发现人类学、博物馆领域内被遗忘的物件；后者则更为复杂，不仅要强调物件的主观性和能动性，还要探究其关涉的社会关系。

有关物质文化遗产的新洞见还在于强调物件的体验价值不在于物件本身，而在于其社会使用和环境情境。[15]换句话说，物件所在的知识体系、认识范式和文化情境,决定了物件的品质和意义。譬如说,在西方博物馆中,非西方物件要么被重新整合到科学、文化、艺术、历史等知识体系中,要么被凸显其视觉性和审美品质。无论是哪种情况,这些物件以一种完全不同于原初情境的方式,被观看和理解。有时候,物件会被化约为文化的表征,即象征着某种不可兼得的意义。然而,在某些原住民眼里,物件本身是独一无二、无可替代的,而且是有生命和精神的。所有这些情形都迫切呼吁博物馆与来源社区之间的沟通、对话和合作。

(四)博物馆的去殖民化

与社区等概念一样,去殖民化(decolonization)也是一个非常复杂且具有深厚谱系的术语。在博物馆领域,去殖民化旨在将博物馆转变为一个更加公正、公平的机构。如果要做到这点,博物馆的去殖民化就不仅需要承认殖民遗产的历史事实,还需要讨论博物馆如何在主导和压迫的权力结构中发挥作用。[16]虽然20世纪80年代之前,就有原住民和本土社区通过种种途径,推进去殖民化的进展,但是需要注意的是,我们不应就权力关系的变化感到自满,而更应该警惕包容和共享的合作背后,可能存在的新殖民主义风险。[17]

在克里普斯看来,博物馆的去殖民化有两重内涵:其一,承认收藏背后的历史和殖民过程,以此揭示西方博物馆概念、话语和实践中蕴含的欧洲中心主义意识形态;其二,承认和接纳现实世界中的多元声音和多种视角;其三,通过持续性的批判分析和坚定的行动,促成博物馆的变革。[18]与上述几个方面一样,博物馆的去殖民化最终指向的也是博物馆与社区的一种合作关系,与此同时,博物馆的去殖民化还呼吁挑战西方霸权式博物馆学(hegemonic museology),以此倡导基于本土和情景的本土博物馆学(indigenous museologies)[19]。

三、博物馆人类学:一种历史的眼光

在本书的第三章,克里普斯经由历史的眼光勾勒了博物馆和应用人类学的演变轨迹。[20]很显然,这不是一个全面而详细的历史回溯,也不是一种相对均质的历史书写。换句话说,其中既包含着平稳的连续历史,也包括危机和革新时刻。相较于学术人类学,博物馆和应用人类学都因其过于应用或缺乏理论而处于边缘地位。对此,克里普斯并不这么认为。她认为,正是因为这种持续的批评,使其具有批判与反思性,并允许它们产生广泛适用的理论。[21]更进一步来说,当代的博物馆和应用人类学,正在以某种有效的方式,丰富学术人类学的内涵。

接下来,笔者将从博物馆与人类学的分合、社区与公众的双重关照、博物馆人类学与应用人类学的合流这三个方面,剖析博物馆人类学的历史轨迹。

(一)博物馆与人类学的分合

虽然真正的博物馆人类学诞生于20世纪80年代,但是在此之前,博物馆与人类学的故事也非常重要。[22]1840—1890年,通常被称为人类学的博物馆时代,物件是该时期美国人类学的核心,主要的收藏渠道包括科学探险、田野工作、世界博览会、购买和贸易、私人捐赠。其中,与人类学关系最为紧密的就是所谓的"抢救民族志"(salvage ethnography)。1890—1920年是人类学的博物馆与大学并存的时代,人类学的教学开始在大学出现,与此同时,博物馆的很多研究员也在大学中教授人类学。1920年后是人类学的大学时代,人类学的研究方法和研究主题让人类学彻底远离博物馆。直至20世纪80年代,博物馆人类学才因为前文提及的原因,再次回到学界视野。

相较之下,应用人类学大体上也经历了共同的历史命运,且经历了从人类学学科中心到边缘的逆转。[23]自19世纪中叶以来,应用人类学就与殖民事业联系,服务于国家扩张或建设。在整个20世纪,无论是由政府还是大学倡导,应用人类学的主要任务要么是文化的同化,要么是规划和宣传。直到20世纪80年代,应用人类学由于之前殖民权力结构的影响,还一直处于人类学的边缘地位。幸运的是,应用人类学并未一蹶不振,而是在不断的质疑与批评声中,充分发挥了自身的潜力,这也是后文会论及的内容。

(二)社区与公众的双重关照

荷兰博物馆学家弗雷塞(H. H. Frese)曾敏锐地注意到人类学博物馆面临的双重困境,即人类学博物馆需要同时对来源社区和社会公众负责。[24]也就是说,作为机构的人类学博物馆和作为研究领域的博物馆人类学,除了需要应对博物馆所在社会的公众,还需要考虑被展示物件的来源文化和群体,即考虑是否充分表征了他者文化、展示的文化属于谁、谁有权决定阐释权等问题。

首先是公众教育的维度。虽然说,教育公众理解世界民族及其生活方式，是博物馆的主要功能和存在理由，但是公共教育的内容和形式，却一直是备受瞩目的话题。归根结底，博物馆的困境在于如何在为专家学者而设计、侧重知识的展览和为社会公众而设计、注重理解的展览之间，维持一种平衡。[25]如果更加复杂点来讲，这涉及如何处理科学、知识和娱乐之间的关系，而且这个问题由来已久。

其次是来源社区的表征议题。自20世纪60年代以来，北美地区的原住民开始抗议美国印第安文化与历史展示中的刻板偏见；挑战博物馆在排斥来源社区观点的前提下，表征原住民文化的权威；质疑博物馆对原住民祖先遗骸的收藏、展示与保管；要求博物馆归还人体遗骸、仪式和丧礼物件，以及文化遗产。除了促成主流博物馆的实践变革，原住民还开始建立自己的部落博物馆和文化中心，以此改善社区状况、促成文化复兴。[26]这些现象都意味着社区地位的提升，以及对参与和合作的渴求。

（三）博物馆人类学与应用人类学的合流

博物馆人类学与应用人类学的合流，不仅因为它们都处于学术人类学的边缘，还与两者对有用性、公共性和参与性的天然兴趣密切相关。

虽然人类学的田野工作的研究方法，决定了人类学的现实根基，但是人类学学科却因为理论和主题的过度分化、日益封闭，而远离日常生活。无论被称为应用人类学还是公共人类学，它们都能够兼顾知识的公共性，即成为沟通学术研究和社会公众的桥梁。在克里普斯看来，公共人类学的潜力不在于聚焦具体的实践性问题，而涉及知识的共同建构、向多元公众的知识传播，以及采取适当的、多种形式的干预。[27]在博物馆领域，强调社会相关性的观点由来已久，即博物馆如果能够理解或解决问题，就应该积极地采取善意的行动。为此，克里普斯以"精神之歌：加拿大第一民族的艺术传统"（*The Spirit Sings: Artistic Traditions of Canada's First Peoples*）展、"深入非洲之心"（*Into the Heart of Africa*）展为例，阐明了博物馆回应社会议题的责任。[28]

当博物馆人类学和应用人类学合流之后，以参与为己任的人类学，不仅继续关注公共议题、开展社会批评、倡导合作和行动，还能够在最大限度上弥合理论与实践、学术与应用的鸿沟。

四、博物馆民族志：跨文化的比较研究

本书的第四章和第五章，分别以荷兰和印度尼西亚的博物馆实践为案

例，分析不同情境下博物馆与社会—历史情境之间的关系，以及博物馆的公共角色是如何被认识的。在论述过程中，克里普斯不仅横向比较了美国、荷兰和印度尼西亚博物馆的使命和角色，还勾勒了博物馆在荷兰和印度尼西亚的历史变迁和发展轨迹。这种思考博物馆的方式，在理论层面构成了"适用博物馆学"（appropriate museology）的基础。

（一）荷兰的博物馆人类学及其叙事转向

为了探究在表征非西方文化上与美国的人类学博物馆有何不同，克里普斯于1987年来到荷兰，并发现了两者的相似性与差异。[29]就差异及其来源而言，荷兰的博物馆性格与殖民主义和后殖民主义的宏大历史相关，因此应该由这一角度入手，理解荷兰博物馆实践的特点和博物馆人类学的建构。

无论是追溯到17世纪早期，还是19世纪前后，荷兰的人类学博物馆与荷兰帝国的扩张和随后的殖民主义，都有着不可分割的联系。[30]简单来说，荷兰的人类学博物馆既是殖民主义的产物，也是殖民主义的工具，其基本使命在于促进殖民主义发展。以热带博物馆（tropenmuseum/tropical museum）及其前身殖民博物馆（colonial museum）为例，它们的目的主要有如下两个方面：收藏和展示世界范围内的原材料和产品，鼓励对殖民地自然资源和农产品的商业开发；收藏和展示殖民地的人工制品，让荷兰公众了解殖民地的生活和荷兰王国的伟大成就。[31]第二次世界大战之后，荷兰的殖民地领土彻底丧失，相应地，殖民地博物馆不得不重新定位其目的与活动。20世纪60年代，荷兰政府为"第三世界"的发展项目提供更多资源，博物馆展览开始追求以一种更加真实的方式，展示第三世界人们的形象。相应地，热带博物馆的展览策略发生了变化：其一，向荷兰民众展示世界范围内人类的基本关切，比如饮食、建筑、健康、就业、和平；其二，展示与人类生活息息相关的政治、经济、社会和文化发展的过程；其三，强调发达国家和发展中国家相互依赖的关系。[32]这种全方面的变化不仅表明荷兰的博物馆的发展轨迹是由殖民主义和去殖民化叙事框定的，还意味着博物馆的使命和定位从证明殖民的合法性、资源剥削，向促进跨文化理解和国家合作的转变。

虽然热带博物馆已经在去殖民化方面取得了一定的进展，但是并没有止步于此。20世纪90年代以来，热带博物馆开始重新审视其殖民遗产，一改前一阶段将过去与殖民时代有关的藏品秘不示人的做法，转而重新审视、研究和展示这些藏品，以此促成一种新关系的建立。[33]由此可见，去殖民化是一个始终都不会完结的过程。

（二）印度尼西亚博物馆的混杂与摩擦

相较于欧美等发达国家，发展中国家博物馆的情况更加复杂，即全球化、国际联系与本土的传统，始终处于矛盾、协商与摩擦中。在这种情况下，一些问题就变得颇为棘手：发展中国家在不同历史时期如何看待博物馆？博物馆如何被发展中国家理解？博物馆的实际工作是什么样的？理想中的博物馆应当是什么样的？克里普斯从历史梳理和个案研究两个方面回应了上述问题。

印度尼西亚博物馆的历史最早可追溯到17世纪荷兰联合东印度群岛公司的活动，1800年，荷兰政府取代公司，正式成为群岛的政治经济掌控者。在殖民时期，人类学和博物馆主要为殖民政策和殖民管理服务。1945年，印度尼西亚共和国宣布独立，博物馆走上去殖民化的道路，其任务是服务于人们及其发展。在随后的发展过程中，博物馆事业被政府全权负责，且成立了博物馆协会。在国际博物馆界的影响下，博物馆协会不仅为全国博物馆提供指南和标准，还为博物馆工作人员提供培训。[34]

也就是说，在20世纪90年代，荷兰的殖民形象、独立后的印度尼西亚，以及荷兰作为援助者的角色，这些内部和外部的力量相互交织，并且持续不断地影响着印度尼西亚博物馆。为了考察它们的复杂关系，克里普斯在中加里曼丹省级博物馆——巴兰加博物馆（Museum Balanga）进行了18个月的田野工作：观察和记录工作人员如何收集、记录、研究、解释、保存和展示中加里曼丹的文化遗产；进行社区调查和参与观察，了解博物馆工作人员和当地社区对博物馆的看法和兴趣。[35]克里普斯的研究有如下三个方面的发现：其一，与印度尼西亚缺乏博物馆意识（lack of museum-mindedness）且急需培育的官方看法不同，克里普斯认为，博物馆工作人员和社区成员是具备博物馆意识的，只不过这是一种与西方博物馆风格不同的本土理念和实践。其二，通常情况下，博物馆实践的专业化、国际化、现代化被认为是一种进步，但是在克里普斯看来，传统价值观、地方的文化表达才是一种能够实现社区参与的替代性路径。其三，巴兰加博物馆和其他国家赞助的博物馆所面临的问题，更多地与国家博物馆系统的官僚主义及其自上而下、权威的博物馆管理和发展方式有关，而不与印度尼西亚人们缺乏博物馆意识有关。[36]

在有关印度尼西亚的博物馆民族志研究中，克里普斯采取宏观与微观、历史学和人类学交叉的研究方法，为我们呈现了博物馆理念与实践的混杂与摩擦。这种复杂的多样性、关系性，为接下来克里普斯有关合作博物馆学的论述奠定了基础。

五、合作博物馆学：未来的展望

虽然最后两章的内容依然有大量的项目介绍和案例分析，但是在笔者看来，这些内容与其说属于博物馆民族志的范畴，毋宁说是对抽象理论的阐发和建构。与之前比较博物馆学、适用博物馆学的概念不同，克里普斯在本书中提出了另外一个概念，即合作博物馆学，这不仅意味着对博物馆实践和理论更深层次的理解，还成了未来博物馆人类学的重要着力点。

作为丹佛大学/印度尼西亚博物馆发展交流项目，达雅克·伊卡特编织项目（Dayak Ikat Weaving Project）和普萨卡·尼亚斯博物馆（Museum Pusaka Nias）的合作项目，向我们揭示通过国际关系和合作能够实现何种目标。[37]为了避免标准化和专业化的弊端，克里普斯基于情境特殊性、文化敏感性等方法，优先考虑地方需求、社会经济状况、文化价值和意义，并据此发展了能够挑战以欧洲为中心的博物馆学霸权的适用博物馆学。[38]需要指出的是，克里普斯的适用博物馆学虽然是开放的，并不拒斥国际或全球的交流、互动，但是其核心依旧在于发现本土理念和实践的价值。相较之下，合作博物馆学则更进一步，因为其核心是在跨文化遭遇的各种情形中，寻找可以建立关系的可能性，进而发展一种参与的、互惠的、平等的伙伴关系。

在基于印度尼西亚的田野调查和项目实践，提出合作博物馆学的概念后，克里普斯不仅试图将其理论建设和基本方法普遍化，还试图验证参与和合作对于人类学和公共性的价值。为此，克里普斯以博物馆人类学史密森学会夏季研究院，以及布朗大学的人类学博物馆、英属哥伦比亚大学的人类学博物馆、丹佛大学的人类学博物馆等高校博物馆为例，讨论了学术人类学和博物馆人类学之间，研究、教学、公众、社区之间的相互理解、彼此合作是如何成为可能的。[39]此外，克里普斯还描述了她与艺术家之间的合作项目，以此说明物件或收藏是如何被重新阐释的，这不仅暗示着一种替代性的历史叙事，还意味着不同学科和领域边界的松动。[40]

在结语部分，克里普斯看似已经通过理论的建构，超越了博物馆人类学的范畴，实则不然。一方面，博物馆或博物馆人类学构成了克里普斯窥探与发现人类学问题的棱镜；另一方面，博物馆在世界范围内的广泛存在和急剧增长，也暗示了博物馆应对问题的潜力。用克里普斯的话来说就是"博物馆人类学已经成为一个产生广泛适用的理论和方法的场所，以及开展基于伦理和社会责任实践的模型"。[41]

最后，克里普斯在探讨博物馆人类学的未来发展前景时，给出了如下可供参考的路径：首先，尽可能承认与尊重差异，也就是说，世界上存在多种博物馆、价值观和宇宙观；其次，在不回避差异的前提下，时刻考虑关系、参与和合作，即实现相互理解和团结。最后，强调社区参与和公众相关的同时，不要陷入微观的博物馆关系圈子，而要时刻保持对全球化、国际互联的关照。

（尹凯，山东大学文化遗产研究院教授，研究方向为人类学、博物馆研究、遗产研究。）

注释：

[1] 尹凯：《译者导读：迈向批判与反思的博物馆人类学》，迈克尔·埃姆斯：《博物馆、公众与人类学：博物馆人类学论集》，尹凯译，北京：科学出版社，2010年，第xiv页。

[2] 弗洛拉·卡普兰：《博物馆人类学的理论要义》，牛菊奎、王军杰译，潘守永校，庄孔韶编：《人类学经典导读》，北京：中国人民大学出版社，2008年，第206页。

[3] Christina Kreps, *Museums and Anthropology in the Age of Engagement*, New York and London: Routledge, 2020, p. 6.

[4] Ibid., p. 1.

[5] 同注4。

[6] Ibid., pp. 36-77.

[7] Ibid., p. 10.

[8] Ibid., p. 11.

[9] Ibid., p. 12.

[10] Ibid., p. 21.

[11] Ibid., p. 22.

[12] Ibid., p. 39.

[13] Ibid., p. 40.

[14] Ibid., p. 42.

[15] Ibid., p. 44.

[16] Ibid., p. 51.

[17] Ibid., p. 49.

[18] Ibid., pp. 52-53.

[19] Ibid., pp. 48-56.

[20] Ibid., pp. 78-113.

[21] Scarlett Engle, "Book Review", *Museum Anthropology*, 2023, 46, p. 119.

[22] Christina Kreps, *Museums and Anthropology in the Age of Engagement*, pp. 82-86.

[23] Ibid., pp. 99-102.

[24] H. H. Frese, *Anthropology and Public: The Role of Museums*, Leiden: E. J. Brill, 1960, p. 97.

[25] Christina Kreps, *Museums and Anthropology in the Age of Engagement*, pp. 86-89.

[26] Ibid., pp. 96-99.

[27] Ibid., p. 104.

[28] Ibid., pp. 91-94.

[29] Ibid., pp. 114-116.

[30] Ibid., p. 119.

[31] Ibid., pp. 123-125.
[32] Ibid., p. 128.
[33] Ibid., pp. 140-145.
[34] Ibid., pp. 158-164.
[35] Ibid., p. 166.
[36] Ibid., pp. 165-179.
[37] Ibid., p. 218.
[38] Ibid., p. 186.
[39] Ibid., pp. 232-250.
[40] Ibid., pp. 250-255.
[41] Ibid., p. 227.

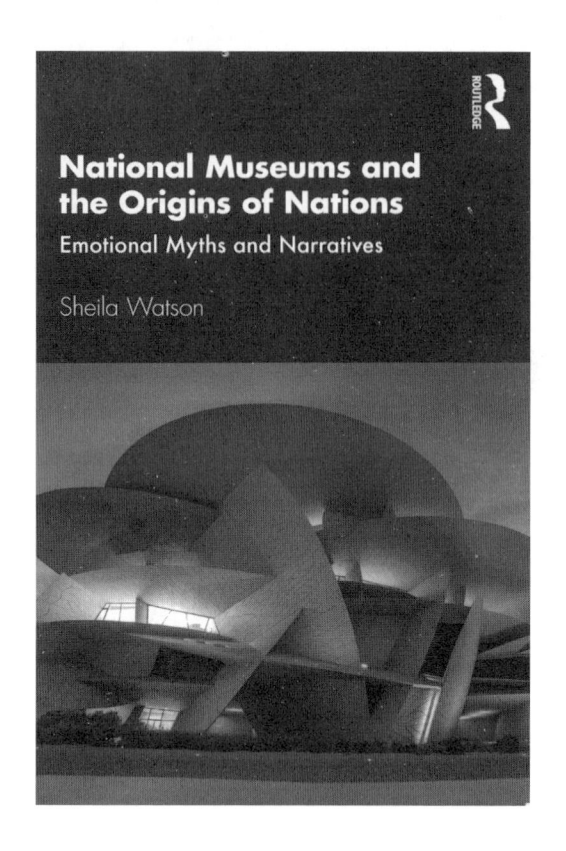

《国家博物馆与国家起源：情感的神话和叙事》
National Museums and the Origins of Nations: Emotional Myths and Narratives

作者：希拉·沃森（Sheila Watson）

出版年份：2020

◆—— · 本书短评 · ——◆

阐明了博物馆为何是现代国家不可或缺的一部分。

述评人：田田

诞生于18世纪后期的公共博物馆与民族—国家的建立、社会公众的孕育相伴而生。这种时代背景在无形中注定了，作为一种文化机构的博物馆与国家认同的形成和巩固，存在非常紧密的关系，甚至可以说是国家"教化"公民的一种工具。在过去两个世纪的岁月长河中，博物馆通过收藏和展览，呈现国家独特的历史轨迹以及贯穿历史的基本特性始终未变。[1]换句话说，自诞生以来，博物馆就被用来存放国家遗产，以此创造国家身份。

20世纪后半叶，国家认同的议题被全球化的变革力量带到了学术话语的最前沿，虽然有关国家认同的概念充满问题和争议，但是在社会和文化研究领域，博物馆与国家认同不可分割地联系在一起，即博物馆经由收藏、展示和阐释，建构了国家的认同。[2]在关于博物馆与国家认同、博物馆的政治性的相关论述中，米歇尔·福柯影响深远。在博物馆领域，托尼·本内特曾以福柯的理论为出发点，阐述了博物馆的"文化治理"功能。[3]然而，这些批判性研究大多从外部观察博物馆，这使得对博物馆具体参与国家认同建构的过程缺乏深入探讨。就此而言，本书在一定程度上弥补了这种不足。

2010—2013年间，希拉·沃森（Sheila Watson）参与了欧盟第七框架资助的"欧洲国家博物馆：身份政治、过去的运用以及欧洲公民"（European National Museums: Identity Politics, the Uses of the Past and the European Citizen）项目，开始研究国家博物馆、展览中的国家起源叙事、博物馆对公众的影响。其后数年，沃森以多种方式，陆续访问欧洲以外的国家和地区，并借机参观各种类型的"国家博物馆"。由此，她不仅成功地将其研究视角扩展到亚洲、美洲和大洋洲，还印证了其相关的理论假设。由此，沃森有关国家博物馆及其国家起源叙事的研究便不再局限于欧洲，而具有某种普遍价值。

需要注意的是，沃森对欧洲以外的大部分国家博物馆的调查与研究，仅以普通观众的身份进行。尽管她是一名资深的博物馆理论家、管理者和实践者，但大部分调查仅从观众立场出发，且受语言文化背景差异的影响，其观感与认识难免有偏颇之处。此外，沃森也坦承"作为一名来自英国的白人女性学者，我对展品的情绪反应会有无意识的偏见和偏好"[4]。不过，她认为这并不会妨碍这项研究的意义，博物馆的叙事与功能，正是通过观众的感受才得以实现。

除前言和结语外，本书大体可分为两个部分：第一部分（第二至五章）主要结合理论与案例，分析博物馆进行国家建构的不同路径；第二部分（第六至九章）则主要结合案例，分析国家博物馆中起源神话的不同类型和叙事方式。本文将遵循原书的逻辑框架，率先介绍与之相关的基本概念，随后重点评述国家博物馆如何运用起源神话建构国家认同。

一、概念的界定："国家"与国家博物馆

本书大部分时候用"nation"一词来指称"国家"，与其主要的研究对象"国家博物馆"（national museum）对应。在单独使用时，"nation"一词还可翻译成"民族"，以区别于作为state的"国家"。在一些西方政治学者看来，现代意义上的国家就是民族国家（nation state），然而，nation、state和nation state这三个概念在理论和实践中常常混用。

沃森在界定研究对象时，引述西方政治学者的观点认为，"民族（nation）可以被说成是国家（state），或者反过来，国家也可以被说成是民族。有时候，民族又被说成是民族国家"[5]。虽然三个概念之间存在混用，但本文提到的"国家"如无特殊说明，对应的原文均是"nation"，强调对国家概念的理解。沃森认为，作为一种意识形态的建构，国家因国民的同意而存在。[6]国家之所以能够长久存在，部分原因在于创造了一种将人们联系在一起的认同感。这种基于情感的认同一旦建立，就会在国民中代代相传，相应地，这个国家就会成为其国民心中的现实形式（form of reality）。

本书所说的"国家博物馆"是指那些"藏品和展览主张、阐明和表征主流民族的价值、神话和现实"的博物馆。从管理和资金来源来看，"国家博物馆"的类型也多种多样：有的由国家政府直接出资和管理；有的由独立受托人管理；有的有区域性的管理系统和资金来源。但只要一家博物馆声称"为国家的利益而展示国家的故事"，那么它就是本书指涉的"国家博物馆"[7]。

从历史上来看，许多国家博物馆产生于19世纪民族国家的创建过程中。国家通过建设一系列机构自证其合法性，博物馆就是这些机构之一。博物馆（特别是国家博物馆）由此发展出一套向国民和游客解释国家的方法。[8]有趣的是，学术界并未就国家的起源，形成有说服力的共识，却在国家博物馆为国家合法性提供有力支撑方面取得了很多共识。概括而言，

它们采取的策略大致包括两种，一是声称古老，即追述国家光辉的过去；二是展示发展，即通过技术、艺术和文化表达，将国家与文明进步联系。[9] 因此，具有"国家博物馆"属性的博物馆，大部分是历史或考古博物馆。但是国家博物馆的收藏与展示范围却并不局限于此，而是广涉几乎所有与国家相关的事物[10]：技术、科学、自然历史、民俗、艺术、人类学、考古学、地质学、地理学、气候、设计、战争、摄影、工业等。

国家博物馆的重要职能是为国家叙事提供支撑。世界上没有一个国家能够凭空产生，这些国家无不通过追述遥远的历史自证合法性。尽管我们知道，世界上许多国家的起源相当晚近。但对于那些新兴国家来说，古老就相当于合法性。[11]各个国家都有关于自身起源的叙事，这些故事或许有一些科学基础，但往往具有神话色彩，与其说是关于国家过去的状况，毋宁说是关于人们对于今日国家的期许。其中，大多数具有神话色彩的起源故事都深入人心，成为公民身份认同的助推剂。本书关注的重点在于博物馆如何展示、阐释和表征这些关于国家起源的叙事，及其意在引发怎样的公民情感。[12]

二、国家博物馆如何服务于国家建构

沃森认为，国家与国家博物馆是"不可分割"的。作为展示国家文化形象的机构，国家博物馆既要展示国家的力量、声望和国际地位，也要展示国家的独特性。

具体而言，如果一个国家富裕，那它就会出资建立一系列文化机构，展示其国家地位，比较典型的例子是卡塔尔国家博物馆（National Museum of Qatar）。尽管卡塔尔建国时间很晚，但其国家博物馆却致力于"展示卡塔尔及其人民从古至今、走向未来的独特故事"。通过展示史前藏品，卡塔尔国家博物馆向观众传达人们在这片土地上生活了数千年的信息。如果一个国家较为贫穷，这通常也不会妨碍其花钱建造新的国家博物馆，例如北马其顿政府投入巨资新建的国家考古博物馆（National Archaeological Museum of Macedonia）。该博物馆用大量史前和古典时代的收藏向人们展示，马其顿自古以来就是一个独立国家，而非保加利亚、希腊或者塞尔维亚的一部分。如果一个国家没有足够的藏品建立一座世界知名的历史或考古博物馆，那么它通常会选择引进一个世界性的博物馆，例如阿布扎比卢浮宫（Louvre Abu Dhabi）。阿布扎比借此将自身打造为世界文化的提供者和消费者,通过借鉴古老文明的经验,确立文明的地位。[13]

概言之,国家博物馆试图以各种方式确立国家在当下和未来的合法性。能够做到这一点主要得益于如下两点:其一,博物馆因其收藏功能和实物证据,具有天然的权威,即人们倾向于认为博物馆里的东西是"真的"(real and the truth)[14];其二,博物馆本身的历史越是悠久,这种权威性就越强。[15]总而言之,国家博物馆充分发挥长处,以丰富的藏品和自身的历史,服务于国家建构。接下来,笔者将梳理国家博物馆构建国家认同的几种常见方式。

(一)根据需求重塑国家认同

关于国家的叙事、历史和神话不是永恒不变的,相反,它们时常会根据现实的社会需求、政治压力做出调整或重构。换句话说,国家博物馆通常会以呈现过去的方式,回应当下的需求。例如,为了彰显自身的基督教身份、抵御奥斯曼土耳其人,21世纪初的匈牙利国家美术馆(Hungarian National Gallery)和匈牙利国家博物馆(Hungarian National Museum)隐去了少数民族和伊斯兰教的历史,将匈牙利描述成一个种族同质的基督教国家。[16]在中左翼工党政府任期内规划建设的澳大利亚国家博物馆(National Museum of Australia),选择同情原住民的立场,然而,博物馆建成开放后,更保守的中右翼自由党政府上台执政。最终结果是,展览未能通过政府审查,馆长也被解雇。大英博物馆(The British Museum)将移民当作罗马统治对英式生活(British life)的积极贡献,反映了其支持现代移民的立场。加拿大历史博物馆(Canadian Museum of History)淡化原住民社会中的奴隶制,着重展示其艺术和工艺成就。[17]

国家博物馆依靠看似客观公允的藏品,构筑关于国家的叙事,展出的丰富藏品意在向人们传达其展示的是"关于一个国家过去的真相"[18],以此激发国民的共同体意识和对国家的忠诚。但实际上,作为社会记忆的方式之一,国家博物馆也同个人一样,具有选择性和偏向性。这种突出国家特有的社会文化实践,而忽略其受其他文化影响的做法,正是国家博物馆在国家建构中通常采取的策略。[19]堪培拉的澳大利亚国家博物馆几乎将英国对现代澳大利亚的影响全盘抹去,以符合澳大利亚人民对于自身认同的想象。沃森认为,这并不奇怪。早有学者指出,"澳大利亚历史学家已经放弃了对欧洲影响的研究,而专注于原住民和澳大利亚与北半球的不同之处"[20]。

（二）调动情感建构国家认同

国家博物馆最重要的使命在于充分运用考古学、自然史、艺术史、地质学等领域的证据，以有实物支撑的历史叙事唤起国民情感，以此建构国家认同。[21]情感体验既是个人化的，也是社会文化习俗的产物。受此影响，人们会对特定事件产生特定的情感体验。由于国家在一定程度上由国民的忠诚和承诺维系，因此，激发人们的情感有助于塑造国家身份。在国家博物馆中，事件、叙事、展品和人物不仅能激发观众的情感，还能够增进国民的团结。[22]这为国家博物馆通过激发民族情感，讲述国家故事、建构国家认同奠定了基础。

总体而言，国家博物馆激发民族情感的策略主要包括正反两个方面。一方面，用展品讲述关于国家的故事，其中包括用新的方式重塑传统故事，以此阐明国家的民族性格（character of nation），激发观众对所属国家的正面情感，增强观众对于国家的身份认同感。[23]为达此目的，博物馆展览通常采取"排他"的叙事方式，如马耳他国家考古博物馆（National Archaeology Museum of Malta）在"100件物品中的马耳他历史"展览中，竭力淡化阿拉伯穆斯林在历史上的影响。[24]另一方面，尽量避免引起观众的负面情感，即在大多数情况下，注意在展览中回避不够光彩的历史。2007年，为纪念《废除奴隶制法案》通过200周年，包括国家博物馆在内的不少英国博物馆，举办了展览，通过展示奴隶制的残酷代价，鼓励人们反思英国参与奴隶贸易的历史。这些展览备受争议，因为许多观众不愿与负面历史产生联系。[25]

博物馆可以运用声音、光线、空间等展览技术和手段，对观众的感受施加影响。由于观众的感受具有即时性、多变性，且容易受到诸多因素的影响，因此，博物馆并不能保证展览对所有观众都产生同样的影响，也不能保证展览设计会如其所愿，传达特定的情感。[26]观众感受的不稳定性，也使得相关研究的开展异常困难，因此，关于国家博物馆激发民族情感效果的研究相对匮乏。

（三）动用学术佐证国家认同

博物馆之所以能够创造一种对观众来说似乎是真实的国家起源，是因为其依靠的是历史、叙事和神话之间的相互勾连。实实在在的藏品和严肃的学术研究，使得国家博物馆有关国家认同的叙事看起来具有权威性和真实性。然而，这并不意味着博物馆是绝对客观、公正的。

对此，沃森引述澳大利亚国家博物馆历史策展人马修·特林卡（Mathew Trinca）的观点，指出博物馆工作人员常常采用具有工具性色彩的学术叙事，遵循学术文献中的概念和想法，适应当下的政治需求。[27]概言之，在沃森看来，博物馆展览是在既定的叙事框架里摆上相应的展品，而非由展品出发，构建叙事脉络。

沃森认为，作为一种现代性的工具（instrument of modernity），国家博物馆是为证明国家的存在创建的。而且在现实世界中，国家博物馆却将国家描绘成从来如此、一直如此的样子。[28]毫无疑问，国家博物馆在这方面大获全胜，它讲述的国家起源故事之所以可信，某种程度上是因为人们根本不质疑国家的存在。博物馆专业人员和博物馆工作人员用文化、地理、地质特征、历史和考古，证明国家的特殊性，用传世文献和考古发现，增加起源故事的可信度。甚至可以说，"国家之所以如此，部分原因就在于它有一座博物馆来证明这一点"[29]。国家博物馆讲述的国家起源故事，可能会随时代变化不断调整，这种变化可能受到政治需求和公众关注点变化的影响，但它们始终以"无可争议的事实"的面貌示人。[30]

三、起源神话的类型和叙事

如前所述，讲述国家的起源神话是国家博物馆建构国家认同的重要路径。大多数博物馆在讲述国家的起源神话时，总是将国家的开端追溯到遥远的过去，甚至早到文字出现之前。[31]在现实的技术层面，国家博物馆通常会运用空间、时间、民族性格、宗教等要素，编织和讲述国家起源的故事。

具体而言，博物馆会在展厅的空间中布置大型的照片，尤其是考古现场的照片，以强化一种土地、人民和神话联结一体的感觉。在大英博物馆中，欧洲史前展厅的尽头，是一幅巨石阵剪影的大型照片，人们由此可以想象彼时尚不存在的国家。几千年过去了，这一景观当然发生了变化，但它仍然象征着逝去的时间、民族意识和神话起源。[32]当然，博物馆也会操纵时间。为了实现国家历史的连续性，博物馆通常利用建筑空间——新的展厅、楼梯或者电梯——让观众在移动中不知不觉跨过断裂的时间线。[33]在国家博物馆的叙事中，民族性格也是比较常见的要素。爱丁堡国家历史博物馆将苏格兰人描绘成伟大的战士，并为之感到骄傲。由此，对其民族性格的描绘和强调，得以贯穿从罗马到中世纪、再到维多利亚时期的漫长时段。相较而言，宗教起源在博物馆中表现得较为隐晦。不过，基督教一直是欧洲国家建设的基本要素，特别是东欧在20世纪90年代以后出现的宗教复兴，迄今，宗教仍然是许多欧洲国家民族认同的关键部分。[34]

无论采取何种方式，博物馆中比较常见的起源神话有如下几种类型。

（一）基于战争的起源神话

战争在许多国家的起源神话中占据着一席之地。许多国家将一场特定的战役或战斗作为建国的开端：澳大利亚1915—1916年间参加的加里波利战役、加拿大1917年参与的维米岭战役、土耳其1453年灭亡拜占庭帝国的君士坦丁堡战役、马耳他1565年遭遇的马耳他之围、英国1805年赢得的特拉法尔加海战和1940年击退纳粹空军的不列颠之战、塞尔维亚1389年陷于土耳其的科索沃战役……

这些战争不一定取得了胜利，甚至不一定具有决定性或产生深远影响。然而，无论成败荣辱，这些战争都是国家起源神话中浓墨重彩的一笔。像挪威抵抗博物馆（Norway's Resistance Museum）展示的那样，1940年，挪威领导人逃亡英国，抵抗的故事从流亡政权开始。英国首相丘吉尔在广播中代表挪威发言，英国的战斗变成了挪威的战斗、英国的胜利也变成了挪威的胜利，最终的解放见证了挪威的独立和重生。[35]

沃森参观了上述提及的相关博物馆，不仅从研究者的角度观察其展览叙事，也从观众的角度感受展览带来的影响。[36]换句话说，对于这些经由战争讲述起源神话的博物馆来说，观众们的体验究竟如何呢？

伊斯坦布尔军事博物馆（Military Museum in Istanbul）的展览大部分以说教的方式，讲述战争成功和征服的故事，几乎没有任何解释和阐释。位于烈士纪念大道的澳大利亚战争纪念馆（Australian War Memorial Museum）在选址方面，就暗示了其展示意图。[37]2015年，沃森在与澳大利亚本国观众交流时发现，英国人和澳大利亚人对这场二者都参加过的战争，有截然不同的看法。该博物馆将参加战争的本国军队塑造成英雄主义的化身，以此作为他们脱离殖民地身份、成为独立国家民众的标志[38]、加拿大战争博物馆（Canadian War Museum）放映了一段亲历者讲述维米岭战役的视频。但在看到这段视频之前，观众必须经过战争场景复原陈列，其中包括充当士兵尸体的假人。沃森坦言，在经过这些场景后，观众往往被战斗和死亡场景震撼，从而"丧失了批判性思考的能力"[39]。

概言之，博物馆通过简化展览叙事、创设体验场景等方式，强化战争

《国家博物馆与国家起源：情感的神话和叙事》　359

与国家起源神话之间的关联。这种叙事方式能够引发本国观众的共鸣，同时也将外国观众排除在外。

（二）基于共同祖先的起源神话

在沃森看来，共同祖先指的是"通过基因和文化共性联系起来"的群体。[40]需要注意的是，共同祖先既是事实性的，也是想象性的。换句话说，这一概念兼具生物意义上的种族和文化意义上的民族。尽管那些将国家视为现代发明的学者认为，具有共同祖先、长期生活在同一地区，且基于亲属关系而联结成社群的观念不值一提，但他们也不能否认，共同祖先的概念是一种将各国人民团结起来的强大神话。[41]正如上文所述，共同祖先不仅停留在"血缘关系"层面，也意味着某个群体在文化观念方面具有的共性，比如采取相同的纪念活动、举行相同的仪式。[42]

瑞典历史博物馆（Swedish History Museum）的史前史展厅运用声音、光线、空间的建构，以及展板文字等信息，为观众营造一种古今相关的叙事。这种叙事运用图像和空间向观众暗示，一群人在很长时间内，生活在这片土地上，由此引发观众对于共同祖先的想象。[43]为了展现民族的古老与悠久，伊斯坦布尔军事博物馆在展厅入口处展示了一张巨大的土耳其人家谱。这座博物馆遵循现代土耳其奠基人凯末尔（Mustafa Kemal Atatürk）的观点，将土耳其早期的历史叙述为来自中亚的突厥人带来的不同于但也不亚于基督教欧洲的文明形式，继而阐述奥斯曼帝国苏丹的衰落和现代民族国家的诞生。这座博物馆的叙事隐去了当代土耳其人口复杂的多民族血统，从而构建与奥斯曼帝国关联的单一民族身份。[44]

沃森在调研中发现，欧洲大多数博物馆都采用了以特殊的共同祖先解释国家起源的模式，比如德国、罗马尼亚、阿尔巴尼亚、匈牙利和爱尔兰的博物馆，都对生活在各自版图上的古代祖先表现了热情。

（三）基于原住民的起源神话

由殖民地独立而来的移民国家的博物馆面临一项重大的挑战，即如何在官方认可的国家起源神话中讲述充满暴力、种族主义、屠杀和剥削的原住民历史。当代博物馆在这方面已经取得了长足的进步，即以平等的方式呈现不同文明，但仍然无法避免将原住民描述为落后或原始的形象。

世界各地的国家博物馆为描述原住民在国家形成过程中扮演的角色费尽心思，大体摸索出六种基本操作方式：一是忽略，只在叙述特定事件的时候提及原住民，原住民既为殖民者提供帮助，也得益于殖民者带来的改变,典型代表是蒙特利尔法裔加拿大人博物馆(French-Canadian Museums in Montreal);二是采取平行叙事,为原住民留出属于他们的空间,这种模式将原住民的故事作为一个组成部分,纳入更大的国家故事,典型代表是加拿大历史博物馆(Canadian Museum of History)和澳大利亚国家博物馆;三是突出原住民的某些特征,并将其作为整个民族和国家的共同特征纳入主导叙事,典型代表是加拿大战争博物馆;四是将原住民作为国家的创始成员,从而将国家的历史追溯到殖民者到来之前,典型代表是墨西哥和新西兰的国家博物馆;五是将原住民视为无辜的受害者,他们依恋自己固有的生活方式,且在现代国家中处于不利地位,典型代表是澳大利亚的国家博物馆;六是侧重原住民的艺术和历史遗迹,用以展示文明多样性,典型代表是墨西哥的国家人类学博物馆(National Museum of Anthropology)。

沃森指出,上述所有模式不约而同采取了一种"浪漫主义"的观点,即认为原住民野蛮而又纯洁,与现代文明对立。[45]事实上,这不过是西方文明傲慢的想象。

四、结语

大多数国家博物馆都试图将国家的起源向尽可能遥远的古代追溯,比如墨西哥的国家博物馆将阿兹特克人视为国家的创始者,从而让国家的历史延伸到古代。无论一个国家经历怎样的屈辱,只要它能够展示古老的历史渊源,那么它就可以宣称自身拥有顽强的生命力。从某种程度上说,古老的历史是一个国家在当代享有独立地位的一种"背书"。例如,苏格兰国家博物馆将苏格兰民族的概念追溯到地质时代。苏格兰最古老的岩石有约34亿年的历史,是欧洲已知最古老的石头,任何古老的东西都在时间的冲刷下消失了,"我们没有证据表明苏格兰的早期历史"恰恰隐喻了苏格兰的永恒。[46]

尽管在一些知识分子看来,民族国家和民族主义是造成战争和偏见的主要原因。但在现实世界中,民族国家及其认同仍然在蓬勃发展,并一以贯之地通过博物馆进行自我宣传。在沃森的研究中,世界各地的博物馆都在用过去的神话和叙事论证当下的政治观点,讲述片面、自负、毫无争议的起源神话。

在本书的最后,沃森指出,由于缺少观众反馈的相关研究,目前还无法评估国家博物馆中关于国家起源的叙述究竟产生了怎样的影响。她将问题抛回给读者和观众——这样的叙事在21世纪是否还合时宜？

（田田，理学博士，中国国家博物馆副研究馆员，主要研究方向为中国近现代科学技术史、博物馆学。）

注释：

[1] 沙伦·麦克唐纳：《博物馆：民族、后民族和跨文化认同》，尹庆红译，《马克思主义美学研究》，2010年第2期。
[2] Fiona Mclean, "Museums and the Construction of National Identity: A Review", *International Journal of Heritage Studies*, 1998, 3(4), pp. 244-252.
[3] Tony Bennett, *The Birth of the Museum: History, Theory, Politics*, London and New York: Routledge, 1995.
[4] Sheila Watson, *National Museums and the Origins of Nations: Emotional Myths and Narratives*, London and New York: Routledge, 2020, p. 56.
[5] Ibid., p. 18.
[6] Ibid., p. 19.
[7] Ibid., p. 3.
[8] Ibid., p. 23.
[9] 同注5。
[10] Ibid., p. 22.
[11] Ibid., p. 8.
[12] Ibid., p. 9.
[13] Ibid., pp. 24-25.
[14] Ibid., p. 71.
[15] Ibid., p. 68.
[16] Ibid., pp. 26-27.
[17] Ibid., pp. 72-73.
[18] Ibid., p. 35.
[19] Ibid., p. 33.
[20] Ibid., pp. 27-29.
[21] Ibid., p. 41.
[22] Ibid., pp. 48-49.
[23] Ibid., p. 43.
[24] Ibid., p. 46.
[25] Ibid., p. 57.
[26] Ibid., pp. 54-56.
[27] Ibid., p. 65.
[28] Ibid., p. 68.
[29] 同注27。
[30] Ibid., p. 66.
[31] Ibid., p. 92.
[32] Ibid., p. 93.
[33] Ibid., p. 94.
[34] Ibid., pp. 98-99.
[35] Ibid., p. 105.
[36] Ibid., p. 113.
[37] Ibid., p. 118.
[38] Ibid., pp. 10-12.
[39] Ibid., pp. 123-124.
[40] Ibid., p. 130.
[41] 同注40。
[42] Ibid., p. 131.
[43] Ibid., pp. 140-142.
[44] Ibid., pp. 142-143.
[45] Ibid., pp. 150-151.
[46] Ibid., pp. 192-193.

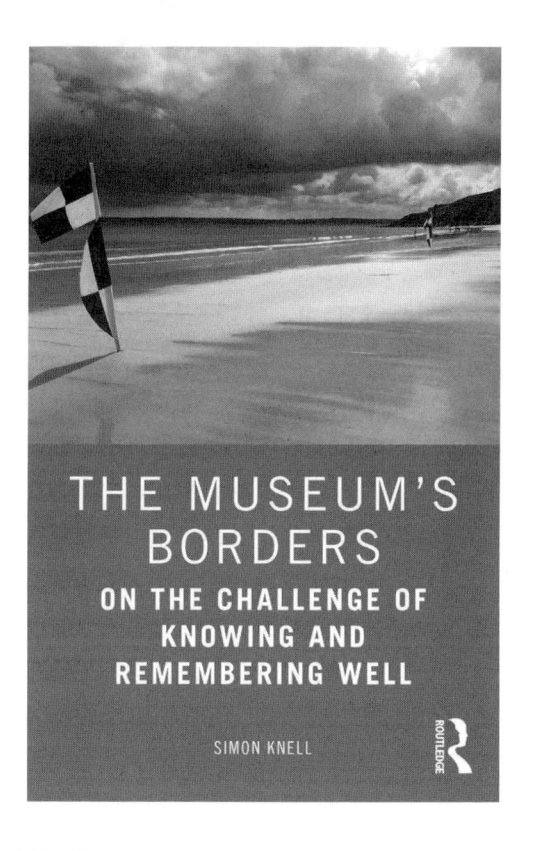

《博物馆的边界：论知晓和记住的挑战》
The Museum's Borders:
On the Challenge of Knowing and Remembering Well

作者：西蒙·奈尔（Simon Knell）
出版年份：2020

❖ —— 本书短评 —— ❖

为当下的博物馆如何缓解观念壁垒提供方法的首创之作。

述评人：常嘉意

2018年，为阻止移民潮，英国特蕾莎·梅政府试图采取残酷的措施，将许多"疾风一代"（Windrush）[1]移民拘留或者驱逐出境。在政府和政客试图建立边界将这些移民排除在外时，西蒙·奈尔（Simon Knell）指引着我们关注同时期博物馆在拆除边界方面所做的工作。同年，位于英格兰中部贝德福特（Bedford）的希金斯画廊与博物馆（The Higgins Art Gallery and Museum）、大英图书馆（British Library）等机构纷纷举办了展览，讲述"疾风一代"的故事。这些展览并不是党派利益之争的产物，而是为了"记录和呈现经验真理（empirical truths）"。在奈尔看来，这些经验真理构成了知识型民主（knowledge-based democracy）运作的道德基础。[2]"疾风丑闻"表明了博物馆等机构在追求无党派客观事实和经验真理方面的责任和作用，即让国家立足于现实，支撑社会正义和平等的价值观。[3]

如果说奈尔关于边界的最初想法萌生于疾风丑闻，以及英国博物馆对此做出的反应，那么随后的讲座及社会现实则直接孕育了本书。2018年8月30日至9月1日，北欧博物馆协会（Nordic Museums Association）在芬兰赫尔辛基召开年会，提出了一个问题：边界在哪里？奈尔受邀在会议开幕式上发表题为"情境性"（situatedness）的演讲。一些本书中的观点——博物馆的文化环境、知识生产和同理心——已经在酝酿。2020年，奈尔完成了本书的撰写工作。

本书是"第一本为博物馆在创造（creating）、巡视（patrolling）、缓和（mitigating）边界方面的作用，提供整体框架的专著"[4]。据此，奈尔希望通过反思博物馆与边界关系的变化，提出博物馆如何帮助当代社会更好地认知和记忆。[5]具体而言，奈尔倾向于用自己的观察和分析，进入博物馆世界的幕后，打开边界如何运作的"黑箱"。本书的八个章节可以分为三个部分：第一部分（第一至四章）在剖析博物馆与边界关系的基础上，讨论了博物馆作为一个由理性真理建立的空间，如何越来越多地卷入身份政治；第二部分（第五至六章）讨论了国家历史博物馆和它们的国家叙事；第三部分（第七至八章）聚焦当代生活的边界，提出"当代博物馆学"这个方法论。本文将依循上述三个部分展开评述，并在结语部分对本书进行总结。

一、博物馆：制造或松动边界

一直以来，我们都生活在一个充斥着各种边界的世界中：民族主义、移民政策、恐怖主义、公众宣传等,都在每个公民的世界观之间设置壁垒。其中,博物馆就是这样一种制造边界的机构。

奈尔对博物馆研究中"边界"概念的讨论,始于博物馆最初的宗旨。作为一个善于分类的机构,博物馆通过设立并管理各种物件、概念的边界,理解世界自然和文化的多样性。[6]将"边界"置于全球政治背景下,意味着其由一个固定的空间概念,变成一个在领土化过程中不断变化、流动的浮标。[7]需要注意的是,本书与那些建立在地理意义的边境线上的博物馆无关。换句话说,这里的边界不是边境线,不是物理意义上的可见的界线,而反映了博物馆学本身的边界,即博物馆依靠其建立、协商、巡视、防御、缓解和消除边界的行为,向世界表达某种真理。[8]由于意识形态动机的加入,原本中性的"边界"概念还沾染了一种认知上的"壁垒"。奈尔认为,"边界"视角能够引导人们关注博物馆本身的张力,锐化博物馆的视野,并引发对其做法的反思。此外,它还能揭示某些边界的持久性和抵抗性,比如围绕种族、性别、阶级等建立的边界,通常是在无意识中产生的。[9]

从学科或学术研究的角度来看,"边界"视角的引入还带来了辨识博物馆和博物馆学关系的契机。对博物馆工作人员来说,博物馆几乎不可能逃脱制度主义(institutionalism)、传统主义(traditionalism)和存在主义生存(existential survival)产生的约束性思维。然而,在博物馆研究中,博物馆一直都是一种无边界的形式,即它可以被灵活地理解。[10]奈尔在本书的研究方法已经超越了博物馆学,而且在理论与实践结合的基础上,进一步考虑了一个更为抽象和哲学的问题,即"边界"如何与个人生命和自由的平等主义产生关联。正如本书副标题——论知晓和记住的挑战——显示的那样,对"边界"的思考关乎人们在生活中需要知晓和记住的东西。在奈尔看来,博物馆不只是一座建筑,也不应仅仅被视为遗产、旅游或者创意产业的一部分。博物馆应当是一个展示所有知识、艺术和文化的场所,并被一个无限跨学科的领域研究。[11]

接下来,奈尔从博物馆理解世界的方式出发,梳理其怎样在世界上成为一种认知媒介。

是什么让博物馆能够以真理机构的面貌在社会立足?奈尔带领我们回到启蒙时代,探寻博物馆实践中隐含的伦理边界。对此,他总结道,博物馆建构所谓知识和真理的行为本身就是充满歧视(discrimination)和分离

（separation）的。[12]换句话说，收藏、命名、排列、展示等活动，就是博物馆构建和叠加边界的过程。在理解自然科学领域对物种知识的处理与博物馆的边界建构的共性关系时，奈尔之前的地质学文化背景，以及过去与各种化石打交道的学术经历派上了用场。奈尔将自然科学的伦理基础总结为三个方面：试图寻求对所有物种而不是个体的完全包容；不根据事物的重要性或价值排序；致力于无党派、无私和客观。[13]以这三点伦理原则为基础的自然史博物馆因此具有了生产伦理知识的能力，即它是从伦理基础上认识世界如何诞生的。这种源于自然科学伦理原则的理解，正是本书着力追求的平等主义的基石。

接下来，奈尔将自然科学对知识的平等理解，置于其他与博物馆有关的学科领域中，比如考古学、人类学和艺术史。他发现，要求所有学科都在研究者与研究对象之间建立中立和客观的边界是不现实的。虽然艺术史学家通过制造距离感、客观化、去背景化等方式，制造了其与艺术品的分离，但是艺术史始终无法平等对待所有的作品和艺术家。[14]同理，早期博物馆的收藏和分类制度也无法做到绝对的客观和理性。更关键的是，博物馆中理性与非理性的边界被策展人进一步掩盖，策展人具备这种让某些解释代表绝对真理的能力。在制度化的过程中，权威知识成为专家的表演，博物馆和扮演专家的策展人分别起到边防哨所和警卫的作用。他们隐蔽地构建着物品与解释之间的联系，将公众排除在创造知识的过程之外。[15]正因如此，边界在博物馆的思维、时间和组织文化中无处不在，并且会随着社会的变化而波动。

纵观博物馆内外存在并不断变化的边界，存在于多元文化主义与种族主义之间的边界及其引发的冲突最为典型。在详细回顾和讨论了非裔美国人的艺术品能否进入以纽约现代艺术博物馆（The Museum of Modern Art，简称MoMA）为代表的艺术博物馆后，奈尔提醒我们，有必要关注发生在博物馆中的伦理观念之间的冲突。纽约现代艺术博物馆的例子揭示，上述提到的艺术史与生俱来的不平等性会因为种族主义观念的悄悄渗入发生变化。撇开纽约现代艺术博物馆的制度主义外壳不谈，其实际反映的是在背后制造这种博物馆机构和形象的人类互动关系，也就是那些正在博物馆边界巡逻的人的价值观。[16]从曾经缺乏黑人艺术作品，到标签化地专门展出这些作品，再到减少种族标签的同时展示多元的作品，纽约现代艺术博物馆的边界被缓慢地削弱了。尽管对纽约现代艺术博物馆的分析是通过历史的回溯产生的,但是奈尔想要反映的是博物馆如何随着不断变迁的"当下"而变化。

二、建构边界:博物馆实践中的意识形态

博物馆,尤其是国家博物馆,不可避免地在构建国家(nation)这个有着清晰边界概念的过程中发挥着主导作用。[17]作为一个真理机构,国家博物馆致力于在国家的过去和历史中塑造一种命运感,让公民相信国家及其意识形态的真实性,即这个国家似乎是从理性的真理中自动浮现的。[18]为了探索国家博物馆中历史真相和国家认同的建构,奈尔以瑞典国家历史博物馆(Historiska Museet)、芬兰国家博物馆(National Museum of Finland)、匈牙利国家博物馆(National Museum of Hungary)等为例,在比较研究的视野下,考察不同的国家博物馆在建构国家认同时的不同表现。[19]

在分析这些博物馆案例前,奈尔提醒读者注意,所有的历史叙事均具有"被编辑"的特性。很显然,致力于收藏与展示过去的博物馆也具有这种编辑的特性,甚至是一种创造性的发明行为。[20]通常而言,不可见的、隐身的策展人总是让物件看上去是某个故事的证据,但实际顺序是相反的。也就是说,博物馆总是先建构某种框架和思想,然后再选择某些物件予以支持。[21]根据奈尔的总结,博物馆策展人让展览保持政治中立的技巧主要有两个:一种方法是利用物件和图像等这种看起来更加客观的证物进行叙事,相较于文字,物件和图像的策展意图更不容易被看穿;另一种方法是让与政治有关的主体变得更加抽象,例如将具体的党派模糊地统称为"政府"。[22]特别需要注意的是,这种人为的编辑特性是为展示独特的民族属性、经历和价值服务的。[23]一旦在博物馆展览与叙事中加入感情色彩,那么这些有关国家认同的博物馆叙事就成了宣传素材。虽然许多西方学者通常对所谓的宣传持有严厉的批判态度,但是奈尔不急于做出评判,而是更希望在情境中理解这种编辑特性和感情色彩:为什么会产生这样的叙事?它们是如何产生的?

上述提及的博物馆案例表明,不论何种政治体制,博物馆都在展示国家起源与历史发展的过程中,传递某些价值观——平等主义、民族主义和爱国主义。由于博物馆在建构意识形态的边界方面发挥着重要且普遍的作用,因此,这种分析国家叙事中意识形态边界建构的路径,也可以推广至

其他博物馆乃至国家，[24]从而使其具有超越地区和国家的普遍适用性。

正是基于这种建构意识形态边界的活动，博物馆获得了成为有力武器的潜力，即通过物件、展示和展演，博物馆可以在民族成员的想象层面，保卫甚至扩大领土地理、意识形态、宗教和种族边界。[25]在研究中，奈尔在一些中东欧国家的博物馆（特别是国家博物馆）中发现了一种强烈的领土斗争需求和道德合法性，很显然，这与这些国家领土边界的经常变化直接相关。正如前文提到的历史叙事的编辑特性和博物馆展览的实践技巧，这些前社会主义国家的历史展览，更多地使用了物件、电影、照片和文件作为证据，以确保展出的历史是可信的。[26]相较于电影、照片和文件，物件作为实物证据的说服力，具有无可比拟的优越性。位于萨拉热窝的波黑历史博物馆（The Historical Museum of Bosnia Herzegovina）和位于萨格勒布的克罗地亚历史博物馆（Croatian History Museum）均展示了物件证据，以此表现保护领土边界内人民和国家的意图。

虽然在现实世界中，尤其是在观众的眼中，这些物件、照片制造了某种向来如此、不容置喙的感觉，实际上，它们真的能够代表完全客观的真相吗？针对该问题，奈尔的回答与人类学家广泛支持的观点略有不同。在本书中，奈尔认为，将物件本身视为"不言自明"是非常危险的，因为它将物件凌驾于人之上。对此，奈尔特别提醒我们，物件的客观性是策展行为有意塑造的，旨在引导观众只关注物件众多意义中的一部分。[27]从这个角度来说，物件本身之所以能够成为真实的证据，是因为观众首先相信阐释，然后才将物件作为阐释的注脚进行理解。很显然，这是一个先有结论后有证据的过程，[28]与此同时，提供阐释的策展人通常是不易察觉的，这也进一步强化了知识的客观性。

虽然本书提及的诸多案例更多在揭露博物馆的黑暗面，但是奈尔并没有止步于此，而是进一步发现有些博物馆也致力于在跨界中寻找共同点。首先，博物馆有一种基于普世主义的世界语言，即各地的博物馆都在复制和模仿中，形成了一套在形式和专业上极其相似的模式。虽然这有传播以西方权威价值观为主的文化帝国主义危机，[29]但是至少在形式上实现了交流、沟通与比较的可能性。其次，博物馆之间的"礼物赠予"（gift giving）活动，虽然掩盖了权力关系，但是彰显了一种比较积极的合作关系。比如国家之间通过举办国际展览进行文化外交，就是在美学的基础上欣赏文化、塑造正面形象。此外，博物馆与原住民之间的互动，也象征着一种跨越社会和文化边界的努力。[30]

当博物馆意识到自身是如何制造边界的，并在日常实践中予以反思，那么就可以最大限度地松动边界和跨越边界。接下来，笔者将跟随奈尔的步伐，讨论博物馆如何为消除认知边界或者促进边界两边的良性互动做出贡献。

三、当代生活的边界："当代博物馆学"的方法论

奈尔在本书前面提及的理论假设和实践案例旨在向读者揭示，边界是如何以及以何种形式存在于博物馆世界的，这些内容也为博物馆需要如何行动的讨论奠定了基础。

首先，让我们先对奈尔提及的"全球当代"的概念及其时代特征进行一个简单的说明。随着近几十年来科学技术的发展，人们的生活发生了翻天覆地的变化，人们获得知识的途径也大大丰富了。当人们获得了输出自己对世界看法与理解的渠道后，民主与参与得到了极大发展，与此同时，这也增加了接触虚假、错误信息的可能性。在民主化的道路上，当代的博物馆和图书馆等机构可能比以往任何时候都更加重要，因为它们能够产生那些有根据的、无党派的知识。[31]这就是所谓的"全球当代"的概念，其时代特征进一步凸显了当代博物馆和博物馆学的理论价值。据此，奈尔将当代博物馆定义为一个适应"全球当代"的机构，旨在让人们产生一种"生活在一个非等级的、全球联系的世界中"的感觉。[32]如果说当代博物馆以人的需求为中心，那么与之相对的则是胡珀-格林希尔笔下的"现代主义博物馆"（modernist museums），倾向于将博物馆视为一种展示学科、文化和政治权力的工具和结构。[33]

在这种情况下，当代博物馆不仅要积极回应其所在社会和时代的变革需求，还需要对其之前的传统结构进行批判性反思。其中，全球联通、非等级、人的需求，共同指向了所谓的边界。为了在博物馆世界中重塑、消除边界，奈尔总结了当代博物馆学应当为之努力的七个目标和价值观：

> 要认识到博物馆作为一个"真理机构"的合法性，在于它将伦理方法应用于知识生产和表现的能力；要使实践、策略和目标都符合当代生活的需要，从当代公民的角度看待博物馆的角色和贡献；要认识到博物馆对于对抗错误信息、形成知识型民主国家的重要

性；要"再人类化"（repeople）博物馆的想象，将人置于博物馆实践的开始、中间和结束，要从人的处境和视角出发，而不是从对象、学科，以及制度的立场；要致力于知识透明化，让人能够控制知识的塑造并质问知识的来源；要承认社会和个人是不同的、多元的、相互联系的，而不是同质化的、单一的或普世的；要展现一个水平且多中心的世界，而不是等级化的世界。[34]

以上述七点为宗旨的当代博物馆学，构成了一种用于应对和解决边界问题的方法论，而民主正是基于一种相信自己有能力知晓并记住事实真相的信念。[35]从伦理层面来看，这种当代博物馆学的方法论与"全球当代"适应并由其塑造，不仅将自身与人类的处境和经验结合，并且将文化生产的情境置于普世意义之上，充分参与公开和透明的知识创造和表达实践。[36]在论述完当代博物馆学的目标、价值观后，奈尔又总结了当代博物馆学的四个核心原则——当代性、人类经验、情境性、知识透明。[37]为了更好地理解这四个相互交织的原则，奈尔引用了瑞典的博物馆案例进行阐述。

首先，采用当代视角意味着承认过去只存在于当下，有关过去的解释都是一种基于当下的创造。这种当代性原则有助于让人们意识到，任何历史都是被制造的，旨在让观众相信某些事情并塑造其世界观。[38]对当代性的关注呼应了前文提及的博物馆历史叙事和真理展示的可编辑特性。与此同时，当代视角还质疑了一种经常存在于博物馆专业化过程中的观点，即认为公众需要了解科学家已经掌握的知识。对此，当代博物馆学认为，知识实际上存在于人们的头脑中，也就是说，我们每个人都是我们日常生活中各种知识的作者。[39]

这也是第二个原则——人类经验——如此重要的原因。用伦理的方法重新建立边界意味着对共同（以及非隔离的、非等级化的）人性的承认。[40]需要注意的是，对共同人性的尊重并不等于抹除人类的差异和特性，而是强调差异并不是由等级造成的。要实现这一点，需要发挥人的主体性，即让人成为意义的阐释者。[41]奈尔注意到，目前许多博物馆已经有意识地运用策展技巧和科学技术，为观众提供可参与的、多元化的解读。这些尝试不仅有助于缩小专家和观众之间的距离，而且对于实现人们从客体到主体的转变至关重要。

要想真正鼓励人的自我表达，情境性原则不可或缺。情境性有助于形成一个良性的边界,使人们从社区和个人生活经验的内部进行理解和记忆。在此,情境与奈尔此前提及的艺术品或博物馆所属各国的制度、历史、经济和文化背景[42]略有出入。在本书中,情境的意义更加宏观,指的是一种位于时间、空间、文化、社会、心理等范畴中的感觉。因此,情境不仅适用于我们熟知的国家或地区,而且也适用于国家以下的小范围主体,比如原住民群体。当然,奈尔也提醒我们,情境性有被挪用为民族主义的风险,但二者的区别在于,情境化的视角不包含意识形态神话。[43]

最后一个原则是知识透明。当代博物馆学中的当代性、人本主义、情境化的世界观为所有公民(以及参与知识创造的人)赋权。换句话说,当代博物馆学提供的是理解世界的方式,而不只是简单的知识灌输。[44]这种方法论挑战了专家们在"黑箱"中为人们提供知识的传统做法,旨在以一种开放、反思、拒绝僵化的方式,提高博物馆的知识透明度。[45]瑞典国家历史博物馆的史前史展厅正是在开放边界、开放讨论等方面,表现了这种先进性:它消除了现在与过去、专家与公众之间的界限,并且最终消除了考古学与博物馆实践之间的界限,重建了一个没有被作者"污染"的真相。这个案例也表明,跨越边界的博物馆不仅不会失去学科的影响力和专业性,反而会被对过去有知情权的公民欣然接受。[46]

四、结语

本书是我们所处时代的映射,同时也是奈尔个人多年研究的结晶,回归其研究脉络可以发现,其过去的研究和实践都以不同方式推动了对边界问题的发现、理解和分析。

奈尔具有地质学背景,其博士论文《英国地质文化,1815—1851:收藏所揭示的科学》(*The Culture of English Geology, 1815-1851: A Science Revealed Through its Collecting*)探索了化石与这个世界的文化联系,即过去的人们如何通过化石满足自身需求。[47]在随后的"EuNaMus"项目进行期间,奈尔与来自世界各地的40名学者讨论了如何理解国家博物馆的历史和叙事,以及新技术、多元文化主义和后殖民思想对博物馆理念和实践的影响。[48]在此过程中,他的视野逐渐从欧洲扩展到全世界,他的观察立场逐渐确立,即以一种陌生的眼光,理解那些理所当然、规范化的做法和观念,并注意到那些由于过于熟悉而被忽略的表象、过程和行动。具体到博物馆与艺术领域，他认为，物件、行为和机构，都是在特定的文化中形成和塑造的，因此国家画廊的比较研究应该以非歧视性的、尊重文化特殊性的方式进行。[49]在莱斯特大学博物馆研究系举办建系50周年研讨会之际，奈尔讨论了随着全球化发展而日益加剧的等级制度和文化霸权，并在对策和建议方面提出博物馆应该如何改变。[50]正如前文所述，"全球当代"的视角呼吁为文化的创造者或者拥有非主流世界观的人赋权，只有关注人性，才能将被等级制度剥夺的权力还给他们。[51]简言之，"全球"关注叙事的情境性和包容性，而"当下"揭示了历史的书写和展示是当下的、建构的和政治的。

通过回顾奈尔过去30多年的所思所想所为，我们很容易发现，他反对以不平等、同质化和忽视外部世界的方式展示文化和历史，并坚信博物馆能够为改变现状做出贡献。具体到本书，奈尔以"边界"视角为容器，让之前那些看似零散的观点最终汇总在"当代博物馆学"之下。面对世界上的差异、隔阂与分裂，面对博物馆世界内部的机构主义、简化思维和文化等级，奈尔用"当代博物馆学"的方法论，提出了对博物馆如何保证人们知晓并牢记事实真相方面的建议。如果一定要进行归纳的话，那么可以将"当代博物馆学"概括为：从当代性、情境性和知识透明性的角度上，理解人和人类经验。如此一来，博物馆便具有了为实现民主，提供知情的、批判的、参与的公民的潜力。[52]

考虑到全世界的公民都有了解事实真相和发声的权利，本书为当今的博物馆如何追求平等、和平和真实提供了方法论指导。"当代博物馆学"不仅挑战知识生产中的壁垒，还改善了某些文化在研究和表征中失声的问题。就国内博物馆界而言，本书有助于思考如何在中国，讲好多元化的"人"的故事。尤其是在中国博物馆理论和实践日渐专业化的今天，是否追求专业性正在让专家与公众之间、解释与真实之间的界限愈加分明，值得进一步思考。

（常嘉意，莱斯特大学博物馆研究系博士候选人，主要研究方向为博物馆与意识形态传播。）

注释：

[1] "疾风一代"是指在英国政府实行新法案，以缓解第二次世界大战后劳动力短缺的背景下，从英属加勒比海地区乘坐"帝国疾风"号客轮，移居英国的移民及其后代。

[2] Simon Knell, *The Museum's Borders: On the Challenge of Knowing and Remembering Well*, London and New York: Routledge, 2020, p. 7.

[3] Ibid., p. 32.

[4] Ibid., p. xi.

[5] Ibid., p. 26.

[6] Ibid., p. 25.

[7] Ibid., p. 27.

[8] Ibid., p. 28.

[9] Ibid., p. 29.

[10] 同注3。

[11] Ibid., p. 33.

[12] Ibid., p. 41.

[13] Ibid., p. 42.

[14] Ibid., p. 47.

[15] Ibid., p. 52.

[16] Ibid., p. 73.

[17] Ibid., p. 91.

[18] Ibid., p. 92.

[19] Ibid., pp. 100-116.

[20] Ibid., p.98.

[21] Ibid., p. 94.

[22] Ibid., p. 96.

[23] Ibid., p. 97.

[24] Ibid., p. 116.

[25] Ibid., p. 121.

[26] Ibid., p. 125.

[27] Ibid., p. 130.

[28] Ibid., p. 132.

[29] Ibid., p. 134.

[30] Ibid., pp. 135-136.

[31] Ibid., p. 150.

[32] Ibid., p. 151.

[33] 同注32。

[34] Ibid., pp. 154-155.

[35] Ibid., p. 160.

[36] Ibid., p. 161.

[37] 同注35。

[38] Ibid., p. 162.

[39] Ibid., p. 166.

[40] Ibid., p. 168.

[41] Ibid., p. 169.

[42] Simon Knell, *National Galleries: The Art of Making Nations*, London and New York: Routledge, 2016, p. xi.

[43] Simon Knell, *The Museum's Borders*, p. 175.

[44] Ibid., p. 176.

[45] 同注44。

[46] Ibid., p. 183.

[47] Simon Knell, *The Culture of English Geology, 1815-1851: A Science Revealed Through its Collecting*, Aldershot: Ashgate, 2000, p. xi.

[48] Simon Knell, "National Museums and the National Imagination", Simon Knell, Peter Aronsson, Arne Bugge Amundsen, eds., *National Museums: New Studies from around the World*, London and New York: Routledge, 2010, p. xviii.

[49] Simon Knell, *National Galleries*, p. xii.

[50] Simon Knell, "Introduction: The Museum in the Global Contemporary", Simon Knell, ed., *The Contemporary Museum: Shaping Museums for the Global Now*, London and New York: Routledge, 2019, p. 3.

[51] Ibid., pp. 5-6.

[52] 同注46。

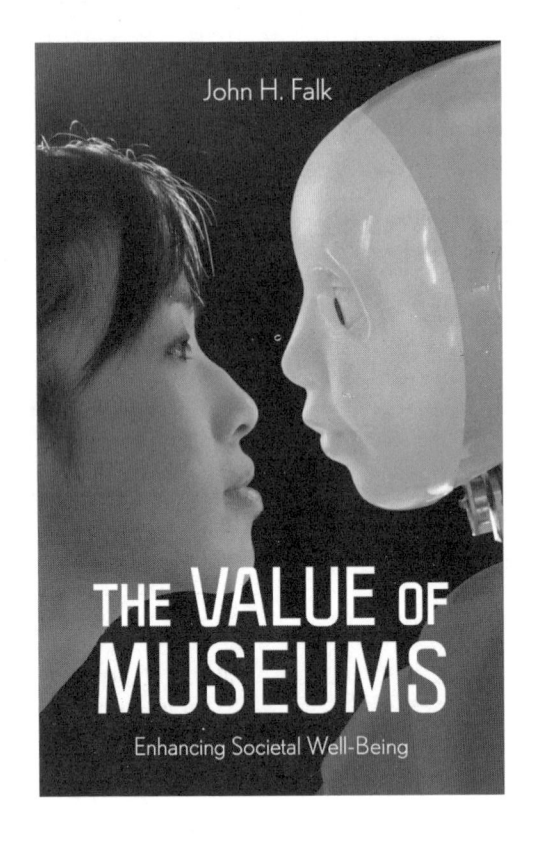

《博物馆的价值：提升社会福祉》
The Value of Museums: Enhancing Societal Well-Being

作者：约翰·福尔克（John H. Falk）

出版年份：2022

◆—— · 本书短评 · ——◆

系统论述了博物馆的价值缘何在于提升社会的福祉。

述评人：赵星宇

如果有一天，博物馆从这个世界上消失，会对我们造成怎样的影响？我们的生活是否会因此发生变化？如果存在影响，那么可能体现在哪些方面？如果没有任何影响，那是否意味着博物馆对我们没有价值？一旦你开始认真思考这些问题，你脑海中浮现的任何一个观点，其实都指向：博物馆的价值是什么？在2022年出版的《博物馆的价值：提升社会福祉》（约翰·福尔克著，以下简称《博物馆的价值》）一书中，这一要义贯穿始终。

从20世纪90年代开始，福尔克凭借关于观众研究领域的深刻见解，在博物馆学领域获得了广泛的赞誉。[1]他提出的互动体验模式（interactive experience model）、情景学习模式（contextual model of learning）、自我动机理论（self-related motivation）[2]、福祉体系（well-being system）等，对当代博物馆学和观众研究领域带来了显著影响，塑造了博物馆世界对观众体验的基本认知。

作为福尔克的最新著作，本书致力于回答这样一个终极问题：博物馆的价值是什么？在福尔克看来，当代博物馆的发展看似欣欣向荣，实则正面临着非常严峻的生存困境。正如国际博物馆协会在报告中指出的那样，休闲领域和博物馆受到了非常强烈的冲击，大量的博物馆面临停业、裁员，甚至永久关闭。[3]据此，福尔克认为，当前的博物馆正处于尖锐的矛盾中：一方面，似乎博物馆的专业人士和社会中的公众都认为，参观博物馆能够获得价值；但另一方面，鲜有人能够清晰地描述这种价值究竟是什么。尤其是对于政策制定者而言，"尽管资金的管理者们都不会否认博物馆的价值，但是他们中的大多数仍然不会认为博物馆在本质上与学校、医院或者执法部门同样重要"[4]。在这一背景下，福尔克直截了当地指出，博物馆的价值在于能够提升社会的福祉。

为了阐述社会福祉与博物馆价值之间的关系，福尔克在本书中按照如下三个方面进行论述：第一部分旨在解释为什么会将福祉作为博物馆价值的核心，分别使用三个章节，递进式地阐述当代博物馆面临的困境、观众重视博物馆体验的原因，以及如何使用福祉指代博物馆的价值。福尔克在第二部分将福祉划分为四种类型——个人福祉、智识福祉、社交福祉和环境福祉，然后逐一论述博物馆如何为观众带来这四种不同类型的体验。福尔克在第三部分集中讨论了福祉体系对于博物馆实践的影响，包括如何测量福祉，以及在福祉体系中，如何通过宏观手段和微观手段，帮助博物馆更好地实现自身价值。本文将依照上述框架展开评述。

一、何为"福祉"

"福祉"（well-being）是本书的核心概念。这并不是一个陌生的词汇，在积极心理学（positive psychology）领域，通常会将它翻译或理解为"幸福感"。但是在本书中，福尔克明确赋予了它全新的解释，这也直接导致我们很难套用已有的中文表达，对其进行转述。在本书的第一部分，福尔克对福祉的内涵进行了系统的阐释。

实际上，本书并不是福尔克首次使用福祉这一概念。在2018年出版的《生而选择：进化、自我与福祉》（*Born to Choose: Evolution, Self, and Well-Being*，以下简称《生而选择》）一书中，福尔克就已经对福祉这个概念进行过讨论，并提出了一个全新的理论框架——福祉体系，即站在一个更加广泛、普适的视角上，解释个体行为产生的原因。[5]在本书中，福尔克并没有将观众局限于博物馆场域，而更像一个心理学家，从生物进化的角度，解释行为产生的原因。这一点在福尔克过往的研究中非常罕见，但如果回顾福尔克自身的教育背景，我们就会发现，对于拥有生物学博士学位的福尔克而言，这个视角并没有脱离他的专业领域。

首先，福尔克明确强调了他理解的福祉存在两种来源。一方面，福尔克并不拒绝积极心理学领域对福祉的解释，包括没有疾病的身体状态，以及允许个体充分应对日常生活需求的身体状态。[6]但是另一方面，福尔克明确指出，对于福祉的理解还应该兼顾生物进化的视角，这一观点将福尔克的观点与以往积极心理学领域对福祉的理解区别开。在此，生物进化的视角旨在将福祉的本质理解为一种平衡，是世界范围内的人类自生物进化以来，自始至终都在追求的一种状态。[7]

为了更好地阐释这种平衡状态，以及证明对这种平衡的追求，是人类世界存在的一种普遍现象，福尔克罗列了世界范围内不同文化情境中出现过的相似观点。[8]例如，在新西兰的毛利人群体中，存在一种被称为"hauora"的生活哲学，指的是人们需要在他们的环境、社交、情绪与精神生活中，寻求一种平衡；美洲原住民社区也追求"在混乱中寻找平衡"；印度的宗教与哲学也强调福祉的重要性，认为完整、平衡与和谐的生活，是获得精神福祉的途径。此外，福尔克还列举了澳大利亚、非洲和古希腊文化中对平衡的追求。其中，福尔克重点提及了中国文化。他认为，来自老子道家文化传统的阴阳理论被认为是和谐的核心概念，而和谐则是寻求与自然世界平衡的目标。孔子的观点则带来了更为深远的影响，他的"中庸之道"被福尔克认为是理解和证明福祉体系价值的重要理念。基于上述观点，福尔克对本书提及的福祉做出了界定：

> 福祉是一个持续不断、转瞬即逝的过程，它试图在个体的环境、社交、智识、个人或精神世界之间，保持适当的平衡。这是一种源于大量以生存为导向的生物层面与文化层面的感知。总体而言，这些感知作为一个复杂体系中的一部分得以进化，旨在支持个体和物种在时间上的持久性。[9]

正如前文所述，福尔克在《生而选择》一书中提出了福祉体系，并将能够解释人类追求平衡的行为区分为七个类型：创造力/精神/真实性（creativity/spirituality/actualization）、反思能力（reflectivity）、相关性（relationality）、社会性（sociality）、性（sexuality）、个性（individuality），以及连续性（continuity）。[10]延续之前的研究，福尔克在本书中对这七个类型做了进一步划分，提炼了个体福祉、智识福祉、社交福祉与环境福祉[11]。具体而言，个体福祉指激发好奇心、兴趣和认同感，创造并培养归属感和更强自我意识的感觉；智识福祉指激发好奇心和学习欲望，以及利用增进的理解，解决个人和社会挑战的能力；社交福祉使个人能够感受与亲友之间更强烈的联系，创造共同的生活经历，并与他人建立更深层次的关联。环境福祉指为人们提供安全、健康、无焦虑、有益的感觉，并帮助他们聚集、互动、探索和学习的环境。

虽然上文已经解释了何为福祉和福祉系统，但是我们应该如何理解它们？就福祉而言，我们首先需要摆脱博物馆的限制。正如福尔克在《生而选择》这本书中所说，福祉并不是一个独属于博物馆领域的概念，而是一个能够解释所有人类行为，乃至所有生物行为的关键概念。在福尔克看来，人类的所有行为和进化目标本质上都是在追求福祉，因为福祉能够让生命延续，并获得更好的发展。结合福祉体系来看，人类的所有行为，本质上都是在追求个体、智识、社交与环境维度上的福祉。正因为福祉反映了人类在谋求生存过程中的基本需求，被福尔克视为人类行为的重要动机。

此外，福尔克还将福祉体系与另一个更为人们熟知的理论模型——需

《博物馆的价值：提升社会福祉》　377

求层次理论（hierarchy of needs）[12]——进行对比。福尔克认为，二者本质上都在通过需求解释人类的行为，但不同之处体现在两个方面：首先，从理论框架来源而言，相较于需求层次理论聚焦个体心理，福祉体系则在此基础上充分考虑了生物学、神经科学等领域的研究成果；第二，不同于需求层次理论将个体的需求层次化，福祉体系中的四个维度与七个类型均处于同一个层级，彼此之间紧密关联。换句话说，在需求层次理论中，高层次需求往往需要在低层次需求得到一定程度满足的基础上才会出现；而对于福祉体系来说，任何一个维度或类型的需求得到满足，都可以实现福祉。

二、福祉体系下的博物馆价值

如前所述，福尔克对福祉体系的论述，整体上延续了《生而选择》的核心观点，并在此基础上将七种需求进一步整合为四种福祉。在本书的第二部分，福尔克开始让这个解释普遍人类行为的理论体系回归博物馆场域，用以系统阐释博物馆的价值。福尔克认为，人们之所以选择参观博物馆，是因为博物馆能够满足人们与福祉相关的需求。而当人们在博物馆中获得的体验能够满足这种需求时，博物馆的价值就得到了具象体现。[13]

在第二部分，福尔克基于过往的博物馆领域研究成果，以四种福祉类型为工具，描述和阐释博物馆的价值。具体而言，福尔克分别论述了博物馆如何为观众带来个体、智识、社交与环境福祉，与此同时，他也直接对这本书的核心目标做出了回应：公众和政策的制定者们应该如何理解博物馆的价值。

就个体福祉而言，福尔克认为，博物馆能够深刻影响观众的情绪，并为个体提供自我实现的机会。[14]博物馆之所以能够吸引观众前来参观，是因为博物馆能够有条件地为观众创造巅峰体验（peak experience），即一种强烈、专注当下的感受。福尔克认为，类似的观点都完美地描述了当一个人意识到其与福祉相关的需求之间处于平衡时会发生什么。此外，福尔克提出了"迷你巅峰（mini-peak）体验"的观点。不同于巅峰体验，迷你巅峰体验指的是观众在参观博物馆的过程中出现的每一个获得快乐与满足感的瞬间，其与个人福祉有着密切关联。除了体验，观众在博物馆中也可以通过与物件的互动完成自我实现，从本质上来说，观众对物件的满意是个体建构自我认知的过程。在福尔克看来，至少对于一部分观众来说，参观博物馆可以完成自我实现,并带来极为丰富的情绪价值。

相较而言,智识福祉在博物馆中拥有更加广泛的共识:从进化的角度来看,学习能力是生物维持生存的一种必要条件;此外,智力水平的高低与福祉之间并没有必然联系。在智识福祉中,好奇心与批判性思维扮演了更为突出的角色。过往大量的观众研究成果已经清晰地表明,博物馆能够有效支持并促进观众好奇心的发挥与批判性思维的培养。此外,福尔克在这一部分充分融入了情景学习模式的相关观点,以此深入阐释博物馆给观众在智识福祉方面可能带来的支持。例如,早在2000年,福尔克就发现并明确指出"选择与控制"这一因素,对于观众的博物馆学习体验有着深刻的影响。[15]在建构主义学习理论的深刻影响下,博物馆具有的天然的自然选择属性,已经被接纳为一种广泛的共识。"博物馆使数百万人能够积极地对生活中有意义的方面,进行高度的选择和控制,这无疑是这么多人认为博物馆体验如此令人满意的重要原因"[16]。

人是社会性动物,这决定了社交属性是人的基本行为需求。福尔克认为,博物馆在支持观众的社交发展方面,扮演着显著的角色。在这一部分,福尔克引用了对一名叫"苏珊"的观众参观经历,通过呈现在三个不同时间节点上对苏珊的访谈,直观反映博物馆给苏珊带来的影响。结果显示,苏珊在对博物馆体验的回忆中充满着社交印象,这正是令她印象深刻且感到满意的关键所在,[17]作为促进者(facilitator)的苏珊,参观博物馆的价值显著集中于社交福祉。[18]显然,积极的社交互动会给福祉带来积极影响,来自生物学领域的证据也从生理层面支持了人类需要开展广泛的社会互动[19]的观点。除了微观层面的社会互动,福尔克同样关注个体所处的宏观的社会角色与从博物馆获得社交福祉之间的关联。在这里,福尔克以自尊需求为切入点,一方面强调获得他人的尊重,是调节个体行为的重要因素;另一方面,长期以来博物馆被赋予的精英属性,为塑造观众的自尊需求提供了可能。

就环境福祉而言,福尔克提及了博物馆可以提供的四类环境。第一,博物馆能够为个体提供舒适的环境,近年来,来自观众动机研究的相关成果发现,相当一部分的家庭选择到博物馆参观,是因为他们认为,博物馆为他们提供了一个舒适的环境。[20]此外,博物馆提供的越来越多的餐饮服务,被认为是提升环境福祉的一个优势。第二,博物馆可以提供一个安全的环境。福尔克认为,长期以来,博物馆都被认为是一个可以提供安全感的场所，但是随着公共卫生危机在全球范围内蔓延，这种安全感开始受到新的挑战。第三，博物馆是一个具有疗愈功能的环境。近年来，人们注意到，博物馆营造的以物件为中心的空间，能够帮助一部分群体平静心情、获得宁静，进而给他们的身心健康带来积极影响。第四，福尔克指出，博物馆正在成为年轻群体开展社交活动的新场所。不同于社交福祉关注的内容，福尔克在此强调的是，博物馆正在迅速成为单身青年聚集的场所，甚至成为他们寻找潜在伴侣或建立亲密关系的新地点。

三、博物馆价值的货币化

在第三部分，福尔克从应用的角度，论述了如何通过福祉体系，将博物馆的价值具象化，以及如何从宏观角度（目标与使命）和微观角度（具体的措施），提升博物馆的价值。[21]其中，福尔克在他的个人学术观点中，首次出现将博物馆价值货币化的内容，值得予以特别关注。

福尔克将博物馆价值货币化的最终目的，是以一种更加直观的方式，呈现博物馆的价值。以往的研究者们在讨论博物馆的价值时，往往仅考虑其中的某一个维度，或者大量使用二手数据，其结果是，虽然可以从不同程度上描述博物馆的价值，但是对博物馆的政策制定者和资助者们来说，仍然欠缺说服力。福尔克认为，无论用怎样的方式进行测量，观众在绝大多数情况下，都不会否认博物馆的价值，然而，仅仅凭借这个结果并不足以帮助博物馆争取更多的资助与支持。"例如，我们的预算中有若干美元，我们是把这些钱捐给医疗保健、警察或其他保护服务，垃圾收集和道路维护等社区服务，还是捐给当地的博物馆？"[22]据此，福尔克认为，将博物馆价值货币化，将成为一种呈现博物馆价值的有效方式。"价值货币化，重要的不是衡量其究竟值多少钱，而是展现数字代表的价值感。"[23]为了实现这一目标，福尔克借鉴了经济学领域常用的一种价值评估方式，即"条件价值评估法"（contingent valuation method）。

通常情况下，我们往往会根据实际的使用成本，计算一个事物的价值。然而，对于博物馆而言，这种计算价值的方式存在较大偏差，其中的阻力在于博物馆的门票价格过低，甚至免费开放。当人们习惯根据商品的价格判断价值时，博物馆的"低价"就会带来误导。在这一背景下，条件价值评估法提供了一个新的思路。不同于关注使用者的实际使用成本，该方法侧重于调查使用者的支付意愿或者受偿意愿，以此计算商品或服务的价值。由此，这种方法更多地用于评估那些在市场中没有价格或者难以定价的物品或资源。

福尔克选择了位于美国和加拿大地区不同类型的六家博物馆，开展了实证研究，并希望了解两个问题：首先，观众是否能够在参观结束后，感受这四种类型的福祉？其次，如果观众能够感受到，那么这种福祉在参观结束后，会持续多长时间？福尔克并没有在这本书中公开此次调查的过多细节，特别是量表的设计方式，而仅仅使用了八个指标测量福祉体系的四个维度。福尔克要求受访者独立地为八个指标分配货币价值，每个货币价值根据不同强度被分为四个级别。在这一过程中，货币价值的强度取决于相应福祉持续的时长。例如，"如果该类福祉仅持续了一个小时或者更短的时间，那么它应该值多少钱？""如果持续时长超过一天，它值多少钱？"等。通过这种方式，福尔克计算了四个维度的平均货币价值。

统计的结果直观地证明了一个推测：福祉持续的时间越长，观众的感知价值越高。福尔克发现，无论这六种不同类型的博物馆展示的内容是什么，观众在四个福祉维度上的货币价值，似乎呈现了一个相对稳定的常数：从时长上看，如果福祉持续的时长为一个小时，那么价值货币化的中位数为25美元；如果持续时长超过了一周，那么中位数则达到了200美元。从类型上看，当四个维度的持续时长都较短时，环境福祉的价值最低，社交福祉的价值最高；当他们的持续时长都较长时，个体福祉的价值最高，智识福祉的价值最低。然而，当福尔克将参观这六个博物馆的实际使用成本加入对比之后发现，即便是短期的福祉，受访者赋予的货币价值，也要比博物馆的入场成本高出两倍甚至更多。福尔克认为，当单个观众的博物馆体验完成了货币化之后，就可以将这个数值乘观众数量，获得整个博物馆价值的货币化结果。

当这个思路成立时，福尔克在理论上完成了他希望实现的关键目标，即用一种可以横向对比的、更加直观的方式，呈现博物馆的价值。在此基础上，福尔克一方面尝试对比了健康领域、教育领域和博物馆在单位价值上的差异，另一方面也使用了投资回报率的概念，试图用更加明确的数字，说服政策制定者和公众投资博物馆。例如，通过福尔克的调查，内布拉斯加州历史博物馆（Nebraska History Museum）的货币价值达到了1000万美元，而2019年的年度预算仅为60万美元，投资回报率达到了惊人的1667%。多伦多动物园（the Toronto Zoo）在2019年的预算为3030万美元，而货币价值达到了5.5亿美元。[24]福尔克认为，对于政策制定者来说，每向博物馆投资1美元，就有可能为社区带来100—200美元的获益。如果博物馆面向的观众群体更多以低收入社区或少数族裔社区为主，那么带来的价值将会更加显著。

四、结语：讨论与反思

当我们把这本书放在福尔克的学术体系中重新审视时，一个新问题随之出现：作为贯穿全书的核心概念，福祉究竟被用来解释观众的参观动机，还是被用来理解观众的参观体验？

回顾福尔克的学术发现脉络，即可发现如下变化：从1992年出版的《博物馆体验》[25]到2000年出版的《学自博物馆：观众体验与意义生成》[26]，福尔克将自己的研究对象由广义的博物馆体验，转移至以学习为核心的体验类型；到了2009年，随着《博物馆观众：身份与博物馆体验》一书的出版，福尔克的研究重点开始由"如何更准确地描述博物馆学习体验的影响因素"转移到"动机对观众体验的塑造机制"。借用福尔克自己的评价，相较于情景学习模式，自我动机理论的提出，是一种从描述性框架到预测性理论的重要转变。[27]近年来，福尔克对动机的探索并没有停止，他开始尝试探索动机背后更为深层、更为普遍的机制。2018年出版的《生而选择》看似与博物馆没有直接关联，却成为福尔克挖掘动机的全新探索。[28]在此背景下，本书扮演的角色便更加清晰——福尔克回到博物馆领域，开始探讨如何利用福祉体系，帮助我们理解博物馆的价值。从某种意义上来说，本书应该与《生而选择》合二为一，后者关注福祉体系的理论生成，前者则聚焦福祉体系在博物馆中的应用。

基于上述脉络，福祉体系在观众动机与观众体验研究中都扮演了重要的角色。从动机的角度出发，福祉体系出现的原动力，的确是福尔克希望在自我动机理论的背后，寻找更为深层的影响因素，进而将研究的视野转移到一般人类行为领域。因此，用福祉体系作为解释观众参观动机的理论框架，是合理且有效的。与此同时，福祉体系也被福尔克用于理解观众的参观体验，特别是观众体验的类型。福尔克在第二部分清晰地呈现了博物馆如何为观众带来个人、智识、社交与环境福祉。在这一过程中，福祉体系似乎成为关联观众动机与体验的一个纽带：一方面，福祉体系被用来解释人类的一般行为，根植于对内在平衡状态的追求；另一方面，在福祉体系中，观众在博物馆中获得的体验，被认为能够满足个体对这种平衡状态的需求。

在将本书置于福尔克的学术发展脉络下理解后，笔者将就本书的一些观点进行评述。尽管在以往的著作中，福尔克都会有意识地讨论自己的理论见解给博物馆实践带来的影响，但在本书中，福尔克对实践的关照力度前所未见。我们不难发现，福尔克之所以会将福祉体系与博物馆的价值结合，本质上是希望借此向博物馆的政策制定者们传递一个鲜明的信号：博物馆需要更多的资助，因为博物馆能够带来极为丰硕的社会价值。在这一背景下，福尔克似乎不再将构建一个完整且逻辑自洽的理论框架视为本书目标，而致力于将福祉体系工具化，以此反复向公众和管理者们证明，博物馆能够为观众带来不同类型的福祉。

此外，将博物馆价值货币化的观点令人惊讶。由于福尔克在方法论层面有所保留，我们不能因此贸然反驳福尔克为此做出的尝试，但结合书中呈现的相关描述，细节之处仍旧存在值得商榷的地方。例如，福尔克认为，当我们计算出单一样本福祉货币化的平均值后，就可以通过乘博物馆观众的数量，估算博物馆的整体社会价值，但这一观点似乎忽视了观众数量本身对观众体验可能带来的负面影响。此外，如果这个逻辑成立，那么是否意味着博物馆提升社会价值的主要方式，在于竭尽全力地吸引更多观众？考虑到博物馆内过高的观众密度会侵蚀观众参观体验的事实，我们又应该如何理解博物馆的社会福祉？在这本书中，福尔克并没有对此展开更多论述。

尽管如此，福尔克在这本书中仍然为我们呈现了一个理解博物馆价值的全新视角。2022年11月8日，福尔克在"开创学习机构"（the Institute for Learning Innovation）的官方主页上传了一篇新的文章，明确提出了第五种价值——全球福祉（global well-being）[29]。虽然这个观点超出了此处我们讨论的范围，却从另一个角度表达了一个重要的理念：福祉体系并非一成不变，我们对于博物馆价值的理解也应当处于动态的变化中。那么，让我们在此刻重新回顾文章开篇提到的那个假设吧：如果有一天，博物馆从这个世界上消失，会对我们造成怎样的影响？或许在福尔克看来，博物馆的独特价值预示着这一天终将不会到来。

（赵星宇，考古学博士，南京大学考古文博与中华文明研究院准聘助理教授。主要研究方向为博物馆观众研究与评估。）

注释：

[1] John Falk, Lynn Dierking, *The Museum Experience*, Washington: Whaleback Books, 1992.

[2] 该理论最初以"身份动机理论"（identity-related motivation）命名，后调整为"自我动机理论"（self-related motivation/needs），但是理论内核没有发生变化。

[3] ICOM, *Survey: Museums, museum professionals and COVID-19*, 见https://icom.museum/en/covid-19/surveys-and-data/survey-museums-and-museum-professionals/.

[4] John Falk, *The Value of Museums: Enhancing Societal Well-Being*, Lanham: Rowman & Littlefield Publishers, 2022, p. 28.

[5] John Falk, *Born to Choose: Evolution, Self, and Well-Being*, London and New York: Routledge, 2018.

[6] Norman Sartorius, "The Meaning of Health and Its Promotion", *Croatian Medical Journal*, 2006(47), pp. 662-664.

[7] John Falk, *Born to Choose*.

[8] John Falk, *The Value of Museums*, pp. 59-60.

[9] Ibid., p. 62.

[10] John Falk, *Born to Choose*, p. 52.

[11] John Falk, *The Value of Museums*, p. 30.

[12] Abraham Maslow, "A Theory of Human Motivation", *Psychological Review*, 1943, 50(4), pp. 370-396.

[13] John Falk, *The Value of Museums*, p. 80.

[14] Ibid., p. 94.

[15] John Falk, *Learning from Museum: Visitor Experiences and Making of Meaning*, New York and Oxford: Rowman & Littlefield Publishers, 2000.

[16] John Falk, *The Value of Museums*, p. 124.

[17] Ibid., p. 133.

[18] John Falk, *Indentity and the Museum Vistor Experience*, New York and London: Routledge, 2009.

[19] Peter Kirsch, "Oxytocin in the Socioemotional Brain: Implications for Psychiatric Disorders", *Dialogues in Clinical Neuroscience 17*, 2015(4), pp. 463-476.

[20] John Falk, *The Value of Museums*, p. 146.

[21] Ibid., p. 165.

[22] Ibid., p. 174.

[23] Ibid., p. 175.

[24] Ibid., p. 184.

[25] John Falk, Lynn Dierking, *The Museum Experience*.

[26] John Falk, Lynn Dierking, *Learning from Museums*.

[27] John Falk, *Identity and the Museum Visitor Experience*.

[28] John Falk, *Born to Choose*.

[29] John Falk, *Global Well-Being: A 5th Dimension of Value*, 见https://www.instituteforlearninginnovation.org/global-well-being-a-5th-dimension-of-value/.

著者与编者简介

艾琳·胡珀-格林希尔（Eilean Hooper-Greenhill，1945—）

艾琳·胡珀-格林希尔是英国莱斯特大学博物馆研究系荣誉教授，著名博物馆学家、独立雕塑艺术家。1967年，胡珀-格林希尔在英国雷丁大学获得美术（雕塑）学士学位，此后12年，她一直在伦敦及周边地区举办雕塑展览，同时在泰特美术馆和英国国家肖像馆等美术馆任教。1980—1988年间，胡珀-格林希尔获得英国伦敦大学教育社会学硕士和博士学位。1996年被英国莱斯特大学聘用为博物馆研究系主任。在任职期间，她还创办并负责管理博物馆与美术馆研究中心（Research Centre for Museums and Galleries）。

胡珀-格林希尔的研究领域广泛，是多元博物馆研究和新博物馆学的重要代表。在她的带领下，莱斯特大学博物馆与美术馆研究中心，已成为英国最成功的研究机构之一，这为推动英国乃至世界的博物馆研究发展做出了突出贡献。她的研究成果在当下的博物馆中依然适用，其主要著作有《博物馆与知识的塑造》（Museum and the Shaping of Knowledge，1992）、《博物馆与观众》（Museums and Their Visitors，1994）、《博物馆与视觉文化的阐释》（Museums and the Interpretation of Visual Culture，2000）、《博物馆与教育：目的、方法及成效》（Museum and Education: Purpose、Pedagogy、Performance，2007）等。

希尔德·海因（Hilde S. Hein，1932—）

希尔德·海因出生于德国科隆，美国伍斯特圣十字学院（College of the Holy Cross）第一位终身女教员。此外，海因还是布兰迪斯大学女性研究中心（Brandeis University Women's Studies Research Center）的常驻学者。海因有多年的博物馆工作经历，曾在伍斯特艺术博物馆（Worcester Art Museum）策划"艺术、科学和工程"（Art, Science, and Engineering）和"科学与艺术之间：理解运动"（Between Science and Art: Understanding Motion）等著名展览。

海因主要的研究兴趣集中在博物馆哲学和女性哲学，她的代表性著作包括《探索宫：作为实验室的博物馆》(*The Exploratorium: The Museum as Laboratory*，1990)、《转型期博物馆的哲学观察》(*The Museum in Transition: A Philosophical Perspective*，2000)、《公共艺术：以不同的方式思考博物馆》(*Public Art: Thinking Museums Differently*，2006) 等。

约翰·福尔克（John H. Falk，1948— ）

约翰·福尔克是创新学习研究所（Institute for Learning Innovation）的执行主任，也是俄勒冈州立大学"自由选择式学习"领域的荣誉教授。他在自由选择式学习领域享有盛誉，长期关注博物馆等自由选择式学习机构的价值与影响。发表学术成果200余篇，学术专著20余部。福尔克博士于2010年获得美国博物馆联盟颁发的"约翰·科顿·达纳"领导力奖，2013年获得科学学会会长理事会教育研究奖，2016年获NARST科学教育杰出贡献奖。在2006年美国博物馆联盟百年纪念活动中，福尔克博士被评选为"过去100年间博物馆界最有影响力的100人之一"。

其代表性成果包括《博物馆体验》(*The Museum Experience*，1992)、《学自博物馆：观众体验与意义生成》(*Learning From Museums: Visitor Experiences and the Making of Meaning*，2000)、《身份与博物馆观众体验》(*Identity and the Museum Visitor Experience*，2009)、《博物馆体验再探讨》(*The Museum Experience Revisited*，2012)、《生而选择：进化、自我与福祉》(*Born to Choose: Evolution, Self, and Well-Being*，2018)、《博物馆的价值：提升社会福祉》(*The Value of Museums: Enhancing Societal Well-Being*，2022) 等。

史蒂芬·威尔（Stephen E. Weil，1928—2005）

史蒂芬·威尔是美国著名博物馆学者。1928年出生于纽约市，1949年毕业于布朗大学（Brown University），1956年毕业于哥伦比亚大学法学院（Columbia University Law School）。1956—1963年间，威尔在纽约的律师事务所担任合伙人和律师，从事一些艺术相关的法律研究；1963—1967年间，他在一家商业画廊工作；1967—1974年间，他担任了纽约惠特尼美国艺术博物馆（Whitney Museum of American Art）的馆长，将法律专长与对艺术、博物馆的兴趣结合；1974—1995年间，他担任史密森学会所属机构赫胥宏博物馆和雕塑园（Hirshhorn Museum and Sculpture Garden）的副馆长，在任期间，他对博物馆管理、博物馆功能和博物馆目的等话题产生了很多思考。威尔还曾任史密森学会教育和博物馆研究中心（Center for Education and Museum Studies）的荣誉资深学者，也是博物馆的智囊团观察员之一。

威尔的研究领域包括艺术法、博物馆管理、博物馆哲学和博物馆伦理，其博物馆学著作主要包括《美女与野兽：论博物馆、艺术、法律和市场》（Beauty and the Beasts: On Museums, Art, the Law, and the Market，1983）、《重思博物馆及其他》（Rethinking the Museum and Other Meditations，1990）、《珍奇柜：探寻博物馆及其愿景》（A Cabinet of Curiosities: Inquiries into Museums and Their Prospects，1995）、《博物馆重要的事》（Making Museum Matter，2002）。

麦夏兰（Sharon MacDonald，1961— ）

麦夏兰是著名的人类学家、博物馆学家和遗产研究专家。在牛津大学获得博士学位后，麦夏兰先后在布鲁内尔大学（Brunel University）和基尔大学（Keele University）任教。1996—2004年间，她在谢菲尔德大学任教（University of Sheffield）。2006年，她在曼彻斯特大学（University of Manchester）担任社会人类学教授，并于2015年被任命为约克大学社会学系教授。2015年，她接受了柏林洪堡大学"亚历山大·冯·洪堡教授职位奖"的邀请，在普鲁士文化遗产基金会和柏林自然历史博物馆的支持下，建立了博物馆和遗产的人类学研究中心（Centre for Anthropological Research on Museums and Heritage，简称CARMAH）。

麦夏兰的研究领域极为广泛，涵盖文化遗产、博物馆、博物馆学、旅游、城市、建筑研究、文化人类学等领域。其编著的代表作品如下：《重塑文化：历史、身份和盖尔文艺复兴》（Reimagining Culture: Histories, Identities and the Gaelic Renaissance，1997）、《展览的政治学：博物馆、科学、文化》（The Politics of Display: Museums, Science, Culture，1998）、《科学博物馆的幕后》（Behind the Scenes at the Science Museum，2002）、《博物馆研究指南》（A Companion to Museum Studies，2006）、《棘手的遗产：在纽伦堡及其他地区谈判纳粹的过去》（Difficult Heritage: Negotiating the Nazi Past in Nuremberg and Beyond，2009）、《记忆之地：现今欧洲的遗产

与身份》（*Memorylands: Heritage and Identity in Europe Today*，2013）等。

理查德·桑德尔（Richard Sandell，1967— ），

理查德·桑德尔是英国莱斯特大学博物馆研究系教授。在加入莱斯特大学前，他在诺丁汉市博物馆和美术馆（Nottingham City Museums and Galleries）担任市场部经理，目前还是博物馆与美术馆研究中心（Research Centre for Museums and Galleries，简称RCMG）联合主任。桑德尔的研究与实践兴趣主要集中在探索博物馆、美术馆，以及其他文化机构在支持社会公平与正义方面的作用、潜力和可能性。具体而言，研究、揭示并提议观众关注性少数群体历史；探讨博物馆如何用合乎伦理的方式重建残疾与差异的叙事；探索文化和遗产在消除社会隔离与孤独症中扮演的角色；博物馆如何阐释和展示与身心障碍者有关的藏品；博物馆在挑战偏见方面的新方法与可能性等。

桑德尔的专著和编著包括《博物馆、社会与不平等》（*Museums, Society, Inequality*，2002）、《博物馆、偏见与差异的重构》（*Museums, Prejudice and the Reframing of Difference*，2007）、《博物馆、道德与人权》（*Museums, Moralities and Human Rights*，2017）、《博物馆管理与市场营销》（*Museum Management and Marketing*，2007）、《再现身心障碍：博物馆中的行动主义及其作用》（*Re-presenting Disability: Activism and Agency in the Museum*，2010）、《博物馆、公平和社会正义》（*Museums, Equality and Social Justice*，2012）、《博物馆行动主义》（*Museum Activism*，2019）。

安德里亚·维特科姆（Andrea Witcomb，1965— ）

安德里亚·维特科姆是澳大利亚迪肯大学（Deakin University）文化遗产与博物馆研究教授。她于1987年获得悉尼大学（University of Sydney）的艺术学学士学位，1990年获得悉尼大学博物馆研究硕士学位，1997年获得中央昆士兰大学（Central Queensland University）媒介与传播研究的博士学位。1996—2006年间，维特科姆在珀斯的科廷大学（Curtin University）文化遗产研究所任教。此外，她还曾在澳大利亚国家海事博物馆（Australian National Maritime Museum）和澳大利亚国家博物馆（National Museum of Australia）担任社会史研究员。

维特科姆的主要研究方向为博物馆的历史和理论、多媒体在展览和遗产中的应用、博物馆与社区的关系。其代表专著和编著包括《重新想象博物馆：超越陵墓》（*Re-imagining the Museum: Beyond the Mausoleum*，2003）、《国际博物馆研究手册：理论卷》（*The International Handbooks of Museum Studies: Theory*，2015）等。

克里斯蒂娜·克里普斯（Christina F. Kreps，1956— ）

克里斯蒂娜·克里普斯是美国丹佛大学（University of Denver）人类学博物馆馆长、博物馆与遗产研究课程主任、人类学系教授。克里普斯于1981年获得科罗拉多学院人类学学士学位，1988年毕业于俄勒冈大学（University of Oregon），获得国际研究的硕士学位，并于1994年在同校获得人类学博士学位。近20年来，她一直在关注作为一种文化现象的博物馆，以及博物馆、保管和遗产保护的跨文化方法。最近，她主要关注博物馆在促进和保护非物质文化遗产方面的作用。

她的主要研究方向为博物馆人类学、人类学和博物馆批判理论、本土博物馆学、博物馆的去殖民化，主要著作包括《解放文化：博物馆、保管和遗产保护的跨文化视角》（*Liberating Culture: Cross-cultural Perspectives on Museums, Curation and Heritage Preservation*，2003）、《参与时代的博物馆与人类学》（*Museums and Anthropology in the Age of Engagement*，2020）。此外，她还与莱斯特大学的理查德·桑德尔（Richard Sandell）共同主编了"博物馆意义"（Museum Meanings）系列丛书。

大卫·卡里尔（David Carrier，不详）

大卫·卡里尔是美国艺术批评家、艺术史学家，哥伦比亚大学哲学博士，师从著名艺术批评家、哲学家阿瑟·丹托（Arthur Danto）。曾任凯斯西储大学艺术与艺术史系教授、卡内基梅隆大学哲学教授、克利夫兰美术学院教授、普林斯顿大学人文学科讲师与哲学研究员。曾担任盖蒂学者、国家人文中心高级研究员。卡里尔隶属分析哲学流派，主要研究方向为美学与文化批评，于中国、日本、北美、欧洲多个国家和地区开展学术讲座。

卡里尔曾在博物馆学与艺术评论领域发表文章多篇，出版著作包括《世界艺术史及其对象》(*A World Art History and its Object*, 2008)、《普鲁斯特/沃霍尔：艺术的分析哲学》(*Proust/Warhol: Analytical Philosophy of Art*, 2008)、《当代艺术画廊：展示、权力和特权》(*The Contemporary Art Gallery: Display, Power and Privilege*, 2016)等。其中《艺术史写作原理》（中国人民大学出版社，2004）、《博物馆怀疑论：公共美术馆中的艺术展览史》（江苏凤凰美术出版社，2021），已有中译本。

罗伯特·简斯（Robert R. Janes，1948— ）

罗伯特·简斯是博物馆研究者兼实践者、英国莱斯特大学博物馆研究系的访问学者、气候正义联盟（Coalition of Museums for Climate Justice）创始人。他拥有考古学博士学位，在偏远的加拿大西北地区，开始了自己作为考古学家的职业生涯，并在1995年被赐予一个传统黑脚族（印第安族群）名字。他在博物馆及其相关领域工作了45年，担任过馆长、顾问、编辑、作家、理事会成员、考古学家、教师、志愿者和慈善家。其职业生涯致力于推动博物馆作为重要的社会机构，在个体与社区生活中产生积极影响。

他的博物馆相关出版物已被翻译成十余种语言，主要著作有《混乱世界下的博物馆：再造、无关或衰败》(*Museums in a Troubled World: Renewal, Irrelevance or Collapse*, 2009)、《博物馆与变化的悖论》(*Museums and the Paradox of Change*, 2013)、《没有边界的博物馆：罗伯特·简斯选集》(*Museums without Borders: Selected Writings of Robert R. Janes*, 2015)、合著作品《博物馆行动主义》(*Museum Activism*, 2019)、《博物馆与社会崩溃：作为救生船的博物馆》(*Museums and Societal Collapse: The Museum as Lifeboat*, 2023)。

妮娜·西蒙（Nina Simon，1981— ）

妮娜·西蒙是美国策展人、博物馆学者、作家和教育者。本科毕业于美国伍斯特理工学院（Worcester Polytechnic Institute）电气工程和数学专业。她曾作为兼职教授，任教于美国华盛顿大学博物馆学硕士项目。2007年，西蒙创建了名为博物馆2.0（Museum 2.0）的设计咨询公司并开通博客，与全世界的文化机构合作共建参与式的、有多元活力的、以观众为中心的文化学习空间。2011—2019年间，西蒙担任美国圣克鲁兹市艺术历史博物馆

（Santa Cruz Museum of Art & History）执行馆长，通过各类参与式改革，将濒临破产、无人问津的博物馆，变革为生机勃勃的、不可或缺的社区文化艺术中心。2018年，西蒙创立名为"OF/BY/FOR ALL"的非营利性机构，旨在帮助公民组织文化机构，使其变得更加包容、公平和更贴近当地社区的生活。

西蒙与全球的博物馆、图书馆、历史遗址、公园、主题乐园等艺术文化机构合作，践行推广更与社群相关的、包容开放的、参与式的文化艺术空间。代表性作品包括《参与式博物馆：迈入博物馆2.0时代》（*The Participatory Museum: Entering an Era of Museum* 2.0，2010）、《相关性的艺术》（*The Art of Relevance*，2016）。

史蒂芬·康恩（Steven Conn，1965— ）

史蒂芬·康恩是多个知名博物馆、报社、出版社，以及学术项目的顾问，也是美国历史学家组织（Organization of American Historians）的荣誉讲师。1987年，康恩在耶鲁大学获得历史系硕士学位，1994年在宾夕法尼亚大学获得博士学位。作为19—20世纪美国文化和知识史、城市历史和公共史的专家，他曾在多所院校任职。在俄亥俄州立大学（Ohio State University）历史系任教的21年里，他创办了在学界颇有影响力的在线月刊杂志《起源：历史视角中的时事》（*Origins: Current Events in Historical Perspective*）。2015年起，他在迈阿密大学（Miami University）担任历史系教授。

康恩的学术成果数量颇丰，代表著作有《历史的阴影：19世纪的美洲原住民和历史意识》（*History's Shadow: Native Americans and Historical Consciousness in the 19th Century*，2004）、《博物馆与美国的智识生活，1876—1926》（*Museums and American Intellectual Life, 1876-1926*，1998）、《博物馆还需要实物吗？》（*Do Museums Still Need Objects?*，2010）、《美国人与城市的对抗：20世纪的反城市主义》（*Americans Against the City: Anti-Urbanism in the Twentieth Century*，2014）等。

珍妮弗·巴雷特（Jennifer Barrett，不详）

珍妮弗·巴雷特是悉尼大学博物馆研究教授，拥有澳大利亚原住民血统。自2000年以来，她长期供职于悉尼大学，现任悉尼大学原住民学术副校长、国家文化能力中心主任。曾任悉尼大学的文化战略总监、艺术与社会科学学院学术副院长。此外，她还定期与博物馆、美术馆、遗产机构合作：在2000—2011年间，担任新南威尔士州博物馆和画廊董事会博物馆研究部主任，在2015—2018年间，出任该董事会主席。

巴雷特的研究兴趣集中于公共的概念，及其在公共空间和公共文化话语中的使用，人权与当代博物馆、艺术家和博物馆等。其代表作包括《博物馆与公共领域》（*Museums and the Public Sphere*，2011）、《当代博物馆中的澳大利亚艺术家》（*Australian Artists in the Contemporary Museum*，2014）等。

彼特·戴维斯（Peter Davis，不详）

彼特·戴维斯是英国纽卡斯尔大学（Newcastle University）国际文化与遗产研究中心的博物馆学荣休教授。具有海洋生物学、海洋学和生态学背景的戴维斯，曾担任汉考克博物馆（Hancock Museum）的副馆长。在纽卡斯尔大学工作期间，参与艺术与文化学院国际文化与遗产研究中心（International Centre for Cultural and Heritage Studies）的创立和建设，随后担任艺术与文化学院院长，直至2005年卸任院长。其后，戴维斯兼任瑞典哥德堡大学（University of Gothenburg）博物馆学客座教授。戴维斯曾任英国自然历史学会主席（2018—2021年），现兼任该学会杂志《自然历史档案》（*Archives of Natural History*）副主编，同时也是《博物馆史杂志》（*Museum History Journal*）等期刊的编委。

戴维斯的研究兴趣包括博物馆史、自然历史和环保主义史、自然历史博物馆、生态博物馆、非物质文化遗产、自然历史学者及收藏家传记研究等。代表性作品包括两版的《生态博物馆：地方感》（*Ecomuseums: A Sense of Place*，1999/2011）、《博物馆与自然环境》（*Museums and the Natural Environment*，1996），合著作品《威廉·雅丁爵士：自然历史的一生》（*Sir William Jardine: A Life in Natural History*，2001），合编作品《劳特利奇非物质文化遗产指南》（*The Routledge Companion to Intangible Cultural Heritage*，2017）等。

珍妮特·马斯汀（Janet Marstine，1959—）

珍妮特·马斯汀本科毕业于美国宾夕法尼亚州的理海大学管理学专业，硕士毕业于明尼苏达大学艺术史专业，1993年获匹兹堡大学艺术史博士学位。曾任职于美国中央华盛顿大学（Central Washington University）、西东大学（Seton Hall University）、英国莱斯特大学（University of Leicester）等多所高校。此外，她还曾担任美国博物馆协会博物馆专业培训委员会（Committee on Museum Professional Training）委员，美国博物馆联盟策展人委员会、伦理常设委员会（Standing Committee on Ethics）主席、英国博物馆协会伦理委员会委员。现为独立学者及博物馆伦理顾问，为博物馆、美术馆及相关机构提供伦理咨询。

马斯汀的研究兴趣主要集中在博物馆伦理、策展伦理、社会参与式艺术等。代表性专著和编著作品包括《新博物馆理论与实践：导论》（*New Museum Theory and Practice: An Introduction*，2006）、《劳特里奇博物馆伦理指南：为21世纪博物馆重新定义伦理》（*The Routledge Companion to Museum Ethics: Redefining Ethics for the Twenty-First-Century Museum*，2011）、《博物馆伦理的新方向》（*New Directions in Museum Ethics*，2013）、《批判实践：艺术家、博物馆和伦理》（*Critical Practice: Artists, Museums, Ethics*，2017）和《压力下的策展：解决冲突和维护诚信的国际视角》（*Curating under Pressure: International Perspectives on Negotiating Conflict and Upholding Integrity*，2020）等。

詹姆斯·库诺（James Cuno，1951—）

詹姆斯·库诺是美国著名艺术史学家和策展人。1985年获得哈佛大学艺术史博士学位。曾先后任职于加州大学洛杉矶分校博物馆，沃尔德平面艺术中心（Grunwald Center for the Graphic Arts，UCLA，1986—1989）、达特茅斯学院胡德艺术博物馆（Hood Museum of Art，1989—1991）、哈佛大学艺术博物馆（Harvard University Art Museums，1991—2002）、考陶尔德艺术博物馆（Courtauld Gallery，2003—2004）和芝加哥艺术博物馆（Art Institute of Chicago，2004—2011）。此外，库诺还曾任瓦萨学院（Vassar College）艺术系主任和助理教授、考陶尔德艺术学院（Courtauld Institute of Art）院长兼教授、哈佛大学（Harvard University）艺术史和建筑史系教授。2001年当选美国艺术与科学学院院士，2011年出任保罗·盖蒂信托基金会（J. Paul Getty Trust）主席兼首席执行官，2022年退休。

库诺的代表性著作包括《法国漫画和法国大革命（1789—1799）》（*French Caricature and the French Revolution 1789-1799*，1989）、《谁的缪斯？：美术馆与公信力》（*Whose Muse?: Art Museums and the Public Trus*，2006）、《丝绸之路及其他：旅行、贸易和转型》（*The Silk Road and Beyond: Travel, Trade, and Transformation*，2007）、《谁拥有文物？：博物馆和古代遗产之争》（*Who Owns Antiquity?: Museums and the Battle over Our Ancient Heritage*，2008）、《现代之翼：伦佐·皮亚诺和芝加哥艺术学院》（*The Modern Wing: Renzo Piano and the Art Institute of Chicago*，2009）、《芝加哥艺术学院的大师画作》（*Master Paintings in the Art Institute of Chicago*，2009）、《博物馆的沉思：关于百科全书式博物馆的论争》（*Museum Matter: In Praise of the Encyclopedic Museum*，2011）、《谁的文化？：博物馆的承诺以及关于文物的论争》（*Whose Culture?: The Promise of Museums and the Debate over Antiquities*，2012）。

桑德拉·达德利（Sandra Dudley，不详）

桑德拉·达德利是英国社会人类学家，目前任教于英国莱斯特大学博物馆研究系。达德利于2003年进入莱斯特大学博物馆系，2017年担任院长。她毕业于牛津大学社会人类学专业，曾在牛津大学皮特·里弗斯博物馆（Pitt Rivers Museum），进行博士后研究；曾在牛津大学人类学与博物学系、东英吉利大学任教，还在皮特·里弗斯博物馆担任了超过10年的藏品管理和策展人职位（Curatorial and Collections Management Posts）。她的研究兴趣涵盖物质文化、物质性、博物馆、艺术等领域。其中，达德利对不同类型的体验和物理世界如何相互影响——人、物或两者（被迫）流离失所并与其他不同的人和物接近——感兴趣。这些关注点让她将移位人类学的研究方法，与博物馆物的社会生命结合，关注博物馆与他者的相遇。

达德利的代表性著作包括《博物馆内外流离失所之物：失落、界限和充满希望的邂逅》（*Displaced Things in Museums and Beyond: Loss, Liminality and Hopeful Encounters*，2021）、《物质化流亡：泰国克伦尼难民的物质文化和具身体验》（*Materialising Exile: Material Culture and Embodied*

Experience among Karenni Refugees in Thailand，2010）等；主编《博物馆物质性：物件、参与与阐释》（*Museum Materialities: Objects, Engagements, Interpretations*，2010）、《关乎博物馆：物件与体验、表征、争议》（*The Thing about Museums: Objects and Experience, Representation and Contestation*，2012）、《博物馆物件：体验事物的属性》（*Museum Objects: Experiencing the Properties of Things*，2012）。

海伦·里斯·莱希（Helen Rees Leahy，不详）

海伦·里斯·莱希是英国曼彻斯特大学博物馆学教授。在此之前，她曾有12年在博物馆担任研究员和馆长的工作经历。此外，她还曾任伦敦设计博物馆（the Design Museum）馆长、尤利卡！儿童博物馆（Eureka! The Museum for Children）联络部主任、国家艺术收藏基金（The National Art Collections Fund）副主任。莱希的研究方向涉及国家身份、艺术收藏、艺术市场和艺术批评等主题，作品涉及历史和当代背景下的个人和机构收藏实践，包括赞助、展示和解释问题。

莱希代表性作品包括专著《博物馆中的身体：参观与观看的政治与实践》（*Museum Bodies: The Politics and Practices of Visiting and Viewing*，2012）、合著作品《国际博物馆研究手册》（*The International Handbooks of Museum Studies*，2015）。她的代表性展览项目包括"博物馆与艺术市场"（Museums and the Art Market）、"线上的曼彻斯特艺术博物馆"（*The Manchester Art Museum Online*）。

盖尔·安德森（Gail Anderson，不详）

盖尔·安德森曾先后担任洛杉矶西南博物馆（Southwest Museum）馆长助理、墨西哥城博物馆（The Mexican Museum）副馆长，还曾任职约翰·肯尼迪大学（John F. Kennedy University）博物馆研究系主任。2002年，安德森创立盖尔·安德森管理咨询公司（Gail Anderson & Associates），开展的项目涉及博物馆战略规划、组织重组、机构评估和发展，以及董事会发展，旨在与博物馆领导者合作，促进博物馆机构转型，建立机构和领导能力，并扩大社区和全球相关性。在博物馆领域活跃40余年间，安德森兼顾学术研究与行业实践，不断推进博物馆的发展。

安德森的代表作包括《博物馆使命宣言：构建独特的身份》（*Museum Mission Statements: Building A Distinct Identity*，1998）、《重置博物馆：历史和当代视角的范式转变》（*Reinventing the Museum: Historical and Contemporary Perspectives on the Paradigm Shift*，2004）、《重置博物馆：范式转变的持续对话》（*Reinventing the Museum: The Evolving Conversation on the Paradigm Shift*，2012）、《重置博物馆：相关性、包容性与全球责任》（*Reinventing the Museum: Relevance, Inclusion, and Global Responsibilities*，2023）等。

波利·麦肯纳-克雷斯（Polly McKenna-Cress，不详）

波利·麦肯纳-克雷斯曾担任宾夕法尼亚州费城艺术大学的博物馆展览策划与设计系主任，以及诺伊斯领导力学院研究员，是富布莱特项目专家、Alusiv设计公司的合伙人和多家机构的理事会（董事会）成员。其主要研究方向为博物馆展览设计开发。在设计与阐释领域、正式与非正式教育领域都拥有丰富经验，擅长通过目标观众、社区和利益相关者的参与，推动机构愿景的发展。

在博物馆、高校和设计公司等地任职的30余年间，麦肯纳-克雷斯曾经手60个不同规模、预算和复杂程度的展览，如"追求如画"（*In Pursuit of the Picturesque Exhibition*）、"表面之下：古巴拿马的生命、死亡与黄金"（*Beneath The Surface: Life, Death & Gold In Ancient Panama Exhibition*）、"太空司令部：未来已来"（*Space Command: The Future Has Landed*）等。

珍妮特·卡曼（Janet A. Kamien，不详）

珍妮特·卡曼是高级咨询师、作家、战略规划师、富布莱特项目专家。自20世纪70年代起，她一直致力于创建展览，曾作为一名"开发者"（developer），受雇于波士顿儿童博物馆，并与她的同事们塑造了在世界各地广泛使用的团队合作法。在40多年的博物馆职业生涯中，她曾服务于四家博物馆，并担任美国国内外许多机构的独立顾问，为100多个不同的阐释项目和战略规划提供建议。因其在展览领域的卓越成就、专业性服务，被美国博物馆联盟展览委员会（National Association for Museum Exhibition）授予终身成就奖。

她的代表性展览项目包括"如果你不能呢？"（*What if you Couldn't?*）、"终结"（*Endings*）、"走进古埃及"（*Inside Ancient Egypt*）等。

史蒂芬·比特古德（Stephen Bitgood，1942— ）

史蒂芬·比特古德是博物馆观众研究领域的重要研究者和推动者。他在美国马萨诸塞大学（University of Massachusetts）取得心理学学士学位，在爱荷华大学（University of Lowa）取得心理学硕士和博士学位。在加拿大麦克马斯特大学（McMaster University）完成两年博士后工作后，比特古德回到美国，担任德雷克大学（Drake University）助理教授。从1973年冬天开始，他长期任职于杰克逊维尔州立大学（Jacksonville State University），后续担任心理学研究所所长。2008年退休以来，比特古德仍担任该校的名誉教授。

比特古德早期侧重于儿童的行为心理学研究。1984年以来，他转向关注博物馆、动物园及其他公共场所设计的研究和评估，尤其重视采用科学和心理学的方法研究观众，通过大量实验，探讨展览中的环境设计（如指示牌、说明文字、序厅等）与观众行为和心理的关联。比特古德无疑极大地推动了博物馆观众研究领域的发展，不仅花费10年时间整理、编辑和出版博物馆观众行为的相关内容，为众多博物馆提供专业帮助。除了《注意力与价值：理解博物馆观众的关键》（*Attention and Value: Keys to Understanding Museum Visitors*，2013），比特古德的重要研究收录于两卷本的《博物馆的社会设计：观众心理学研究》（*Social Design in Museums: The Psychology of Visitor Studies*，2011）。

基尔斯滕·莱瑟姆（Kiersten F. Latham，不详）

基尔斯滕·莱瑟姆是美国博物馆教育家、研究者，博物馆咨询公司（The Museum Consulting Company）创始人。博士毕业于美国恩波利亚州立大学（Emporia State University）图书馆和信息管理学位，拥有人类学学士学位、历史管理和博物馆学硕士学位。她曾于美国多个博物馆和学会任职，还曾担任美国贝萨尼学院、堪萨斯大学、北部州保护中心、密歇根州立大学和鲍灵格林州立大学的兼职教员。2010年，她担任美国肯特州立大学图书馆与信息科学学院副教授,并设计、开发并实施了基于信息视角的博物馆研究专业。

莱瑟姆在博物馆学、档案研究、活态体验、物质性及现象学研究方法等领域,发表了大量研究成果,出版物包括《藏品保管工作的隐形性》(The Invisibility of Collections Care Work,2007)、《档案与体验:关于意义的沉思》(Archives and Experience: Musings on Meaning,2007)、《博物馆的诗歌:博物馆精神体验之整体模式》(The Poetry of the Museum: A Holistic Model of Numinous Museum Experiences,2007)、《博物馆物作为文献:使用巴克兰的信息概念理解博物馆体验》(Museum Object as Document: Using Buckland's Information Concepts to Understanding Museum Experiences,2012)、《事物的厚重:通过现象学之触觉探索博物馆课程》(The Thickness of the Things: Exploring the Museum Curriculum through Phenomenological Touch,2011)、《物之体验:转化博物馆观众与物的邂逅》(The Objects of Experiences: Transforming Visitor-Object Encounters in Museums,2013)。

约翰·西蒙斯(John E. Simmons,不详)

约翰·西蒙斯是美国博物馆教育家、研究者,博物馆学咨询公司(Museologica)负责人。拥有系统学和生态学学士学位、历史管理和博物馆学硕士学位。他的职业生涯始于动物管理员,曾担任美国加利福尼亚科学院藏品管理员、堪萨斯大学生物多样性研究中心和自然历史博物馆藏品管理员,同时担任堪萨斯大学博物馆研究项目主任。目前在哥伦比亚国立大学、朱尼亚塔学院、肯特州立大学,以及北部州保护中心担任博物馆学兼职教员,在宾夕法尼亚州立大学地球与矿物科学博物馆和美术馆担任兼职藏品研究馆员。

西蒙斯的主要出版物包括《爬虫学类的收藏和藏品管理》(Herpetological Collecting and Collections Management,2002)、《生物藏品的养护、管理和保护》(Cuidado, Manejoy Conservación de las Colecciones Biológicas,2005)、《万物伟大又渺小:藏品管理政策》(Things Great and Small: Collections Management Policies,2006)、《博物馆的历史》(History of Museums,2010)、《观察与提炼——感知、描绘和对大自然

的感知》（*Observation and Distillation-Perception, Depiction and the Perception of Nature*，2012）、《预防性保护在解决藏品管理潜在危机中的应用》（*Application of Preventive Conservation to Solve the Coming Crisis in Collections Management*，2013）。

贝弗莉·瑟雷尔（Beverly Serrell，不详）

贝弗莉·瑟雷尔是美国博物馆界资深展览顾问、博物馆说明牌研究专家。作为博物馆教育部门的负责人，瑟雷尔积累了8年的博物馆内部展览经验。在此之前，她在美国一所高中教授科学，并担任生物研究实验室技术员。1979—2020年间，瑟雷尔为不同博物馆机构和专业组织提供广泛的咨询服务，比如加州科学中心、芝加哥科学与工业博物馆、美国国家历史博物馆、美国博物馆联盟、密歇根博物馆协会、加拿大博物馆协会等。2006年，瑟雷尔入选"美国博物馆联盟百年荣誉榜"100名博物馆专业人士评选活动。除此项荣誉外，瑟雷尔曾担任保罗·盖蒂博物馆（The J. Paul Getty Museum）的客座学者，并获得了两项美国国家科学基金会的资助，用于研究博物馆展览中的观众行为。

瑟雷尔对博物馆说明牌见解独到，相关理念体现在她有关博物馆说明牌的四本著作中：《循序渐进地制作博物馆说明牌》（*Making Exhibit Labels: A Step by Step Approach*，1983）、《博物馆说明牌：一种解说方法》（*Exhibit Labels: An Interpretive Approach*，1996）、《博物馆说明牌：一种解说方法（第二版）》（*Exhibit Labels: An Interpretive Approach (Second Edition)*，2015）、《主体理念》（*The Big Idea*，2020）。在展览规划、过程评估方面，瑟雷尔的代表著作包括《开放对话》（*Open Conversations*，1988）、《科学博物馆的学习研究》（*What Research Says about Learning in Science Museums*，1990）、《试一试！通过评估改进展览》（*Try It! Improving Exhibits Through Evaluation*，1992）、《关注：观众和博物馆展览》（*Paying Attention: Visitors and Museum Exhibitions*，1998），以及《评判展览：卓越评估框架》（*Judging Exhibitions: A Framework for Assessing Excellence*，2006）。

吉尔·霍恩施泰因（Jill Hohenstein，不详）

吉尔·霍恩施泰因是伦敦国王学院教育及专业研究学系高级讲师，也是一位发展心理学家。她关注认知和语言之间的交联关系，以第一语言和第二语言的发展为起点，对此进行研究，特别关注事件语言（event language）和认知。霍恩施泰因的研究比较了人们使用和学习英语、西班牙语、汉语普通话等不同语言类型的方式，探讨了人们（包括儿童和成人）在日常或非正式环境中使用语言的方式，以及这种方式如何更广泛地与科学和其他"世界性知识"（world knowledge）联系。具体来说，她的研究涉及亲子间关于物种起源和演变的对话，以及儿童关于进化的概念发展与这些对话的关系，其研究地点包括实验室、家庭、学校和博物馆等。

特安诺·穆苏里（Theano Moussouri，不详）

特安诺·穆苏里是伦敦大学学院考古学学院博物馆学教授和遗产研究中心执行主任，伦敦大学学院食品、代谢和社会（Food, Metabolism & Society，简称FMS）研究团队成员。目前担任英国食品系统中心博士培训中社会科学领域的管理代表，以及《策展人：博物馆期刊》（*Curator: The Museum Journal*）的副主编。她的研究主要涉及人们如何通过参观博物馆建构知识与意义、博物馆体验的具身方法，以及这些方法如何适用于他们的社会文化生活等领域。

布鲁诺·布鲁隆·索耶斯（Bruno Brulon Soares，不详）

布鲁诺·布鲁隆·索耶斯是巴西博物馆学家和人类学家。2008年，索耶斯获得里约热内卢联邦大学的博物馆学和遗产研究硕士学位，2012年和2019年分别获得弗鲁米嫩塞联邦大学的人类学博士学位和当代史博士学位。索耶斯的研究兴趣主要包括博物馆与生活的关系、遗产的政治用途。2013—2022年间任里约热内卢联邦大学的博物馆学和遗产研究教授，2019—2022年间任国际博物馆协会国际博物馆学委员会（ICOM International Committee for Museology，简称ICOFOM）主席。现任教于圣安德鲁斯大学艺术史学院。

索耶斯以前的工作重点是南美和欧洲的社区博物馆，尤其关注博物馆理论和实践的去殖民化（decolonisation）。他的一些研究项目分析了博物馆和博物馆学的历史、新博物馆学运动的发展，以及博物馆对殖民遗产的再挪用（re-appropriation）。此外，他的研究兴趣还包括与土著知识和行动主义有关的博物馆、性少数群体博物馆和档案馆、非洲裔巴西人藏品在博物馆中的挪用（appropriation）等。

希拉·沃森（Sheila Watson，不详）

希拉·沃森是英国莱斯特大学博物馆研究系教授。作为一名历史学家，沃森在第二次世界大战期间获得博士学位，随后获得教师资格，在多所中学有任教经历。在诺福克博物馆和考古服务部门（Norfolk Museums and Archaeology Service）从事博物馆教育工作6年后，沃森成为诺福克郡大雅茅斯地区博物馆官员（Area Museums Officer in Great Yarmouth in Norfolk）。2003年，沃森进入莱斯特大学博物馆研究系，先后担任研究主任、副院长和代理院长，现为遗产与阐释（Heritage and Interpretation）硕士/理学硕士（MA/MSc）联合项目主任。

沃森的主要研究方向是争议和棘手遗产、博物馆中的情感、社区博物馆、遗产和博物馆的民主化、民族主义和遗产、遗产与政治学。具体而言，沃森主张使用跨学科方法，在文化遗产和博物馆学的框架内，考察个人与社区对过去的理解和运用。其代表性专著与编著作品包括《博物馆革命：博物馆是如何改变与被改变的》（*Museum Revolutions: How Museums Change and Are Changed*，2007）、《博物馆及其社区》（*Museums and their Communities*，2007）、《遗产的博物馆研究路径》（*A Museums Studies Approach to Heritage*，2018）、《国家博物馆与国家起源：情感的神话和叙事》（*National Museums and the Origins of Nations: Emotional Myths and Narratives*，2020）等。

西蒙·奈尔（Simon Knell，1955—）

西蒙·奈尔是英国莱斯特大学博物馆研究系教授。奈尔早年出身于自然科学领域，先后从事地质学、污染与环境控制和科技史研究。20世纪80—90年代初，奈尔曾在英国的利兹、曼彻斯特、莱斯特和斯肯索普的多个博物馆，负责地质类藏品的策展工作。1992年，奈尔进入莱斯特大学博物馆研究系，先后担任系主任（2002—2007）和该校艺术学院院长（2008—2009）。2007—2008年间，奈尔参与了由欧盟委员会玛丽·居里行动

（European Commission's Marie Curie Actions）资助的合作项目"建立国家博物馆"（Making National Museums，简称 EuNaMus），不仅考察了国家博物馆的基本状况，还发展了博物馆在全球当代发挥作用的相关思考。

奈尔的研究兴趣广泛，目前主要关注当代博物馆学的本质和艺术的制度性表演，即生产、建构、表征和消费。其代表性专著和编著包括《国家博物馆：来自世界各地的新研究》（*National Museums: New Studies from Around the World*，2010）、《国家博物馆：在多元化的欧洲制造历史》（*National Museums Making Histories in a Diverse Europe*，2012）、《国家画廊：制造国家的艺术》（*National Galleries: The Art of Making Nations*，2016）、《当代博物馆：为全球化的当下形塑博物馆》（*The Contemporary Museum: Shaping Museums for the Global Now*，2019）、《博物馆的边界：论知晓和记住的挑战》（*The Museum's Borders: On the Challenge of Knowing and Remembering Well*，2020）。